Cordula Koepcke

EDITH STEIN
Ein Leben

Cordula Koepcke

EDITH STEIN

Ein Leben

echter

Umschlagbild: Edith Stein, um 1911

Bildnachweis
Seite 121: Bayerische Staatsbibliothek, München
Seite 183: Katholische Nachrichten-Agentur, Frankfurt
alle übrigen (einschließlich Umschlagbild): Edith-Stein-Archiv, Karmel Köln

CIP-Titelaufnahme der Deutschen Bibliothek

Koepcke, Cordula:
Edith Stein : ein Leben / Cordula Koepcke. – Würzburg :
Echter, 1990
    ISBN 3–429–01346–1

Inhalt

Zum Geleit 7

Geboren am Versöhnungstag 9
Leben im Übergang 16
Buch mit sieben Siegeln 23
Studentin in Breslau 40
Zu den Sachen 60
Die Patriotin 85
Schwester Edith 90
Doktorandin auf Abruf 97
Assistentin bei Husserl 109
Freundschaft – Philosophie – Weltanschauung 117
Das Ende einer Ära 127
Die Krise 133
Das andere Leben 160
Der neue Standpunkt 175
Die Bekennerin 187
Beruf und Berufung der Frau 205
Zwischenspiel 228
Pädagogik als Wissenschaft 233
Die Entscheidung 247
Im Karmel 257
Der Sinn des Seins 269
Zeit-Zeichen 278
Esther – Die Tochter Israels 292
Sühne 301

Quellennachweise und Anmerkungen 318
Verzeichnis der benutzten Literatur 327
Nachwort 331
Personenregister 333

Zum Geleit

Um ein Wort des Geleites zu diesem Buch hat der Verlag mich gebeten. Indessen – dieses Buch selbst ist ein Geleit: es geleitet uns zu einem Menschen, den kennen und verstehen zu lernen, ja, mit dem Freundschaft zu schließen jeden reich beschenkt, der diesem Geleit sich anvertraut.

Als ich das Manuskript der Autorin zur Hand nahm und mein Blick auf Titel und Untertitel fiel: »Edith Stein – ein Leben« – war ich fasziniert. Eine große Frau unseres Jahrhunderts, die Philosophin und (quasi) Laientheologin, die Sucherin nach Wahrheit und Lebenssinn, die Zeugin und Versöhnerin, die Seliggesprochene, die Mystikerin – mit diesem und vielen anderen Titeln hat man Edith Stein benannt. Gewiß nicht zu Unrecht. Und doch bleiben alle diese Titel eigentümlich leer, solange der Mensch nicht vor uns tritt, aus dessen Personmitte alles andere entspringt, was immer ihn auszeichnen mag.

Der Mensch – die denkende, urteilende, frei entscheidende und handelnd in die Umwelt ausgreifende Person, der Sinn ihres Einzelschicksals im Menschheitsganzen – der Mensch also war Edith Steins großes Thema, von jungen Jahren an bis in ihre letzten Arbeiten hinein. Den Menschen Edith Stein nun zeigt uns am deutlichsten ihr eigenes Leben, die immerzu wechselnden, immerzu tiefer greifenden Phasen ihres Wachsens und Reifens, ihrer Not und ihres Glücks, wie dieses Werk sie aufzeigt.

Vieles an Cordula Koepckes Buch hat mich gefesselt. Das geheimnisreiche Ineinander und Miteinander von Anlage und Widerfahrnissen, das die Entwicklung von Edith Steins Persönlichkeit bestimmt, ist ebenso einfühlsam wie kenntnisreich entfaltet. Überaus wichtig, wie dieses Lebensschicksal verwoben ist mit den familiären, politischen, sozialen und kulturellen Gegebenheiten jener Jahrzehnte. Besonders möchte ich hinweisen auf den ökumenischen Grundakkord, den die Autorin – als evangelische Christin – zumal in der Konversionsgeschichte Edith Steins anschlägt. Man kann nur von Herzen sagen: Möge er nicht ungehört verhallen! Soweit ich sehe, ist in keiner anderen Forschungsarbeit dargelegt worden, wie Edith Steins Denken und Ringen vor und nach der Konversion jenes Grundproblem,

7

Freiheit und Gnade, im innersten Verhältnis zwischen Gott und Mensch, umkreist: Es war die große Lebensfrage Luthers. Es ist unser aller Lebensfrage. Zu ihr geleitet uns dieses Buch.

Köln, am Beginn
zu Edith Steins 100. Lebensjahr,
am 12. Oktober 1990   *Maria Amata Neyer OCD*

Geboren am Versöhnungstag

Im Jahr 1891 fällt das Fest Jom Kippur auf den 12. Oktober. Ein Kranz von Sitten und Gebräuchen umgibt diesen höchsten Feiertag des Judentums, an dem das Volk des Alten Bundes die verheißene Versöhnung mit Gott erbittet.

In der Familie des Holzkaufmanns Siegfried Stein und seiner Frau Auguste, geborene Courant, in Breslau werden die traditionellen Vorschriften, die das Leben der Juden auch in der Diaspora mit der Religion ihrer Vorväter verbinden, treu befolgt. Der Haushalt ist rituell geführt, die Speisevorschriften werden beachtet, die Feste in der vorgeschriebenen Form gefeiert.

Das Hebräische als heilige Sprache der Religionsausübung befestigt die Tradition und hält den überlieferten Glauben wach. Aber es hat auch etwas Fremdes, vom täglichen Leben Abgesondertes. Denn die Sprache des Alltags ist deutsch, wie die Sitten und Gebräuche, soweit sie nicht im Religiösen verwurzelt sind, und die Namen der Kinder des Ehepaares Stein, auch des elften und letzten Kindes, das an diesem 12. Oktober 1891 geboren wird: Edith.

Daß der Geburtstag ihrer jüngsten Tochter auf den Versöhnungstag fällt, erscheint der Mutter als ein glückliches Zeichen. Niemand kann zu dieser Zeit ahnen, daß die Versöhnung zwischen Gott und den Menschen im Leben dieses Kindes eine Bedeutung erlangen wird, die seine ganze Existenz einfordert.

Die Aufzeichnungen Edith Steins »Aus dem Leben einer jüdischen Familie« berichten kaum etwas von der Familie des Vaters. Sein früher Tod erklärt das nicht ganz. Vielmehr wird hier auch die Bedeutung der Mutter in der jüdischen Tradition erkennbar.

Die Erinnerungen von Auguste Stein, wie die Tochter sie wiedergibt, zeichnen das Bild einer gläubigen jüdischen Familie des 19. Jahrhunderts. Ihr Vater, Edith Steins Großvater, war ursprünglich Seifensieder und Lichtzieher. Er gründete eine kleine Privatschule für die vier ältesten seiner insgesamt sechzehn Kinder, die auch drei anderen jüdischen Familien offen stand.

9

Die Großmutter, Adelheid Burchard, war die Tochter eines aus der Provinz Posen stammenden Kantors und Vorbeters der jüdischen Gemeinde im oberschlesischen Städtchen Lublinitz. Auch in seinem späteren zweiten Beruf als Kaufmann, mit eigenem Betsaal im Hause, blieb das religiöse Leben Mittelpunkt, wozu auch gehörte, daß er selbst die Enkel zum Beten anleitete.

Für Auguste Courant, die Tochter und Enkelin dieser beiden frommen jüdischen Familien, war der Schulbesuch mit zwölf Jahren beendet, da ihre Hilfe im Haushalt und im Geschäft – einem Kolonialwarenladen – gebraucht wurde, während ihre sieben Brüder das Gymnasium besuchten.

Die religiöse Unterweisung erfolgte durch Eltern und Lehrer. Aber die Kenntnis des Hebräischen blieb gering und reichte für selbständiges Übersetzen nicht aus. Dennoch wurden Teile des Talmud auswendig gelernt und manche Psalmen in deutscher Sprache.

Die kleine Auguste hat an diesem Unterricht mit Begeisterung teilgenommen. Außerdem erhielt sie, als sie die Schule schon verlassen hatte, noch einige Französisch- und Deutschstunden und lernte etwas Klavierspielen.

Am Sonnabendnachmittag versammelten die Eltern ihre Kinder um sich, um mit ihnen zu beten und sie in den Sinn von Vesper- und Abendgebet einzuführen. Das eigentlich für jeden jüdischen Mann zu seinen religiösen Pflichten gehörende tägliche Bibel- und Talmudstudium war aber im Hause Courant nicht mehr üblich.

Als Auguste den jungen Holzkaufmann Siegfried Stein heiratete und mit ihm nach Gleiwitz zog, war sie einundzwanzig Jahre alt. Ihr Hochzeitslied wurde mit der Melodie von »Es braust ein Ruf wie Donnerhall« unterlegt und fand bei den Gästen der Feier – es war das Jahr der Reichsgründung 1871 – begeisterte Zustimmung.

Die Verbindung von mosaischer Tradition und Lebensweise mit deutschem Patriotismus erscheint auf den ersten Blick seltsam. Aber beim genaueren Hinsehen sind die Risse im Fundament der scheinbar von der Umwelt so deutlich abgegrenzten jüdischen Identität bereits erkennbar. Vom Urgroßvater, Kantor und Vorbeter, bis zum Großvater, der seinen Kindern den Sinn der Gebete erklärt, aber das vorgeschriebene tägliche Studium der religiösen Schriften nicht mehr betreibt, ist es nur eine Generation.

10

Siegfried Stein (1843–1893) als junger Mann

In dieser Zeitspanne vollzieht sich in rasendem Tempo die weitgehende Emanzipation und Assimilierung großer Teile des Judentums in Deutschland. Davor aber liegen eintausendfünfhundertfünfzig Jahre.

So lange ist es her seit der allerersten Schutzbestimmung im Jahr 321, erlassen von Kaiser Konstantin für die Juden von Köln. Eintausendfünfhundertfünfzig Jahre, in denen Distanzierung und beschränkte Duldung, haßerfüllte Bekämpfung und blutige Verfolgung, religiös begründete Unduldsamkeit und einsichtige Bemühung um die Lösung des Problems, verschiedene Religionsausübungen nebeneinander zu ermöglichen, sich behinderten, sich bedrängten.
Die religiöse Frage stand im Mittelpunkt: einerseits der Vorwurf der Christen an die Juden, dem Volk anzugehören, das den Gottessohn ans Kreuz schlug, und andererseits die von den Christen als Provokation empfundene Überzeugung der Juden, das auserwählte Volk Gottes zu sein. Zwischen Konzilsbeschlüssen, besonders denen von Toledo 589, von ambivalentem Charakter und kaiserlichen Privilegien, die jüdische Existenz zwar nicht ohne Diskriminierungen, aber doch mehr oder weniger sicherten, kam es immer wieder zu wilden Ausbrüchen des Hasses. Taufe oder Tod – vor diese Entscheidung wurden zwischen 1096 und 1099 Juden im Vorfeld des ersten Kreuzzuges zur Befreiung des Heiligen Landes gestellt. Damals kam es zu schweren Judenverfolgungen in Deutschland, insbesondere in Speyer, Worms, Mainz, Trier, Metz, Köln, Neuss und Xanten. An manchen Orten, besonders in Spanien, wurden Juden zwangsweise in die Kirchen geführt und getauft. Von der Gewissensqual getrieben, zwar unter Zwang, aber eben doch dem *einen* Gott Israels untreu geworden zu sein, begingen nicht wenige dieser Unglücklichen Selbstmord.
1120 erließ Papst Kalixt II. die »Constitutio pro Judaeos«, in der Zwangstaufen und Gewalttätigkeiten gegen Juden verboten wurden, um der unerträglich gewordenen Situation zu steuern. Aber obwohl bis ins 15. Jahrhundert hinein mehrfach erneuert, war die Constitutio doch nur begrenzt wirksam. Noch der Großvater der spanischen Mystikerin und Kirchenlehrerin Teresa von Avila war ein zwangsgetaufter Jude.

12

Für die weltliche Macht, den Kaiser vor allem, wurden andere Gesichtspunkte maßgebend. Das Ziel war nicht Bekehrung, sondern Neutralisierung der Juden und das Bestreben, sie auf Distanz zu halten, darin mit der Kirche übereinstimmend.

Vor allem aber sah man die Angelegenheit fiskalisch: Ein Handwerk konnten die Juden lange nicht ausüben, weil sie keiner Zunft angehören durften, womit der größte Teil der Berufe versperrt war. Auch Grund und Boden durften sie lange nicht besitzen. Als Händler waren sie einst aus Frankreich gekommen; vor allem auf den Geldhandel, der den Christen auf Grund des biblischen Zeugnisses verboten war, wurden sie schließlich zurückgedrängt. Dabei bildeten sie im Laufe von Jahrhunderten jene Eigenschaften aus, die ihnen in der Diaspora das Überleben ermöglichten, sie aber teilweise auch auffällig machten. Für den Kaiser aber eröffneten sich durch die in Gelddingen tüchtigen Juden Finanzierungsmöglichkeiten. Der Staufer Friedrich II. ernannte sie zu seinen Reichskammerknechten, was für die Juden Schutz einerseits, andererseits aber auch die Verpflichtung zur Behebung der kaiserlichen Finanzkalamitäten bedeutete.

Kirchliche Judengesetze, die buchstäblich zur Ghettoexistenz führten, Vertreibungen aus Frankreich, Spanien, England und Holland, Ausweichen vor dem Druck in Deutschland nach Polen und Litauen, wobei das mit Hebraismen vermischte mittelalterliche Deutsch mitgenommen und als Jiddisch bewahrt wurde – unter solchen Bedingungen lebten die Juden Jahrhunderte lang in Europa. Für die Rolle des Sündenbockes bei Katastrophen und Epidemien, wie die »schwarzer Tod« genannte Beulenpest im 14. Jahrhundert, schien sich den in Panik Geratenen und vom Aberglauben Besessenen diese ausgesonderte Bevölkerungsgruppe der Juden geradezu anzubieten. Damals wurden in Deutschland und anderen europäischen Ländern die meisten jüdischen Gemeinden vernichtet.

Daß die Fremden, die anderen, die Andersgläubigen sich anpassen sollten, blieb auch die Forderung nach der großen Glaubensspaltung. 1523, sechs Jahre nach dem Thesenanschlag, hatte Martin Luther noch seinen projüdischen Traktat »Daß Jesus Christus ein geborener Jude sei« veröffentlicht. Zwanzig Jahre später warf der alternde, enttäuschte Reformator – enttäuscht auch von der Weigerung der meisten Juden, das Evangelium anzunehmen und sich taufen zu lassen, was er als Halsstarrigkeit

13

auslegte – sein antijüdisches Pamphlet »Von den Juden und ihren Lügen« auf den Markt. Bis ins Dritte Reich hinein behielt die evangelische Einstellung zur Judenfrage ambivalenten Charakter.

Zugleich blieb in der katholischen Kirche das antijüdische religiöse Argument der Jesus-Tötung bestehen. Erst durch das Zweite Vatikanum wurde es aufgehoben.

Rund zweihundert Jahre nach Luther aber geht von dem Sohn eines toleranten evangelischen Geistlichen ein wesentlicher Impuls aus: 1749 kritisierte Gotthold Ephraim Lessing mit seinem Schauspiel »Die Juden« die christliche Auffassung vom gezeichneten Volk des Alten Bundes und forderte die bürgerliche Gleichberechtigung der jüdischen Bevölkerung. Fünfundzwanzig Jahre später erreichte er mit seinem großen Toleranzdrama »Nathan der Weise«, einer Frucht seiner Freundschaft mit dem Philosophen Moses Mendelssohn, die Zustimmung der Einsichtigen und Gebildeten und wirkte damit wesentlich an einer geistesgeschichtlichen Wende mit.

Weder die Kirchen noch der Staat gaben zu dieser Zeit der Entwicklung Schubkraft und Form, sondern es war die Philosophie als Träger der Aufklärung, zusammen mit der Literatur, die von Holland, England und schließlich von Frankreich auf das gesamte Europa übergriff. Sie sah den Menschen nicht mehr primär bestimmt durch seine Zugehörigkeit zu einer Religion oder einem Volk, sondern durch seine Würde als Mensch. Diese Auffassung beruhte dennoch auf dem biblischen Menschenbild, ähnlich wie die von der Aufklärung aufgegriffene Vorstellung der Reformation von der durch Menschen nicht zu beschränkenden Gewissensfreiheit.

Die neue Sicht des Menschen, abgelöst von religiösen Voraussetzungen, wie das für die Aufklärung typisch war, hat nicht nur die katholische Kirche herausgefordert, sondern auch zu tiefgehenden Auseinandersetzungen innerhalb der evangelischen Theologie geführt.

Aber nicht in Europa, sondern in der Verfassung von Virginia ist dann 1776, noch vor der großen Französischen Revolution, das durch die Philosophie und die religiös stark bestimmte Geschichte der amerikanischen Einwanderung ausgelöste Bekenntnis zur Gleichheit und Gleichbehandlung aller Menschen politisch manifest geworden.

14

Die Judenemanzipation auf Grund der Stein-Hardenbergschen Reformen in Preußen, das Gleichstellungsgesetz des Norddeutschen Bundes und schließlich die Übernahme dieses Gesetzes durch das eben gegründete Kaiserreich waren Konsequenzen aus der schon vollzogenen geistigen Entwicklung. Doch hat noch Heinrich Heine auf den immer noch bestehenden, nur subtiler gewordenen Zwang zur Taufe als »Entreebillett zur europäischen Kultur« hingewiesen.

Anders reagierten die Kinder von Moses Mendelssohn: Fast alle – vier von sechs – zogen aus Leben und Werk ihres jüdisch-gläubigen Vaters die ihnen überzeugend erscheinende Folgerung, zum Christentum überzutreten und damit auch auf religiösem Gebiet den Schritt hin zu Angleichung, zur Assimilation zu wagen.

Als Edith Stein 1891 am Versöhnungstag, dem höchsten Fest des jüdischen Volkes, das Frieden zwischen Gott und den Menschen setzen soll, geboren wird, können die Juden in Deutschland insgesamt gerade auf zwanzig Jahre Gleichberechtigung zurückblicken.

Leben im Übergang

Das kleine Mädchen Edith, das als Jüngste im großen Geschwisterkreis viele Anregungen bekommt, vollzieht die Angleichung an die Lebensformen der nichtjüdischen Umwelt gleichsam spielerisch. Auf den Schultern des ältesten Bruders Paul reitet es durch das Zimmer und hört dabei den Studenten- und Volksliedern zu, die er ihr vorsingt. Spielend lernt Edith die Gedichte auswendig, mit denen sich die größeren Schwestern als Schulaufgaben plagen müssen. Lange bevor sie zur Schule geht und lesen und schreiben kann, spielt sie mit den Großen Dichterquartett und weiß die aufgedruckten Fragen und Antworten auswendig.

Das spricht für ihre Aufgewecktheit und Intelligenz, für den aufgeschlossenen Geist des Elternhauses, das die Kleinste nicht künstlich von den Spielen der Größeren fernhält, und für das Hineinwachsen in eine Geisteswelt, die mit der des angestammten Judentums nur wenig gemeinsam hat. Diese Familie ist zweifellos dabei, sich der Umgebung, in der sie lebt, so eng wie möglich anzupassen, sich zu assimilieren. Deshalb ist es auch verständlich, daß fünfzehn Jahre später die Studentin Edith nicht etwa als Orientalin, sondern als Holländerin gekleidet an einem Kostümfest teilnimmt.

Die Bindungen an die religiöse Überlieferung des Judentums sind also bereits weithin geschwunden. Dazu beigetragen hat sicherlich, daß der Glaube der Väter in der Familie nur noch von der Mutter wirklich gelebt und getragen wird.

Der Vater, Siegfried Stein, stirbt, als Edith noch nicht zwei Jahre alt ist. Nachdem er anfangs in der Holzhandlung seiner Mutter in Gleiwitz tätig war, hatte er den Versuch unternommen, sich in Lublinitz, der Heimatstadt seiner Frau, selbständig zu machen – allerdings ohne Erfolg. Finanzielle Schwierigkeiten waren an der Tagesordnung, und um die immer größer werdende Familie ernähren zu können, mußte die Hilfe der Schwiegereltern in Anspruch genommen werden. In dieser Zeit starben vier Geschwister Edith Steins und wurden in Lublinitz begraben: Selma, Hedwig, Ernst und Richard. Schließlich beschloß man, in Breslau neu zu beginnen.

16

Im Juli 1893 begibt sich Siegfried Stein auf eine Geschäftsreise. Die kleine Edith, von der Mutter auf dem Arm gehalten, ruft den Vater, der bereits Abschied genommen hat, noch einmal zurück. Später meint sie, deshalb habe ihre Mutter lebenslang eine besondere Zuneigung zu ihrem jüngsten Kind gehabt, denn Siegfried Stein kehrt nicht wieder: Er erleidet einen Hitzschlag, als er zu Fuß zur Besichtigung eines Waldes unterwegs ist. Ein Briefträger sieht ihn liegen, meint, er ruhe aus, findet ihn nach Stunden in derselben Haltung und stellt fest, daß er nicht mehr lebt. Die Mutter fährt, den Toten heimzuholen. Ein Sägemüller aus der Umgebung, mit den Steins geschäftlich verbunden, hilft der Witwe bei der Erledigung der notwendigen Formalitäten und bleibt der Familie treu ergeben. Edith und ihre Schwester Erna werden später einmal wunderschöne Sommerferien bei den Müllersleuten verbringen.

Nach der Beerdigung will die von weither angereiste Verwandtschaft der Witwe mit guten Ratschlägen beistehen: Das Geschäft müsse natürlich verkauft werden; durch Zimmervermieten könne man sich über Wasser halten.

Aber Auguste Stein ist die Tochter eines angesehenen Kaufmanns. Sie gleicht in vielem ihrem Vater. Vor allem besitzt sie Mut, Entschiedenheit und gläubiges Vertrauen. Das gibt ihr die Kraft, den wohlmeinenden Ratgebern zu eröffnen, sie wolle das Geschäft weiterführen.

Vierzig Jahre später sitzt die Tochter in dem großen geräumigen Hause, das die Familie inzwischen bewohnt, und schreibt die Erinnerungen ihrer Mutter auf. Sie meint, die Mutter besitze »den richtigen Blick dafür, was ein ›Geschäft‹ ist, Mut und Entschlossenheit, um im rechten Augenblick zuzugreifen, und doch genügend Vorsicht, um nicht zu viel zu wagen; vor allem im höchsten Maß die Gabe, mit Menschen umzugehen.«[1] Materialkenntnis und das besondere Verfahren der Holzrechnung habe sie sich schnell zu eigen gemacht, und ganz allmählich, Schritt für Schritt, habe sie sich emporgearbeitet. »Es war schon nicht einfach«, schreibt die Tochter, »sieben Kinder satt zu bekommen und zu bekleiden. Wir haben nie gehungert, aber an größte Einfachheit und Sparsamkeit sind wir gewöhnt worden, und etwas davon ist uns bis heute geblieben.«[2]

Das erste Ziel, das die Witwe ins Auge faßt, ist die Begleichung der Schulden: »... niemand sollte meinem toten Vater nachsagen, daß er seine Schulden nicht gezahlt hätte; sie wurden nach und nach bis zum letzten Pfennig abgetragen.«[3] Hilfe findet die Mutter bei ihren Kindern. Der älteste Sohn Paul ist bereits 21 Jahre alt, als der Vater stirbt. Erst für den Buchhändlerberuf vorgesehen, wird er später Bankbeamter, behält aber immer eine Neigung zum Künstlerischen, Literarischen. Er führt der Mutter die Bücher, bis sein jüngerer Bruder Arno nach der Lehre ins Geschäft eintritt und mit seiner Schwester Frieda zusammen Prokura erhält. Beide werden der Mutter, die alleinige Geschäftsinhaberin ist, zur unverzichtbaren Stütze.

Den Haushalt führt zuerst, mit Unterbrechungen, die älteste Tochter Else, nach deren Verheiratung Frieda und danach, als sie der Schule entwachsen ist und bei den Verwandten in Lublinitz das Wirtschaften gründlich erlernt hat, Rosa. Sie ist acht Jahre älter als Edith. Außer daß sie die kleine, zarte und etwas blutarme Schwester mit besonderen Leckerbissen verwöhnt, deutet zu dieser Zeit nichts darauf hin, daß sich zwischen diesen beiden nach Alter und Anlagen so ungleichen Schwestern einmal eine besondere, schicksalhafte Verbundenheit herstellen wird.

In der Familie werden die Geschwister zu Paaren zusammengefaßt: Paul und Arno sind die Jungen, Frieda und Rosa die Mädel, Edith und ihre eineinhalb Jahre ältere Schwester Erna die Kinder, während Else, die kluge und schöne älteste Tochter, für sich steht.

Die Söhne sind nicht nur bemüht, der Mutter soweit wie möglich beizustehen, dem Ältesten fällt auch nach des Vaters Tod die Pflicht zu, am Freitagabend den Sabbatbeginn zu feiern. Auch als er längst verheiratet ist und nicht mehr im Hause der Mutter wohnt, bringt er die Freitagabende bei ihr und den Schwestern zu. Der jüngere Bruder Arno und seine Frau kommen für gewöhnlich später hinzu. Auch an den hohen Festtagen treten die großen Brüder an die Stelle des Vaters. Aber sie tun es »in wenig würdiger Weise.«[3a] Ist der Ältere verhindert und muß der Jüngere den Hausherrn vertreten, läßt er sogar merken, daß ihn im Grunde die Zeremonien belustigen, so daß nur die Mutter und die jüngeren Kinder mit Andacht teilnehmen.

Von Susanne Batzdorff, der Tochter von Edith Steins Schwester Erna, die im Hause ihrer Großmutter ihre Kindheit verlebte, wissen wir, daß auch die Großmutter nicht streng orthodox war; »obwohl ... (sie) eine koschere Küche führte, befolgte sie nicht

18

Edith, die Jüngste der Familie Stein

streng die Vorschriften des Talmud.« Ediths Mutter sei zwar selbst eine fromme und gläubige Jüdin gewesen, habe aber wenig dazu beigetragen, »ihre Kinder zu ähnlicher Befolgung der traditionellen Vorschriften anzuhalten oder ihnen eine Beziehung zum Judentum zu vermitteln.«[4] Andererseits hat Edith selbst berichtet, wie schwer ihrer Mutter stets ein längerer Aufenthalt in einem nicht rituell geführten Haushalt, wie bei der Tochter Else in Hamburg, gefallen sei, also ohne koschere Küche, in der kein Schweinefleisch verwendet werden darf und alle Gerätschaften, die mit Milch in Berührung kommen, nicht mit Fleisch und umgekehrt die für die Bereitung von Fleischspeisen vorgesehenen Geschirre nicht mit Milch zusammenkommen dürfen.

Jedenfalls sind im Hause Stein noch Reste der alten religiösen Überlieferung vorhanden, zu denen auch die Feiern der hohen Feste gehören. »Das Judentum«, schreibt Edith Stein, »hat eine ausgebildete Liturgie, feste Gebetszeiten für jeden Tag und für die hohen Feste eine Gottesdienstordnung, die einen großen Teil des Tages ausfüllt.«[5]

Zu jedem Sabbat backt Auguste Stein persönlich Barches, zu länglichen Zöpfen geflochtenes Weißbrot; nur zu Neujahr wird es rund geformt. Die Studentin Edith Stein wird, als sie nicht mehr in Breslau lebt, zu jedem Sabbat von zu Hause den von der Mutter gebackenen Barches erhalten.

Als Kind steht sie ganz unter dem Eindruck der großen Festvorbereitungen. Zum Pessachfest, dem Fest der ungesäuerten Brote, das um Ostern liegt, wird zum Beispiel alles Gesäuerte aus dem Hause entfernt und besonderes Geschirr hervorgeholt. Mazzen – ungesäuerte Brote – kommen aus der Bäckerei, wo sie unter Aufsicht des Rabbinats hergestellt wurden. Eine Woche lang wird gefeiert, besonders abends beim rituellen Festessen. Das ungesäuerte Brot wird unter den vorgeschriebenen Gebeten vom Hausherrn verteilt; dazu gibt es bittere Kräuter, die das Elend der Verbannung symbolisieren, der Wein wird gesegnet und die Geschichte von der Befreiung des Volkes Israel aus der ägyptischen Verbannung vorgelesen. »Die Liturgie des Sederabends [des Vorabends des Pessachfestes] enthält eine Reihe von Fragen, in denen das jüngste Kind sich erkundigt, warum an diesem Abend alles so anders sei als an andern Abenden. Der Hausherr antwortet darauf und erklärt den Sinn der einzelnen Bräuche.«[6]

20

Noch über dem Pessachfest steht in der Rangordnung das Neujahrsfest, am höchsten aber das Versöhnungsfest Jom Kippur. »Der höchste jüdische Feiertag ist der Versöhnungstag: der Tag, an dem einst der Hohepriester ins Allerheiligste eintrat und das Versöhnungsopfer für sich und das ganze Volk darbrachte, nachdem der ›Sündenbock‹, auf den alle Vergehen des Volkes geladen wurden, in die Wüste hinausgetrieben war. Das alles hat aufgehört. Aber noch heute wird der Tag mit Beten und Fasten begangen, und wer auch nur ein wenig noch auf sein Judentum hält, der geht an diesem Tag zum ›Tempel‹.«[6a]
Für das Kind Edith, blaß und von zarter Konstitution, wird die volle Fastenpflicht vom 12. auf das 13. Lebensjahr verschoben, und die Erwachsene schreibt: »Vom 13. Jahr an aber habe ich immer ausgehalten, und niemand von uns dispensierte sich vom Fasten, auch als wir alle den Glauben unserer Mutter nicht mehr teilten und uns außerhalb des Hauses nicht mehr an die rituellen Vorschriften hielten.«[7]
Aber auch im Hause wird manche Sitte und Vorschrift zur Vorbereitung der hohen Feste im Laufe der Zeit weniger beachtet. Was bleibt, ist die Erinnerung an die uralte Geschichte der Vorfahren, die sich im besonderen Festverhalten ausdrückt. Die religiösen Inhalte treten dahinter zurück. Nur die Mutter, die sehr wohl erkennt, daß ihre Kinder nicht mehr denselben Bezug zum Glauben der Väter haben wie sie selbst, bleibt nicht nur treu bei ihrer Überzeugung, sondern wird auch später immer wieder mahnen, den Ursprung alles Guten nicht zu vergessen. Als einmal die Rede auf ihren geschäftlichen Erfolg kommt, sagt sie: »Ich kann mir doch nicht einbilden, daß ich alles, was ich erreicht habe, meiner Kraft verdanke.«[8]
Dabei ist es viel, was sie im Laufe der Jahre erringt. Am Anfang muß mit einem gemieteten Holzplatz vorliebgenommen werden. Auch die Wohnung ist klein, nur drei Zimmer und ein Kabinett für acht Menschen, und zeitweise muß das »gute Zimmer« noch vermietet werden. Ein Umzug, der geschäftlich und wohnmäßig keine Verbesserung bedeutet, ist noch zu ertragen, bis der Erwerb des eigenen Holzplatzes in der Matthiasstraße 151 und des geräumigen, soliden Wohnhauses in der Michaelisstraße 38 im Jahr 1903 möglich wird. Das ist der Lohn für zehn schwere, mühevolle Jahre. Frau Stein steht zu der Zeit im vierundfünfzigsten Lebensjahr, Edith ist zwölf Jahre alt. Sie schreibt später

über die Mutter: »Sommer und Winter stand sie in aller Morgenfrühe auf und ging auf den Holzplatz.«[9] »Wir sahen, daß unsere Mutter von morgens bis abends schwer arbeitete.«[10]
Diese tätige Frau schätzt die Arbeit im Büro nicht. Viel lieber berät sie die Kunden, vermißt und berechnet die ausgesuchten Hölzer, hilft beim Ausladen und Einräumen von Brettern und scheut sich auch nicht, selbst anzupacken, um einem Handwagen den nötigen Stoß beim Anfahren zu geben. Die harten, immer warmen Arbeitshände ihrer Mutter sind für das Kind Edith das Sinnbild der Geborgenheit.

Buch mit sieben Siegeln

Die beiden jüngsten Kinder, Erna und Edith, wachsen bereits in der Zeit auf, als es der Familie besser zu gehen beginnt. Schon die älteste Tochter Else hat das Lehrerinnenseminar besuchen dürfen. Frieda und Rosa war an einer besonderen Ausbildung nicht gelegen, um so mehr aber wünschen sich das Erna und Edith. Die harten Arbeitshände der Mutter sind auch das Symbol dieses Aufstiegs. »Es wurde«, schreibt Edith, »in unseren Kinderjahren in Wohnung, Nahrung und Kleidung noch die größte Einfachheit gewahrt, aber wir hatten nie das Gefühl, arm zu sein ... Meine Mutter sorgte von selbst dafür, daß wir hinter andern Kindern nicht zurückstehen mußten.«[11] »Lehrer und Eltern von Mitschülerinnen, die meine Mutter niemals gesehen hatten, fragten uns oft nach ihr und versicherten uns, wir dürften stolz auf sie sein. Das war mir immer etwas peinlich. Es war für uns so selbstverständlich, daß sie war, wie sie war.«[12]
Eines Tages hört eine Freundin der Familie in der Straßenbahn, wie sich einige Herren über den Breslauer Holzhandel unterhalten und schließlich einer von ihnen sagt: »Wissen Sie, wer hier der tüchtigste Kaufmann in der ganzen Branche ist? Das ist die Frau Stein ...«[13]
Der Holzplatz ist aber nicht nur der Ort, wo Geschäfte abgeschlossen werden und die Mutter, unterstützt vom Sohn Arno und der Tochter Frieda, das Geld für die Familie verdient. Der Holzplatz ist auch ein Spielplatz, wie man ihn sich schöner und abwechslungsreicher kaum vorstellen kann, und die vielbeschäftigte Mutter ist eine glänzende Pädagogin. Sie denkt nicht daran, den Kindern ihre Freiheit über das allernötigste Maß hinaus zu beschneiden, sondern sagt: »Aufs Wort folgen und nicht stören! Sonst könnt ihr machen, was ihr wollt.«[14]
Was läßt sich da nicht alles anstellen: eine Wippe bauen, indem ein Brett über einen Holzblock gelegt wird; Verstecken spielen; in den Schuppen, die wertvolle Hölzer gegen Witterungseinflüsse schützen, kann man träumen oder sich gegenseitig Geschichten erzählen. Manchmal werden aus Holzstücken Häuser gebaut, aber auch kleine Hilfsdienste geleistet beim Waggonabladen oder der Aufschichtung von Felgen und Speichen. Will

23

sich aber ein Kind über ein anderes beschweren, kommt es schlecht an: »Klatschen will ich nicht hören!«[15] ist die kurz angebundene Antwort der Mutter.

Für die Arbeiter, die Frau Stein auf ihrem Holzplatz beschäftigt, und deren Familien fühlt sie sich nach alter patriarchalischer Sitte verantwortlich, und die Kundschaft ist ihr ebenfalls bis in die Familiengeschichten hinein vertraut. Die erfährt sie, wenn Waren auf Kredit gekauft werden oder Wechsel nicht eingelöst werden können. »Meine Mutter«, erzählt später die Tochter, »ist immer wieder ihrem guten Herzen gefolgt; manchmal hat sie den ›faulen Kunden‹ noch Geld hinzugegeben, wenn sie in Not waren. Sie ist viel betrogen worden, und das Geschäft hat immer mit großen Verlusten gearbeitet. Trotzdem ging es voran. Meine Mutter hat das immer dem Segen von oben zugeschrieben.«[16]

So wächst die kleine Edith unter der Obhut der Mutter und der großen Geschwister heran – mit allen Begleiterscheinungen der Nesthäkchen-Existenz: Die Großen verwöhnen sie, sind von ihrer leichten Auffassungsgabe entzückt, fördern dadurch aber auch Altklugheit und Frühreife. »... mein großer Bruder [Paul] pflegte alles zu tun, was ich wollte, ohne Bitte und Dank zu beanspruchen. Er konnte mich stundenlang auf seinen Schultern im Zimmer herumtragen, während ich mich an seinen Haaren festhielt... Zu seinem und meinem Vergnügen zeigte er mir oft die Bilder in seiner großen Literaturgeschichte und fragte mich, wen oder was sie vorstellten, und in seinem Eifer hielt er dabei die Unterschriften zu, obgleich ich noch nicht lesen konnte.«[17]

Für die Mutter ist ihre Jüngste, die einst den Vater zurückgerufen hatte, bevor er die Reise antrat, von der er nicht mehr wiederkehrte, eine Art Vermächtnis. Bis zu Ediths sechstem Lebensjahr schläft sie bei ihr. Auch als sie schon größer ist, frisiert die Mutter sie gerne. Ist die Kleine krank, ist ihr erster Gang, noch ehe sie den Mantel abgelegt hat, ans Bett dieses besonders geliebten Kindes.

Frau Stein hat einmal gesagt, jedes ihrer Kinder habe ihr auf seine Weise Rätsel aufgegeben. Edith gilt den älteren Schwestern, im Gegensatz zu Erna, die sie für durchsichtig wie klares Wasser erklären, als ein Buch mit sieben Siegeln.

24

Der Hauseingang Jägerstraße 5 in Breslau, wo die Familie Stein bis zum Umzug in die Michaelisstraße wohnte

25

In der Tat sind die beiden Schwestern, die nur ein Jahr und acht Monate voneinander trennen und die fast wie Zwillinge aufwachsen, in einer Verbundenheit, die auch die Kleinkinderzeit überdauert, unendlich verschieden. Während Erna groß und kräftig ist, bleibt Edith, trotz aller Pflege, klein und zart. Zwar tragen sie Kleider in denselben Farben, eben Zwillingskleider, und unternehmen alles gemeinsam, aber von Anlagen und Mentalität her sind sie sehr verschieden. Erna ist weder ehrgeizig noch zeigen sich besondere wissenschaftliche Anlagen. Edith dagegen kann es kaum erwarten, endlich zur Schule gehen zu dürfen.

Als Erna eingeschult wird, bleibt Edith wie verloren zurück. Daran gewöhnt, alles mit der Schwester zu teilen, fühlt sie sich vereinsamt. Die Erwachsenen glauben Rat zu wissen und verfallen auf den Gedanken, die Kleine in einen Kindergarten zu geben, damit sie wieder mit Gleichaltrigen zusammen sein könne. Wie sehr Edith den Erwachsenen ein Buch mit sieben Siegeln gewesen sein muß, zeigt sich schon an dieser Fehleinschätzung. Zur Schule will Edith, lernen will sie, nicht in einem Kindergarten spielen, und die älteren Geschwister, die sie hinbringen müssen, haben keine leichte Aufgabe. Das geht so weit, daß sie sich einmal, als es regnet, unter dem Vorwand, auf dem nassen Boden nicht gehen zu können, den ganzen Weg vom gutmütigen ältesten Bruder tragen läßt.

Schließlich findet sie einen Weg, dem »verhaßten Kindergartendasein«[18] ein Ende zu machen: Sie wünscht sich als einziges Geschenk zum Geburtstag, in die »große Schule«[19] gehen zu dürfen.

Genau an ihrem sechsten Geburtstag, dem 12. Oktober, beginnt in jenem Jahr nach den Herbstferien die Schule wieder. Da geht Else, die große Schwester, die selber eine vorzügliche Schülerin gewesen ist und gerade das Lehrerinnenexamen gemacht hat, zum Direktor der städtischen Viktoriaschule und verbürgt sich für ihre kleine Schwester: sie werde allen Anforderungen gewachsen sein.

Und wirklich: Obwohl es schwierig ist, mit Feder und Tinte zu schreiben und ganze Wörter zu lesen – damals wurde noch mit Griffel und Schiefertafel das Schreiben gelernt und nach analytischer Methode das Lesen – wird Edith Ostern mit den anderen, die ein halbes Jahr vor ihr eingeschult wurden, versetzt.

26

Die Viktoriaschule am Ritterplatz

Sicherlich ist Ehrgeiz am Erfolg beteiligt, aber ohne Begabung wäre er auch nicht erreichbar. In der Sicht von Beobachtern spielt allerdings der Ehrgeiz die größere Rolle. Eine Spielgefährtin und Mitschülerin erinnert sich später: »Daß sie als Jüngste eines großen Geschwisterkreises altklug war, war ja nicht zu verwundern, daß sie viel las und entsprechende Anregung durch die Geschwister erhielt, war wohl wünschenswert, daß sie aber einen unbezähmbaren Ehrgeiz entwickelte, dessen Spannung sich in Tränen der Wut auflösen konnte, wenn sie nicht erreichte, was sie wünschte, sich nicht als Beste, als Tüchtigste erwies, das war weniger liebenswürdig. Und doch waren auch da zum guten Teil die Geschwister schuld, die eine Art Wunderkind aus ihr machten und sie anbeteten. Sie war auch ihrer Mutter Lieblingskind, aber nie habe ich beobachtet, daß sich das in Verwöhnung oder Bevorzugung ausgesprochen hätte.«[20] »Sie war eine vorzügliche Schülerin... Aber sie hatte wie jeder Sterbliche natürlich ihre Grenzen, und ich werde nie ihr totenblasses, ängstlichverzweifeltes Gesicht vergessen, das sie gewöhnlich während der Klassenarbeiten im Rechnen bekam.«[21]

27

Auch die erwachsene Edith weiß von Eifer und Ehrgeiz zu berichten: »Ich war eine übereifrige Schülerin«, heißt es in den Erinnerungen. »Ich konnte mit hochgerecktem Zeigefingerchen bis zum Katheder vorhüpfen, um nur ja ›dranzukommen‹.«[22] Ihre Lieblingsfächer sind Deutsch und Geschichte, und jedes neue Lesebuch und jedes Geschichtsbuch wird sofort von der ersten bis zur letzten Seite »verschlungen«. Aufsätze schreiben ist ihr keine Last, sondern ein Vergnügen. Hier kann sie aussprechen, was sie innerlich beschäftigt. Denn obwohl so innig mit der Mutter verbunden, ist diese doch nicht ihre Vertraute, wie niemand, kein Erwachsener, kein Kind, auch nicht ihre Schwester Erna. Was sie sieht und hört, beschäftigt sie nachhaltig, ein Betrunkener etwa, der ihr Grauen einflößt, oder ein Gespräch über eine Mordtat. Tage- und nächtelang wird sie von solchen Eindrücken verfolgt, liegt nachts wach und fürchtet sich. Das übersensible Kind wird sogar durch einen etwas derberen Ausdruck, den die Mutter im Wortwechsel mit einem der Söhne gebraucht, verstört. Da es aber kaum über das spricht, was es bewegt, bricht sich die angestaute, unverarbeitete Furcht zum Schrecken der Erwachsenen in Fieberphantasien Bahn.

Dieses reiche, nach innen gekehrte Leben äußert sich aber nicht nur in Angsterscheinungen. Edith ist etwa sieben Jahre alt, als für alle wahrnehmbar eine deutliche Veränderung mit ihr vorgeht. Das eigensinnige kleine Mädchen, das sich auf den Boden wirft und stocksteif liegenbleibt, wenn es der großen Schwester nicht folgen will, das dann von der solchen Ausbrüchen gegenüber Hilflosen in eine dunkle Kammer gesperrt wird und, mit den Fäusten gegen die Tür trommelnd, aus vollem Halse schreit, bis die Mutter mit Rücksicht auf die anderen Hausbewohner eingreift und die Kleine befreit, dieses nervlich außerordentlich fein organisierte, eigenwillige und offensichtlich hochbegabte Kind wird beinahe von einem Tag zum andern brav. Eine äußere Ursache weiß die Erwachsene nicht zu nennen. Ob es wirklich die Vernunft ist, wie sie meint, ein »Gefühl für die Würdelosigkeit eines solchen Sich-gehen-Lassens«?[23] Niemand vermag das zu sagen. Es bleibt Vermutung. Jedenfalls wird sie gehorsam, »ein leicht lenksames Kind«[24], das sich sogar dazu überwindet, um Verzeihung zu bitten, wenn es eine Ungezogenheit begangen hat, und dann glücklich ist, wenn der Friede wiederhergestellt ist.

28

Das eigene innere Leben, abgeschlossen von dem der Erwachsenen, aber bleibt bestehen und weitet sich zu Vorstellungen, von denen es später heißt: »In meinen Träumen sah ich immer eine glänzende Zukunft vor mir. Ich träumte von Glück und von Ruhm, denn ich war überzeugt, daß ich zu etwas Großem bestimmt sei und in die engen, bürgerlichen Verhältnisse, in denen ich geboren war, gar nicht hineingehörte.«[25]
Auch darüber spricht sie mit niemand. Aber es fällt auf, daß sie verträumt ist, und wenn auch die Ängste und Fieberphantasien schwinden, so ist doch auch der Traum von Ruhm und Glück und die damit verbundene Bedeutungssteigerung der eigenen kleinen Person nicht ganz unbedenklich. Auch deshalb ist, wie Edith Stein selbst feststellte, der Schulbesuch mit konkreten Anforderungen und geistiger Nahrung das richtige und notwendige Mittel gegen Übersteigerungen aller Art.

Die erste Schulzeit bleibt in der Erinnerung als eine glückliche Phase, aber ohne deutliche Umrisse. Dauerhafte Freundschaften entstehen nicht, und als Erna sich entschließt, von der Töchterschule auf die Gymnasialstufe der Viktoriaschule zu wechseln, wirkt das auf Edith keineswegs stimulierend und verlockend: Mit vierzehneinhalb Jahren verläßt sie Ostern 1906 die Schule, nachdem sie in den letzten Klassen nicht mehr ganz so erfolgreich war wie zuvor, wo sie immer einen der ersten Plätze innehatte. Sie läßt sich auch nicht vom Direktor beeinflussen, der entsetzt ist über das Ausscheiden einer so begabten Schülerin. Edith Stein hat auch später nie bereut, daß sie sich zu dieser Zäsur entschloß. Sie hat das Lernen erst einmal satt und reist zu ihrer ältesten Schwester Else nach Hamburg, um dort Hauswirtschaft und Kinderpflege zu erlernen.
Es gibt sehr unterschiedliche Berichte über Edith Steins häusliche Fähigkeiten. Sie selbst hat mehrfach betont, daß sie kein Gefallen an hauswirtschaftlichen Verrichtungen habe. Aber in Hamburg überläßt ihr die Schwester des öfteren die Versorgung zweier kleiner Kinder und des gesamten Haushaltes, und dennoch ist, wenn der Schwager auf die Minute pünktlich nach Hause kommt, das Mittagessen fertig, und die Babies – das ihrer Schwester und das ihrer zu Besuch weilenden Schwägerin – sind versorgt. Anstoß nimmt der Schwager, ein Arzt, eigentlich nur

29

daran, daß sie so verträumt ist, und er fragt deshalb seine Frau, wie sie ihr nur die Kinder anvertrauen könne. Die Antwort ist charakteristisch für die Einstellung der großen Geschwister gegenüber Edith: »Dieses Mädchen ist *meine* Schwester.«[25a] Wichtig ist der Hamburger Aufenthalt noch aus einem anderen Grunde. Hier, in dem Haus ohne religiöse Bindungen und Bräuche, wo ihr mancherlei Literatur zugänglich wird, die, durch den Beruf des Schwagers bedingt, nicht gerade für ein vierzehnjähriges Mädchen bestimmt ist, gewöhnt sie sich aus eigenem Entschluß das Beten ab. Sie kann das: etwas beschließen und durchführen. Sie ist konsequent, und es scheint anfangs auch niemand diese Veränderung bemerkt oder den Versuch unternommen zu haben, einen Sinneswandel herbeizuführen.

Statt dessen wird Edith, ein heranwachsendes Mädchen ohne Erfahrung, zur lange entbehrten Gesprächspartnerin der um siebzehn Jahre älteren Schwester. Else hat mancherlei auf dem Herzen und findet in Edith die kongeniale Zuhörerin: Sie bleibt ruhig, äußert nur selten ihre Meinung und wenn, dann immer in besonnener Weise. Das wirkt auf die leicht erregbare Else besänftigend, und zum ersten Mal zeigt sich hier eine Aufgabe, die von da an lebenslang Ediths Teil sein wird: Zuhörerin und Ratgeberin zu sein, die Sorgen anderer auf sich zu nehmen und so gut wie möglich den Bekümmerten beizustehen.

In dieser Zeit reift das kleine, blasse Mädchen zu »fast frauenhafter Fülle«.[26] Das bis dahin blonde Haar dunkelt nach, und als sie schließlich nach zehn Monaten nach Hause zurückkehrt, wird sie bisweilen kaum erkannt und mit einer Cousine verwechselt.

Wieder in der gewohnten Umgebung, zeigt Edith dennoch keinerlei Anzeichen eines eigenen Lebensplans. So beratschlagen die großen Geschwister, was denn aus ihr werden könne: etwa eine Fotografin. Der Bruder Arno besucht mit ihr ein Foto-Atelier und erkundigt sich nach den Ausbildungsbedingungen. Aber entschieden wird nichts.

Die Zeit in Hamburg hat Edith selbst eine Art Puppenstadium genannt. »Ich war auf einen sehr engen Kreis eingeschränkt und lebte noch viel ausschließlicher in meiner inneren Welt als zu Hause.« »Über meine Zukunft dachte ich nicht nach, aber ich lebte weiter in der Überzeugung, daß mir etwas Großes bestimmt sei.«[27]

30

In Breslau hat sie eigentlich nichts Rechtes zu tun. Sie hilft ein wenig im Haushalt und übernimmt ihn einmal für acht Tage ganz, als Rosa auf einer Gebirgswanderung ist. Sonst hat sie viel freie Zeit, die sie vor allem mit Lesen verbringt, mit Vorliebe Dramen von Ibsen, Hebbel, Grillparzer und vor allem Shakespeare. Diese Neigung zu dem großen Briten bleibt ihr auch später, ja die Lektüre seiner Werke empfindet sie in Zeiten außerordentlicher geistiger Anspannung als Erholung.

Das Eindringen in die Literatur des neunzehnten Jahrhunderts, der seit jeher ihre große Liebe gilt, verhilft ihr zu einem Wissens- und Bildungsschatz, der für das ganze Leben wichtig und für die spätere Lehrtätigkeit hilfreich sein wird. Aber eine Entscheidung über die Zukunft ist damit nicht verbunden.

»Ich konnte nicht handeln«, schreibt Edith Stein später, »solange kein innerer Antrieb vorhanden war. Die Entschlüsse stiegen aus einer mir selbst unbekannten Tiefe empor. Wenn so etwas einmal ins helle Licht des Bewußtseins getreten war und feste gedankliche Form angenommen hatte, dann ließ ich mich durch nichts mehr aufhalten; ja ich hatte eine Art sportliches Vergnügen daran, scheinbar Unmögliches durchzusetzen.«[28]

Beschäftigung findet sie vor allem in der tätigen Teilnahme an Ernas Schulsorgen. Wenn ein Aufsatz geschrieben werden muß, ist sie in ihrem Element. Tausend Zitate und literarische Zusammenhänge fallen ihr ein, und wenn es zur Abrundung noch an etwas fehlt, setzt sie sich hin und trägt es nach. Einmal schreibt sie einen der aufgegebenen Aufsätze von Anfang bis Ende; Erna vergleicht ihn mit ihrem eigenen, findet den von Edith geschriebenen viel schöner und gibt ihn »nach einigem Zögern« ab.[29] Auch der gestrenge Professor Olbrich, den Edith noch aus der eigenen Schulzeit kennt, ist zufrieden – freilich ohne von dem Tausch zu wissen. Edith fügt ihrer späteren Schilderung hinzu, eigentlich habe Erna Hilfe gar nicht gebraucht, aber sie habe keine Freude am Schreiben gehabt.

Eines Tages nun kommt dieses scheinbar so ziellos dahinlebende Mädchen auf den Gedanken, eigentlich könne sie ja auch selbst das Gymnasium besuchen und nicht nur an Ernas Schulaufgaben teilnehmen. Aber ist es nicht schon zu spät dafür? Die Mutter, die sich an den Überlegungen der Geschwister über Ediths Zukunft nicht beteiligt hat, findet das keineswegs. »Es fingen ja andere Leute mit 30 Jahren noch an; dann würde es wohl für mich

31

mit noch nicht 16 nicht zu spät sein.«[30] Zu dieser Zeit ist die Reform der Mädchenbildung bereits so weit fortgeschritten, daß öffentlichen Schulen der gymnasiale Zweig angeschlossen ist und das Abitur auch von Mädchen abgelegt werden kann. Erna und Edith Stein gehören zu den ersten Schülerinnen, denen Umwege über separate Gymnasialkurse und ausländische Universitäten erspart bleiben.

1887 hatte in Berlin die Lehrerin Helene Lange in ihrer aufsehenerregenden »Gelben Broschüre« Bildungsvoraussetzungen angemahnt, die der Frau als Erzieherin der kommenden Generation angemessen sein sollen. Dabei steht der Gedanke, daß Mädchen vor allem von Frauen erzogen werden sollten, was an öffentlichen Schulen durchaus nicht der Fall ist, mit im Vordergrund. 1889 begründete Helene Lange in Berlin ihre Realkurse für Frauen und wandelte sie 1893 in Gymnasialkurse um. 1896 bestanden die ersten sechs Schülerinnen, die an dieser eigens für sie gegründeten Anstalt vorbereitet worden waren, als Externe am Königlichen Luisengymnasium zu Berlin mit glänzendem Erfolg das Abitur. Die jungen Mädchen hätten »reichlich so viel, zum Teil mehr geleistet als unsere jungen Männer«, erklärte der Kultusminister vor dem Preußischen Abgeordnetenhaus. Dennoch hat keine dieser jungen Frauen zu dieser Zeit die Gewähr gehabt, in Deutschland studieren zu können. Die meisten wandten sich in die Schweiz, zur Universität Zürich, wo das Frauenstudium bereits selbstverständlich war. Aber der Beweis lag vor, daß Mädchen und Frauen die Voraussetzungen für Abitur und Studium mitbringen, und damit war ein bahnbrechender Erfolg errungen.

Als dann 1906 unter dem so selbstherrlichen wie bedeutenden Leiter der Hochschulabteilung im preußischen Kultusministerium, Friedrich Althoff, die wichtige Schulkonferenz stattfand, wurden von seiten der Frauenbewegung Helene Lange und Gertrud Bäumer zur Teilnahme aufgefordert und stellten deren Auffassung dar. Das Ergebnis der Konferenz entsprach nicht völlig ihren Wünschen. Statt gesonderter Gymnasialkurse bot sich jetzt allerdings die Möglichkeit, an öffentlichen höheren Mädchenschulen, nach der siebten oder achten Klasse, zum gymnasialen Zweig überzugehen, der zur Reifeprüfung führte. Außerdem wurde noch der sogenannte vierte Weg zur Universität eröffnet, der seminaristisch vorgebildeten Lehrerinnen an hö-

32

heren Mädchenschulen erlaubte, nach zweijähriger Schulpraxis zu studieren. Diesem vierten Weg über die Oberlehrerinnenlaufbahn standen alle Richtungen der Frauenbewegung skeptisch gegenüber, weil befürchtet wurde, die mangelhafte Vorbildung werde das Frauenstudium desavouieren.*

Edith und Erna Stein und ihre Freundinnen sind als Gymnasiastinnen enthusiastische Anhängerinnen des radikalen Flügels der Frauenbewegung, der die sofortige Einführung des Frauenwahlrechts fordert, während die Gemäßigten um Helene Lange, zahlenmäßig die stärkste Fraktion der Frauenbewegung, und die konfessionellen Frauen das Wahlrecht als die Krone ihrer Bemühungen ansehen. Sie sind darauf ausgerichtet, die Frauen wahlfähig zu machen und vor der Manipulation durch parteipolitische Interessen zu bewahren.

Solche vorsichtigen Überlegungen sind den jungen Leuten in Breslau ganz fremd. Mit Schwung, aber auch in vollem Bewußtsein der Bedeutung ihres Handelns treten sie als Studierende – unter ihnen auch Hans Biberstein, Ernas späterer Mann – in den Preußischen Verein für das Frauenstimmrecht ein, eine stadtbekannte radikale Organisation, in der überwiegend Sozialistinnen Mitglieder sind.

Als Edith sich auf die Aufnahmeprüfung für die Obersekunda des Gymnasiums vorbereitet, hält sie sich aber von solchen Aktivitäten noch ganz zurück. Auch soll niemand außer der engsten Familie etwas von ihren Plänen wissen, denn immerhin steht ja der Erfolg zu diesem Zeitpunkt noch nicht fest. Obwohl sie nun den ganzen Tag über fest eingespannt ist, fühlt sie sich unglaublich wohl: »Dieses halbe Jahr rastloser Arbeit ist mir immer als die erste ganz glückliche Zeit meines Lebens in Erinnerung geblieben. Es lag wohl daran, daß zum ersten Mal meine geistigen Kräfte in einer ihnen entsprechenden Aufgabe voll angespannt waren. Wenn ich ganz allein in dem Zimmer, das mir zur Arbeit angewiesen war – ich hatte damals noch kein eigenes Arbeitszimmer – am Schreibtisch saß, kümmerte mich die ganze übrige Welt nichts mehr. Nach jeder gelösten Mathematikaufgabe pfiff

---

* Die drei anderen Wege zur Universität führten über das humanistische Gymnasium, die Oberrealschule und die gymnasialen Abzweigungen der höheren Mädchenschulen.

33

ich ein paar Takte als Triumphlied.« Also nichts mehr von der verzweifelt-ängstlichen Haltung des kleinen Mädchens in der Rechenstunde. Aber: »Ich zog es nie in Erwägung, Mathematik zu studieren. Ich hatte ein sportliches Vergnügen daran als an einer gesunden geistigen Turnübung. Aber es war nicht das, wofür ich geboren war. Ganz anders war es beim Latein. Das Erlernen der neuen Sprachen hatte mir nicht annähernd soviel Freude gemacht. Diese Grammatik mit ihren strengen Gesetzen entzückte mich. Es war, als ob ich meine Muttersprache erlernen würde. Daß es die Sprache der hl. Kirche ist und daß ich später einmal in dieser Sprache beten sollte, davon ahnte ich damals noch nichts.«[31]

Die Eltern einer früheren Schulkameradin raten ihr, sich doch gleich für die Unterprima anzumelden, aber sie fühlt selbst, daß das vermessen wäre. »Ich mußte mich schon entschließen, zu den Jüngeren in die Klasse zu gehen, nachdem ich mich so spät zum Studium entschieden hatte. Ich habe es übrigens nie bereut. Die beiden Jahre, die ich frei von Schulzwang war, hatten mich körperlich so gekräftigt, daß ich nun allen Anstrengungen mühelos gewachsen war.«[32]

Am Prüfungstag warten Mutter und Geschwister gemeinsam mit Edith auf das Ergebnis: Als einzige hat sie für Obersekunda bestanden.

Nach zweijähriger Pause beginnt das neue Leben mit der Weisheit einer Mitschülerin, die ihre Tasche auf den Tisch wirft und seufzt: »Das Leben ist mühsam und zeitraubend.«[33] Schülerjargon, die Schule hat sie wieder.

Die städtische Viktoriaschule in Breslau, wie viele Schulen damals im Deutschen Reich nach der früheren preußischen Kronprinzessin Viktoria, der späteren Kaiserin Friedrich, benannt, galt immer als evangelisch. Edith Stein berichtet das, als sie selbst während des Ersten Weltkriegs vertretungsweise dort unterrichtet. In der Tat enthält die Festschrift zum fünfzigjährigen Bestehen der Anstalt*, die alle Lehrkräfte, die je dort bis zu diesem Zeitpunkt unterrichteten, aufführt, überwiegend Namen von Protestanten. Einige Lehrer, nahezu ausschließlich für das

---

* Die Kopie eines Exemplars befindet sich im Edith-Stein-Archiv der Karmelitinnen in Köln.

34

Fach Jüdische Religion, sind mosaischen Glaubens; katholisch ist ein verschwindend geringer Teil.

Die Schule genießt zu Recht einen ausgezeichneten Ruf und weist unter ihren Schülerinnen einen verhältnismäßig hohen Anteil von Töchtern des reichen, liberalen, gebildeten Breslauer Judentums auf, das innerhalb des kulturellen Lebens der Stadt eine große Rolle spielt.

In der Familie Stein wird allerdings die »jüdische Bourgeoisie«[34] aus dem reichen Süden der Stadt – wegen des Geschäftes bleiben die Steins im Norden, der als weniger vornehm gilt, und fühlen sich dort wohl – wenig geschätzt. Der Mutter gelten die Reichgewordenen als Parvenus. Edith und Erna kritisieren besonders die zwielichtige Haltung der doppelten Moral. Damit ist das moralische Vorrecht gemeint, das Männer des Bürgertums (nicht etwa nur des jüdischen) sich in erotischer Hinsicht nehmen: Für sie gilt der Seitensprung, der Bordellbesuch, das zügellose Leben als Kavaliersvergehen, während von der Frau ein einwandfreies moralisches Verhalten gefordert wird und die Prostituierte als verworfen gilt. Mit der gesamten Frauenbewegung lehnen die beiden Schwestern diese Doppelmoral ab und fordern, in diesem Fall mit den sogenannten Gemäßigten in der bürgerlichen Frauenbewegung (Helene Lange, Gertrud Bäumer, Alice Salomon, Marianne Weber u. a.) übereinstimmend, die Anpassung der Männer an die sittlich höherstehenden Normen der Frauen. Der radikale Flügel, mit dem die Schwestern Stein sonst überwiegend sympathisieren (u. a. Anita Augspurg, Helene Stöcker, Lida Gustava Heymann), plädiert zwar auch dafür, daß Männer und Frauen mit gleichem Maßstab gemessen werden, versteht darunter aber, daß beiden Geschlechtern die gleichen erotischen Freiheiten zustehen sollten.

Direkt konfrontiert werden Erna und Edith mit diesen Problemen, als zwei Cousins, mit denen sie jahrelang kameradschaftlich verbunden waren, eines Tages ihr beginnendes Erwachsenwerden als den Zeitpunkt auffassen, von dem an sie ihr Leben »genießen« wollen, »und dies in Formen, für die sie bei uns kein Verständnis voraussetzen konnten«[35], schreibt Edith viel später.

Zum zweiten Mal wird die damals viel diskutierte und heute oft falsch interpretierte Doppelmoral für die Stein-Schwestern aktuell im Zusammenhang mit der jahrelangen Freundschaft zwischen Erna und ihrem späteren Mann Hans Biberstein. Erna

35

kann die besorgte Edith beruhigen: Sie hat mit Hans gesprochen. Er betrachtet die Doppelmoral, die die Schwestern »leidenschaftlich ablehn(t)en«[36], als das, was sie wirklich ist: als Unmoral.

Die Bedeutung, die dieser Frage keineswegs nur in dieser Familie beigelegt wird, gibt zu erkennen, wie intensiv grundsätzliche Probleme dieser Art in Kreisen, die von der Frauenbewegung beeinflußt sind, diskutiert werden. Zu dieser Zeit ist die Frauenbewegung, die in der Vorphase der Revolution von 1848 entstand, als sie die Lösung der sozialen Frage und des Bildungsproblems als grundlegend für die Emanzipation der Frau erkannte, rund fünfzig Jahre alt und findet bei jungen intellektuellen Frauen und Mädchen zunehmend Sympathien.

Auch der Geist der Viktoriaschule ist davon berührt. Obwohl evangelisch geprägt, handelt es sich nicht um eine Konfessionsschule, sondern um eine Anstalt mit aufgeklärter, toleranter Tradition. Auch deshalb schicken jüdische Familien ihre Töchter gerne dorthin. In Edith Steins Gymnasialklasse sind alleine neun jüdische Schülerinnen. Nur eine Mitschülerin ist katholisch, was sicherlich auch damit zusammenhängt, daß der katholische Bevölkerungsanteil Breslaus zu dieser Zeit nur in verschwindendem Maße den gehobenen Ständen angehört, so daß nur wenige Kinder dieses Bekenntnisses eine höhere Schule besuchen.

Bis zum Abitur bleiben nur fünfzehn Schülerinnen beisammen. Es werden keine lebenslänglichen Freundschaften geschlossen, aber man kommt gut miteinander aus. Edith übersetzt vor Beginn jeder Lateinstunde, was aufgegeben worden war. In den Primen gibt der tüchtige Lateinlehrer auch den Deutschunterricht. »Davon waren alle begeistert«, schreibt Jahrzehnte später Edith Stein. »Es war wirklich ein großer Reichtum, den er den empfänglichen, jungen Gemütern bot. In Schillers philosophischen Gedichten fand ich die mir genehme Weltanschauung.«[37]

Der Ausdruck »genehm(e)« kann die Vermutung auslösen, daß die reife Frau die Bedeutung, die das junge Mädchen Schillers Ideal und Pathos beilegte, als eine Wahl aus Bequemlichkeit und Selbstüberhebung angesehen habe. Jedenfalls hat sie die Klassiker, mit denen das offizielle Schulpensum abschließt, später nicht mehr in derselben Weise verehrt, wie sich auch in der Bewertung von Goethes »Faust« zeigt, und zwar aus weltanschaulichen Gründen. Aber ebenfalls aus weltanschaulichen Gründen,

36

und nicht aus arroganter Überheblichkeit, fühlt sich die Achtzehnjährige zu Schillers Werk hingezogen; sie findet hier eine Reinheit des Strebens und Klarheit der Gedanken, die ihr – in anderer Weise – außer Shakespeare eigentlich nur noch die Musik Bachs und wohl auch Rembrandt in seinen Handzeichnungen vermittelt.

Sie ist zu dieser Zeit nach eigenem Bekenntnis Freigeist, was soviel wie ungläubig bedeutet. Aber wie weit geht dieser Unglaube? Wird hier die Existenz Gottes grundsätzlich abgestritten? Oder ist sie Agnostikerin und meint, daß über das absolute Sein, also Gott, nichts ausgesagt werden kann? Später wird sie von der Sünde des radikalen Unglaubens sprechen, dem sie angehangen habe, und das scheint die Bezeichnung Atheistin zu rechtfertigen.

Sicher ist, daß sie zu dieser Zeit und noch Jahre hindurch keine religiös begründete Weltanschauung besitzt. Als sie als Vierzehnjährige die Mädchenschule verließ, beschäftigten sie aber nach eigener Aussage weltanschauliche Fragen, was dann zur Abschüttelung der letzten religiösen Bindungen führte. Es scheint, daß die Hinwendung zum Ideenreichtum und zum ethischen Gehalt der Klassik die entstandene Lücke bis zu einem gewissen Grade ausfüllte. Die Auseinandersetzung mit dieser Phase ihres Lebens schlägt sich später in mannigfacher Weise nieder.

Um diese Zeit lernt Edith die Oper kennen, hört zum ersten Mal Mozarts »Zauberflöte«, spielt zu Hause mit den Schwestern aus dem Klavierauszug die Arien und Duette, die vom Geist der Aufklärung, der Toleranz, des Freimaurertums ebenso künden wie von hingebungsvoller, schicksalhafter Liebe und der Auseinandersetzung zwischen Haß und Duldsamkeit. »Ein bevorstehender Theaterabend«, heißt es in den Erinnerungen, »war mir ein leuchtender Stern, der allmählich näher kam. Ich zählte die Tage und Stunden, die mich noch davon trennten. Es war schon beglückend, im Theaterraum zu sitzen und zu warten, bis der schwere eiserne Vorhang langsam in die Höhe ging – das Klingelzeichen ertönte –, endlich die neue, fremde Welt sich öffnete. Dann lebte ich ganz in dem Geschehen auf der Bühne.«[38]

Unter den Opern ist ihr Beethovens »Fidelio« das Höchste. »Die Meistersinger« von Wagner liebt sie, sonst lehnt sie Wagner ab, obwohl sie sich der Macht dieser Musik nicht ganz entziehen kann. Aber was ist das alles gegen Bach! »Diese Welt der Reinheit und strengen Gesetzmäßigkeit zog mich im Innersten an.«[39] Das alles erlebt und genießt sie neben der Schule, denn die beiden Primen sind wie ein Spiel. Ab vier Uhr nachmittags ist sie aufgabenfrei und kann sich ihren literarischen und künstlerischen Neigungen widmen, vor allem dem Lesen.

Wenn sie aber an das Ende der Schulzeit denkt, an das immer näher rückende Abitur, dann bleibt die Frage nach dem Berufsziel nach außen hin offen. Für sich hat sie insgeheim ihre Entscheidung bereits getroffen: Literatur und Philosophie will sie studieren, und obwohl sie ihrem Vetter Richard Courant eingestehen muß, sie habe bis dahin, außer ein wenig Haeckel, der ja eigentlich kein Philosoph sei, noch nichts Philosophisches gelesen, setzt sich dieser Gedanke ans Philosophiestudium in ihr fest.

Dieses Vorhaben erregt Ärgernis, denn das sind doch brotlose Künste. Aber die Mutter, die auch hier die anderen reden läßt, ohne sich einzumischen, findet auch jetzt das richtige Wort: »Es hat dir niemand etwas dreinzureden. Es gibt uns ja auch niemand etwas dazu. Tu, was du für richtig hältst.«[40]

Die Klasse vor Edith Stein hat als erste das Abitur an der eigenen Schule ablegen können. Noch Erna Stein hatte den beschwerlichen Weg gehen müssen, als Externe die Prüfung an einer Jungenschule zu machen. Nun ist auch die Befreiung vom Mündlichen möglich geworden, was im Jahr zuvor noch nicht zulässig war, um die Leistung der Schule nach der Neuordnung kontrollieren zu können.

Die schriftlichen Prüfungen verlaufen gut, und vom Mündlichen wird Edith erwartungsgemäß befreit. Dafür muß sie das »Bierdrama« schreiben, ein ehrenvoller Auftrag ihrer Mitschülerinnen, den sie mit Geschick und Bravour erfüllt. Hauptperson ist eine Abiturientin, die, vom vielen Lernen verwirrt, von ihrer Mutter zu einem Geisterbeschwörer gebracht wird, der die bösen Geister austreiben soll: Cicero und Horaz, Frau von Stein und Klärchen neben vielen anderen. Als die solchermaßen doppelt Strapazierte endlich erwacht, weiß sie von nichts. Aber sie findet bei sich ein Papier und stellt fest: »Ist auch mein Kopf von Wissen leer, / Ich fürchte nichts und niemand mehr: / Hier

38

steht's ja klar und deutlich drin, / Daß ich jetzt reif zum Studium bin.«[41]

Von anderen Autorinnen ist auch eine »Bier*zeitung*« verfaßt worden. Im Stil von Goethes und Schillers Xenien werden dort die einzelnen Schülerinnen charakterisiert. Über Edith heißt es: »Gleichheit der Frau und dem Manne, / So rufet die Suffragette, / Sicherlich sehen dereinst / Im Ministerium wir sie.«[42] Die Lehrer sind sehr erstaunt, als sie erfahren, wem dieser Vers gilt. Der von Edith hochgeschätzte Latein- und Deutschlehrer Professor Olbrich aber schreibt ihr auf die Rückseite ihres Exemplares der »Bierzeitung« ein Ibsen-Wort: »Hammerschlag auf Hammerschlag / Bis zum letzten Erdentag.«[43]

Am Morgen nach der Prüfung weiß sie: »Eine liebe und vertraute Lebensweise« ist »für immer vorbei.«[43a] Noch einmal überdenkt sie ihre Berufswahl, die, weil gar so wenig praktisch orientiert, im Verwandtenkreis Kritik findet. Aber sie ist überzeugt: »Wir sind auf der Welt, um der Menschheit zu dienen... Das kann man am besten, wenn man das tut, wofür man die geeigneten Anlagen mitbringt.«[44]

39

Studentin in Breslau

An einem Tag Ende April 1911 steht die Studentin Edith Stein vor dem Schwarzen Brett der Friedrich-Wilhelms-Universität zu Breslau. Dieses »Schwarze Brett« besteht aus einer ganzen Anzahl von Wandtafeln, auf denen die Dozenten ihre Vorlesungs- und Seminarankündigungen anschlagen. Die noch gar nicht immatrikulierte Studentin ist so erfülllt von Eifer und Interesse, daß sie achtgeben muß, nicht zu viele Vorlesungen und Übungen zu belegen. Fürs erste beläßt sie es bei Indogermanisch, Urgermanisch und neudeutscher Grammatik, Geschichte des deutschen Dramas, preußischer Geschichte im Zeitalter Friedrichs des Großen und englischer Verfassungsgeschichte; außerdem ein Anfängerkurs im Griechischen sowie – mit größter Spannung erwartet – eine vierstündige Einführung in die Psychologie von William Stern und ein einstündiges Kolleg von Richard Hönigswald über Naturphilosophie.

Die Themenwahl zeigt, daß die Mahnungen, insbesondere der Schwester Frieda, die mit Sorge Ediths Zukunftspläne verfolgt hat, nicht ohne Wirkung geblieben sind: Edith hat belegt, was für die spätere Laufbahn als Lehrerin in Deutsch und Geschichte nötig sein wird. Psychologie und Philosophie gehören allerdings nicht dazu, und gerade hier schlägt ihr Herz am höchsten.

Beiden dafür zuständigen Professoren – Stern und Hönigswald – wird sie einmal viel verdanken: die Kenntnis des damaligen Standes der Psychologie, die von der Philosophie noch nicht als eigenständige Wissenschaft abgegrenzt ist, und den »Begriffsapparat des Kantianismus« mit seiner logischen Schärfe.

Edith hört übrigens auch Vorlesungen bei Eugen Kühnemann, dem Breslauer Ordinarius für Philosophie, der aber viel bekannter ist als Verfasser von Werken über Herder und Schiller. Er gehörte zeitweilig dem naturalistisch ausgerichteten Friedrichshagener Literaten- und Künstlerkreis in der Nähe Berlins an, zu dem auch Gerhart Hauptmann zählte.

Vier Fächer hat sich also die Anfängerin gewählt: Germanistik, Geschichte, Latein und Philosophie. Das ist zuviel, und sie sieht es bald ein. Da Latein ohne Kenntnis des Griechischen nur eine halbe Sache sein würde, trennt sie sich schweren Herzens von diesem geliebten Fach. Dafür bleibt ihr aber die Philosophie, weil »Philosophische Propädeutik« Prüfungsfach für Lehramtskandidaten ist. Wer kann denn jetzt noch etwas gegen das Philosophiestudium sagen?

In diesen ersten Wochen des neuen Lebensabschnitts werden, anders als zuvor, wichtige Freundschaften geschlossen oder auch ausgebaut. Erna studiert bereits seit mehreren Semestern Medizin. Zu ihr gesellen sich außer Edith die Medizinerin Lilli Platau sowie die Mathematikerin und Naturwissenschaftlerin Rose Guttmann, die Edith schon aus der Schule, wo sie eine Klasse über ihr war, und aus einem Literaturzirkel kennt. Als Fünfter im Bunde gehört zu diesem Kleeblatt der Medizinstudent Hans Biberstein, der mit Erna unzertrennlich ist. Gemeinsam werden Ausflüge unternommen, die in den Sommerferien zu längeren Aufenthalten vor allem im Riesengebirge ausgedehnt werden. Lange Wanderungen sind die Spezialität von Hans Biberstein: Er arbeitet die Routen aus und bereitet die Ausflüge sorgfältig vor; aber natürlich gibt es dennoch manchmal unerwartete Zwischenfälle. So als Edith sich am ersten Tag einer mehrtägigen Wanderung den Fuß verstaucht und sich die Charaktere der Mitwanderer in der Art, wie sie sich angesichts des Malheurs verhalten, deutlich zeigen: Hans ist enttäuscht wegen der Störung, er hatte doch alles so gut vorausgeplant; Erna versucht ihn zu versöhnen und ist mehr mit ihm und sich beschäftigt, als daß sie Rücksicht auf die übrige Gruppe nehmen kann; und die anderen (auch Rosa ist mit von der Partie) sind empört über das Verhalten der beiden angehenden Ärzte, ausgenommen Edith, die zu allem schweigt. Schließlich trägt Lilli Edith mehr als diese selbst laufen kann. Verstimmungen, wenn auch nicht aus solchen Gründen, sind zwischen Hans und Erna und den übrigen nicht selten, vor allem auch zwischen den beiden Familien, die ebenfalls inzwischen miteinander verkehren. Ursache sind meistens Nichtigkeiten. Aber wenn Edith Stein in ihrer Familienchronik schreibt, die stark ausgeprägte Eigenart ihrer Familie habe erschwert, andere in sie aufzunehmen, und das als Begründung für das gespannte Verhältnis zwischen ihrer Mutter und deren Schwiegertöchtern anführt, so bleibt das natürlich auch für die andere Seite gültig.

Für Erna ist dadurch auf Jahre hinaus eine seelische Belastung gegeben, die sie manchmal bis an den Rand der Ratlosigkeit bringt. Aber nicht bei der Mutter oder den älteren, lebenserfahrenen Schwestern, etwa Frieda, die das Schicksal einer geschiedenen Frau trägt, holt sie sich Rat, sondern bei Edith. Deren Ruhe und sachlich-verständnisvolle Einstellung zu den auftretenden Spannungen hilft immer wieder über solche Untiefen in der Beziehung der beiden jungen Menschen hinweg, die gleichwohl wissen, daß sie füreinander bestimmt sind.

Da die einzelnen Mitglieder dieses Freundeskreises verschiedene Fächer studieren und auch eine unterschiedliche Zahl von Semestern zu absolvieren haben, in den Studienveranstaltungen also meistens getrennt sind, treffen sie sich einmal in der Woche zu einem gemeinsamen Abend. »Im Sommer«, schreibt Edith im Rückblick, »kamen wir, wenn irgend möglich, im Freien zusammen, und ich erinnere mich noch an die tiefe Freude, wenn wir nach der Last des Tages in einem Garten vor der Stadt unter einem blühenden Apfelbaum beim Nachtessen saßen und von Herzen über Fragen sprachen, die uns bewegten.«[45]

Im Winter treffen sie sich abwechselnd in den jeweiligen Wohnungen und arbeiten zusammen, aber nichts, was das Studium verlangt. Die Mediziner befürchten nämlich, im Fachstudium geistig zu veröden, und verlangen deshalb von den »Philosophen«, daß sie etwas dagegen tun. Als Gegenmittel stürzen sie sich gemeinsam auf Kants »Kritik der reinen Vernunft«. Aber wie weit sie damit gekommen sind, erinnert Edith später nicht mehr. Dafür weiß sie noch genau, daß ein mehr dickes als gewichtiges Werk über »Experimentelle Psychologie« von Meumann eisern durchgearbeitet wurde, obwohl der Inhalt mehr langweilte als interessierte, geschweige denn fesselte.

Aber man liest nicht nur und diskutiert anschließend über das Gelesene, sondern es wird auch diskutiert, ohne vorher zu lesen, insbesondere über die damals heftig umkämpfte Frage der Frauenemanzipation. In weiten Kreisen gelten solche Gedanken als umstürzlerisch, ungehörig, schlichtweg indiskutabel. Aber gerade die Studentinnen dieser Generation, die wissen, was sie den Frauenrechtlerinnen verdanken, stehen diesen Problemen anders gegenüber als die Mehrheit der Bevölkerung. Als Edith Stein 1911 mit dem Studium beginnt, ist es gerade drei Jahre her, daß die Frauen in Preußen, dem damals größten und einflußreichsten deutschen Staat, zum Studium zugelassen sind. Sie berichtet:

»Heiß bewegte uns alle damals die Frauenfrage. Hans [Biberstein] war unter den Studenten ein weißer Rabe; er trat nämlich so radikal für vollständige Gleichberechtigung der Frauen ein wie nur irgendeiner von uns. Oft sprachen wir über das Problem des doppelten Berufs. Erna und die beiden Freundinnen [Lilli und Rose] waren sehr im Zweifel, ob man nicht der Ehe wegen den Beruf aufgeben müsse. Ich allein versicherte stets, daß ich um keinen Preis meinen Beruf opfern würde. Wenn man uns damals die Zukunft vorausgesagt hätte! Die drei andern heirateten und behielten trotzdem ihren Beruf bei. Ich allein blieb unverheiratet, aber ich allein ging eine Bindung ein, der ich mit Freuden jeden andern Beruf zum Opfer bringen wollte.«[46]

Doch menschliche Beziehung und Bindung findet die Studentin Edith nicht alleine in dieser Freundschaftsgruppe. Ganz am Anfang ihres Studiums lernt sie Kaethe Scholz kennen und befreundet sich damit – abgesehen von einer Schulfreundin Ernas, zu der und deren Eltern in Sagau sie lebenslang eine herzliche Beziehung unterhält – wohl zum ersten Mal näher mit einem evangelischen Mädchen. In der Gruppe um Erna und Hans, Lilli und Rose gibt es nur ausnahmsweise nichtjüdische Gefährten, ohne daß das gewollt ist. Es hat sich so ergeben, und da alle noch weniger rituell gebunden sind als die Schwestern Stein, spielt dieser Umstand auch keine wesentliche Rolle. Nur einmal, als ein junger Mathematikstudent, evangelisch und aus Handwerkerkreisen, in die Gruppe kommt, die ihn übrigens freundlich aufnimmt, gibt es eine Bemerkung über den Unterschied in Abstammung und Milieu; sie klingt nicht abschätzig oder gar ablehnend, aber es wird bemerkt.

Kaethe Scholz nun ist nicht nur Protestantin, sie ist auch bereits Lehrerin, hat also den ominösen vierten Weg zur Universität eingeschlagen, »der«, wie Edith Stein schreibt, »von der Frauenbewegung als ein Danaergeschenk abgelehnt wurde, weil er keine geeignete Vorbereitung zum Studium war und darum die Gefahr eines ungünstigen Urteils über die Leistungen der studierenden Frauen mit sich brachte. Die meisten Lehrerinnen sahen den Mangel zunächst nicht ein und begrüßten die Erleichterung

43

der Zulassung freudig. Die umsichtigsten aber machten von der Erleichterung keinen Gebrauch, sondern holten das Abitur nach oder suchten sich wenigstens die fehlenden Kenntnisse anzueignen.«[47]

Die Ausführlichkeit, mit der Edith Stein noch nach Jahrzehnten und einem entscheidenden Wechsel in ihrer Lebensbahn zu diesen Fragen der Frauenbildung und der Emanzipation Stellung nimmt, läßt die Bedeutung des gesamten Komplexes für ihr Leben erkennen.

Kaethe Scholz jedenfalls weiß, daß sie Versäumtes aufholen muß. Zwei Jahre lang war sie bereits Hilfslehrerin an der Viktoriaschule, und Edith kennt sie daher schon vom Sehen. Als ungewöhnlich tüchtig und begabt wird sie uns geschildert, dazu groß, schlank, blond, mit hellen Augen, aus denen Frische, Lebenslust und Temperament leuchten. Sie gehört zu den offenbar wenigen Studentinnen und Studenten, die Edith mit nach Hause nimmt, wo sie, unkompliziert sich einfügend, gern gesehen ist. Im Rückblick allerdings bemerkt die ihre Erinnerungen aufzeichnende Edith Stein, daß bei der gemeinsamen Arbeit an Tatians Evangelienharmonie und der Bibelübersetzung des Bischofs Ulfilas, die ihr die erste Bekanntschaft mit dem Evangelium vermittelt (abgesehen von dem, was sie in den Schulandachten gehört hat), die Freundin nicht anders reagierte als gegenüber einem anderen Text. Als etwas Heiliges habe diese ihn jedenfalls nicht aufgefaßt. Sie selbst sei allerdings auch nicht religiös ergriffen worden.

Daß Edith Stein, die im Alter von dreißig Jahren nach einem langen Bekehrungsprozeß katholisch wurde, dies vermißt, gibt im Grunde mehr Auskunft über ihre eigene Mentalität und religiöse Haltung als über die der Freundin. Auch wenn sie, wiederum rückblickend, meint: »... wir hätten über religiöse Fragen ebenso offen wie über andere gesprochen, wenn sie uns bewegt hätten«[48], so ist das keineswegs zwingend. Sie selbst hat noch nicht den Punkt erreicht, wo solche Fragen zum Thema werden, und für die Freundin brauchen sie kein Gesprächsthema zu sein, wenn sie in ihrem Bekenntnis sicher ist und womöglich Taktlosigkeiten vermeiden will.

Diese freundschaftliche Beziehung ist auch in etwa charakteristisch für das Verhältnis von jüdischen und nichtjüdischen Deutschen zueinander. Edith Stein schreibt nämlich: »Die Verschie-

44

denheit der Konfession und Abstammung störte unsere Freundschaft nicht...«[49] Soweit ist die Assimilierung doch noch nicht vorgeschritten, daß dies nicht erwähnenswert wäre.

Meinungsverschiedenheiten gibt es zwischen den beiden Mädchen manchmal auf politischem Gebiet: Kaethe Scholz ist konservativ-preußisch gesonnen, ihr Bruder steht vor einer Offizierslaufbahn. Edith denkt, wie ihre gesamte Familie, liberalfortschrittlich, wobei der Begriff liberal nicht mit wertneutral oder libertinagefreundlich gleichzusetzen ist. Die damaligen Liberalen sind großenteils kaisertreu bis zur Selbstaufgabe und nehmen Positionen ein, die auf dem einen Flügel, dem nationalliberalen, nicht zuletzt an den Interessen der aufblühenden Industrie orientiert sind, und auf dem anderen nach einer Verbindung von christlichen Werten mit sozialer Verantwortung bei freiheitlicher Grundauffassung streben. In der Familie Stein ist der zweitälteste Sohn Arno der liberale Politiker.

Schon als Schülerin hat Edith regelmäßig die Zeitung gelesen und war stets über alle politischen Ereignisse informiert. Ihr Geschichtslehrer griff bei aktuellen Anlässen auf ihr Wissen zurück. Unbehagen hatte bei ihr in den höheren Klassen die alljährliche Feier des Sedantages am 1. September ausgelöst. Die patriotischen Ansprachen, Gedichte und Gesänge, mit denen dieser Tag, der an die Niederlage Frankreichs im Krieg 1870/71 erinnern sollte, begangen wurde, kamen ihr übertrieben und gegenüber dem besiegten Gegner nicht ritterlich vor. Schließlich leistete sie einen Schwur, sich daran in dieser Form nicht mehr zu beteiligen. Im letzten Jahr vor dem Abitur wurde deshalb auf ihre Initiative ein zweitägiger Klassenausflug organisiert, etwas, was es bis dahin noch nicht gegeben hatte. Es gelang Edith zusammen mit ein paar anderen Mutigen, den Direktor zur Einwilligung zu bewegen, allerdings unter der Voraussetzung, daß eine Lehrkraft die Klasse begleitete und des Sedantages gedacht wurde. Die Sedanfeier war Pflichtveranstaltung in allen Schulen.

Der Ausflug fand statt. Die junge Turnlehrerin war die geforderte Aufsichtsperson, und die Sedanrede verfaßte Edith. Leider kennen wir den Inhalt nicht. Sie wird bei der allgemeinen patriotischen Einstellung, die durchaus auch für Edith und keineswegs nur für Deutschland galt, nicht sehr weit von den üblichen Mustern abgewichen sein. Aber sie erhielt einen ungewöhnlichen, relativierenden Akzent dadurch, daß ein Handpuppenkopf, der wie bei einem Puppenspiel bewegt werden konnte, als fiktiver Redner auftrat. Die dadurch hergestellte Distanz wird neutralisierend gewirkt haben. Dennoch nahm niemand Anstoß, so daß es offenbar gelang, das Gleichgewicht zwischen dem Anspruch der Direktion, der Erwartung der Zuhörerinnen und der Mäßigung, die von der Verfasserin der Sedanrede angestrebt wurde, zu erreichen.

Auch sonst gelang der Ausflug zur Zufriedenheit aller. Sogar die Schneekoppe, der höchste Berg des Riesengebirges, wurde erstiegen, und nicht etwa gemächlich auf dem bequemen Spiralenweg, sondern sportlich und stürmisch auf dem steilen und steinigen Serpentinenpfad.

Begeistert und hochzufrieden kehrte die Klasse zurück – ehrfürchtig angestaunt von den jüngeren Jahrgängen ob dieses Abenteuers.

Das Interesse an geschichtlichen und politischen Fragen, das sich früh schon zeigte und hier ganz unkonventionell manifest wurde, bleibt auch weiterhin bestehen und differenziert sich zunehmend. Eine Veränderung im Verhältnis zum Staat setzt ein. Edith studiert in Breslau bei zwei nationalliberalen Professoren, wobei keine Einengung auf nationale, speziell preußische Gesichtspunkte stattfindet. Sie erzählt, daß »die großzügige Belichtung weltgeschichtlicher Zusammenhänge«[50] ihre alte Liebe zur Geschichte erneut belebt hat. »Diese Liebe zur Geschichte war bei mir keine bloß romantische Versenkung in vergangene Zeiten; mit ihr hing aufs engste zusammen eine leidenschaftliche Teilnahme an dem politischen Geschehen der Gegenwart als der werdenden Geschichte, und beides entsprang wohl einem ungewöhnlich starken sozialen Verantwortungsbewußtsein, einem Gefühl für die Solidarität der Menschheit, aber auch der engeren Gemeinschaften.«[51]

Je intensiver die Beschäftigung mit diesem Fragenkomplex wird, um so stärker kam es natürlich auch zur Überprüfung überlieferter und übernommener Standpunkte.

Das deutsche Judentum hat – politisch gesehen – Verbündete für sein Streben nach Emanzipation vor allem und nahezu ausschließlich in liberalen und sozialistischen Kreisen gefunden.

46

Hier war die Überzeugung von der Gleichheit aller Menschen bei individueller Verschiedenheit am ausgeprägtesten, während in konservativen und kirchlich geprägten Kreisen die Vorbehalte gegen die mit dem Jesusmord in Verbindung gesehenen Juden teilweise massiv waren. In der katholischen Kirche drangen sie bis in die Liturgie vor, wo sie erst nach dem Zweiten Vatikanischen Konzil, das ein ausführliches Schuldbekenntnis abgelegt hat, schwanden. In der evangelischen Kirche, die in ihrem Stuttgarter Bekenntnis 1945 ihre Schuld bekannte, reichte die einstmalige Spannweite von Indifferenz im allgemeinen bis zum Antisemitismus des Hofpredigers Stoecker. In beiden Kirchen gab es stets aber auch mahnende Stimmen, die zur Einsicht aufriefen und das Volk des Alten Bundes als zum christlichen Welt- und Menschenbild gehörend erkannten und anerkannten.

In der breiten Bevölkerung spielten solche Überlegungen zu jener Zeit nur noch unterschwellig eine Rolle. Viel wichtiger waren die persönlichen Erfahrungen im Umgang miteinander und die Integration des jüdischen Bevölkerungsteils in das wirtschaftliche und kulturelle Leben. Der traditionelle Bereich des Geldhandels hat dabei am meisten die Abneigung der nichtjüdischen Bevölkerung gegenüber den Juden gefördert, während ihre Beiträge zur deutschen Kultur ihr Ansehen am meisten stärkten. In keinem anderen europäischen Land gab es eine so starke Symbiose des Geistes wie in Deutschland bei einem damals verhältnismäßig geringen Maß an Antisemitismus.

In der sozialistischen Bewegung, die vor allem durch die Sozialdemokratische Partei und die freien Gewerkschaften repräsentiert wurde, war der jüdische Einfluß merkbar und wurde durch die Namen Ferdinand Lassalle, Karl Marx, Rosa Luxemburg, Eduard Bernstein markiert. Grund dafür war nicht zuletzt die Gemeinschaft der Unterprivilegierten: von Arbeitern und Juden – die Arbeiter als Proletarier und Strandgut der industriellen Revolution, die Juden als diejenigen, die aus eigener bitterer Erfahrung die repressive Situation kannten und nun ihre intellektuellen Fähigkeiten der sozialdemokratischen Bewegung zur Verfügung stellten. Der kosmopolitische Ansatz des Internationalismus war beiden gemeinsam: bei den Arbeitern ausgelöst durch ihre von den wirtschaftlichen Gegebenheiten ausgehende grenzüberschreitende soziale Situation, bei den Juden durch ihr Schicksal der Vertreibung und des Lebens in der Diaspora.

In der Generation, aus der Edith Stein stammt, aber ist die Angleichung bereits so weit fortgeschritten, daß bei aller Verbundenheit untereinander und bei aller immer noch latent vorhandenen Distanz zwischen Juden und Nichtjuden das Bewußtsein für deren Ursachen weithin geschwunden ist. Deshalb kann Edith Stein sagen: »So sehr mich ein darwinistischer Nationalismus abstieß, so fest war ich doch immer von dem Sinn und der natürlichen wie geschichtlichen Notwendigkeit einzelner Staaten und verschieden gearteter Völker und Nationen überzeugt. Darum konnten sozialistische Auffassungen und andere internationale Bestrebungen niemals Einfluß auf mich gewinnen.« Und sie fügt dann hinzu: »Mehr und mehr machte ich mich auch von den liberalen Ideen frei, in denen ich aufgewachsen war, und kam zu einer positiven, der konservativen nahestehenden Staatsauffassung, wenn ich mich auch von der besonderen Prägung des preußischen Konservativismus immer freihielt.«[52]
Diese Äußerungen sind im Rückblick, etwa zwanzig Jahre nach den Geschehnissen, die sie schildern, formuliert worden. In Wirklichkeit, das zeigen die Quellen, wirkt die liberale Prägung viel länger nach. Das ist auch nicht erstaunlich, denn auf der liberalen Grundlage beruht die Angleichung der jüdischen Minderheit an die Mehrheit. Weder die Bekehrungsversuche der Kirchen noch die konservative Staatsauffassung haben das zuwege gebracht. Was also Edith Stein als eine relativ frühe Wandlung in Erinnerung blieb, ist vielmehr eine Entwicklung, die sich erst später als Wendung zu einer konservativen Haltung vollzog.
Schrittmacher ist dabei sicherlich, daß die Studentin die besondere Stellung, die den Studierenden bereits damals von der Gesellschaft gewährt wird, besonders empfindet. Auch hier mag sie die Gleichbehandlung unterschwellig beeinflußt haben. Sie schreibt jedenfalls von einer »tiefen Dankbarkeit gegen den Staat, der mir das akademische Bürgerrecht und damit den freien Zugang zu den Geisteswissenschaften der Menschheit gewährt.« Und sie fährt fort: »Alle die kleinen Vergünstigungen, die uns unsere Studentenkarte sicherte – die billigen Theater- und Konzertkarten u. dgl. sah ich als eine liebevolle Fürsorge an, die der Staat seinen bevorzugten Kindern angedeihen ließ, und sie erweckten in mir den Wunsch, später durch meine Berufsarbeit dem Volk und dem Staat meinen Dank abzustatten.«[53]

48

Dieser Staat aber ist der preußische Staat mit all seinen Fehlern und problematischen Entwicklungen, aber auch seiner unverwechselbaren Besonderheit, die, wie nicht zuletzt der katholische Dichter Reinhold Schneider in seinem Werk »Die Hohenzollern« aufgezeigt hat, auf seiner religiösen Grundlage beruht. Später, in Göttingen, als Edith bei Max Lehmann, einem Schüler Leopold von Rankes, hört und sich freut, dadurch eine Enkelschülerin des großen Historikers geworden zu sein, wird sie der antipreußische Affekt des liberalen Lehrers an ihr eigenes Preußentum erinnern.

Jetzt, noch in Breslau, kritisiert sie nur heftig ihre Kommilitonen, von denen die meisten im Gefühl der eben gewonnenen akademischen Freiheit, die sie selbst auch in vollen Zügen genießt, in den ersten Semestern ihrem persönlichen Vergnügen nachgehen, während andere bereits ängstlich auf die zu bestehenden Examina bedacht sind, um sich möglichst schnell eine »Futterkrippe« zu sichern.

Gewiß, diese Studentin hat andere Vorstellungen vom Leben, aber sie hat auch einen anderen Hintergrund, und ihr soziales Verantwortungsbewußtsein – so ordnet sie später ihr damaliges Denken und Verhalten gewiß zu Recht ein – beruht auf der Anlage und dadurch bedingter Neigung zur radikalen Entscheidung.

»Entschieden« tritt sie auch für das Frauenwahlrecht ein, »... das war damals innerhalb der bürgerlichen Frauenbewegung [im Unterschied zur sozialistischen, die Clara Zetkin leitete] noch durchaus nicht selbstverständlich.«[54] Es stört weder sie noch ihre Freundinnen noch Hans Biberstein, daß sie es im Preußischen Verein für das Frauenstimmrecht dementsprechend vor allem mit Sozialistinnen zu tun haben.

Die anderen aber, die von anderen Zukunftsvorstellungen geleitet werden oder noch gar keine haben, nennt die junge Studiosa kurz und bündig »die Idioten«[55] und schenkt ihnen in den Hörsälen keinen Blick. Im Grunde ist sie ein idealistischer Typus und läßt praktische Gesichtspunkte, wie sie in der Familie und an der Universität ihre Vertreter haben, nicht gelten. Sie ignoriert diese soweit es geht und setzt sich im Hörsaal nach Möglichkeit in die erste Reihe, um nicht abgelenkt zu werden und so der Vorlesung ungestört folgen zu können.

Liest man diese Schilderungen in den Erinnerungen Edith

49

Steins, könnte man auf den Gedanken kommen, die Studenten der damaligen Zeit seien völlig stumpfsinnig und interesselos gewesen. Dabei waren sie wahrscheinlich nicht anders als der Durchschnitt der Studierenden zu allen Zeiten war und ist. Aber die Studentin Edith Stein war anders, und auch sie steht keineswegs ganz alleine mit ihren Gedanken und Ideen.

Abgesehen von dem Freundeskreis um Erna und Hans Biberstein, schließt sich Edith noch an zwei weitere Gruppen an. Die eine ist der Studentinnenverein, in dem auch Erna, Lilli und Rose Mitglieder sind und der sich eine eigene kleine Wohnung leistet, wo sich die Studentinnen zu Gedankenaustausch und Diskussion treffen. Heute nennen wir so etwas ein Frauenzentrum. Damals war das etwas wirklich Neues, entstanden durch die ersten Studentinnen, die den Verein ins Leben riefen. Höhepunkt ist ein Kostümfest mit Studiengefährten und Professoren, die ungezwungen der Einladung folgen. Der berühmte Eugen Kühnemann kommt dabei im griechischen Gewand mit einem Kranz auf dem Kopf, als Speusippos, der Philosoph und Neffe Platons. Die Studentin Edith kommentiert: »Er *sagt* Speusippos, aber er *meint* Plato.«[56] »Boshaft ist geistreich und geistreich ist boshaft«[57], sagt sie viel später in Münster und offenbart einen Zug ihres Wesens, der ihr lange erhalten bleibt. Ein Zerwürfnis mit der Vorsitzenden des Studentinnenvereins aus unerheblichem Anlaß führt übrigens zum Austritt des gesamten Freundinnenkleeblatts – aber nach dem Fest!

In einer anderen Gemeinschaft ist Edith ohne ihren engsten Kreis Mitglied. Es ist die »Pädagogische Gruppe«, von der sie schreibt, sie habe ihr wohl das Wertvollste während der Breslauer Studienzeit zu verdanken.

Die künftigen Lehrerinnen und Lehrer, die diese Gruppe bilden, finden an der Universität kaum praktische Vorbereitungsmöglichkeiten für ihren Beruf. Dabei sind Erziehungsfragen ein wichtiges Diskussionsthema jener Zeit. In München führt der Stadtschulrat Georg Kerschensteiner Reformen durch. Staatsbürgerliche Erziehung, Handfertigkeitsunterricht, Einheitsschulsystem – das sind Stichworte, die mit seinem Namen verbunden sind, vor allem aber der Arbeitsunterricht, der das gemeinsame Erarbeiten des Stoffes zur Grundlage hat und nicht

50

mehr von Lehrern als den Dozierenden und Schülern als den prinzipiell Hörenden ausgeht.

Ganz anders Gustav Wyneken, der für die freie Schulgemeinde streitet und mit seiner Vorstellung von der Jugendkultur die Jugendbewegung beschäftigt, wenn auch nicht nachhaltig beeinflußt.

Zu diesen beiden steht wieder Friedrich Wilhelm Foerster in denkbar scharfem Gegensatz. Er will die Erziehung auf eine christlich-katholische Grundlage stellen. Sein ethischer Pazifismus ist zu dieser Zeit noch nicht erkennbar, aber sein Denken ist bereits davon geprägt.

Hugo Gaudig ist demgegenüber in seiner Pädagogik stark von seinen praktischen Erfahrungen als Mädchenschullehrer und Seminardirektor bestimmt. Sein Erziehungsziel ist die wertgerechte Persönlichkeit und die Arbeitsschule als Feld freier geistiger Tätigkeit, darin mit Kerschensteiner einig.

Das sind also die Gedanken und Diskussionsfelder, die die »Pädagogische Gruppe« beschäftigen. Hinzu kommen Besichtigungen von Heimen und Anstalten für Waisenkinder, Behinderte, Schwererziehbare, darunter das Kinderheim auf dem Warteberg bei Breslau, eine Gründung der Diakonissen-Oberin Eva von Tiele-Winckler. Hier beeindrucken Edith und ihre Gefährten die tiefe Frömmigkeit, die den Geist des ganzen Hauses bestimmt, und das familienhafte Dasein der Kinder, die in verschiedengeschlechtlichen Gruppen, wie im Geschwisterkreis, heranwachsen, unterschiedlichen Jahrgängen angehören, in ihrer Mitte eine Diakonisse als Mutter.

Gegründet wurde die »Pädagogische Gruppe« von Hugo Hermsen, einem Braunschweiger, der ihr zwar noch angehört, als Edith zu ihr stößt, aber sie nicht mehr leitet. Hermsen ist trotz seiner erst siebenundzwanzig Jahre bereits eine beeindruckende Persönlichkeit. Er kommt aus der Jugendbewegung und lehnt Massenerziehung ab. Einmal nimmt er Rose und Edith zu einer Veranstaltung des Wandervogels mit. Dieser nachdenkliche, vergeistigte, dabei sportlich trainierte junge Mann beeindruckt Edith nachhaltig. »Ich glaube«, schreibt sie, »daß seit meiner Kinderzeit kein Mensch mehr einen so starken Einfluß auf mich ausgeübt hatte.«[58]

Nein, sie ist nicht mehr leicht zu beeinflussen, von niemandem. Die Angehörigen zu Hause sehen sie nur noch selten. Sie ist völlig eingesponnen in ihre eigene Welt, wie früher, nur daß sie jetzt nicht mehr allein nach innen lebt. Manchmal sieht die Mutter, die tagtäglich in aller Frühe, wenn Edith noch schläft, zum Holzplatz geht, sie zwei Tage hintereinander nicht. Mittags hat die Familie meistens schon gegessen, wenn Edith kommt, und zum Abendbrot erscheint sie häufig überhaupt nicht, sondern bleibt im Psychologischen Seminar oder in der Wohnung des Studentinnenvereins und ißt dort ein mitgenommenes Butterbrot, um danach zu einer Abendveranstaltung zu gehen. Die Familie leidet unter dieser Distanz, die ja auch verhindert, daß man das Leben miteinander teilt; doch das geht Edith erst später auf.

Zu dieser Zeit gibt sie ihrer Neigung, beobachtete Schwächen ihrer Mitmenschen mit Tadel und Spott zu belegen, besonders nach. Dazu kommt ihr Bestreben, in Diskussionen auf jeden Fall das letzte Wort zu behalten, die anderen, die anderer Meinung sind als sie, »unterzukriegen«.

Mit Hermsen unterhält sie sich nur einige Male, stets aber eindringlich und wichtige Themen aufgreifend. Sie ist beeindruckt von seinem Wissen, der Reife seiner festgegründeten Persönlichkeit. Am letzten Abend, den sie gemeinsam mit anderen zusammen verbringen – beide verlassen wenig später Breslau –, begleitet er Edith nach Hause und sagt: »Nun wünsche ich Ihnen, daß Sie in Göttingen Menschen treffen, die Ihnen recht zusagen, denn hier sind Sie doch etwas gar zu kritisch geworden.«[59]

Edith ist erstaunt, ja betroffen: »Ich war an gar keinen Tadel mehr gewöhnt. Zu Hause wagte mir kaum noch jemand etwas zu sagen; meine Freundinnen hingen mit Liebe und Bewunderung an mir. So lebte ich in der naiven Selbsttäuschung, daß alles an mir recht sei ...« Und die ihre Erinnerungen aufzeichnende Nonne fügt hinzu: »... wie es bei ungläubigen Menschen mit einem hochgespannten ethischen Idealismus häufig ist.«[60]

Die Begründung ist interessant. Sie offenbart mehr über die Autorin, als daß sie objektiv zutrifft. Gerade der ethische Idealismus fordert ja die Selbstkritik als notwendige Folge der geistigen Haltung, der man sich verpflichtet hat. Aber junge Menschen, gleich ob gläubig oder nicht, sind häufig solcher Auseinandersetzung mit der eigenen Fehlerhaftigkeit noch nicht gewachsen, haben oft eine vertiefte Selbsterkenntnis noch gar nicht gewonnen. Sehr klar blickend fügt die reife Edith Stein der Wertung noch hinzu: »Weil man für das Gute begeistert ist, glaubt man,

52

Edith Stein als Studentin

selbst gut zu sein. Ich hatte es auch immer als mein gutes Recht angesehen, auf alles Negative, was mir auffiel, auf Schwächen, Irrtümer, Fehler anderer Menschen schonungslos den Finger zu legen, oft in spottendem und ironischem Ton. Es gab Leute, die mich ›entzückend boshaft‹ fanden. So mußten mich diese ernsten Abschiedsworte eines Mannes, den ich hochschätzte und liebte, sehr schmerzlich berühren. Ich war ihm nicht böse darum. Ich schüttelte sie auch nicht als ungerechten Vorwurf ab. Sie waren wie ein erster Weckruf, der mich nachdenklich machte.«[61]

Während ihres Studiums und im Umgang mit der »Pädagogischen Gruppe« wird Edith in viele fachliche Gespräche gezogen, denen sie im Grunde noch nicht gewachsen ist. Aber »eine leichte Auffassungsgabe und eine ungewöhnliche Fähigkeit, sich in andere hineinzudenken, ihnen im Augenblick zu folgen, vielleicht sogar kritische und anregende Bemerkungen einzustreuen«[61a], erweckt den Anschein gleichgestellter Gesprächsfähigkeit und täuscht sie auch selbst. In nicht allzu ferner Zeit wird ihr diese Eigenschaft auch in einer anderen Gruppe an anderem Ort hilfreich sein, aber auch zu Komplikationen führen.
Denn wie Hugo Hermsen im Begriff steht, Breslau zu verlassen, um als Erzieher des Prinzen zu Wied nach Neuwied zu gehen, trägt sich auch Edith mit dem Gedanken, aus Breslau fortzugehen. Sie hat das Gefühl, neue Anregungen zu brauchen. Aber wohin soll sie sich wenden? Schon als Schülerin plante sie, auch noch an einer anderen Universität zu studieren. Damals war Heidelberg ihr Ziel, dessen Zauber wohl durch die alten Studentenlieder, die ihr einst Bruder Paul vorgesungen hatte, noch erhöht worden war. Nun aber, als der Plan konkret wird, geht der Blick nicht nach dem Südwesten, sondern nach dem Norden.
Im Sommersemester 1912 und im Wintersemester 1912/13 behandelt Professor William Stern in seinem Seminar Probleme der Denkpsychologie. Edith übernimmt beide Male ein Referat und findet in der zu berücksichtigenden Literatur immer wieder Hinweise auf die »Logischen Untersuchungen« von Edmund Husserl. Eines Tages bringt ihr ein Mitglied der »Pädagogischen Gruppe«, der bereits als Mediziner und Philosoph promovierte Georg Moskiewicz, den zweiten Band dieses Werkes mit. Er

54

kennt Husserl persönlich, hat in Göttingen bei ihm gehört und sehnt sich ständig dahin zurück, wo überall nur philosophiert und von »Phänomenen« gesprochen wird.

In dieser Zeit gewinnt eine Schülerin Husserls, Hedwig Martius, eine philosophische Preisaufgabe. Ihr Bild erscheint in der Presse: eine Philosophin und noch dazu preisgekrönt – das ist eine Sensation.

Natürlich beeindruckt das Edith, die Frauenbewegte und Philosophiebegeisterte, die in Breslau bisher weder bei Stern, der hauptsächlich psychologische Experimentalstudien durchführt, noch beim rational-kritischen Hönigswald, noch bei dem künstlerisch-schwebenden Kühnemann gefunden hat, was sie sich ersehnt. Gerade hat sich Hedwig Martius mit Hans Theodor Conrad verheiratet, auch er ein Göttinger, und der Breslauer Kommilitone kennt beide!

Eines Abends kommt Edith wieder einmal spät nach Hause. Die Mutter läßt den Töchtern voller Vertrauen eine für die damalige Zeit völlig unübliche Freiheit auch in diesen Dingen. Auf dem Eßtisch erwartet sie dann stets ein liebevoll bereiteter Imbiß und die eingegangene Post. An diesem Abend ist ein Brief von Nelli und Richard Courant dabei, ihrem Vetter, der ihre Vorbereitungsstunden für den Eintritt ins Gymnasium abbrechen mußte, weil er nach Göttingen ging – als Assistent des berühmten Mathematikers David Hilbert – und nun dort Privatdozent ist, frisch verheiratet mit einer jungen Breslauerin. Diese dankt für das Hochzeitsgeschenk und fragt bei Frau Stein an, ob sie nicht dem Mangel an Freundinnen in der ihr noch fremden Stadt dadurch abhelfen könne, daß sie Erna und Edith zum Studium nach Göttingen schicke.

Göttingen. Da ist das Wort wieder, wie ein Fingerzeig. Edith hat die »Logischen Untersuchungen« noch nicht gelesen, sie weiß noch gar nicht, was sie da erwarten, begeistern und prägen wird für ihr ganzes Leben, und doch hat sie sich entschieden, rein intuitiv, gewissermaßen ein phänomenologischer Vorgang.

Schon am nächsten Tag konfrontiert sie Mutter und Geschwister mit der neuen Situation: Im kommenden Sommersemester wolle sie nach Göttingen gehen. Alle sind traurig, besonders die Mutter. Aber gütig, großzügig und sehr bescheiden sagt sie: »Wenn es für dein Studium nötig ist, will ich dir gewiß nicht im Wege sein.«[62]

55

Doch bevor sie aufbricht zum ersten von vielen weiteren Aufbrüchen ihres sich neu ordnenden Lebens, liest Edith endlich Husserls Werk und ist danach überzeugt, »daß Husserl der Philosoph unserer Zeit«[63] ist. Was sie in Breslau als Philosophie kennengelernt hat, kann ihre Fragen nicht beantworten. Logisch und intuitiv zugleich sind dagegen die Beweisführungen von Edmund Husserl. Einem Realismus, der nicht durch Denkkategorien verstellt wird, gilt offenbar Ediths Streben, sonst wäre die Beglückung, die ihr durch das Studium von Husserls »Logischen Untersuchungen« zuteil wird, nicht verständlich.

Daß dies auch die Familie überzeugt, läßt auf die Höhe der Achtung schließen, die der geistigen Arbeit nach jüdischer Tradition entgegengebracht wird. Es ist damals keineswegs selbstverständlich, ein junges Mädchen alleine in eine weit entlegene, fremde Stadt ziehen zu lassen. Sicher, Richard und Nelli Courant sind in Göttingen, aber das Frauenstudium hat noch keine Tradition, es ist an sich schon etwas Ungewöhnliches. Doch Frau Stein hat keinerlei Bedenken, und das zeugt auch jetzt wieder von dem tiefen Vertrauen, das diese Mutter in ihre Töchter setzt.

Aber Edith will auch gar nicht alleine nach Göttingen. Rose Guttmann möchte ebenfalls ein Sommersemester dort zubringen. Doch ihre finanzielle Lage ist schwieriger. Edith hat zwar in den vier Semestern ihres Breslauer Studiums Privatstunden gegeben und an der Volkshochschule Kurse abgehalten, aber nicht primär, um Geld zu verdienen, sondern weil sie darum gebeten wurde. Die Kosten ihres Lebensunterhaltes und ihre Studiengebühren waren stets von der Mutter getragen worden. Rose aber würde ein Semester am fremden Ort, wo Verbindungen, wie sie für Privatstunden nötig sind, nicht schnell anzuknüpfen waren, nicht ohne weiteres finanzieren können.

Für Mutter und Tochter Stein gleicherweise ist der folgende Dialog, der sich vor diesem Hintergrund abspielt, charakteristisch: Halb scherzhaft, halb ernst fragt Edith: »Mutti, bist du eine reiche Frau?«, und die Mutter antwortet im selben Tonfall: »Ja, mein Kind; was möchtest du denn?«[64] Sie ist sofort bereit, Roses Aufenthalt in Göttingen zu bezahlen. Zwar stellt sich später heraus, daß die Familie Guttmann die nötigen Mittel selbst aufbringen kann, aber die Spontaneität der Entscheidung spiegelt das tief gegründete Vertrauen zwischen Mutter und Tochter und das soziale Verantwortungsgefühl beider.

56

Als Dritter im Bunde gesellt sich Dr. Georg Moskiewicz zu den Reiseaspirantinnen. Er, der Edith auf Göttingen, Husserl und die Phänomenologie hingewiesen hat, folgt seiner Sehnsucht, noch einmal dahin zurückzukehren, wo er glücklich gewesen ist.

Dennoch hält Edith daran fest, nur ein Semester lang in Göttingen bleiben zu wollen. Aber sowohl ihre Mutter, deren bei aller bereitwilligen Unterstützung tiefe Traurigkeit ihr nicht verborgen bleibt, als auch sie selbst haben eine geheime Ahnung, daß die Trennung länger dauern wird. Wie um sich selbst das Gegenteil zu beweisen, geht Edith zu Professor Stern und läßt sich ein Thema für eine psychologische Doktorarbeit geben.

Stern hat sich als Verfasser bedeutender Werke über Kinderpsychologie einen Namen gemacht. Seine Bücher »Kindersprache« und »Psychologie der frühen Kindheit« stützen sich auf Beobachtungen an den eigenen Kindern, zu denen auch seine Frau beigetragen hat. Außerdem gewinnt er Einfluß auf Berufsauswahlverfahren, indem er Berufseignungsprüfungen entwickelt, die später, als er einem Ruf nach Hamburg folgt, in der Weimarer Republik in die Praxis eingeführt werden.

Jetzt schlägt er Edith, im Anschluß an ein Referat, das sie in seinem Seminar gehalten hat, eine Arbeit über kindliches Denken vor, basierend auf »Ausfrageexperimenten«, wie sie das nennt, also auf der Interviewmethode. Auf der Reise nach Göttingen besucht sie in Berlin einen Mitarbeiter Sterns im Institut für angewandte Psychologie und stellt fest, daß mit der ihr dort gezeigten Bildersammlung nichts anzufangen sei. Sie ist schon seit einiger Zeit überzeugt, daß die Psychologie als Wissenschaft noch in den Kinderschuhen stecke. Vor allem empfindet sie den Mangel an klaren und geklärten Grundbegriffen sehr stark. Um so mehr entzückt sie das, was sie von der Phänomenologie weiß. Denn die besteht ja grundsätzlich in solcher Klärungsarbeit, wobei sich jeder das notwendige gedankliche Rüstzeug selbst schmiedet.

Zwei Jahre lang hat Edith in Breslau studiert. »Ich sah in der Universität wirklich meine ›alma mater‹.«[65] Gleich zu Beginn des Studiums hat sie 1911 das hundertjährige Bestehen der Friedrich-Wilhelms-Universität mitgefeiert, die aus einer Zusammenlegung der evangelischen Universität Frankfurt/Oder als Reformationsgründung mit einem Jesuitenkolleg, der Leopoldina, aus der Zeit der Gegenreformation entstanden war und in ihrem Namen auf Friedrich Wilhelm III. von Preußen verweist, der 1813 von Breslau aus zum Befreiungskampf gegen Napoleon aufrief. In diesen zwei Jahren hat Edith in ständiger Anspannung durch das Studium gelebt und diesen Zustand als volles, gesteigertes Lebensgefühl empfunden. Zwei Ereignisse nur ließen sie darin schwankend werden:

Eines Nachts war die Sparflamme des Gaslichts erloschen, und durch das ausströmende Gas waren Edith und Erna, die in einem gemeinsamen Zimmer schliefen, bereits nahezu bewußtlos. Nur das schnelle Eingreifen Friedas verhinderte Schlimmeres. Edith aber dachte, als sie aus »süßer, traumloser Ruhe« erwachte und die Situation ihr klar wurde: »Wie schade! Warum hat man mich nicht für immer in dieser tiefen Ruhe gelassen?«[66] Die Entdeckung, wie wenig ihr im Grunde das Leben bedeutete, hat sie nachdenklich gemacht.

Das andere Erlebnis, das ihr schäumendes Lebensgefühl durchbrach und auf Untiefen hinwies, war die Lektüre des verbreiteten Studentenromans »Helmut Harringa« von Hermann Popert, der 1912 in der zwanzigsten Auflage erschien. Darin wurden traditionelles studentisches Leben in schlagenden Verbindungen mit Zwang zum Fechten und zum Alkoholgenuß sowie die daraus sich ergebenden Verhaltensweisen in krasser Eindringlichkeit geschildert. Abgestoßen davon, entstand in Edith ein Gefühl der Verzweiflung und des Lebensüberdrusses. »Ich hatte alles Vertrauen zu den Menschen verloren, unter denen ich mich täglich bewegte, ging herum wie unter dem Druck einer schweren Last und konnte nicht wieder froh werden.«[67] Es wiederholte sich, was das kleine Mädchen empfand, als es eines Tages einen Betrunkenen sah: Ekel, Abscheu stellten sich ein.

Geholfen hat ihr bezeichnenderweise das im selben Jahr stattfindende große Breslauer Bachfest: »Bach war ja mein Liebling, und ich hatte eine Karte für alle Vorstellungen: Orgelkonzert, Kammermusik und einen großen Orchester- und Gesangabend.« Edith Stein schreibt, sie wisse nicht mehr, welches Werk an jenem Abend gegeben wurde, aber es sei Luthers Trutzlied »Ein' feste Burg...« darin vorgekommen, das sie bei den Schulandachten immer gerne mitgesungen habe. Das legt den Schluß nahe, daß es sich um eine der Kantaten oder um Felix Mendelssohn-Bartholdys Reformationssinfonie gehandelt hat. Mendels-

58

sohn-Bartholdy ist bekanntlich der Wiederentdecker von Bachs Matthäus-Passion und damit des Komponisten Bach, der bereits vergessen war. Edith Stein aber fährt fort: »Als nun so recht kampfesfroh die Strophe erklang: ›Und wenn die Welt voll Teufel wär' / Und wollt uns gar verschlingen, / So fürchten wir uns nimmermehr*,/ Es muß uns doch gelingen**...«, da war mit einmal mein ganzer Weltschmerz verschwunden. Gewiß – die Welt mochte schlecht sein: aber wenn wir unsere ganze Kraft einsetzten, die kleine Schar von Freunden, auf die ich mich verlassen konnte, und ich – dann würden wir schon mit allen ›Teufeln‹ fertig werden.«[68]

Zwar nicht mit allen Teufeln, aber mit den Schwierigkeiten des Neuanfangs in der fremden Stadt und der Philosophie, wie sie in Göttingen betrieben wird, will sie es nun aufnehmen.

Am Silvesterabend 1912 feiern die Familien Stein, Platau, Guttmann und Biberstein gemeinsam im Hause Michaelisstraße 38 den Abschied vom alten Jahr. Außer einer Silvesterzeitung, in der ein Märchen von einem blauen Steinchen auf Ediths Versinken in der »reinen Wissenschaft« hinweist[69], wird auch eine kleine Scherzdichtung vorgetragen, die für jeden Anwesenden eine heitere Strophe enthält. Die auf Edith gemünzte lautet:

> Manches Mädchen träumt von Busserl,
> Edith aber nur von Husserl.
> In Göttingen, da wird sie sehn
> Den Husserl leibhaft vor sich stehn.[70]

---

* Original: nicht so sehr (statt: nimmermehr)
** Original: soll (statt: muß)

59

Zu den Sachen

»Das liebe Göttingen«[71] – in diesen Worten schwingt, noch zwei Jahrzehnte nach ihrer Ankunft dort, mit, was für Edith Stein die kleine Stadt im einstigen Königreich und Kurfürstentum Hannover war – für sie und für alle, die damals dort studierten. 1866 hatte Hannover im preußisch-österreichischen Krieg auf seiten Österreichs gekämpft und mußte die Waffen strecken. Seitdem war es preußische Provinz. Breslau, das Wirtschafts- und Verwaltungszentrum Schlesiens, ist zu der Zeit, als Edith Stein dort studiert, eine Stadt mit einer Universität. Göttingen dagegen ist Universitätsstadt, die Universität gibt ihr den Charakter.

Für die Studenten Edmund Husserls, vollends für diejenigen, die sozusagen die erste und zweite Göttinger Generation bilden, wird diese Stadt immer einen besonderen Platz in ihren gemeinsamen Erinnerungen einnehmen. »Ich glaube«, heißt es bei Edith Stein, »nur wer in den Jahren zwischen 1905 und 1914, der kurzen Blütezeit der Göttinger Phänomenologenschule, dort studiert hat, kann ermessen, was für uns in diesem Namen schwingt.«[72]

Am 17. April 1913, gegen Abend, es dunkelt bereits, trifft Edith Stein, von Hamburg kommend, auf dem Bahnhof in Göttingen ein. Richard Courant holt sie ab und führt sie in die Studentinnenwohnung, die seine Frau und er für Edith und Rose gemietet haben. Rose kommt erst ein paar Tage später. So hat Edith Zeit, die neue Umgebung kennenzulernen, denn die Vorlesungen beginnen nicht vor Ende des Monats. Sie immatrikuliert sich im nüchternen Auditorienhaus, dem Zentrum der Göttinger Universität, stellt fest, daß Philosophisches und Psychologisches Seminar hier völlig getrennt sind, spaziert durch die Stadt und steht vor den vielen Tafeln mit den Namen jener Berühmtheiten, die hier einmal gewohnt haben.

Die Göttinger Georg-August-Universität wurde 1734 von König Georg II. von England, dem Kurfürsten von Hannover, gestiftet und 1736 gegründet. Eigentlich entstand sie aber nach den Plänen des ab 1753 leitenden Ministers des Kurfürstentums, Adolf Freiherr von Münchhausen.

60

Durch den ausgezeichneten Ruf dieser Hochschule, die bald Studenten aus aller Welt anzieht, gewinnt die ehemalige Hansestadt Göttingen, die seit dem 16. Jahrhundert, mehr noch seit dem Dreißigjährigen Krieg an Bedeutung verlor, neuen Auftrieb. 1772 wurde hier der Göttinger Dichterbund, besser bekannt unter dem Namen Göttinger Hain, gegründet, dem neben anderen Ludwig Hölty, die beiden Brüder Stolberg und Johann Heinrich Voss angehörten. Fünfundsechzig Jahre später – 1837 – protestierten sieben Universitätsprofessoren, genannt die Göttinger Sieben, darunter die beiden Begründer der Germanistik, Jakob und Wilhelm Grimm, gegen die Aufhebung des liberalen Grundgesetzes durch den König, dem sie Verfassungsbruch vorwarfen, und wurden amtsenthoben.

Es ist also eine kleine Stadt mit großer Vergangenheit, in die Edith Stein kommt. Aber für sie ist es die Stadt der Gegenwart und des Zukünftigen, und Husserl, das weiß sie ja schon seit Breslau, ist *ihr* Philosoph.

Auch Bismarck hat übrigens in Göttingen studiert. Edith sieht auf dem Wall das alte Borkenhäuschen, in dem er als Student hauste. Aber auch er ist damals schon fast Geschichte.

Nach einigen Tagen kommt Rose, und nun richten sich die beiden Mädchen in zwei Zimmern ein; das eine wird das gemeinsame Wohn- und Arbeitszimmer, das andere das Schlafzimmer. Heiße Milch und frische Brötchen bringt die Wirtin zum Frühstück. Zu Mittag essen sie in einem vegetarischen Restaurant, und das Abendessen halten sie sich selbst: Tee und belegte Brote. Wer zuerst zu Hause ist, deckt den Tisch und bereitet alles vor. An jedem Sonnabendnachmittag schreiben sie ihren Wochenbrief nach Hause und erledigen die Korrespondenz mit den daheimgebliebenen Freundinnen und Freunden. Dann geht es hinaus ins Freie. Die waldreiche Umgebung verlockt zu weiten Ausflügen, die an den Sonntagen bis nach Kassel, ins Weserbergland, nach Goslar und in den Harz führen können und einmal sogar bis Weimar; doch das geschieht erst später, als sie sich eingelebt haben.

Die Hauptsache aber ist und bleibt die Philosophie. Von Dr. Moskiewicz, genannt Mos, der erst etwas später folgt, weiß Edith: »Wenn man nach Göttingen kommt, geht man zuerst zu Reinach; der besorgt dann alles übrige.«[73] Damals ist es noch Sitte, bei den Professoren oder doch ihren wichtigsten Mitarbeitern im Hause Besuch zu machen, sich vorzustellen und beraten zu lassen.

Adolf Reinach ist Privatdozent der Philosophie und die rechte Hand von Edmund Husserl. 1905 ist er zusammen mit zwei Freunden – Hans Theodor Conrad und Moritz Geiger – nach Göttingen zu dem von dem legendären preußischen Ministerialdirektor Althoff dorthin berufenen Husserl gekommen, um bei ihm Phänomenologie zu hören. »Das war«, schreibt Edith Stein, »der Anfang der ›Göttinger Schule‹.«[74]
Diese ersten Schüler sind auch die Mitgründer der 1907 entstandenen »Philosophischen Gesellschaft«, eines Kreises von engagierten Husserlschülern, zu dem in der Gründergeneration noch Dietrich von Hildebrand, der später in München lebt, Alexander Koyré (Paris), der evangelische Theologe Johannes Hering aus Straßburg und Hedwig Martius, die Hans Theodor Conrad heiratet, gehören. Seit seiner Eheschließung lebt das Paar abwechselnd in München und auf seinem Obstgut in Bergzabern in der Pfalz.
Jetzt, als Edith Stein hinzukommt, wird die »Philosophische Gesellschaft« vor allem von Studierenden getragen, die noch mit den Gründern zusammen philosophiert haben: von Rudolf Clemens, einem Sprachwissenschaftler, Fritz Frankfurther, einem aus Breslau stammenden Mathematikstudenten, vor allem aber von Hans Lipps. Als Edith ihn kennenlernt, ist er dreiundzwanzig Jahre alt, »sehr groß, schlank, aber kräftig, sein schönes, ausdrucksvolles Gesicht war frisch wie das eines Kindes«[75], mit Augen, die ernst und fragend blicken.
Dazu kommen noch eine ganze Reihe von anderen Studierenden, für die die Phänomenologie eine Erweiterung ihres Horizontes darstellt, ihr Hauptfach erweiternd und befruchtend.
Als Edith und Rose gleich zu Semesterbeginn durch Mos in die »Philosophische Gesellschaft« eingeführt werden, treffen sie dort zwei Studentinnen, die bereits seit mehreren Semestern Mitglieder sind: Grete Ortmann und Erika Gothe – beide erheblich älter als die einundzwanzigjährige Edith, beide bereits Lehrerinnen mit mehrjähriger Schulpraxis, beide aus Mecklenburg stammend und miteinander befreundet.
Vor der ersten Begegnung mit der Philosophischen Gesellschaft

62

Edmund Husserl

aber ist Edith dem Rat von Georg Moskiewicz gefolgt und hat Dr. Adolf Reinach aufgesucht, von dem sie freundlich empfangen wurde: »Dr. Moskiewicz hat mir von Ihnen geschrieben. Sie haben sich schon mit Phänomenologie beschäftigt?«[76] Da sie Husserls »Logische Untersuchungen« kennt, ist er gleich bereit, sie in seine »Übungen für Fortgeschrittene« aufzunehmen. In diesem Semester kommt es allerdings noch nicht dazu, weil das Seminar des Historikers Max Lehmann sich mit dem Reinachs überschneidet.

Aber schon diese erste Begegnung ist zeichenhaft: »Ich war«, schreibt Edith Stein, sich erinnernd, »sehr glücklich und von einer tiefen Dankbarkeit erfüllt, ... als sei mir noch nie ein Mensch mit einer so reinen Herzensgüte entgegengekommen. Daß die nächsten Angehörigen und Freunde, die einen jahrelang kennen, einem Liebe erweisen, schien mir selbstverständlich. Aber hier lag etwas ganz anderes vor. Es war wie ein erster Blick in eine ganz neue Welt.«[77]

Endlich steht Edith dann auch Husserl gegenüber – noch nicht beim Antrittsbesuch zu Hause, sondern während der angekündigten Vorbesprechung im Seminar. »Es war nichts Auffallendes

63

oder Überwältigendes in seiner äußeren Erscheinung. Ein vornehmer Professorentypus. Die Gestalt mittelgroß, die Haltung würdevoll, der Kopf schön und bedeutend. Die Sprache verriet sofort den geborenen Österreicher: er stammte aus Mähren und hatte in Wien studiert. Auch seine heitere Liebenswürdigkeit hatte etwas vom alten Wien. Er hatte gerade sein 54. Jahr vollendet.«[78]

Nach der Besprechung ruft Husserl Edith zu sich: »Herr Dr. Reinach hat mir von Ihnen gesprochen. Haben Sie schon etwas von meinen Sachen gelesen?« – »Die Logischen Untersuchungen.« ... – »Die ganzen Logischen Untersuchungen?« – »Den II. Band ganz.« – »Den ganzen II. Band? Nun, das ist eine Heldentat«, sagt er lächelnd.[79] Damit ist die Studentin Edith Stein von dem großen Husserl an- und aufgenommen.

Gerade ist sein neues Werk erschienen: »Ideen zu einer reinen Phänomenologie und phänomenologischen Philosophie«. Es soll Stoff der Seminarübungen sein. Darüber hinaus wird Husserl an einem bestimmten Nachmittag in der Woche in seinem Hause die Fragen und eventuellen Einwände seiner Studenten entgegennehmen und beantworten.

Erster Gast am ersten offenen Nachmittag ist Edith Stein, und sie trägt dem »Meister«, wie er von seinen Schülern genannt wird, auch gleich unbefangen ihre Bedenken vor, wie sie ihr bei der Lektüre gekommen sind.

Ähnlich unbefangen hat sie sich in der »Philosophischen Gesellschaft« eingeführt. Dabei ist es dort eigentlich Brauch, daß neu Hinzukommende erst einmal zuhören und passiv profitieren, bis sie sich in das Gespräch der Fortgeschrittenen mischen. »Ich aber«, erzählt Edith Stein, »sprach sofort keck mit.«[80] Und wenn das auch von ihrem Selbstbewußtsein und gewiß auch von einem erklecklichen Maß an selbsterworbenen Kenntnissen, von Verständnis für die phänomenologische Denkweise und von ihrer leichten Auffassungsgabe zeugt – nicht alle hören es gerne.

Es mißfällt vor allem Grete Ortman, deren Schweigen wiederum Edith nicht gefällt. Viel später charakterisiert sie es als »schwärmerisch«, während ihre Äußerungen als »trivial« eingestuft werden. Erika Gothes Schweigen dagegen erscheint ihr als »ehrfürchtig« und anziehend.[81]

64

Die Antipathie ist gegenseitig. Fräulein Ortmann hat eines Tages Edith selbst gestanden, Dr. Reinach habe sie gefragt, »warum sie so unfreundlich gegen Fräulein Stein sei, die sei doch so nett. Sie habe als Begründung angegeben: ›Sie redet immer einfach mit. Und die Sachen sind doch so schwer.‹«[82] Antipathie und Sympathie bleiben verteilt, wie es von Anfang an war. Mit Grete Ortmann stellt sich kein persönliches Verhältnis her, wohl aber mit Erika Gothe. Die zwanzig Jahre danach erfolgten Aufzeichnungen, die erst weitere dreißig Jahre später veröffentlicht werden, sind immer noch davon bestimmt und führen im Jahre 1963 zu einer Intervention von Erika Gothe bei den Karmelitinnen in Köln, dem Mutterkloster Edith Steins. Erika Gothe glaubt, Edith Stein 1918 zuletzt gesehen zu haben. Auch der Briefwechsel sei wegen der verschiedenen Lebenskreise abgeklungen. Über Hedwig Conrad-Martius sei aber die Verbindung erhalten geblieben; man habe voneinander gewußt. Erika Gothe betont ihr evangelisches Bekenntnis und schreibt, die Schilderung, die Edith von Fräulein Ortmann gegeben habe, sei »ganz schief« und »nicht nur übertrieben, sondern auch entstellend und peinlich verschoben... Edith war noch jung, kam nun in einen Kreis, damals noch selbstbewußt und ehrgeizig, nicht allen gleich sympathisch, und es ist durchaus begreiflich, daß sie aus einer gewissen Gespanntheit heraus nicht alles gleich richtig sah. Dazu kommt das boshaft-mokante Wesen, das damals unter uns Studenten Mode war. Davon ist Edith gewiß später abgerückt, wenn auch noch nicht ganz in Münster, wo sie einmal sagt: ›boshaft ist geistreich und geistreich ist boshaft‹, – aber ganz gewiß im Karmel.«[83] Auch von Frau Dr. Ortmann befindet sich ein Schreiben im Kölner Edith-Stein-Archiv, das sachlich, ruhig und würdig das als ungerecht und falsch Angesehene richtigstellt. Als besonders kränkend werden von der Angegriffenen und Erika Gothe die Sätze empfunden: »Von den andern schien niemand an meiner Aktivität Anstoß zu nehmen. Sie waren sehr freundlich gegen mich und nahmen meine Diskussionsbemerkungen durchaus ernst. Immerhin hatte Fräulein Ortmanns Verhalten zur Folge, daß es zunächst zu keinem persönlichen Verkehr mit dem ganzen Kreis kam. Sie und Erika Gothe schienen unzertrennlich. Und es wäre die Aufgabe der Damen gewesen, mich näher heranzuziehen. Ich vermißte es in diesem Sommer nicht, weil mein

Bedarf an menschlichen Beziehungen durch die Breslauer Bekannten reichlich gedeckt war. Außerdem erfuhr ich erst viel später von dem, was sich außerhalb der ›Philosophischen Gesellschaft‹ und der Universität abspielte, und konnte daher gar nicht merken, daß ich ausgeschaltet war.«[84] Aus dieser Schilderung haben auch andere auf Intrige und Böswilligkeit geschlossen.[85] Die Episode gibt Einblick in die menschlichen Verhältnisse, die Edith Stein in Göttingen vorfindet und für die sie nach dem Empfinden einiger Beteiligter nicht immer den richtigen Ton trifft. Daß dies nicht dauerhaft so bleibt, zeigt das sich während des Ersten Weltkrieges herstellende freundschaftliche Verhältnis zu Erika Gothe.

Die »Philosophische Gesellschaft« trifft sich meistens im Hause eines jungen Gutsbesitzers von Heister, der aus Begeisterung für die Philosophie in Göttingen lebt, um hier Vorlesungen zu hören und mit Philosophierenden Umgang zu haben. Als Phänomenologen nimmt ihn niemand so recht ernst, was ihn keineswegs verdrießt. Aber seine Gastfreundschaft findet dankbar Anerkennung, und seine zarte, junge Frau, eine Tochter des hochgeschätzten Düsseldorfer Malers Achenbach, wird von allen geliebt und verehrt.

Im Sommersemester 1913, dem ersten, das Edith in Göttingen studiert, beginnt sich unter den Schülerinnnen und Schülern Edmund Husserls Befremden über den philosophischen Weg ihres Meisters auszubreiten. Husserl hat im ersten Band seiner »Logischen Untersuchungen«, der im Jahr 1900 erschien, mit dem damals üblichen »Psychologismus« abgerechnet. Er kämpfte für die von der Psychologie oder der psychologischen Deutung unabhängige Logik. Die Psychologie sei empirisch begründet und werde durch empirische Tatsachengesetze bestimmt, während die Logik unabhängig von der Erfahrung sei, ihre Gesetze seien von strenger Notwendigkeit und allgemein geltende »Wesensgesetze«. Diese logischen Gesetze seien nicht Gesetze des Urteilens, sondern des Urteils, nicht also der einzelnen Akte, die zum Urteil führen, sondern der Bedeutung dessen, was im Urteil ausgesagt wird, der Sätze an sich.

Im zweiten Band der »Logischen Untersuchungen«, der 1901 herauskam, hat Husserl erstmals die phänomenologische Me-

66

thode angewendet. Dabei wird vom einzelnen Gegenstand ausgegangen und zu einer Idee fortgeschritten. Zwei Gegenstände zum Beispiel führen den auf das Wesensgesetz hin Denkenden zur Zahl zwei. Von einem einzelnen Gegenstand gelangen wir gleichsam zum Prototyp des Gegenstandes, beispielsweise von *einem* Dreieck zu *dem* Dreieck. Wenn wir Urteile oder Wahrnehmungen psychologisch-empirisch untersuchen und erklären wollen, müssen wir erst einmal wissen, was ein Urteil, eine Wahrnehmung dem Wesen nach eigentlich ist.

In dem gerade erschienenen Werk Husserls »Ideen zu einer reinen Phänomenologie und phänomenologischen Philosophie« wird nun allerdings nicht der Gegenstand, »die Sache«, an sich zu bestimmen versucht, sondern der Bewußtseinsakt, der den Gegenstand erfaßt, als gegenstandsbestimmend bezeichnet, womit eine an Kant erinnernde und angenäherte Position eingenommen wird.

Das ist der Stein des Anstoßes für die »Göttinger Schule«, zu der nun auch Edith Stein gehört. Sie alle verstehen sich als entschiedene Realisten, deren »Blick sich vom Subjekt [dem Menschen und seinem Bewußtseinsakt] ab- und den Sachen zuwendete: Die Erkenntnis schien wieder ein Empfangen, das von den Dingen sein Gesetz erhielt, nicht – wie im Kritizismus [Kant und die nachkantische Schule] – ein Bestimmen, das den Dingen sein Gesetz aufnötigte. Alle jungen Phänomenologen waren entschiedene Realisten. Die ›Ideen‹ aber enthielten einige Wendungen, die ganz danach klangen, als wollte ihr Meister zum Idealismus zurücklenken.« »Es war der Anfang jener Entwicklung, die Husserl mehr und mehr dahin führte, in dem, was er ›transzendentalen Idealismus‹ nannte (es deckt sich nicht mit dem transzendentalen Idealismus der kantischen Schulen), den eigentlichen Kern seiner Philosophie zu sehen und alle Energie auf seine Begründung zu verwenden: ein Weg, auf dem ihm seine alten Göttinger Schüler zu seinem und ihrem Schmerz nicht folgen konnten.«[86]

Diese Schüler übersehen dabei, jedenfalls in dieser Phase, daß die Entwicklung bereits im zweiten Band der »Logischen Untersuchungen« angelegt ist. Husserl hat in schier endlosen Debatten mit seinen Studenten ihre Einwände zur Kenntnis genommen und ihnen verständlich zu machen versucht, daß sein Realitätssinn keineswegs gelitten habe, während sie darauf beharrten,

67

daß er gleichsam eine neue psychologistische Brille vor die logische Erkenntnis setze, so daß »die Sachen selbst« nicht mehr Ausgangspunkt und Ziel zugleich seien, wie es doch die Methode eigentlich vorgebe. Diese Methode zielt gerade darauf, unvoreingenommen zur Erkenntnis zu gelangen. Erkennen, nicht Bestimmen – darin liegt der Unterschied zur vorangegangenen Phase der Philosophie nach der Sicht Edith Steins und ihrer Freunde. Sie ist davon wie magisch angezogen. Wartet hier nicht etwas auf sie, zu dem sie unbewußt unterwegs ist? »Wir sind auf der Welt, um der Menschheit zu dienen«, hat sie vor nicht langer Zeit ihren Lebenssinn formuliert. Sie sieht sich in Beziehung zu einem größeren Ganzen, zur Gemeinschaft. Und die Begeisterung für Husserls Philosophie, schon nach der ersten Lektüre der »Logischen Untersuchungen«, verrät ein noch weitgehend unbewußtes, aber bereits vorhandenes tiefer- und weitergerichtetes Streben.

In Ediths erstem Göttinger Semester treten also bereits die Zweifel an Husserls weiterem Weg auf und werden von anderen geteilt. Im selben Jahr wie Husserls »Ideen«, an denen sich die Unsicherheiten und Zweifel entzünden, ist auch Max Schelers Werk »Der Formalismus in der Ethik und die materiale Wertethik« erschienen. Schelers Einfluß auf die jungen Phänomenologen ist bereits groß und erhöht sich noch weiter angesichts der Probleme, die zwischen Husserl und seinen Schülern entstehen. Max Scheler hat eine zwiespältige Entwicklung genommen. Als Jude geboren und erzogen – sein Vater war ein zum Judentum konvertierter Protestant nichtjüdischer Herkunft – schließt er sich der katholischen Kirche an, steht aber in schwankender Beziehung zu ihr. Noch sein 1921 erschienenes Buch »Vom Ewigen im Menschen« ist stark katholisch bestimmt. Wenige Jahre später werden kulturelle und soziologische Fragen ausschlaggebend, und die pantheistische Glaubenswelt eines Spinoza rückt näher. Als Edith Stein Scheler kennenlernt, haben die Folgen eines Skandalprozesses (Scheidung von seiner ersten Frau unter kompromittierenden Umständen) ihn die venia legendi, die Lehrgenehmigung für Universitäten, gekostet. Er trägt deshalb wie schon des öfteren vor der »Philosophischen Gesellschaft« in ei-

68

nem Hotel oder Café vor. Der Eindruck, den Scheler dabei machte, war offenbar überwältigend: »Nie wieder«, schreibt Edith Stein, »ist mir an einem Menschen so rein das ›Phänomen der Genialität‹ entgegengetreten. Aus seinen großen blauen Augen leuchtete der Glanz einer höheren Welt. Sein Gesicht war schön und edel geschnitten, aber das Leben hatte verheerende Spuren darin hinterlassen.«[87]

In dieser Zeit hat Scheler, nachdem er 1899 zur katholischen Kirche konvertierte, dann sich von ihr entfernte, wieder eine katholische Phase. Edith Stein beschreibt ihn als ganz von katholischen Ideen erfüllt, für die er »mit allem Glanz seines Geistes und seiner Sprachgewalt ... zu werben verstand.« Und sie fügt hinzu: »Das war meine erste Berührung mit dieser bis dahin völlig unbekannten Welt. Sie führte mich noch nicht zum Glauben. Aber sie erschloß mir einen Bereich von ›Phänomenen‹, an denen ich nun nicht mehr blind vorbeigehen konnte. Nicht umsonst wurde uns beständig eingeschärft, daß wir alle Dinge vorurteilsfrei ins Auge fassen, alle ›Scheuklappen‹ abwerfen sollten. Die Schranken der rationalistischen Vorurteile, in denen ich aufgewachsen war, ohne es zu wissen, fielen, und die Welt des Glaubens stand plötzlich vor mir. Menschen, mit denen ich täglich umging, zu denen ich mit Bewunderung aufblickte, lebten darin. Sie mußten zumindest eines ernsten Nachdenkens wert sein. Vorläufig ging ich noch nicht an eine systematische Beschäftigung mit den Glaubensfragen; dazu war ich noch viel zu sehr von anderen Dingen ausgefüllt. Ich begnügte mich damit, Anregungen aus meiner Umgebung widerstandslos in mich aufzunehmen, und wurde – fast ohne es zu merken – dadurch allmählich umgebildet.«[88]

Wer die religiösen Menschen sind, mit denen Edith in dieser Zeit täglich umgeht und die sie bewundert und verehrt, ist nicht klar ersichtlich. Husserl, der ihr immer »der Meister« bleiben wird, ist evangelischer Christ jüdischer Herkunft. Edith hat ihn viel später einen religiösen Menschen genannt[89], sein protestantisches Christentum wurde zwar oft als konventionell bezeichnet, offenbar aber nicht mit Recht: Unter dem Einfluß seines Studienfreundes Thomas G. Masaryk, des späteren Präsidenten der tschechoslowakischen Republik, hatte er das Neue Testament gelesen. »Die daraus erwachsende tiefe religiöse Erfahrung bewegt ihn, von der Mathematik zur Philosophie überzu-

69

wechseln, ›mittelst einer strengen philosophischen Wissenschaft den Weg zu Gott und zu einem wahrhaften Leben zu finden‹, wie er vier Jahrzehnte später rückblickend schreiben wird.«[90] Seine Kinder werden evangelisch erzogen. Aber Edith läßt später nach ihrem Übertritt verschiedentlich durchblicken, daß Husserl eben doch nicht die richtige religiöse Überzeugung habe, und vorher spielt der religiöse Gesichtspunkt keine Rolle. Scheler ist ihr als katholischer Philosoph begegnet und fasziniert sie, aber täglichen Umgang hat sie nicht mit ihm, wenn er auch bisweilen, besonders gegen Semesterschluß, die Studenten häufiger zusammenrufen muß, weil er den Stoff nicht richtig eingeteilt hat und in Gefahr ist, nicht fertig zu werden.

In späteren Semestern ist sie mit Erika Gothe befreundet, die evangelisch ist und aus einem frommen Elternhaus stammt, aber noch keine besondere religiöse Neigung zeigt.

Alle anderen, mit denen Edith in dieser Zeit regelmäßigen Umgang hat, zeichnen sich, soweit wir wissen, kaum durch besondere Religiosität aus, noch rufen sie Ediths Bewunderung und Verehrung hervor, wenn man von Reinach absieht, aber der ist kein Christ.

Diese Stelle in Edith Steins Erinnerungen zeigt, daß nicht selten innere – seelische und geistige – Vorgänge unabhängig von den Zeitabschnitten, in denen sie sich vollzogen, dargestellt werden – ein sehr verständlicher Vorgang, wenn man bedenkt, wie wenig für Edith Stein Raum und Zeit bedeuteten und wieviel »die Sachen selbst«.

Die Art und Weise, in der Phänomenologie betrieben wird, läßt sich recht gut aus der Beschreibung erkennen, die Edith selbst von ihrer Arbeitsweise gegeben hat: »Ich war wie ein winzig kleiner Punkt im unendlichen Raum – würde aus dieser großen Weite etwas zu mir kommen, was ich fassen konnte? Ich legte mich in meinem Stuhl ganz weit hintenüber und richtete mit schmerzhafter Anstrengung den Geist auf das, was mir gerade die dringlichste Frage war. Nach einer Weile war es, als ob ein Licht aufginge. Ich konnte zum mindesten die Frage formulieren und fand Wege, ihr zu Leibe zu rücken. Und sobald mir eine Sache klar war, eröffneten sich neue Fragen nach verschiedenen Seiten (›neue Horizonte‹ pflegte Husserl zu sagen). Ich hatte immer neben den schönen Blättern, auf die der laufende Text kam, einen Zettel liegen, um alle die aufsteigenden Fragen zu notieren; sie mußten ja alle an ihrem Ort behandelt werden ... Wenn ich zum Mittagessen gerufen wurde, kehrte ich wie aus einer andern Welt zurück. Ich war ganz erstaunt, was ich nun alles wußte: Dinge, von denen ich vor ein paar Stunden noch nichts geahnt hatte; und ich war froh über die vielen angesponnenen Fäden, die ich wieder aufgreifen konnte.«[91]

Hier wird deutlich, wie sehr die Phänomenologie als Methode und Erkenntnislehre intuitiv begründet ist, ohne deshalb die Gesetze der Logik zu verletzen.

Aber zu der Zeit, als Edith Scheler kennenlernt und bemerkt, daß er sich als den eigentlichen Schöpfer der Phänomenologie sieht und darstellt, dabei Husserl abschätzig beurteilt, wodurch sie sich abgestoßen fühlt, lernt sie noch, das phänomenologische Instrumentarium selbständig zu handhaben. Außerdem studiert sie nicht nur Philosophie, und diese auch nicht nur bei Husserl und Scheler.

Leonard Nelson, ein Anhänger der Philosophie des Kant-Schülers Fries, beeindruckt durchaus in seiner Vorlesung über die »Kritik der praktischen Vernunft«. »Seinen Schlußfolgerungen konnte man sich schwer entziehen«[92], schreibt Edith, aber sie hat den Eindruck, daß in den Voraussetzungen Fehler stecken. In seinem damals berühmten Buch »Über das sogenannte Erkenntnisproblem« sind alle damaligen Vertreter der Philosophie widerlegt und damit ad absurdum geführt.

Ganz anders geht es bei dem gefürchteten Germanisten Edward Schröder zu. Er ist wie sein Schwager, der berühmt-berüchtigte Professor Roethe in Berlin, ein Gegner des Frauenstudiums und hat bis dahin keine Studentinnen in seinem Seminar zugelassen. »Ich habe aber«, schreibt Edith Stein, »seine ›Bekehrung‹ miterlebt. Als er zu Beginn jenes Semesters die Seminarschlüssel an die Mitglieder verteilte – dazu mußten wir einzeln vortreten und ihm mit Handschlag versprechen, kein Buch aus der Seminarbibliothek mit nach Hause zu nehmen – erklärte er öffentlich, von nun an wolle er Damen in die Oberstufe des Seminars zulassen; sie hätten sich das durch ihren Fleiß und ihre tüchtigen Leistungen verdient.«[93] So selbstverständlich die Studentinnen von den

71

Studenten aufgenommen werden – bei manchen Professoren gibt es noch lange Zeit Widerstände, zumal sie das Recht haben, die Frauen von ihren Seminaren fernzuhalten.

Auch bei einem rabiaten Gegner der Phänomenologie hört Edith Stein, und zwar »Psychophysik der Augenempfindungen«. Es ist Georg Elias Müller, der intensiv auf der nach seiner Meinung einzig verläßlichen Erfahrungswissenschaft beharrt. Husserl empfiehlt aber seinen Studenten, bei Müller zu hören, weil er will, daß sie mit den dort angewandten Methoden vertraut werden. Die Psychologie spielt also auch jetzt noch eine Rolle in Edith Steins Studium. Sie berichtet, daß sie bei Müller eine Exaktheit in dieser rein naturwissenschaftlichen Methode gefunden habe, die sie anzog. Über diese Arbeitsgebiete läßt sie sich gerne unterrichten, sie erweitern ihren geistigen Horizont, aber mit ihrem eigentlichen Studium und dessen Zielen haben sie nichts zu tun.

Viel wichtiger ist ihr das Geschichtsstudium bei Max Lehmann, dem Schüler von Leopold von Ranke und Johann Gustav Droysen, beides Historiker von bahnbrechender Wirkung und beide pro-preußisch eingestellt. Bei Ranke kam noch ein deutlich europäisch ausgerichteter Zug hinzu. Edith ist stolz, nun eine seiner Enkelschülerinnen zu werden. Max Lehmann allerdings weicht von seinen großen Lehrern durch seine liberale Sichtweise ab. Edith meint, daß er »als alter Hannoveraner«[94] stark antipreußisch gesinnt gewesen sei. Lehmann war aber gar nicht Hannoveraner, er stammte aus Berlin. Dennoch »ist der englische Liberalismus sein Ideal«[95]. Das macht sich besonders in seiner Vorlesung über Bismarck bemerkbar. Außerdem hört Edith bei ihm ein großes Kolleg über das Zeitalter des Absolutismus und der Aufklärung und kennt schon aus der Breslauer Zeit Lehmanns großes Werk über den Freiherrn vom Stein, also über die preußische Reformzeit.

Charakteristisch ist, wie sie auf Lehmanns antipreußische Haltung reagiert: »Da mich Einseitigkeiten immer dazu anregten, der Gegenseite gerecht zu werden, wurde ich mir hier mehr als daheim der Vorzüge des preußischen Wesens bewußt und wurde in meinem Preußentum bestärkt.«[96]

Damit dürften wahrscheinlich nicht zuletzt die Strenge der Pflichtauffassung, der Einstellung zu Recht und Gerechtigkeit, Sparsamkeit, Ordnung, Disziplin und Toleranz gemeint sein.

72

Diese Grundeinstellung ist ihr von Kindheit an selbstverständlich. Die Mutter und die großen Schwestern haben schon zu Sparsamkeit, Ordnung und absoluter Pünktlichkeit erzogen; diese Pünktlichkeit wird von Edith ausdrücklich als Courantsches Familienerbe bezeichnet. Dieses an sich in ihrem Leben Selbstverständliche wird ihr erst jetzt voll bewußt und grenzt sich gegen andere Werte und Lebensgestaltungen als werthaft und sinnvoll ab, ohne das als anders und ihr nicht entsprechend Erfahrene abzuwerten.

Im Seminar von Max Lehmann, um dessentwillen sie Reinachs Übungen nicht besuchen kann, wird sie mit dem Vergleich zwischen der Reichsverfassung von 1871 und dem Verfassungsentwurf der Frankfurter Nationalversammlung von 1849 konfrontiert, eine für Lehmann typische Gegenüberstellung. Jeder Seminarteilnehmer muß eine schriftliche Arbeit vorlegen, und zwar bearbeiten jeweils zwei Studierende – möglichst eine Studentin und ein Student – unabhängig voneinander dasselbe Thema. Für Edith und ihren Partner lautet es: »Die Verwirklichung der Parteiprogramme in dem Verfassungsentwurf von 1849.«

Diese Arbeit ist zeitraubend, da die Unterlagen nur schwer zu beschaffen sind. Die schriftlichen Ausarbeitungen müssen bei Lehmann eingereicht werden, und daran schließt sich dann eine Diskussion im Seminar an. Was Edith, die unter der Last dieser Arbeit seufzt, nicht weiß, ist, daß Lehmann gelungene Seminararbeiten nach einiger Ergänzung als Staatsexamensarbeiten zu akzeptieren pflegt.

Als sie davon erfährt, wirkt es auf sie wie ein Fingerzeig und ist auf jeden Fall eine Hilfe. Denn sie weiß schon seit längerem, daß mit Göttingen ein neuer Lebensabschnitt begonnen hat. Wie aber soll sie das ihren Angehörigen, der Mutter, den Geschwistern, die sie nach halbjähriger Trennung zurückerwarten, klarmachen? Aber eine fertige Staatsexamensarbeit, das ist etwas, was nicht einfach mit einer Handbewegung weggewischt werden kann. Zu Hause denkt man doch vor allem an die praktische Seite des Studiums, an Beruf und Lebensunterhalt. Hier ist nun der Schlüssel, mit dem sich die Tür zur Rückkehr nach Göttingen öffnen lassen wird.

Darauf vertrauend, aber auch zugleich einen weiteren Schlüssel in die Tür der Rückkehr steckend, bittet Edith Husserl um ein Thema für ihre Doktorarbeit. Zuvor hat sie Professor Stern ge-

73

schrieben, daß sie an der von ihm gestellten psychologischen Aufgabe nicht arbeite, weil sie sich ganz in die Phänomenologie vertieft habe. Sterns Antwort ist einsichtig und gütig: Er selbst rät ihr, bei Husserl zu promovieren, und die Familie daheim ist ebenfalls einverstanden.

Aber Husserl zeigt sich erstaunt: »Sind Sie denn schon so weit?«[97] fragt er. Schließlich hat sie erst ein Semester lang wirklich Phänomenologie betrieben. Sonst hören seine Studenten jahrelang bei ihm, ehe sie sich an eine Examensarbeit wagen. Aber er weist sie nicht zurück. Doch macht er ihr klar, daß seine Ansprüche an eine Doktorarbeit sehr hoch sind; drei Jahre werde sie dafür brauchen. »... er selbst lege großen Wert darauf, daß man in einer Spezialwissenschaft etwas Tüchtiges leiste. Es tauge nichts, nur Philosophie zu betreiben, als solide Grundlage brauche man gründliche Vertrautheit mit den Methoden der anderen Wissenschaften.«[98]

Als er Ediths Betroffenheit sieht, schlägt er ihr vor, erst einmal das Staatsexamen zu machen. Er habe nichts dagegen, wenn sie jetzt schon zu arbeiten begänne. Das Thema für die Staatsexamensarbeit werde er so stellen, daß sie später zur Doktorarbeit erweitert werden könne.

Husserl gibt ihr die Möglichkeit, selbst ein Thema vorzuschlagen: »In seinem Kolleg über Natur und Geist hatte Husserl davon gesprochen, daß eine objektive Außenwelt nur intersubjektiv erfahren werden könne, d. h. durch eine Mehrheit erkennender Individuen, die in Wechselverständigung miteinander ständen. Demnach sei eine Erfahrung von anderen Individuen dafür vorausgesetzt. Husserl nannte diese Erfahrung im Anschluß an die Arbeiten von Theodor Lipps Einfühlung, aber er sprach sich nicht darüber aus, worin sie bestünde. Da war also eine Lücke, die es auszufüllen galt: ich wollte untersuchen, was Einfühlung sei. Das gefiel dem Meister nicht übel.«[99] Aber er stellt eine Bedingung: Er verlangt, daß die Arbeit als eine Auseinandersetzung mit den Schriften von Theodor Lipps durchgeführt wird, weil es ihm darauf ankommt, daß von seinen Schülern das Verhältnis der Phänomenologie zu den anderen wichtigen philosophischen Strömungen der Zeit klargestellt wird.

Husserl weiß, daß die meisten seiner Studenten philosophiegeschichtliche Arbeiten nicht mögen, schließlich hat er selbst sie zu systematischen Philosophen erzogen, und als solche fühlen sie

74

sich von anderen Richtungen, die sie und ihr Meister als weniger systematisch ansehen und verstehen, nicht sonderlich angezogen. Dennoch bleibt Edith nichts anderes übrig, als zuzustimmen. Damit ist aber auch die Entscheidung gefallen, das Staatsexamen so schnell wie möglich hinter sich zu bringen. Im Wintersemester soll der Entwurf der Einfühlungsarbeit fertig sein. Am Ende des Semesters will sie sich – die vorgeschriebene Mindestdauer von sechs Studiensemestern insgesamt wird sie dann erreicht haben – zur Prüfung melden. Das ist die Situation, als Edith im August 1913 nach Hause in die Ferien reist.

In Breslau herrscht Feststimmung. Die Hundertjahrfeier des Beginns der Befreiungskriege wird hier besonders ausgedehnt und festlich begangen. Von Breslau aus hat König Friedrich Wilhelm III. von Preußen 1813 zur Erhebung gegen Napoleon aufgerufen. Daran erinnert nun die Jahrhundertausstellung in den neuerbauten Ausstellungshallen. Zehntausend Volksschulkinder singen dort Volkslieder. Gerhart Hauptmann hat ein Puppenspiel geschrieben, das aber höheren Ortes Anstoß erregt, wohl auch, weil der Autor schon viel früher wegen seines Dramas »Vor Sonnenaufgang« in Ungnade gefallen war. Aber dennoch: Der Kaiser kommt nach Breslau, findet die Neubauten zu teuer und kränkt den zuständigen Baurat dermaßen, daß der Sozialdemokrat wird. In der großen Festhalle hört Edith ein begeisterndes Bachkonzert. Es ist wie der Abschluß einer Lebensphase. Von nun an wird sie nur noch besuchsweise in Breslau sein. Ihren Lebensmittelpunkt hat sie woanders gefunden.

In der zweiten Oktoberhälfte ist Edith wieder in Göttingen. Sie kommt alleine, denn Rose ist nicht wieder zurückgekehrt. Die gemeinsame Wohnung ist aufgegeben. In einem möblierten Zimmer in der Schillerstraße, nahe der Wohnung von Nelli und Richard Courant, richtet sich Edith nun ein. Die Wirtsleute sind angenehm; sie wird mit Milch zum Frühstück und Tee zum Abendbrot versorgt, schließlich sogar mit dem Mittagessen. Da das Zimmer einen eigenen Zugang zum Treppenhaus hat, ist seine Bewohnerin unabhängig.
Die ersten Wochen sind dennoch schwer. Einsamkeitsgefühle

75

Adolf Reinach mit seiner Frau Anne

kommen auf. Solange die beiden Freundinnen zusammen waren, kannte Edith kein Heimweh. Nun ist das Gefühl des Alleinseins, des Fremdseins so heftig, daß sie nicht einmal durch die Lange Geismarstraße gehen mag, wo sie mit Rose gewohnt hat. Jetzt macht es sich bemerkbar, daß sie, außer in den Kollegstunden, nur wenig persönlichen Umgang in Göttingen hat.

In diesem Wintersemester 1913/14 kann sie aber nun endlich die Übungen von Adolf Reinach besuchen, des jungen Privatdozenten, der Husserl zuarbeitet. »Die Stunden in dem schönen Arbeitszimmer«, erinnert sich Edith Stein später, »waren die glücklichsten in meiner ganzen Göttinger Zeit.« »Alle hatten vor unse-

76

rem jungen Lehrer eine tiefe Ehrfurcht; hier wagte nicht leicht jemand ein vorschnelles Wort; ich hätte kaum gewagt, ungefragt den Mund aufzumachen.«[100]
Als Reinach sie einmal nach ihrer Ansicht fragt, und sie »sehr schüchtern« antwortet, sagt er »überaus freundlich«: »So habe ich es mir auch gedacht.«[101] Eine höhere Auszeichnung, schreibt sie später, habe sie sich nicht vorstellen können. Die selbstbewußte Edith, die in der »Philosophischen Gesellschaft« vom ersten Tag an so keck mitsprach, ist sehr bescheiden, wo sie das überlegene Wissen und die reife Persönlichkeit spürt.
Der Winter bringt überhaupt mehr philosophische Förderung als der Sommer. Husserl liest sein großes Kant-Kolleg, und neben Reinachs Übungen kann sie seine Vorlesung »Einführung in die Philosophie« hören.
Reinachs besondere Begabung liegt in der leichter verständlichen – nicht etwa vereinfachten – Darstellung philosophischer Probleme.
Er spricht lebhaft, scheinbar völlig frei, klar und zwingend. Aber viel später, als sie die Manuskripte sieht, erkennt Edith, daß dem sorgfältige, wörtliche Ausarbeitungen zugrundelagen. In den Übungen, die Reinach in seiner Wohnung abhält, ist es für die Studenten sehr wichtig, daß er sie an seinen eigenen Forschungen – in diesem Wintersemester 1913/14 ist es das Problem der Bewegung, mit dem er sich beschäftigt – teilnehmen läßt. »Das war kein Dozieren und Lernen, sondern ein gemeinsames Suchen, ähnlich wie in der Philosophischen Gesellschaft, aber an der Hand eines sicheren Führers.«[102]
Dieser Winter ist der Vorbereitung auf die mündliche Prüfung des Staatsexamens vorbehalten. Dabei stellt sich heraus, daß für die Promotion das Graecum notwendig ist als Nachweis des humanistischen Abiturs. Auf die Zeit nach dem Staatsexamen läßt es sich nicht verschieben, weil das Graecum sechs Semester vor der Promotion abgelegt werden muß. Eine kurze Zwischenprüfung nach emsiger Vorbereitung erledigt das Problem fürs erste.
Sonst aber ist die Masse des Stoffes kaum zu bewältigen: Geschichte, deutsche Literatur, Philosophiegeschichte – nach ein paar Wochen ist das Gelernte dem Gedächtnis wieder entschwunden. Am schlimmsten aber ist, daß die philosophische Arbeit zu einem kaum lösbaren Problem zu werden beginnt. Die

Werke von Theodor Lipps leiht sie im Philosophischen Seminar. Dabei stellt sich heraus, daß das, was Husserl unter Einfühlung zu verstehen scheint, und das, was Lipps so bezeichnet, wenig miteinander zu tun hat. Edith Stein stellt zum ersten Mal fest, was sie danach immer wieder erfährt: »Bücher nützten mir nichts, solange ich mir die fragliche Sache nicht in eigener Arbeit zur Klarheit gebracht hatte. Dieses Ringen nach Klarheit vollzog sich nun in mir unter großen Qualen und ließ mir Tag und Nacht keine Ruhe.« »Damals«, schreibt sie weiter, »habe ich das Schlafen verlernt, und es hat viele Jahre gedauert, bis mir wieder ruhige Nächte geschenkt wurden.«[103]

Ediths Tag beginnt früh um sechs, und sie arbeitet bis Mitternacht fast ohne Unterbrechung. Wenn sie mittags zu Hause ißt, kann sie auch beim Essen nachdenken. Hält sie sich im Philosophischen Seminar auf, geht sich manchmal gar nicht zum Mittagessen, sondern begnügt sich mit Gebäck. Vor dem Zubettgehen legt sie sich Papier und Bleistift auf dem Nachttisch zurecht. Es könnte ja sein, daß ihr etwas einfiele, das sie sofort notieren müßte. Aber wenn sie erwacht, ist das im Traum so Lebendige nicht mehr zu fassen.

Nach und nach steigert sie sich in eine »richtige Verzweiflung«[104] hinein. »Es war zum ersten Mal in meinem Leben, daß ich vor etwas stand, was ich nicht mit meinem Willen erzwingen konnte. Ohne daß ich es wußte, hatten sich die Kernsprüche meiner Mutter: ›Was man will, das kann man‹, und: ›Wie man sich's vornimmt, so hilft der liebe Gott‹, ganz tief in mir festgesetzt. Oft hatte ich mich damit gerühmt, daß mein Schädel härter sei als die dicksten Mauern, und nun rannte ich mir die Stirn wund, und die unerbittliche Wand wollte nicht nachgeben. Das brachte mich so weit, daß mir das Leben unerträglich schien.«[105]

Edith stellt sich selbst die Vernunftgründe vor Augen, die ein solches Verzweiflungsgefühl widerlegen. Sollte sie keine große Philosophin werden – zur Lehrerin würde es sicherlich reichen. Aber es nützt alles nichts, die Depressionen steigern sich und nehmen schließlich die Gestalt des Todeswunsches an: Sie kann nicht mehr über die Straße gehen, ohne zu wünschen, ein Wagen möge sie überfahren. Ausflüge werden angetreten in der Hoffnung, abzustürzen und nicht mehr lebendig wiederzukehren.

Hier wiederholt sich in extremer Steigerung, was schon das

78

kleine Mädchen quälte und was auch die Studentin in Breslau erfuhr: Im Innern, tief verschlossen, sammeln sich Vorstellungen und Bilder, die aus der Außenwelt stammen und durch die Phantasie verstärkt werden, und führen schließlich zu schweren depressiven Erscheinungen. Das Nervenfieber der kleinen Edith, die Depression nach dem Lesen eines Tendenzromanes und jetzt die erste Erfahrung des Versagens von Willensleistung – mit wem kann sie darüber sprechen?

Husserl verlangt zwar mehrfach, über den Fortgang ihrer Arbeit unterrichtet zu werden, gerät dann aber stets so sehr ins Sprechen über eigene wissenschaftliche Fragestellungen, daß sie zwar eine Menge lernt, aber in ihrer eigenen Arbeit nicht gefördert wird. Bis ihr schließlich Georg Moskiewicz, der sie auf Göttingen hingewiesen hat und selbst zu seiner Qual über die Anfangsgründe der Phänomenologie nicht hinausgelangen kann, rät, doch einmal mit Reinach zu sprechen.

Dieser junge Privatdozent muß ein ungewöhnliches pädagogisches Talent und eine große Menschenfreundlichkeit – »Herzensgüte« hat Edith Stein es genannt – besessen haben. Als sie ihn nach einer der Übungsstunden bittet, ihr einen Gesprächstermin zu geben, fügt sie im Hinblick auf ihre Arbeit hinzu: »Aber es ist alles noch so unklar!« Worauf Reinach erwidert: »Nun, über die Unklarheiten wird man sich doch klar werden können.«[106]

Zum nächstmöglichen Zeitpunkt wird sie bestellt und, nachdem sie Bericht erstattet, alle Schwierigkeiten aufgezählt und recht eigentlich das Herz ausgeschüttet hat – streng im Wissenschaftlichen bleibend, versteht sich –, bestätigt sich die alte Weisheit, daß, wenn zwei dasselbe sehen, sie davon noch lange nicht die gleiche Ansicht haben müssen. Reinach kann ihre negative Sicht nicht teilen und rät dringend dazu, mit der Ausarbeitung zu beginnen. In drei Wochen, kurz vor Semesterschluß, soll sie wiederkommen.

Und tatsächlich gelingt das kaum noch Erwartete. Es ist eine unglaublich schwere Arbeit. Von Befriedigung durch den geistigen Schaffensvorgang spürt sie nichts. Aber sie vermag das vermeintliche Chaos zu ordnen, obwohl es ihr immer noch so vorkommt, als taste sie sich mühsam im Nebel voran.

Nach drei Wochen hat sie dreißig große Aktenseiten beschrieben und geht damit zu Reinach. Der vertieft sich sofort in die

Arbeit, während Edith als Zeitvertreib Hegels »Phänomenologie des Geistes« zu lesen bekommt. Aber sie kann sich nicht sammeln. Was wird Reinach sagen?

Der liest unentwegt, nickt manchmal zustimmend, äußert sein Einverständnis auch in Ausrufen. Schließlich ist er fertig und sagt: »Sehr schön, Fräulein Stein.«[107] Er hat nicht einmal etwas auszusetzen und meint nun, sie solle am besten in Göttingen bleiben, um die Arbeit fertigzustellen. Nach seinen Erfahrungen werde man zu Hause zu viel gestört. Das werde in Breslau wohl nicht anders sein als in Mainz, woher er stammt und wohin er gerade reisen will. In acht Tagen werde er wieder da sein, dann erwarte er den zweiten Teil der Arbeit.

Edith folgt dem lebensklugen Rat, bleibt in Göttingen, sitzt den ganzen Tag am Schreibtisch und ist nach einer Woche fertig.

Es ist Abend, dunkel, und es regnet. Aber sie muß wissen, wann Reinach zurückkommt. Als sie am Steinsgraben ist, die Straße, in der er wohnt, kommt eine Taxe, hält vor dem Haus, und wenig später wird oben das Licht angezündet. Sie weiß nun, was sie wissen wollte. Die Erinnerung an die Erleichterung, die sie beim Aufflammen des Lichtes fühlte, bleibt ihr: »Ich machte auf dem Absatz kehrt und ging heim. Mit welcher Freude und Dankbarkeit, das vermag ich nicht zu sagen. Noch heute, nach mehr als zwanzig Jahren, spüre ich etwas von dem tiefen Aufatmen.«[108]

Schon ein bißchen mutiger als beim ersten Mal findet sie sich anderentags in der Frühe bei Reinach ein, und der ist sehr zufrieden mit dem, was sie geleistet hat. Ganz zweifellos werde Husserl diese Arbeit für das Staatsexamen akzeptieren.

Wie neugeboren fühlt Edith sich: »Aller Lebensüberdruß war verschwunden. Der Retter aus der Not erschien mir wie ein guter Engel.«[109]

Zwar bleibt doch noch eine Menge zu tun, weil Husserl das Thema schließlich so formuliert, daß noch viel Literatur zu berücksichtigen ist. Aber im Grundsätzlichen ist die Arbeit fertig, und so kann sie schließlich unbeschwert in die Ferien nach Breslau fahren. Dort erwartet sie allerdings, neben der Wiederbegegnung mit den Angehörigen, den Freundinnen und Freunden, ein Problem, dem sich niemand in der Familie gewachsen fühlt.

Aus Hamburg ist ein Brief des Schwagers gekommen, des Mannes der ältesten Schwester Else: er habe seine Wohnung verlassen und verlange, daß Frau Stein ihre Tochter zu sich hole; eher werde er nicht wieder nach Hause zurückkehren. Das Ehepaar hat drei Kinder: zwei Mädchen und einen Jungen. Die schnell aufeinander folgenden Geburten, die Last der Haushaltsführung, nach ihrem Willen ohne Hilfe, Sorgen um die berufliche Situation des Mannes, der seit langem in schwierige Auseinandersetzungen mit der Hamburger Ärzteschaft verwickelt ist, und die damit verbundene angespannte finanzielle Lage der Familie – das alles hat an Elses Kräften gezehrt. Sie ist überlastet, nervös, überempfindlich und, obwohl Lehrerin von Beruf, wohl keine sehr geschickte Erzieherin.

Das Verhältnis der Ehegatten zueinander ist belastet und die Familienatmosphäre dadurch beeinflußt, wozu auch die gereizte Stimmung des um seine berufliche Existenz kämpfenden Mannes beigetragen haben mag. Krisen hat es schon vorher gegeben, jetzt aber muß wirklich etwas Durchgreifendes geschehen. Alle, die in Breslau Ostern 1914 um den Familientisch sitzen, sind sich darüber im klaren. Aber *was* soll geschehen und *wie* kann es geschehen? Hier zeigt sich nun, daß es Frau Stein, die so tapfer alle Schwierigkeiten ihres eigenen Lebens meistert, vor dem, was hier auf sie zukommt, graut. Da nimmt ihr jüngstes Kind, die zarte, verwöhnte, beschützte Edith, im Augenblick der Entscheidung die Last auf sich, indem sie zur Mutter sagt: »Wenn es dir recht ist, will ich hinfahren.« Und die Mutter antwortet, wie befreit: »Wenn du das tun wolltest, wäre ich dir sehr dankbar.« Aber dann erschrickt sie vor den Anzeichen der Erregung, von denen auch Edith nicht frei ist, und meint: „Nein, es ist für dich auch zu schwer."[110]

Aber Edith bleibt bei ihrem Entschluß, reist nach Hamburg und bemüht sich dort, zu klären und zu schlichten, was bisher vergeblich von ihrer Schwägerin, der Frau des Bruders Arno, und einem Berliner Onkel versucht worden ist. Das Gespräch mit dem Schwager verläuft in höflichen Formen, aber an der Forderung, Else müsse ihr Verhalten ändern und Hamburg verlassen, um in Breslau ihre Gesundheit zu festigen, ist nicht zu rütteln. Edith steht gewissermaßen als neutralisierendes Element zwischen den beiden streitenden Parteien. Ihre siebzehn Jahre ältere Schwester weiht sie in alle Einzelheiten ihres Ehelebens ein.

Auch sie stellt nun Bedingungen. Daß unter solchen komplizierten Voraussetzungen überhaupt ein Übereinkommen erzielt werden kann, ist erstaunlich genug, daß es unter Vermittlung einer so jungen und noch dazu nicht sehr lebenserfahrenen Studentin geschieht, grenzt schon fast an ein Wunder. Aber ihr Eingreifen und ihre Vermittlung haben tatsächlich zu einer Besserung der Beziehungen zwischen den Ehegatten beigetragen.

Im Sommersemester 1914 ist Edith in Göttingen nicht mehr alleine. Toni Meyer, eine Bekannte von Georg Moskiewicz, will sich phänomenologischen Studien widmen. Da sie kein Abitur hat, muß sie die Zustimmung der Dozenten einholen. Husserl und Reinach geben sie bereitwillig, und Edith gibt ihr Privatstunden, damit sie die Anfangsschwierigkeiten überwindet. Toni Meyer, damals fünfunddreißig Jahre alt, ist intelligent und fähig, den Anforderungen nachzukommen. Sie ist mit der Familie von William Stern gut bekannt, der seine Kinderpsychologie auch auf Tagebücher seiner Frau über die Entwicklung des eigenen Nachwuchses stützt, und hat aus eben diesen Niederschriften das Buch »Aus einer Kinderstube« zusammengestellt. Wer sie nicht genau kennt und die Anzeichen nicht zu deuten weiß, kann nicht ahnen, daß sie zeitweise unter Anfällen von Geisteskrankheit leidet. Edith weiß es, bevor Toni es ihr sagt, und es hat keinen Einfluß auf ihre Einstellung zu der jungen Frau, mit der sie sich befreundet. Zusammen besuchen sie Vorlesungen, Übungen, die »Philosophische Gesellschaft«, machen Ausflüge, zum Beispiel nach Hildesheim, wo sie sich mit Else treffen, und Edith meint später, dieser Sommer sei wohl der glücklichste in Tonis Leben gewesen. Jedenfalls ist sie jetzt frei von den von Zeit zu Zeit auftretenden Depressionen. Weder Kopfschmerzen noch Neuralgien im Arm befallen sie. Aus wohlhabender Familie stammend, hat Toni am Feuerschanzengraben eine geräumige, elegante Wohnung gemietet. Von hier aus sorgt sie für Edith, die weiter in der Schillerstraße wohnt. So hat sie in der Nähe eine Gärtnerei entdeckt, und seitdem fehlt es in Ediths Zimmer nie an frischen Blumen.
In diesem Sommer, in dem zum letzten Mal unbefangenes Studentenleben möglich ist, kommen Ediths Lieblingsschwester Erna und ihr Freund Hans Biberstein zu Besuch nach Göttingen.

82

Edith kann sich nicht dauernd um sie kümmern. Aber Toni sorgt zusammen mit einem treuen Freund, Erich Danziger, der Edith stets zur Seite steht und bei dem Hans auch wohnt, dafür, daß beide Göttingen und seine Umgebung – Kassel, Hannoversch-Münden, Hildesheim, das Weserbergland – kennenlernen. Sie können das um so unbefangener und unbelasteter, als sie die wesentlichen Prüfungen für Staatsexamen und Promotion schon hinter sich haben. Den Schluß bildet eine Harzwanderung, die Edith, Erna und Danziger – Hans muß schon eher abreisen und für Toni wäre es zuviel – gemeinsam unternehmen.

Vor allem aber muß Edith in diesem Semester arbeiten. Sie bereitet sich intensiv auf das Staatsexamen vor, und in ihren Erinnerungen an diese Zeit tauchen die Menschen auf, mit denen sie in diesem Zusammenhang besonderen Kontakt hat: Da ist die fröhliche Käthe Scharf aus Hirschberg in Schlesien, am Fuße des Riesengebirges, die so genau über die Prüfungsbestimmungen in Geschichte Bescheid weiß und die von ihrer Mutter nach Göttingen begleitet worden ist, wohl um sie vor den Gefahren des Studentenlebens zu beschützen. Edith tut der Vater immer ein wenig leid, der doch nun einsam zu Hause sei. Dann ist da die Psychologin Lotte Winkler, ein wissenschaftlich begabtes und interessiertes evangelisches Mädchen, das mit einem jüdischen Rechtsanwalt verlobt ist, dessen Vater aber die Verbindung entschieden ablehnt, ohne sie verhindern zu können. Vor allem aber ist da, ganz neu, eben erst zum Studium nach Göttingen gekommen, Pauline Reinach, die Schwester von Adolf Reinach. Sie ist Altphilologin, hat mit über dreißig Jahren das Abitur nachgeholt und lebt sehr verinnerlicht ihrem Studium, ist aber in Gesellschaft durchaus »temperamentvoll, witzig und schlagfertig.«[111]

Außerdem zieht Husserl stets Menschen nach Göttingen, die dort die Phänomenologie kennenlernen wollen, so in diesem besonders schönen und heißen Sommer ein russischer Professor, ein kleiner pensionierter General von sehr bescheidenem Auftreten, der aber im Anfängerseminar – zu mehr wird er nicht zugelassen – seine Fragen militärisch knapp mit schallender Stimme zu stellen pflegt, und ein adeliger junger Herr, der alles mitmacht: von der Vorlesung bis zur »Philosophischen Gesellschaft«. Wird er etwas zu naseweis, weist Reinach ihn in seine Schranken. Das hat er vor einem Jahr auch mit Fritz Kaufmann

83

getan, als der sich bei ihm anmeldete, und nun gehört er ganz selbstverständlich zum Phänomenologenkreis. Bei Husserls wird um diese Zeit in fröhlicher Runde das Staatsexamen von Johannes Hering und Grete Ortmann gefeiert.

Doch über all den Begegnungen wird das Lernen, ganz gedächtnismäßig, für das eigene Examen, nicht vergessen. Vor allem liest Edith in diesen Sommerwochen Ranke, »besonders die Staatengeschichten mit großer Freude. Dazu Voltaire, Rousseau, Montesquieu und noch viele andere.«[112] Sie empfindet sehr diese »wirkliche Berührung mit dem geschichtlichen Leben.«[113] Wie nahe ihr die Weltgeschichte bereits ist, ahnt damals trotz der immer öfter gestellten Frage, ob es Krieg geben werde, niemand. Bis am 28. Juni 1914 das österreichische Thronfolgerpaar in Serajewo ermordet wird und die Idylle sich dem Ende zuneigt.

Die Patriotin

Ihr Sinn für Geschichte, für die Entwicklung von Menschen, Völkern, Staaten hat Edith Stein lebenslang begleitet. Später, nachdem sie aus allem Erleben bereits ganz eigene und völlig andere Konsequenzen gezogen hat, als sie ihr früher auch nur vorstellbar erschienen wären, schreibt sie: »Wer im Kriege oder nach dem Kriege herangewachsen ist, der kann sich von der Sicherheit, in der wir bis 1914 zu leben glaubten, keine Vorstellung machen. Der Frieden, die Festigkeit des Besitzes, die Beständigkeit der gewohnten Verhältnisse waren uns wie eine unerschütterliche Lebensgrundlage. Als man schließlich merkte, daß der Sturm unaufhaltsam näher kam, suchte man sich den Verlauf klar zu machen. Das stand fest, daß er ganz anders würde als alle früheren Kriege. Eine so entsetzliche Vernichtung würde es sein, daß es nicht lange dauern könnte. In ein paar Monaten würde alles vorbei sein.«[114]
Am letzten Seminartag, als schon stündlich mit der Mobilmachung zu rechnen ist, liegt auf Reinachs Schreibtisch ein aufgeschlagener Atlas. Fritz Kaufmann fragt den jungen Dozenten: »Sie müssen auch mit, Herr Doktor?« Und Reinach antwortet: »Ich *muß* nicht, ich *darf*.« Edith Stein schreibt darüber: »Ich freute mich herzlich über diese Antwort. Sie entsprach durchaus meinem eigenen Empfinden.«[115]
Sie ist Preußin. Hier im Hannoverschen ist sie sich dessen mehr denn je bewußt geworden. Ihre Konsequenz, ihre Zielstrebigkeit, ihr Gerechtigkeitsstreben, ihre Vorliebe für Ordnung und Disziplin – das alles verbindet sie mit Preußen, und sie ist auch Historikerin genug, um sehr genau zu wissen, daß viel davon ins Reich der kleindeutschen Lösung eingeflossen ist.
Am 30. Juli 1914 sitzt sie am Nachmittag in ihrem Zimmer, beschäftigt mit Schopenhauers »Die Welt als Wille und Vorstellung«, als zwei Studentinnen kommen, um ihr zu sagen, daß keine Vorlesungen mehr stattfinden. Wenig später kommt Nelli Courant: ihr Mann Richard habe eben seinen Gestellungsbefehl erhalten und befürchte die Sperrung aller Ziviltransporte. Deswegen reise sie noch heute abend nach Breslau. Ob Edith mitfahren wolle?

Der Entschluß ist schnell gefaßt: Göttingen, mitten im Herzen des Reiches, ist geschützt. Aber Breslau ist die wichtigste Festung des Ostens, nur wenige Kilometer von der russischen Grenze entfernt. Vielleicht würde es bald belagert werden. »Die Welt als Wille und Vorstellung« ist uninteressant geworden, die Welt als »Sache«, der es sich zu stellen gilt, fordert ihr Recht. In zweieinhalb Stunden will Edith, wenn sie bis dahin alles Notwendige erledigen kann, bei Courants sein.

Als sie sich von Reinach die Teilnahme an seinen Vorlesungen und Übungen testieren läßt, erfährt sie, daß er sich freiwillig meldet. Er ist unsicher, ob man ihn nehmen wird, weil er nicht gedient hat. Aber dann müsse eben der alte General, der jetzt wieder aktiviert wird, ihm dazu verhelfen.

Was Edith tun werde? Zum Roten Kreuz will sie gehen. Reinach schreibt sich ihre Adresse auf. Eines Tages, wenn er an der Front steht und sie als Schwesternhelferin typhuskranke Soldaten in einem Seuchenlazarett in Mähren pflegt, wird er ihr schreiben: »Liebe Schwester Edith, jetzt sind wir Kriegskameraden.«[116]

Die ausstehenden Rechnungen müssen bezahlt werden, Geld ist von der Bank zu holen. Dann schnell packen, und pünktlich ist sie bei Courants. Auch Toni Meyer reist mit.

Auf dem Bahnhof ist die Verwirrung groß. Der Anschluß an die Strecke Kassel–Breslau kann auf dem gewöhnlichen Wege nicht erreicht werden, und in Kassel ist es eher noch schlimmer. Die Bahnbeamten wissen nicht einmal, ob der Zug, in dem sie sitzen, überhaupt nach Breslau fährt. Aber je weiter sie schließlich nach Osten kommen, um so ruhiger und disziplinierter wird es. Vier Jahre später, bei Beginn der Revolution, wird sie ähnliches beobachten.

Am Spätnachmittag des 31. Juli trifft Edith in Breslau ein. Als die Droschke vor dem Haus in der Michaelisstraße hält, kommt die Mutter an den Wagenschlag. »So gut hast du noch nie gefolgt«[117], sagt sie. Aber ihre Aufforderung, sofort nach Hause zu kommen, hat die Tochter gar nicht mehr erreicht.

Das alltägliche Leben erscheint Edith angesichts der kommenden Ereignisse banal und unerträglich. »Ich habe jetzt kein eigenes Leben mehr«, sagt sie sich. »Meine ganze Kraft gehört dem großen Geschehen. Wenn der Krieg vorbei ist und wenn ich dann noch lebe, dann darf ich wieder an meine privaten Angelegenheiten denken.«[118]

86

Der nächste Tag ist Sonnabend, der 1. August, der Tag der Kriegserklärung. Am Montag meldet sich Edith Stein zu einem Krankenpflegekursus für Studentinnen. Nach vier Wochen ist die Ausbildung abgeschlossen. Aber viele haben sich für den Lazarettdienst zur Verfügung gestellt. Es besteht fürs erste kein Bedarf an zusätzlichen Kräften. So kehrt Edith, nachdem sie einige Wochen in der zivilen Krankenpflege tätig war, zum Wintersemester 1914/15 nach Göttingen zurück.

Doch dort ist kaum jemand aus dem alten Kreis. Die Studienfreunde sind meistens im Felde. Von den Studentinnen sind Erika Gothe und Pauline Reinach zurückgekehrt. Ediths Verhältnis zu ihnen gestaltet sich nun sehr freundlich. Man arbeitet zusammen Philosophie und Geschichte. Edith liest mit Pauline Homer.
Daneben steht gleichwertig das Stricken und Päckchenpacken für die Studienfreunde im Feld. In der Schule hat Edith es nicht weit gebracht in der Kunst des Strickens. Jetzt lernt sie es neu, und während die Nadeln klappern, arbeitet sie mit einer Kommilitonin deren Geschichtspensum durch.
Liebevoll werden die Weihnachtspäckchen zurechtgemacht. In den Konditoreien kann man in diesem ersten Kriegsjahr noch ohne Schwierigkeiten Leckereien kaufen. Mühselig ist dagegen das vorgeschriebene Einnähen der Feldpostpäckchen in Sackleinwand. Bis Mitternacht liegen die Mädchen oft in Paulines Zimmer auf dem Fußboden, um die Arbeit vorschriftsmäßig auszuführen. Danach geht Edith seelenruhig über den Kirchhof nach Hause in die Schillerstraße. Eines Nachts begegnet ihr dort zwischen den Gräbern ein Offizier, der sie verblüfft grüßt. Schon die späte Stunde ist ausgefallen, und dann noch dieser Ort! Entsprechend ist die Reaktion: »Na, Sie haben aber Courage!«[119]
Zu Hause angekommen liest Edith spät in der Nacht erst einmal die »Frankfurter Zeitung«, das hochangesehene liberale Blatt, schaut dann noch in ihre Bücher und gönnt sich erst danach ein wenig Schlaf. Diese Lebensweise hält sie über viele Jahre durch, ja, sie steigert sie später noch. Das hat dazu beigetragen, daß sie lange Zeit unter schweren Schlafstörungen leidet.
In Husserls Seminar sind in diesem Semester nur wenige Studen-

ten. Zurückgekehrt aber ist der Pole Roman Ingarden, der wegen eines Herzfehlers aus dem Militärdienst entlassen wurde. Früher mehr seinen Landsleuten an der Universität verbunden, schließt er sich jetzt an den kleinen Kreis der übriggebliebenen Husserlschüler an.

Aber das Studium steht nicht mehr an der ersten Stelle. Das Weltgeschehen fesselt. Die Marne-Schlacht hat bereits eine frühe Ernüchterung gebracht. Zugleich werden die menschlichen Beziehungen immer wichtiger – mit denen draußen im Feld und mit den Freundinnen: »Wie glücklich waren wir, wenn eine Feldpostkarte oder gar ein Brief von Reinach kam.«[120]

Edith fühlt, daß sich in ihrem Verhältnis zu anderen etwas verändert hat: »Trotz der lastenden Kriegssorgen ist wohl dieser Winter die glücklichste Zeit während meiner Göttinger Studienjahre gewesen. Die Freundschaft mit Pauline und Erika war tiefer und schöner als die alten Studienfreundschaften. Es war zum ersten Mal, daß nicht ich der führende und umworbene Teil war, sondern daß ich in den andern etwas Besseres und Höheres sah als ich selbst war.«[121]

Pauline Reinach ist viel älter. Jahre später wird sie erst zum evangelischen, dann zum katholischen Bekenntnis konvertieren und schließlich Benediktinerin werden.

Erika Gothe hat einen ganz anderen Lebenshintergrund. Einer mecklenburgischen Familie entstammend, steht sie in sehr engen Beziehungen zu ihrer Stiefmutter und ihren Halbbrüdern. Edith schreibt: »Ich habe Frau Gothe und ihr Haus in Schwerin nie gesehen, aber durch Erikas Erzählungen wurde ich mit beiden ganz vertraut. Sie war eine tiefgläubige Protestantin, und von der warmen Güte ihres Wesens strahlte etwas bis zu uns herüber.«[122]

In diesem Kreis, zu dem noch eine weitere Studentin gehört, ist Edith die weitaus Jüngste. Lebenserfahrung und Reife sind also sehr unterschiedlich verteilt. Aber diese ungleichen jungen Frauen bilden eine feste Gemeinschaft.

Hin und wieder geht Edith mit ihren Studienfreundinnen in den evangelischen Gottesdienst. Aber der Eindruck ist nicht so nachhaltig, daß davon bereits Bestimmendes ausgeht. Nur das Suchen, das Tasten hat offenbar begonnen. Was ihr allerdings indirekt, wenn auch unter negativem Vorzeichen, Eindruck macht, ist die Bedeutung der Predigt im evangelischen Ritus. Jetzt,

88

während des Krieges, sind dabei Bezugnahmen auf das Zeitgeschehen nicht selten. Hinzu kommt die damals starke Bindung der evangelischen Kirche an das Herrscherhaus, analog der des Habsburger Hauses an die katholische Kirche und umgekehrt. Das sprichwörtliche Bündnis zwischen Thron und Altar begegnet Edith Stein und mißfällt ihr.

Im November wird die Staatsexamensarbeit termingerecht eingereicht. Das mündliche Examen ist auf den 14. und 15. Januar 1915 festgesetzt. Das Weihnachtsfest vor diesen beiden wichtigen Daten feiert Edith alleine in Göttingen. Erika, Pauline und eine weitere Kommilitonin bringen ihr, bevor sie in die Ferien reisen, ein geschmücktes Weihnachtsbäumchen, und Edith schreibt darüber: »Es war das erste Bäumchen, das ich in meinem Leben geschmückt bekam. Ich habe mit Freude und Dankbarkeit die Kerzen angesteckt. Es war für mich nichts Betrübliches, allein zu sein. Ich war ja bisher nicht gewöhnt, Weihnachten überhaupt zu feiern, und vermißte nichts.«[123]

Das mündliche Staatsexamen verläuft sehr zufriedenstellend. Die Freundinnen sorgen für gutes Essen und seelischen Beistand, die Examinatoren sind wohlwollend, was die Atmosphäre entspannt. Dadurch wird aber die gefährliche Klippe, daß Husserl nahezu eine Stunde lang Geschichte der Philosophie prüft, auch nicht umschifft. Doch mit Geistesgegenwart und einem Quentchen Glück wird die Gefahr bestanden, und als der Meister zur Logik übergeht, ist sowieso alles gewonnen.

In der Geschichtsprüfung fragt sie der England-Verehrer Professor Lehmann mitten im Kriege, was man unter Militarismus verstehe ...! Die Überlegungen und Gefühle, die dadurch ausgelöst werden, sind typisch für Edith Stein und ihre Einstellung: »Die Frage ... war brenzlich. Sie klang wie eine Aufforderung zur Kritik an den bestehenden Zuständen, und das mochte ich nicht.«[124] Sie ist Preußin, und sie ist stolz darauf, es zu sein. Beides zusammen und ihre Dankbarkeit gegenüber dem Staat, der sie als Studentin fördert, haben sie zur Patriotin gemacht. Mit Geschick versteht sie es, sich aus der verzwickten Lage zu befreien.

Ein paar Tage nach den Prüfungen ist sie in Hamburg, dann aber zu Husserls Seminar wieder zurück in Göttingen. Hier erfährt sie, daß sie das Staatsexamen mit Auszeichnung bestanden hat. Mit dieser Nachricht reist sie am Semesterschluß nach Hause.

Schwester Edith

Bald nach dem Examen bewirbt Edith sich in Breslau beim Roten Kreuz um Eintritt in den Lazarettdienst. Als sie von Göttingen in die Ferien fuhr, schickte sie den größten Teil ihrer Sachen nach Hause, weil es ungewiß war, ob sie wiederkehren würde. Einige Wochen nach der Heimkehr ins Elternhaus wird ihr mitgeteilt, daß in Österreich Krankenschwestern gesucht werden. Anfang April könne sie ihre Arbeit im Seuchenlazarett Mährisch-Weißkirchen aufnehmen. »Ich war sofort entschlossen.«[125] Dieser Entschluß wankt auch nicht, als die Mutter, voller Sorge um die Gesundheit der Tochter, angesichts des gefährlichen Einsatzortes erklärt: »Mit *meiner* Einwilligung wirst du nicht gehen.« Die Tochter, sonst voller Ehrerbietung, erwidert ihr mit derselben Entschiedenheit: »Dann muß ich es ohne deine Einwilligung tun.«[126]

Das ist unerhört. Nicht daß es in der großen Familie bisweilen auch Auseinandersetzungen gegeben hätte. Aber das sind dann stets eher Temperamentsausbrüche als Widerstände. Dies hier ist anders. Zum ersten Mal treten sich Mutter und Tochter in grundsätzlicher Konfrontation, ohne Rücksichtnahme, gegenüber.

Als Edith wegen ihrer Einberufung im Provinzialschulkollegium die Meldung für die Graecum-Prüfung zurückzieht, weist sie der als ernst und streng bekannte Dezernent auf die Gefahren des Einsatzes in Kriegslazaretten hin: Die Schwestern stünden in schlechtem Ruf, die sittlichen Gefahren seien groß. Edith findet das sehr traurig, aber deswegen sei es auch gerade notwendig, »daß Menschen mit einer ernsten Auffassung in diese Stellen kämen.«[127] Dem Herrn Geheimrat, der ihr so väterlich geraten hat, bewahrt sie übrigens lebenslang ein dankbares Andenken, von seiner Güte im tiefsten berührt, in ihrem Entschluß allerdings unbeirrt.

Mährisch-Weißkirchen ist von Breslau aus in fünf bis sechs D-Zug-Stunden erreichbar. Edith trifft dort in der Mittagszeit des 7. April 1915 zusammen mit zwei anderen Helferinnen ein.

90

Sie durchfahren das freundliche Städtchen mit seinen Laubengängen am Marktplatz, bis schließlich der Wagen vor einem großen Gebäude hält. In Friedenszeiten ist es als Kadettenanstalt genutzt worden. Hier hat vor mehr als zwanzig Jahren ein junger Mann versucht, ein guter Offizier zu werden, der dann später sein »Reiten – reiten – reiten« an die Spitze seines berühmtesten Werkes setzte, der »Weise von Liebe und Tod des Cornets Christoph Rilke«. Der Nachfahre des besungenen Cornets hieß damals, als er hier lernte und litt, noch René Maria Rilke. Jetzt heißt er Rainer und ist ein berühmter Dichter.
Aber daran denken die jungen Mädchen nicht, die jetzt hier ihren Dienst antreten. Sie wissen vermutlich gar nicht, daß dieser Dichter einmal hier lebte und daß noch ein anderer Kadett hier aus und ein gegangen ist, in dessen Roman »Die Verwirrungen des Zöglings Törless« diese Anstalt eine gewichtige Rolle spielt. Der Autor heißt Robert Musil, und auch er ist nicht beim Offiziersberuf geblieben.
Doch jetzt ist von Literatur und Kunst nichts zu spüren. Vielmehr müssen sich die Neuankömmlinge erst einmal mit den Gegebenheiten vertraut machen: Das Quartier wird bezogen. Die Erfahrung bleibt nicht aus, daß die tschechische Bevölkerung deutschfeindlich ist und auf Fragen, zum Beispiel nach dem Weg, wenn sie auf Deutsch gestellt werden, keine Antwort erfolgt. Die Patienten entstammen dem Vielvölkerstaat Österreich und sind fast alle Slawen – geduldig, ergeben in ihr Schicksal, das sie in einen Krieg geworfen hat, dessen Sinn und Ziel sie nicht erkennen können.
Edith Stein kommt auf die Typhusstation mit insgesamt vier Krankensälen, zwei mit je sechzig und zwei mit je achtundfünfzig schwer Typhuskranken. Wer als Rekonvaleszent gilt, wird in eine der Baracken verlegt. In jedem Saal haben ein Arzt, zwei Berufsschwestern und zwei Helferinnen Dienst. Außerdem gibt es für Arbeiten, die nicht pflegerischer Art sind, zwei Mädchen und einen Landsturmmann. Über die Krankheit ist Edith nur theoretisch, aus dem Lehrbuch informiert. Als sie zum ersten Mal Nachtdienst hat, sagt der Stationsarzt zu einem Kollegen: »Seit zwei Wochen ist sie da und übernimmt schon die Verantwortung für 60 Typhuspatienten.«[128]
Während dieser ersten Nachtwache wird sie zu einem sterbenden Deutschen gerufen, den die polnische Pflegerin im Nach-

91

barsaal nicht versteht. Aber trotz schneller ärztlicher Hilfe ist er nicht zu retten. »Das war das erste Mal, daß ich jemanden sterben sah.«[129]

Wenige Tage später der zweite Todesfall. Der Mann wurde bereits sterbend eingeliefert. Als das Leben erloschen ist, findet Edith beim Zusammenpacken der Sachen des Verstorbenen auch das Notizbuch, aus dem ihr ein kleiner Zettel entgegenfällt. Darauf steht ein Gebet um den Schutz des Lebens. Seine Frau hat es ihm mitgegeben in den Krieg. Noch nach Jahrzehnten erinnert sich Edith Stein an diesen Augenblick: »Ich empfand jetzt erst, was dieser Todesfall menschlich zu bedeuten hatte.«[130]

Sind die Kranken versorgt, kann Schwester Edith Briefe schreiben und lesen. Zwei Bücher hat sie von daheim mitgenommen: Husserls »Ideen« und den Homer.

Wenn sie gegen Morgen, bevor die Tagschwester ihren Dienst beginnt, die letzten Arbeiten ausführen muß, bedrückt es sie, daß sie beim Fiebermessen nicht verhindern kann, die Patienten zu stören. Bei aller Vorsicht – das kalte Fieberthermometer weckt doch die meisten, und sie haben den Schlaf so nötig.

Mit den Schwestern kommt sie gut aus, obwohl sie bei einigen den Eindruck hat, als seien weniger altruistische Motive bei der Berufswahl ausschlaggebend gewesen als vielmehr Ehrgeiz und die Hoffnung auf eine Heirat mit einem der Ärzte.

Auch mit den Ärzten steht die neue Schwesternhelferin gut. Sie wissen bald ihre ruhige, sachliche Art zu schätzen und stellen fest, daß sie Latein kann. Es herrscht großes Erstaunen darüber, daß sie nicht an der Universität geblieben ist. Aber alle ihre Freunde stehen im Felde. Sollte sie es besser haben?

Wenn eine Schwester Kopfschmerzen hat, springt Edith für sie ein. Sie sei nicht gekommen, um sich auszuruhen, erklärt sie ihre Einsatzbereitschaft, sondern um zu helfen.

Als kurz nach ihrer Ankunft ein Abschiedsfest für einen jungen polnischen Arzt stattfindet, nimmt sie nur auf Rat einer älteren Schwester daran teil. Man stellt fest, daß sie »strenge Philosophie« – so heißt das Fach in Österreich – studiert habe und geht dann bald zum gemütlichen Teil über. Es wird laut und lustig, man trinkt, die ganze Gesellschaft besucht einen Arzt, der Notdienst hat, und es gibt Budenzauber in einem Schwesternzimmer.

Edith ist entsetzt. Das widerspricht ihrer Auffassung vom Ein-

92

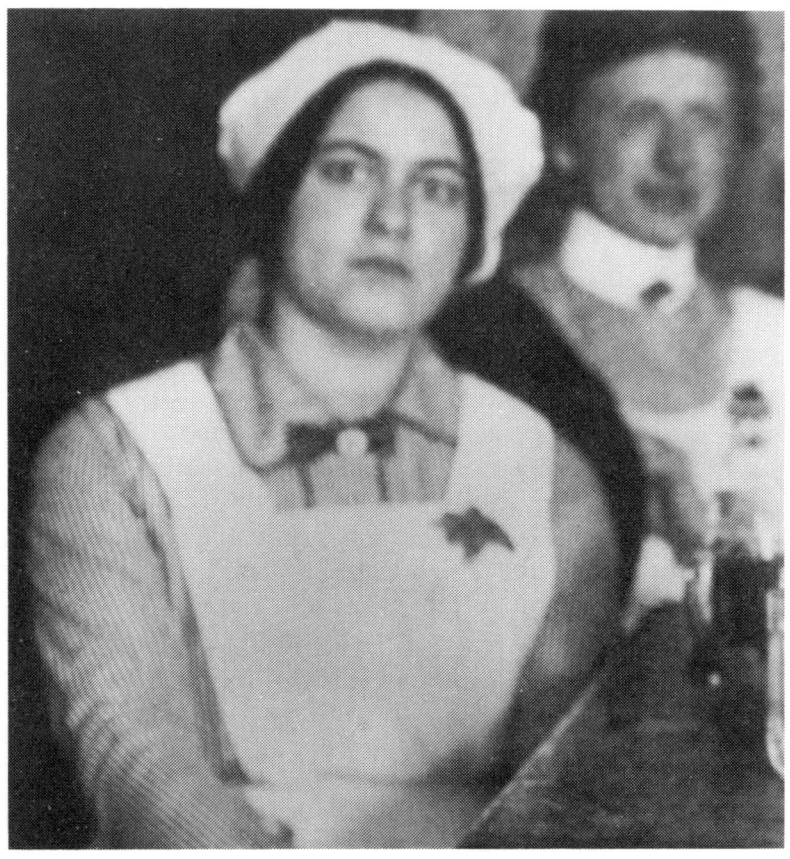

Edith Stein als Schwesternhelferin in Mährisch-Weißkirchen 1915

satz für kranke, pflegebedürftige Menschen. Daß diese ungebremste und gewiß nicht sehr taktvolle Fröhlichkeit vielleicht ein Ventil sein könnte, über das der ständige Druck des täglichen Umgangs mit Elend, Krankheit und Tod etwas gemindert wird, kommt ihr nicht in den Sinn. Ihrer auf das Absolute gerichteten Wesensart ist ein Greuel, was für andere ein sicherlich nicht sehr gelungenes, aber doch begreifliches Atemholen zwischen den Anspannungen des Alltags ist. Bei Ediths Beurteilung der Vorfälle spielt allerdings auch der Maßstab der damals noch intakten bürgerlichen Konvention eine Rolle, in deren Rahmen sie erzogen worden ist. »Es war mir nichts geschehen«, schreibt sie in

93

ihren Erinnerungen über jenen Abend, »niemand war mir auch nur mit einem Wort zu nahe getreten. Aber der Ekel zitterte noch in mir nach und die Empörung, daß sich so etwas unter einem Dach mit den Schwerkranken abspielte.«[131] Schwestern, die teilgenommen hatten, werden übrigens anderntags von der Oberin ermahnt. Edith gegenüber entschuldigt sie sich.

Einen jungen Arzt, der einmal, als Edith ihm beim Verbinden assistiert, nach ihrer Hand greift und sie über Gebühr lange festhält, stellt sie zur Rede und erklärt ihm, daß er sie im Dienst mit »Schwester« anzureden, außerhalb des Dienstes als Dame der Gesellschaft zu behandeln habe.

Aber auch Ediths Nerven verlangen nach einiger Zeit wenn schon nicht nach Abwechslung, so doch nach Erfrischung. Kaffee und Zigaretten werden ihr zum täglichen Aufputschmittel. Als die Typhuspatienten nach und nach entlassen werden, bittet sie um Versetzung. Sie will arbeiten, helfen, pflegen, aber nicht ruhige Tage verleben. Die ihr zustehende Freizeit nimmt sie kaum in Anspruch. Sie schläft wenig, und den planmäßigen Urlaub nach dreimonatiger Tätigkeit tritt sie nicht an. Sie ist wie eine Kerze, die an beiden Enden brennt, und es besteht die Gefahr, daß sie sich verzehrt.

»Schwester Edith, in Zivil Philosophin«[132], wie die Ärzte sie vorstellen, wird in den kleinen Operationssaal versetzt, und als sie erfährt, daß ein Transport mit tausend Verwundeten gekommen sei, macht sie vor Freude einen Luftsprung. Das bedeutet zwölf Stunden nahezu ununterbrochene Arbeit, sie selbst am Instrumententisch, mehreren operierenden Ärzten assistierend. »Ich fühlte mich bei dieser Höchstanspannung so wohl, daß der Tag mir immer als der schönste in meinem ganzen Lazarettleben in Erinnerung geblieben ist.«[133]

Als die Ärzte eine Zigarettenpause einlegen, fragt einer, wer denn die unermüdliche Schwester am Instrumententisch sei? Sie selbst hat in ihren Aufzeichnungen nicht vergessen, der Helferin Helene und des Landsturmmannes Max zu gedenken, die ständig für Nachschub an Jod, Tupfern, Pinseln, Wasserstoff sorgten. In den rund fünf Monaten ihrer Arbeit im Lazarett von Mährisch-Weißkirchen hat Edith Stein außer in der Pflege von Typhuskranken und im Operationssaal mehrfach auf chirurgischen Stationen gearbeitet und außerdem längere Zeit auch Leichtverwundete gepflegt.

94

Zweimal hat sie Besuch: Ihr Bruder Arno kommt aus Breslau, wo er für das Rote Kreuz arbeitet, und Erna verbringt Urlaubstage bei ihr. Außerdem arbeiten zwei Studentinnen, die sie aus Breslau kennt, im Lazarett. Edith schätzt sie; sie entstammen denselben Kreisen wie sie, sind aus denselben Motiven hier, wie auch eine Angehörige des evangelischen Johanniterordens, eine übernervöse Schwester. Auch über diese wird angemerkt, daß sie aus guter Familie stamme, wenn auch die Johanniterinnen als etwas hochnäsig gälten.

Solche wie nebenbei getroffenen Feststellungen sind in der Familie Stein üblich. Frau Stein zum Beispiel vergaß nie, daß eine Familie aus ihrer Heimatstadt Lublinitz, die sie in Breslau wiedertraf, nicht zu den angesehenen des Städtchens gehört habe. Die in jener Zeit noch übliche Einschätzung nach Maßstäben, die am Vermögen, durchaus aber auch an der Ehrenhaftigkeit orientiert waren, ist nach dem Ersten Weltkrieg erheblich zurückgegangen und erscheint nach der Katastrophe des Zweiten Weltkrieges und den dadurch ausgelösten Umwälzungen als antiquiert. In der Zeit vor und während des ersten Krieges aber ragt diese Haltung noch als ein Stück der alten Zeit in die sich rapide verändernde Welt und prägt Menschen für ihr ganzes Leben.

Als Erna abgereist ist, hält Edith es nicht für lohnend, für sich allein das Frühstück zu machen. So arbeitet sie von frühmorgens bis zum Mittagessen mit nüchternem Magen auf der Station. Dann legt sie eine Pause ein, um danach weiterzuarbeiten bis in die achte Stunde. »Da ich fast den ganzen Tag auf den Füßen war, konnte ich abends kaum noch stehen ... Es war eine Wohltat, wenn ich ins Bett schlüpfen und die müden Füße ruhen lassen konnte. Wenigstens die Füße – denn ich selbst fand bald gar keinen Schlaf mehr.«[134] Freude bereitet in dieser Zeit besonders der Briefwechsel. Auch Husserl schreibt ihr in seiner schönen, feinen Gelehrtenhandschrift lange Briefe.

Die Pflege eines Schwerverwundeten, der – eine hochgestellte Persönlichkeit und Neffe eines Ministers – noch bevorzugt behandelt wird, führt Edith zu der Einsicht, daß sie sich am Rande der Erschöpfung befindet, ja daß ihre Nerven überreizt sind. Sie fragt sich auch, »ob es nicht doch unklug sei, ... (ihre) wissenschaftliche Arbeit so lange zu unterbrechen, wo für die Pflege so viele andere Hilfskräfte zur Verfügung«[135] stehen.

95

Aber der Oberin, bei der Edith um Urlaub bittet, schärft sie ein, daß man sie rufen solle, wenn Hilfe gebraucht werde. Jedenfalls hat sie, als sie Mährisch-Weißkirchen verläßt, nach Kräften mitgeholfen, Schmerzen zu lindern, Leidenden beizustehen, mitzutragen an den Lasten der Zeit. Es bedeutet ihr viel, als Adolf Reinach ihr aus dem Felde sein: »Liebe Schwester Edith, jetzt sind wir Kriegskameraden«[116], schreibt.

Der Abschied ist herzlich. Dankbarkeit und Trennungsschmerz zeigen die Verwundeten und küssen der jungen Schwester die Hand. Aber auch die Mädchen, die die Hausarbeiten ausführen, verabschieden sich mit Tränen und Handkuß. Mit einem kräftigen »Leben Sie wohl, Frau Collega von der andern Fakultät« schüttelt ihr eine Ärztin die Hand.

Am anderen Morgen reist Edith ab – in ihrer Handtasche Briefe, die man ihr mitgegeben hat. Das ist durchaus üblich, umgeht aber die Zensurbestimmungen. Beim Grenzübertritt wird sie danach gefragt und gibt das Päckchen ab, ohne sich viel dabei zu denken. Die Konterbande wird beschlagnahmt und ein Verfahren eingeleitet. Auf das Vergehen steht Gefängnisstrafe. Edith, die die Bestimmung gekannt hat, aber nicht daran dachte, ist nun eher bereit, ins Gefängnis zu gehen, als zu lügen.

Aber dazu kommt es gar nicht. Bei einer Wanderung hat ihre Gruppe einmal den Bürgermeister von Ratibor kennengelernt, und gerade dort soll die Verhandlung vor dem Kriegsgericht stattfinden. Bürgermeister Westrum, von Edith ins Bild gesetzt, ist ein verständiger Mann. Er erinnert sich nicht nur der sangesfrohen Mädchenschar aus sommerlichen, nun so weit zurückliegenden Tagen, er spricht auch mit dem zuständigen Kriegsgerichtsrat, der daraufhin die Verhandlung verschiebt, bis ein in Vorbereitung befindliches Gesetz des Reichstages beschlossen ist, das nur noch Geldstrafe vorsieht. Auch das Breslauer Rote Kreuz macht für Edith und die beiden Helferinnen, die mit ihr gereist sind und ebenfalls Briefe mitnahmen, eine Eingabe. Schließlich wird das Verfahren niedergeschlagen, und die besorgte Familie kann aufatmen.

Im Herbst 1915 wird das Lazarett Mährisch-Weißkirchen aufgelöst, und die Gebäude dienen wieder ihrem ursprünglichen Zweck: der Erziehung von Kadetten.

96

Doktorandin auf Abruf

Zur »Erholung von der Krankenpflege«[136], pflegt Husserl scherzhaft zu sagen, habe Edith Stein das Graecum gemacht. Tatsächlich benutzt sie den Urlaub erst einmal dazu, das Hilfsschwesternexamen abzulegen, immer in Bereitschaft, ihre Pflicht als Krankenschwester zu tun, wo und wann immer sie gebraucht werde. Nach halbjähriger praktischer Zeit als Helferin lassen das die Bestimmungen zu. Aber trotz erneuter Bewerbung beim Roten Kreuz wird sie nicht wieder einberufen.

So kann sie nun also ihre wissenschaftliche Ausbildung fortsetzen, macht nach einer erneuten Vorbereitungszeit von wenigen Wochen das erforderliche Griechisch-Examen als Voraussetzung für die Doktorprüfung und beginnt gleich danach mit ihrer Doktorarbeit »Zum Problem der Einfühlung«.

Die Staatsexamensarbeit war eine Vorstufe. Husserl hatte ihr gesagt, daß sie für die Promotion nicht ausreiche. Aber das hatte sie auch nicht erwartet. Doch der Meister hatte Edith einen kleinen Formfehler übelgenommen, den sie beging, indem sie ihn nicht gleich nach der Prüfung aufgesucht hatte. Und so erklärte er der Erschrockenen nun, sie solle lieber in Geschichte oder Literatur promovieren, in denen sie doch im Staatsexamen so glänzend abgeschnitten habe.

Ihrerseits tief gekränkt, antwortete Edith: »Herr Professor, es kommt mir nicht darauf an, mir mit irgend einer Doktorarbeit den Titel zu erwerben. Ich will die Probe machen, ob ich in Philosophie etwas Selbständiges leisten kann.«[137]

Da war der Meister wieder versöhnt, und nun, nach fast einem Jahr, beginnt sie ernsthaft mit der Arbeit. Sie bleibt dafür in Breslau, denn in Göttingen wäre sie alleine.

Die Freunde sind nach wie vor im Feld. Reinach ist schnell Offizier geworden. Hans Lipps, der geborene Philosoph, ist Kavallerieoffizier und auch durch das Lärmen der Kriegsmaschinerie nicht vom Philosophieren abzubringen. Er hat »nebenbei« auch Medizin studiert und wird später als Schiffsarzt weite Reisen unternehmen, dabei dennoch nicht aufhören, Philosoph zu sein und schließlich einen Lehrstuhl in Frankfurt am Main übernehmen.

Seine Briefe, kalligraphisch auffallend, in großen Buchstaben geschrieben, enthalten wenige Informationen. Aber Edith bedeuten »die wenigen Worte viel...« »Bald erzählte er von einer Grille, die in der Nähe seines Unterstands wohnte und mit der er seine Pralinés teilte [die Edith schickte]; bald von dem Käuzchen, das er sich in einer Kirche gefangen hatte; er nannte es Rebekka und behielt es lange Zeit bei sich.«[138] »Mit einem Feldpostpäckchen konnte man Lipps glücklich machen. Er schrieb einmal: ›Sie haben eine unerhörte Treffsicherheit im Herausfinden dessen, was ich gerade nötig habe.‹ Das waren sehr verschiedene Dinge: mal ein japanischer Holzschnitt, mal ein paar Abhandlungen über Relationstheorie, öfters nur gute Pralinés oder andere Süßigkeiten.«[139]

Am schlimmsten hat es Fritz Kaufmann getroffen. Er bringt es nicht weiter als bis zum Gefreiten und leidet unter der aller Philosophie fremden Kriegssituation. Im ersten Kriegswinter hat Edith Husserls große Logik-Vorlesung gehört und sorgfältig mitgeschrieben. Ihre Schwester Frieda übernimmt das Abtippen, und dann geht das Manuskript zu dem hochbeglückten Kaufmann ins Feld. Seine Freude ist so groß, daß sogar seine Schwester Edith dafür dankt.

Mancherlei freundschaftlicher Verkehr stellt sich in Breslau schnell wieder ein. Auch Familienangelegenheiten nehmen Edith in Anspruch. Sie ist nach wie vor diejenige, zu der man kommt, wenn Sorgen oder Kümmernisse bedrücken. Aber die Hauptaufgabe ist nun die Doktorarbeit.

Die Erinnerung an die Schrecken der Staatsexamensarbeit ist noch lebendig. Doch die Phänomenologie ist bei aller strengen Methodik eben doch auf Intuition gegründet. Nicht auf die Vorarbeiten anderer kommt es dabei an, sondern auf die Erarbeitung eines Themas nach phänomenologischer Methode.

Drei Monate lang arbeitet sie intensiv, dann hat sich etwas von ihr abgelöst. Danach muß noch Literatur gesichtet und berücksichtigt werden, aber die Arbeit an sich ist fertig. Die Phänomenologie ist eben eine sehr autarke philosophische Methode.

Edith Stein geht bei ihrer Doktorarbeit vom Begriff Einfühlung als Ergebnis intersubjektiver Erfahrung aus, die von mehreren Individuen gewonnen wird, die in »Wechselverständigung«, also

98

im Austausch miteinander, stehen und so die objektive Außenwelt erfahrbar werden lassen.[140] Ihre Staatsexamensarbeit hatte sie als Auseinandersetzung mit Theodor Lipps, der den Begriff »Einfühlung« eingeführt hatte, gemacht, weil Husserl verlangte, daß der Unterschied zwischen der Phänomenologie und anderen philosophischen Richtungen herausgearbeitet würde. Nun ist sie frei von solchem Zwang zur Bezugnahme und kann, ganz auf sich gestellt, die phänomenologische Methode handhaben. Wenn sie unterbricht, weil sie etwa zum Mittagessen gerufen wird, ist sie erstaunt, was sie nun alles wieder weiß. Ende Januar 1916 ist sie so weit, daß sie mit der Überarbeitung beginnen kann. Am Schluß dieser ersten wirklich selbständigen wissenschaftlichen Arbeit Edith Steins steht ein in seiner Unvermitteltheit seltsam wirkender Absatz, der die damaligen Leser verwundert haben muß: »Es hat Menschen gegeben«, heißt es dort, »die in einem plötzlichen Wandel ihrer Person das Einwirken göttlicher Gnade zu erfahren meinten, andere, die sich in ihrem Handeln von einem Schutzgeist geleitet fühlten ... Ob hier echte Erfahrung vorliegt, ob ... Unklarheit über die eigenen Motive ..., wer will es entscheiden? Jedenfalls erscheint mir das Studium des religiösen Bewußtseins als geeignetstes Mittel zur Beantwortung unserer Frage, wie andererseits ihre Beantwortung von höchstem Interesse für das religiöse Gebiet ist.«[141]
Schon in dieser Arbeit stößt also die junge Doktorandin auf Gebiete, die im Sinne phänomenologischer Forschung nicht erkundet sind. Was ist hier echte Erfahrung? Inwieweit liegt subjektive Täuschung vor? Muß nicht rationale Forschung eine Antwort geben können, und müßte diese Antwort nicht die Kenntnisse über die Beziehung zwischen Mensch und Religion erheblich erweitern, ja im Sinne phänomenologischer, also realistischer, rationaler Forschung sogar vielleicht erst wirklich begründen? Noch kann Edith Stein diesen Ansatz nicht weiter verfolgen. Aber es stellen sich Fragen, und bald wird *sie* sich ihnen stellen.

Kurz vor Weihnachten 1915 schreibt Pauline Reinach, daß ihr Bruder Urlaub bekäme; Edith möge doch kommen. Da auch Frau Stein einverstanden ist – eine solche Reise, nur als Besuch geplant, zu finanzieren, ist nach damaligen Sparsamkeitsvorstellungen keineswegs selbstverständlich –, steht der Verwirklichung des Planes nichts mehr im Wege. Ein Gespräch mit Husserl bietet sich überdies während des Aufenthaltes geradezu an und könnte für die Arbeit sehr nützlich sein.

Aber an erster Stelle steht das Treffen mit Reinach, der am 23. Dezember Geburtstag hat und den sie wohlaussehend antrifft. Das Verhältnis zu ihm und seiner Frau Anna, genannt Anne, geborene Stettenheimer, einer liebenswürdigen und humorvollen Schwäbin, die Edith jetzt erst richtig kennenlernt, verändert sich. Früher war es doch, trotz aller freundlichen Zuwendung des jungen Dozenten, ein Lehrer-Schülerin-Verhältnis. Jetzt gehört sie »zum allernächsten Kreis, zu den ›Trauernden erster Ordnung‹, wie Reinach einmal scherzend sagt, als er sich ausmalt, wie es sein würde, wenn er fiele.«[142] Dazu rechnet er außer seiner Frau, seiner Schwester und Erika Gothe auch Edith Stein.

Die Begegnungen bei Reinachs und Einladungen bei Husserls füllen diese Tage des Beisammenseins und geben ihnen etwas Festliches. Nur manchmal dunkelt der Schatten des Krieges über der fröhlichen Runde. So macht einmal Ediths Vetter Richard Courant, der nach einer Verwundung in Göttingen auf Erholungsurlaub ist, eine abwertende Bemerkung über das Eiserne Kreuz, woraufhin sich Reinachs und Ediths Blicke treffen und Reinach »leise, aber sehr fest« sagt: »Mir hat es sehr viel bedeutet.«[143]

Es zeichnen sich also bereits Veränderungen ab, unterschiedliche Konsequenzen, die Teilnehmer und Zeugen des blutigen Geschehens für sich ziehen und die eines nicht sehr fernen Tages auf die gesamte Gesellschaft übergreifen werden und sie zerreißen.

Die Gespräche mit Husserl sind »sehr ermutigend«.[144] Er läßt sich große Teile der Arbeit vorlesen und gibt Anregungen zu kleinen Ergänzungen. Das erregt Erstaunen bei Reinachs, weil es sonst so gar nicht Husserls Art ist, längere Zeit zuzuhören. Gespräche mit Studenten und Doktoranden sind für ihn sozusagen Stichwortgeber, die er aufnimmt, um seine eigenen Gedanken zu entwickeln. Bei Edith aber hört er zu, so daß sie nicht recht versteht, warum sie immer wieder gefragt wird: »Ist es immer noch schön bei Husserl?«[145]

100

Wieder nach Breslau zurückgekehrt, geht die Überprüfung der Arbeit flott voran. Da trifft die Nachricht ein, daß Husserl einen Ruf nach Freiburg angenommen hat. Nach Göttingen hatte ihn das Machtwort des preußischen Ministerialdirektors Althoff gebracht, der bekannt war für seine so eigenwilligen wie begründeten Entscheidungen. In Freiburg würde er nicht mehr Außenseiter sein. Hier ist er der Universität und vor allem der Fakultät willkommen. Deshalb zögert Husserl auch nicht, dem Ruf zu folgen. Aber bevor die Übersiedlung erfolgt, fällt Anfang März 1916 sein jüngster Sohn Wolfgang, der mit siebzehn Jahren in das Göttinger Freiwilligenregiment aus Studenten und Dozenten eingetreten war. »Man muß ausdulden«[146], schreibt Husserl an Edith Stein.

Etwa um diese Zeit fragt die Viktoriaschule in Breslau bei ihrer einstigen Schülerin an, ob sie in den Oberklassen den Unterricht in den alten Sprachen übernehmen könne.
Die meisten Lehrer sind an der Front. Ein Ersatzlehrer ist krank und braucht Erholung. Für die Mittelstufe weiß man Rat. Aber was soll aus den Oberklassen werden? Zwar hat die junge Doktorandin keine facultas für alte Sprachen, aber als gute Lateinerin ist sie in ihrer Schule noch in Erinnerung.
Der Neuphilologe Professor Lengert* leitet seit dem Tode des langjährigen Direktors die Schule kommissarisch. Was aus der Doktorarbeit werden solle? Nun, er werde einen Stundenplan zusammenstellen, der genügend Zeit für diese anspruchsvolle »Nebenbeschäftigung« lasse. Dann der letzte, mögliche Einwand: »Herr Professor, ich habe noch nie vor einer Klasse gestanden.« Da legt der alte Herr, der sie noch selbst unterrichtet hat, die Hand aufs Herz und sagt: »Oh, gnädiges Fräulein, Sie haben ja immer alles gekonnt; Sie werden auch das können.«[147]
Der kranke Lehrer, die Notsituation im Kriege – Edith kann nicht nein sagen und wird fünf Jahre, nachdem sie das Haus als Abiturientin verlassen hat, Lehrerin an der Viktoriaschule für Latein in der Oberstufe und einigen Stunden Deutsch, Geschichte und Erdkunde. Sie stellt sich ihr eigenes Pensum zusammen, liest mit den Mädchen viel mehr Tacitus, als sie selbst als Schülerin es konnte, gibt eine begeistert aufgenommene Ein-

* in ESW VII wird fälschlich Leugert geschrieben.

101

führung in die griechische Philosophie zur Vorbereitung auf die Lektüre der philosophischen Schriften von Cicero, wandert mit den Mädchen am Wochenende und erlebt das seltsame Gefühl, da, wo einst über sie beraten wurde, im Lehrerzimmer, neben anderen Lehrern nun selbst in der Konferenz zu sitzen.

Auf Rat des Provinzialschulrates meldet sich Edith zu Ostern 1916 für das Seminarjahr an, die praktische pädagogische Ausbildung für Lehrkräfte an höheren Schulen. Dieser Beamte des Schulverwaltungsdienstes ist aus Königsberg gekommen. Zuvor aber war er Lehrer an der Viktoriaschule und in der vierten Klasse Klassenlehrer Edith Steins. Er erinnert sich ihrer sofort. Die Ausbildung, soweit sie von ihm ausgeht, besteht in sogenannten Lehrkonferenzen. Es werden schriftliche Lehrproben verlangt, und Dr. Jantzen besucht auch manchmal den Unterricht der Lehramtskandidaten, bei Edith einmal eine Lateinstunde.

Die Lehrkonferenzen des Provinzialschulrates sagen ihr weniger zu als seinerzeit der Unterricht des jungen Lehrers. Zwar ist sie »sehr vaterländisch gesinnt«, aber er ist ihr zu nationalistisch und läßt auch hin und wieder eine abfällige Bemerkung über das Alte Testament hören. Sie widerspricht ihm freimütig. Den Schulrat stört das nicht. Das gute Einvernehmen zwischen dem Herausgeber von Grillparzer und Byron und der begabten Seminaristin bleibt bestehen.

Schwieriger ist es, den verschiedenartigen Anforderungen, die Schule und Doktorarbeit stellen, gerecht zu werden. Hefte korrigiert Edith bereits in den Pausen. Kommt sie nach Hause, tritt die wissenschaftliche Arbeit an die erste Stelle. Ab zehn Uhr abends bereitet sie sich auf den Schulunterricht vor. Wird sie müde, erfrischt sie sich mit ein paar Seiten Shakespeare-Lektüre. Daneben treibt sie mit einem kleinen Kreis von Freundinnen einmal in der Woche Phänomenologie, und an einem anderen Abend, unter Anleitung einer einschlägigen Lehrerin, die damals hochgerühmte Mensendieck-Gymnastik, genannt nach ihrer Urheberin Bess Mensendieck.

Aber die davon erhoffte Gegensteuerung zur einseitigen Geistesbelastung tritt doch nicht im erstrebten Maße ein. Schlafstörungen stellen sich ein bzw. werden stärker. Die eintretende Gewichtsabnahme als Folge fast völliger Appetitlosigkeit nimmt beängstigende Formen an und wird viele Jahre lang im Sommer

102

wiederkehren. Ernsthafte, angestrengte wissenschaftliche Arbeit und Schuldienst, das ist das Fazit dieser Erfahrungen, lassen sich auf die Dauer nicht miteinander vereinbaren. Die Doktorarbeit muß nun wirklich zeigen, ob sie in der Philosophie etwas Selbständiges leisten kann. Dann würde sie den Schuldienst »ohne Zögern« verlassen. »Darum«, schreibt sie später, »bedeutete Husserls Urteil über die Dissertation für mich eine Entscheidung über meinen Lebensweg.«[148]

Es ist eine umfangreiche Arbeit, die Edith Stein nach den Osterferien 1916 an Edmund Husserl zur Beurteilung schickt. Sie geht aus von »einigen Andeutungen in Husserls Vorlesungen«[149] und untersucht von daher den Akt der »Einfühlung« »als einen besonderen Akt der Erkenntnis«.[150] Von da aus aber geht sie weiter zu einer Thematik, die, wie sie selbst schreibt, ihr persönlich besonders am Herzen liegt und sie »in allen späteren Arbeiten immer wieder neu beschäftigt(e): zum Aufbau der menschlichen Person«.[151]
Die Originalarbeit unterscheidet sich übrigens von dem im Druck erschienenen Teil dadurch, daß »einige Kapitel über Einfühlung auf sozialem, ethischem und aesthetischem Gebiet«[152] den Abschluß bilden.
Edith hofft, daß Husserl die Arbeit im Laufe des Sommers lesen wird. In den großen Ferien will sie selbst nach Freiburg fahren, um die mündliche Doktorprüfung, das Rigorosum, abzulegen. Aber Husserl ist überbeschäftigt. Das erste Semester an der neuen Universität nimmt ihn voll in Anspruch. Als Edith nach Freiburg kommt, glücklich, die Schule für ein paar Wochen hinter sich lassen zu können, erklärt er ihr, daß sie jetzt nicht promovieren könne und statt dessen lieber seine neue Vorlesung hören solle: »... die Philosophie der Neuzeit, von unserem Standpunkt aus gesehen ...«[153]
Sollte das wirklich das letzte Wort sein? Frau Malvine Husserl ist ganz und gar dagegen, und Edith denkt sich ihr Teil.

Auf der Reise nach Freiburg ist sie in Dresden mit Hans Lipps zusammengetroffen. Als sie in Erwartung des Zuges in einem Café in der Nähe des Bahnhofs sitzen, fragt Lipps: »Gehören Sie

Hans Lipps (1889–1941)

auch zu diesem Club in München, der alle Tage in die Messe geht?«[154]

Edith muß über seine Ausdrucksweise lachen, glaubt sich aber später zu erinnern, daß sie einen Mangel an Ehrfurcht lebhaft empfand. Gemeint sind Dietrich von Hildebrand und Siegfried Hamburger, die sich von Husserl eher ab- und Scheler zugewandt haben und zur katholischen Kirche konvertierten.

»Was ist das eigentlich, Fräulein Stein? Ich verstehe gar nichts davon«[155], fragt der Protestant Lipps. Und die seit ihrem vierzehnten Lebensjahr nicht mehr betende Edith Stein schreibt viel später: »Ich verstand ein wenig, aber ich konnte nicht viel darüber sagen.« Nein, sie gehört nicht zu »diesem Club«, fast hätte sie gesagt: »Leider nein.«[156]

Lipps bereitet sie schon darauf vor, daß Husserl ihre Arbeit nicht gelesen hat, sondern sich vielmehr an ihrer reinen, sauberen äußeren Form erfreut.

Als sie von ihren Schulstunden berichtet, fällt ihr Lipps ins Wort: »Ach, Fräulein Stein, Sie wissen gar nicht, wie inferior ich mir Ihnen gegenüber vorkomme!« Sie schüttelt erstaunt den Kopf: »Wie ist das möglich, da Sie doch diese Dinge selbst für durchaus inferior halten?« Da antwortet der Studienfreund: »Diese Dinge – ja...«[157] Aber in den Dingen, hinter dem Äußeren, ist das andere, und Edith spürt die Tiefe der Einsicht, die sie schon von früher her kennt und die ihr alle eigene Arbeit »als Stümperei«[158] erscheinen läßt – früher und jetzt.

In Frankfurt, vermutlich der nächsten Station ihrer Reise, erkundet sie zusammen mit Pauline Reinach die Stadt, die ihr schon aus Goethes »Dichtung und Wahrheit« (sie schreibt fälschlich »Gedanken und Erinnerungen«, den Titel von Bismarcks Memoiren)[159] vertraut ist. Aber mehr als die bekannten Goethe-Gedenkstätten beeindruckt sie ein Erlebnis im Dom: Eine Frau kommt mit ihrem Marktkorb herein, kniet zu kurzem Gebet nieder und geht wieder. »Das war für mich etwas ganz Neues. In die Synagogen und in die protestantischen Kirchen, die ich besucht hatte, ging man nur zum Gottesdienst. Hier aber kam jemand mitten aus den Werktagsgeschäften in die menschenleere Kirche wie zu einem vertrauten Gespräch. Das habe ich nie vergessen können.«[159a]

Auch Heidelberg hält eine Überraschung eigener Art bereit: Hier findet Edith eine Simultankirche, »die in der Mitte durch

105

eine Wand geteilt ist und diesseits für den protestantischen, jenseits für den katholischen Gottesdienst benützt wird.«[160] Das Heidelberger Schloß, der Neckar und die alten Minnesängerhandschriften, eine Kostbarkeit der Universitätsbibliothek, haben ihr nicht einen solchen Eindruck gemacht wie diese augenfällige, greifbare Trennung der Konfessionen.

Und nun ist sie in Freiburg und hört wieder beim Meister Vorlesung – nachmittags von fünf bis sechs, nur Mittwoch und Sonnabend ist frei, wie in alten Göttinger Zeiten.

Aber anders als damals warten nun sie und Frau Husserl, die ebenfalls die Vorlesung besucht, vor der Universität auf den Meister, um dann zu Fuß zur Lorettostraße zu gehen, wo Husserls wohnen. Umgekehrt begleitet aber auch das Ehepaar Husserl Edith nach Günterstal, einem Dorf vor der Stadt, wo sie bei einer jungen Frau ein Domizil gefunden hat. Dabei sagt Husserl eines Tages: »Fräulein Stein, meine Frau läßt mir keine Ruhe. Ich muß mir Zeit nehmen, Ihre Arbeit zu lesen. Ich habe noch nie eine Arbeit angenommen, ohne sie zu kennen. Aber diesmal will ich es tun. Gehen Sie zum Dekan und sehen Sie, daß Sie einen möglichst späten Termin für das Rigorosum bekommen, damit ich mich bis dahin hindurcharbeiten kann.«[161]

Der Examenstermin wird auf den 3. August festgesetzt. Das ist ein Entgegenkommen, denn wegen des heißen Klimas in Freiburg schließen die Vorlesungen Ende Juli, und danach reist gewöhnlich alles sofort in die Sommerfrische.

Aber am 6. August beginnt in Breslau die Schule, am 5. abends muß Edith deshalb zu Hause sein, und einen Tag möchte sie in Göttingen Station machen. Der 3. August ist also der späteste Termin.

Als Nebenfächer gibt sie an: neuere Geschichte und neuere Literatur. Die dafür zuständigen Prüfer kennt sie nicht, und das ist nicht nur ungewöhnlich, sondern auch riskant.

Sie macht, wie üblich, bei beiden Herren Besuch und hört sich auch einige Male in deren Vorlesungen um, damit sie sich auf ihre Denkweise einstellen kann, aber nicht zu oft, schließlich hat sie Ferien und will und muß sich erholen. Da trifft es sich gut, daß in diesen Tagen Erika Gothe aus Göttingen kommt, die schon beim Staatsexamen erprobte Begleiterin, die nun auch bei dieser Prüfung Beistand leisten will. Als Ausflugsziele sind der Feldberg und der Bodensee geplant, und die Pläne werden sogar

106

realisiert – als Dank für Erikas »Freundestreue«[162] und als Erholungspause für die Examenskandidatin. Die Fahrt zum Bodensee findet kurz vor der Prüfung statt. Deshalb schweigen die beiden Abenteurerinnen darüber lieber bei Husserls. Ein wenig scheint es die beiden Wagemutigen doch zu beunruhigen, was sie vorhaben.

In diese Zeit fällt ein einschneidendes Ereignis. Husserl hatte Erika Gothe gegenüber geklagt, daß er seine Arbeit alleine nicht bewältigen könne. Ihm fehle ein Assistent. Aber alle in Frage Kommenden seien im Felde. Edith und Erika überlegen, was man tun könne. Schließlich meint Edith: »Wenn ich dächte, daß er mich brauchen könnte ..., würde ich kommen.«[163] Aber sie glaubt nicht, daß sie in Betracht kommt: »Ich war doch so ein kleines Ding und Husserl der erste unter den lebenden Philosophen – nach meiner Überzeugung einer von den ganz Großen, die ihre Zeit überleben und die Geschichte bestimmen.« Dennoch rafft sie sich auf und beschließt: »Ich will ihn selbst fragen. Ich kann noch warten bis nach der Prüfung.«[164] Aber die Frage stellt sich schon vor der Prüfung.

Am nächsten Tag, die drei Damen – Frau Husserl, Erika und Edith – haben nach der Vorlesung auf Husserl gewartet, beginnt der Meister mit Edith ein Gespräch über ihre Arbeit, die ihm immer besser gefällt: »Sie sind ja ein sehr begabtes kleines Mädchen.« »Ich habe nur Bedenken, ob diese Arbeit neben den *Ideen* im Jahrbuch möglich sein wird. Ich habe den Eindruck, daß Sie manches aus dem II. Teil des *Ideen* vorweggenommen haben.«[165] Das ist höchste Anerkennung, Bestätigung selbständiger Arbeit und zugleich Anknüpfungspunkt für Edith: »Wenn das wirklich so ist, Herr Professor, – ich habe sowieso noch etwas fragen wollen. Fräulein Gothe sagte mir, Sie müßten einen Assistenten haben. Meinen Sie, daß ich Ihnen helfen könnte?« Da bleibt der Meister mitten auf der Friedrichsbrücke stehen und ruft: »Wollen Sie zu mir kommen? Ja, mit Ihnen möchte ich arbeiten!«[166] Sie erschienen in diesem Moment beide wie ein junges Paar im Augenblick der Verlobung. Am Abend, vor dem Einschlafen, sagt Erika zu Edith: »Gute Nacht, Assistentin!«[167] Die Prüfung verliert demgegenüber fast an Bedeutung. Am Vorabend von Erika gefragt, wie ihr zumute sei, antwortet Edith: »In 24 Stunden ist es auf alle Fälle vorbei.«[168] Gestärkt durch Eiskaffee und Torte, in einem hübschen Café in

107

Begleitung der getreuen Erika genossen, macht Edith Stein an einem glühendheißen Tag um sechs Uhr nachmittags ihr Doktorexamen: eine Stunde Prüfung bei Husserl, vierzig Minuten – statt der vorgeschriebenen dreißig – neuere Literatur, dreißig Minuten neuere Geschichte. Um acht Uhr ist es vorüber.

Unten warten Erika und der nun ebenfalls in Freiburg studierende Roman Ingarden. Am Abend soll bei Husserls gefeiert werden. Aber vorher wollen sie zu dritt essen. Nur Ingarden möchte sich verabschieden – sein Monatswechsel ist noch nicht eingetroffen. Da lädt ihn die glückliche Doctora zusammen mit Erika ein.

Bei Husserls gibt es statt eines Doktorhuts einen prächtigen Kranz aus Efeu und Margeriten. Husserl strahlt vor Freude: Der Dekan selbst hat das Prädikat Summa cum laude vorgeschlagen. Als Ediths junge Zimmerwirtin die so königlich Geschmückte sieht, meint sie: »So müßte man Sie photographieren, solange noch der Glücksstrahl da ist. Sonst hat sie immer so ein schaffig's Gesicht.«[169]

Am nächsten Tag reist Edith ab. Aber zum 1. Oktober wird sie wiederkommen.

Assistentin bei Husserl

Ist es ein Glück, das ihr widerfährt? Alle glauben es und gratulieren Edith zu ihrer Assistentenstelle bei dem berühmten Husserl. Und ist sie nicht wirklich ein Glückskind? Sie wird die Schule, die für sie nie eine Lebensaufgabe sein kann, aufgeben. Sie wird Phänomenologie ohne Unterbrechung treiben können, sich vielleicht sogar habilitieren. Die Zukunft ist unerschöpflich. Nur wenn sie an die Freunde an der Front denkt, sich klarmacht, daß Krieg ist, dann fühlt sie sich »eigentlich etwas bedrückt«, weil »das Glück« sie »gerade in dieser Zeit so mit Gaben überhäuft«.[170]

Was werden ihre neuen Aufgaben sein? Offenbar hat Husserl noch keine rechte Vorstellung von der Zusammenarbeit. Nur daß mit den Manuskripten zu den *Ideen* begonnen werden soll, ist vereinbart, und um die lesen zu können, muß Edith als erstes Gabelsberger Stenographie lernen, denn Husserl schreibt alle seine Notizen und Manuskripte in dieser Kurzschrift. Bislang hat seine Frau die Übertragungen gemacht. Nun wird das Ediths Aufgabe sein.

Als sie, der Schule ledig, von Breslau nach Freiburg reist, fährt sie über Berlin. Ihre Schwester Erna, die sie begleitet, wird dort im Rudolf-Virchow-Krankenhaus Assistentin auf der inneren Station. Für Erna ist es die erste längere Abwesenheit vom Elternhaus. Ediths Beistand erleichtert ihr den Übergang.

Nach diesem Intermezzo beginnt dann in Freiburg die Zusammenarbeit mit dem Meister. Ein Vierteljahr später, am 5. Januar 1917, schreibt Edith an Roman Ingarden: »Ich habe mir jetzt vorgenommen, unabhängig von den wechselnden Einfällen des lieben Meisters und so schnell es die Nebenaufträge, die ich erhalte, gestatten, das Material, das ich habe, in eine Form zu bringen, die es auch andern zugänglich macht. Wenn ich soweit bin und er sich dann immer noch nicht entschlossen hat, die Arbeit systematisch anzugreifen, dann werde ich auf eigene Faust versuchen, die dunklen Punkte aufzuklären. Sie finden es vielleicht etwas größenwahnsinnig, denn es scheint mir, daß Sie (und wohl ganz mit Recht) meine philosophische Begabung nicht gerade hoch einschätzen. Aber nach dem, was bereits vorhanden ist, scheint mir die Aufgabe auch für meine bescheidenen Kräfte nicht unlöslich. Auf Zeit soll es mir nicht ankommen. Ich habe, nachdem ich mir diesen Modus zurechtgelegt hatte, meiner Mutter unterbreitet, daß ich mit Beschäftigung für immer versorgt wäre und daß mir nur eine lebenslängliche Rente dazu fehlte. Ich erhielt umgehend die Antwort, ich sollte mir um diesen Punkt keine Sorge machen. Also ist das Schreckgespenst der Rückkehr an die Schule aus meinem Dasein verbannt, und das bedeutet doch eine große Erleichterung.«[171]

Zu dieser Zeit ist also der Assistentin Edith die Aufgabe gestellt, aus den Notizen und Ausarbeitungen Husserls den zweiten Band der »Ideen zu einer reinen Phänomenologie und phänomenologischen Philosophie« zu erstellen.

Aber schon am 12. Januar 1917 schreibt Edith an den im Felde stehenden Fritz Kaufmann: »Was meine Arbeit anbelangt, so sind die Schwierigkeiten doch größer als sich anfangs übersehen ließ. Es ist sachlich noch sehr viel zu tun, und außerdem ist die Zusammenarbeit mit dem lieben Meister eine höchst komplizierte Geschichte; d. h. das Bedenkliche liegt darin, daß es zu einer rechten *Zusammenarbeit* gar nicht kommen will. Er beschäftigt sich immer mit einzelnen Fragen und erstattet mir darüber auch getreulich Bericht, aber er ist nicht dazu zu bewegen, einmal die Ausarbeitung anzusehen, die ich ihm aus seinen alten Materialien mache, damit er den Überblick über das Ganze wieder bekommt, den er verloren hat. Solange das nicht zu erreichen ist, kann an eine abschließende Gestaltung natürlich nicht gedacht werden. Ich habe mich aber jetzt bei dem Entschluß beruhigt, die Sache mit oder ohne ihn und gleichgültig, wie lange es dauern mag, in eine allgemein zugängliche Form zu bringen. Denn verloren darf es keinesfalls gehen.«[171a]

Die Aufgabe stellt sie sich also mehr oder weniger selbst: den zweiten Teil der *Ideen* möglich zu machen. Aber Husserl ist in andere Gedankengänge vergraben: »Er beschäftigt sich jetzt mit der Konstitution der Natur (natürlich ohne Berücksichtigung der Ausarbeitung).«[172]

Wird man sich verständigen können? Wird es je zu einer fruchtbaren Zusammenarbeit kommen? Auch diese Ungewißheit scheint dazu beizutragen, daß Edith Stein sich erneut die Frage vorlegt, ob sie nicht in dieser schweren Kriegszeit, wo ihre Freunde an der Front ihr Leben einsetzen, ihrem Land auf an-

110

Edith Stein in der Zeit als Assistentin

dere Weise dienen müsse. Sie meldet sich in Freiburg zum Hilfsdienst, was in ihrem Fall heißt: zum Schuldienst. Das Ministerium antwortet »belobigend« und rät zu warten, bis man sie braucht. »Ich habe mich ganz ›vernünftig‹ in den angelegten Listen für Freiburg und Schuldienst eingetragen, und so wird die Sache wohl nun bei den Akten ruhen. Wenn ich meine Tätigkeit hier nicht für wichtig genug hielte, würde ich mich freilich bei diesem Verfahren nicht beruhigen.«[173]
Die Bedeutung der Arbeit, die sie leistet, ist ihr klar, zugleich aber auch, daß es grundlegende geistige Verständigungsschwierigkeiten zwischen Husserl und ihr gibt, im Grunde mit der ganzen Göttinger Schule. Nach deren Auffassung ist Husserl vom Pfad des Realismus, wie er ihn in den »Logischen Untersuchun-

gen« eingeschlagen hat, abgewichen und in die Richtung des Idealismus eingeschwenkt. Solche Vorbehalte galten schon dem ersten Teil der *Ideen*. Im Februar 1917 kommt es zu einer Aussprache über dieses Thema. Husserl erklärt sich dabei bereit, seinen Standpunkt zu ändern, wenn es notwendig sei. Aber mehr ist bisher nicht zu erreichen. »Jedenfalls ist ihm fühlbar geworden«, schreibt Edith an Ingarden, »daß er diesen Punkt noch einmal gründlich durchdenken muß, wenn er es auch vorläufig verschoben hat.«[174]

Edith Stein bearbeitet die einzelnen Manuskripte, so die Vorlesung »Natur und Geist«, die Husserl im Sommersemester 1913 in Göttingen gehalten hat, und bringt sie in eine Form, die nur noch die Durchsicht des Meisters erfordert, um sie veröffentlichungsreif zu machen. So kann sie an Ingarden schreiben: »Die Ausführungen über Natur und Geist sind zu einem einheitlichen Ganzen verschmolzen. Die zugehörigen wissenschaftstheoretischen Erörterungen habe ich noch nicht mit dabei; das soll ein zweiter Teil werden. Ich glaube aber, daß das, was (von meiner Seite) fertig ist, für sich publiziert werden könnte, wenn der Meister es überarbeitet hätte.«[175]

Aber es gibt auch noch andere dunkle Punkte in dieser Assistententätigkeit. Edith Stein hält einen Phänomenologiekurs ab, sozusagen zur Einführung, um das Abc der Phänomenologie zu vermitteln. Sie nennt ihn ihren philosophischen Kindergarten, und Husserl überlegt, daraus etwas Dauerhaftes zu machen. Edith berichtet: »Man legt jetzt sehr großen Wert auf meine ›Lehrtätigkeit‹ und denkt daran, mich im nächsten Semester offiziell mit Anfängerübungen zu beauftragen und mir das Seminar dafür zur Verfügung zu stellen. Ich soll – so hat man sich mit rührender Naivität ausgedrückt – hier werden, was Reinach in Göttingen war. Nur habilitieren darf ich mich nicht (wofür Elly* plädierte), weil man doch aus Prinzip dagegen ist.«[176]

Trotz seines traditionell geprägten Vorurteils gegen Frauen im akademischen Lehramt hat Husserl Edith Stein später eine vorzügliche Empfehlung für eine möglicherweise anstehende Habilitation mit auf den Weg gegeben. Er selbst allerdings räumt ihr diese Möglichkeit nicht ein.

Edith aber sieht in Husserls Haltung, sie als Assistentin und Seminarleiterin in helfender Position zu akzeptieren, jedoch nicht

---

* Edmund und Malvine Husserls Tochter Elisabeth

112

als gleichgeachtete Dozentin und Wissenschaftlerin, einen sie kränkenden Widerspruch. In ihre Briefe, vor allem an Roman Ingarden und Fritz Kaufmann, kommt, wenn sie über den Umgang mit Husserl berichtet, ein leicht angestrengter, zwischen Ironie und Sarkasmus schwankender Zug. Schließlich ist, wenn von der »Lorettostraße« – Husserls Domizil in Freiburg – gesprochen wird, fast nur noch Abwehr und Enttäuschung spürbar.

Die Enttäuschung beruht nicht zuletzt darauf, daß Husserl, eingesponnen in seine Arbeit, für zwischenmenschlichen Verkehr noch weniger zugänglich ist als für wissenschaftliche Diskussion über Themen, die er sozusagen hinter sich hat, die für ihn nicht auf der Tagesordnung stehen. Sie wird weiter genährt von der Erkenntnis, daß der bedeutende Mann auch menschliche Schwächen hat und in seiner Privatassistentin – denn Edith wird ja nicht von der Universität besoldet – eine ganz persönliche Helferin sieht; sie soll ihm zur Verfügung stehen, ganz in seinem Dienst aufgehend, den er als Dienst an der Philosophie sieht, wobei es dann schon hinzunehmen sei, daß manche Arbeit ins Leere laufe oder Husserl einfach nicht interessiert.

Wie aber soll sie unter solchen Umständen zur eigenen Arbeit kommen? Wann kann sie als Phänomenologin in der zeitgenössischen Philosophie ihren Platz einnehmen? Zweifel, ob sie wirklich die genügenden Fähigkeiten dafür besitzt, begleiten Edith Stein zwar bis an ihr Lebensende, aber die Probe aufs Exempel will sie doch machen.

Als Roman Ingarden, sehr zu ihrer Freude, eine ausführliche Kritik ihrer Einfühlungsarbeit schickt, erwidert sie unter anderem: »Daß ich es lernen muß, mehr in die Tiefe zu gehen, ist mir auch längst fühlbar geworden. Ich glaube allerdings, daß hier der wunde Punkt meiner Begabung liegt. Ich arbeite im Grunde mehr mit dem armseligen Verstande als mit intuitiver Veranlagung, vielleicht bin ich gerade darum zur Assistentin des Meisters geeignet.«[177]

Sie ist zwar bereit, eigene Arbeit zurückzustellen, aber sie leidet, bei aller Bescheidenheit in der Einschätzung der eigenen Fähigkeiten, auch darunter, nicht für voll genommen zu werden. Doch mindestens genauso leidet sie unter dem Zeitverlust, der Ermüdbarkeit und Schwerfälligkeit Husserls in der Abwicklung von weniger wichtigen philosophischen Tagesgeschäften, denn das alles bringt die *Ideen,* deren zweiter Band nach ihrer Überzeugung notwendig veröffentlicht werden muß, weil man das von ihm erwarte, keinen Schritt weiter.

Die Assistentin Edith Stein ordnet nicht mehr nur, sie sammelt nicht mehr vor allem, sie formuliert – dicht an Husserls Notizen und Ausarbeitungen bleibend, aber da, wo Zusammenhänge unklar, Formulierungen mißverständlich sind, kurz: wo Klarheit fehlt, greift sie ein.

Da der Meister auch jetzt das Ausgearbeitete nicht liest, weiß er nicht, was dort geleistet wird. Als 1928 Martin Heidegger im Jahrbuch für Philosophie und phänomenologische Forschung Husserls Vorlesungen über das Zeitbewußtsein publiziert, greift er auf Edith Steins Arbeit an diesen Manuskripten zurück. Ihr Name wird gleichwohl nur nebenbei genannt.

Mehr als zehn Jahre zuvor aber, 1917/18, wird der Berg von Frustration, der sich vor der jungen Frau aufhäuft, immer höher. Da kann auch der philosophische Kindergarten kaum helfen, der im Mai 1917 aus drei Studentinnen, zwei Studenten, einem Benediktinerpater und einem evangelischen Pfarrer besteht. »Von philosophischer Gesellschaft«, schreibt sie an Ingarden, »natürlich keine Spur, sondern richtiger Abc-Unterricht. Es macht aber doch Spaß.«[178]

Sie fragt sich, ob sie nicht angesichts der Erfolglosigkeit ihrer Bemühungen, Husserl zur Durchsicht der von ihr vorbereiteten Materialien zu veranlassen, im Oktober ihre Assistententätigkeit aufgeben solle. Nur die Hoffnung, daß im Herbst wirklich mit den *Ideen* begonnen werden könnte, hält sie davon ab.

Aber auch, daß sie neue Manuskripte findet – in ziemlich traurigem äußerem Zustand, aber interessant und wichtig und für die Auseinandersetzung mit anderen Richtungen der zeitgenössischen Philosophie, wie der Marburger Schule von Paul Natorp, grundlegend. Da reißt es sie mit: Läßt sich daraus nicht eine Ausarbeitung machen?

Nein, noch ist das Ende dieser Zusammenarbeit nicht da. Es wird noch manche Krise geben, noch manches Mißverständnis. Bitterkeiten werden entstehen, Distanz tritt ein – dem Menschen, dem Philosophen Husserl gegenüber, den sie, wie die anderen ehemaligen Göttinger, auf falschem Wege wähnt. Es ist ein langer Prozeß der schrittweisen Entfernung der Schülerin vom Meister, immer wieder unterbrochen von der Überwälti-

114

gung durch die Fülle genialer Einfälle, die in Husserls Notizen und Manuskripten aufblitzen. »Ich habe im letzten Monat Husserls Zeitnotizen ausgearbeitet«, heißt es im August 1917 in einem Brief an Ingarden über die dann von Heidegger 1929 publizierten Ergebnisse dieser Bemühung, »schöne Sachen, aber noch nicht ganz ausgereift.«[179]
Wenige Tage später schreibt sie an denselben Empfänger: »Ich habe mir jetzt seine Notizen über Raumkonstitution vorgenommen und sehe, was sich damit tun läßt.«[180] Dann, ebenfalls an Ingarden, aus Bernau im Schwarzwald: »... ich bin auf drei Tage hier beim Meister, es wird eifrig *Zeit* gearbeitet.«[181]
Aber ist es nur die unbefriedigende Situation im Schülerin-Lehrer-Verhältnis, Husserls ganz auf die eigene Arbeit konzentrierte Persönlichkeit, was Edith Stein das Leben als Assistentin des bedeutenden Gelehrten vergällen? Sie wäre die kongeniale Mitarbeiterin von Husserl, wenn der sie als gleichberechtigt ansähe und sie selbst bereit sein könnte, sich unterzuordnen. Das aber kann sie nicht, und beider Unvermögen führt schließlich zur Auflösung dieser Zusammenarbeit, die ihre eigentliche Bestimmung nie voll erreicht hat. Edith Stein berichtet darüber am 19. Februar 1918 an Roman Ingarden, der in dieser Zeit zum vertrauten Gefährten wird. 1916/17 sehen sie sich nach Ingardens Aussage »tagtäglich«.[182] Edith Stein schreibt ihm: »Als der Meister mich neulich mit einer ganzen Reihe von Anweisungen für die Behandlung seiner Manuskripte beglückte (in aller Freundlichkeit, aber ich kann nun mal dergleichen nicht vertragen), habe ich ihm auseinandergesetzt (natürlich auch in aller Freundlichkeit), daß die Ordnung 1. prinzipiell unmöglich ist, 2. soweit überhaupt, nur von ihm für ihn hergestellt werden könnte und daß 3. ich speziell dafür ungeeignet wäre und die Beschäftigung damit nur noch aushalten könnte, wenn ich daneben etwas selbständig arbeite... Ich habe ihm angeboten, weiter in Freiburg zu bleiben und ihm bei der Redaktion des Jahrbuchs und dgl. zu helfen, nur nicht als seine Assistentin für Arbeiten, deren Sinn mir nicht einleuchtet. Im Grunde ist es der Gedanke, jemandem zur Verfügung zu stehen, den ich nicht vertragen kann. Ich kann mich in den Dienst einer Sache stellen, und ich kann einem Menschen allerhand zu Liebe tun, aber im Dienst eines Menschen stehen, kurz gesagt, gehorchen, das kann ich nicht. Und wenn Husserl sich nicht wieder daran gewöhnt, mich als Mitarbeiterin

an der Sache zu behandeln, wie ich unser Verhältnis immer angesehen habe und er in der Theorie auch – so werden wir uns eben trennen müssen. Es täte mir leid, weil ich glaube, daß dann noch weniger Hoffnung auf ein Zusammenhalten zwischen ihm und der ›Jugend‹ wäre.«[183]

Der letzte Satz verweist erneut auf das zunehmend distanzierte Verhältnis der Göttinger Schüler zu ihrem Meister, den der ihm vorgeworfene angebliche Rückfall in den Idealismus aber nicht irritiert.

Dazu schreibt der Freiburger Husserl-Schüler Max Müller im Rückblick auf seine Begegnungen mit dem Philosophen 1928/29 und 1934–1938, unterschwellig sei ihm immer der Eindruck geblieben, »daß dies Denken und dieser Denker primär noch zur großen verehrungswürdigen Vergangenheit europäischen Bürgertums und seiner vom Idealismus geprägten Denkgeschichte gehörten und – entgegen dem Eindruck der Göttinger früh-phänomenologischen Schüler – kein schon vollzogener Aufbruch in eine neue Epoche abendländischer Denkgeschichte sei.«[184]

Am 28. Februar 1918 teilt Edith Stein Ingarden von Breslau aus mit: »Der Meister hat meinen Rücktritt in Gnaden genehmigt.«[185] Damit ist dem Riß in der philosophischen Auffassung auch der im Persönlichen gefolgt. Aber es gibt Brücken. Edith wird noch einige Zeit in Freiburg bleiben, um dem Meister zur Hand zu gehen, wenn das nötig sein sollte. Doch auch später, nach einer neuerlichen Phase der Entfremdung, wird sich wieder ein menschlich-großzügiges Verhältnis auf beiden Seiten herstellen.

116

Freundschaft – Philosophie – Weltanschauung

Die Freiburger Assistentinnenzeit wäre für Edith Stein ohne den Rückhalt eines freundschaftlichen Austausches und Umganges wohl kaum so lange durchzuhalten gewesen. Er findet vor allem mit Roman Ingarden statt, der Husserl neben Edith Stein als einziger der Göttinger Schüler nach Freiburg gefolgt ist. Er promoviert beim Meister über die Philosophie von Henri Bergson und ist bis zum Ende des Jahres 1917 hauptsächlich in Deutschland. Seine Lage ist schwierig: Wegen eines Herzfehlers aus dem Militärdienst der Polnischen Legion entlassen, leidet er unter dem Schicksal seines auf Österreich, Rußland und Deutschland aufgeteilten Vaterlandes. Die Briefe Edith Steins an Ingarden[186] vermitteln auch einen Eindruck von der Situation beider Nationen in der damaligen geschichtlichen Lage.

Die Beziehung zu Roman Ingarden ist in ihrer ganzen Bedeutung für Edith Steins Leben erst offenbar geworden, seit wir Einblick in ihre ungekürzten Briefe in lückenloser Folge haben.* Dabei zeigt sich, daß der geistige, nicht zuletzt der philosophische, aber auch der politische Gedankenaustausch vom warmen Grundton innigen Verstehens und Empfindens getragen wird. In dieser Zeit spielen für beide die politischen Geschehnisse eine bedeutende Rolle. So schreibt Edith Stein am 9. Februar 1917 an Ingarden: »Staat ist selbstbewußtes Volk, das seine Funktionen diszipliniert. Da mir nun das Erstarken des Selbstbewußtseins mit einer aufsteigenden Entwicklungstendenz verbunden zu sein scheint, so scheint mir die Organisation als ein Zeichen innerer Kraft und das Volk das vollkommenste (seiner Durchbildung als Volk, natürlich nicht seinen ›Charakteranlagen‹ nach), das am meisten Staat ist. Und ich glaube bei ganz objektiver Betrachtung sagen zu können, daß es seit Sparta und Rom nirgends ein so mächtiges Staatsbewußtsein gegeben hat wie in Preußen und im neuen Deutschen Reich. Darum halte ich es für ausgeschlossen, daß wir jetzt unterliegen.«[187]

Im selben Brief geht sie auf eine Bemerkung Ingardens ein, in der er sich offenbar – seine Briefe sind nicht erhalten – kritisch zur deutschen Literatur geäußert hat. Sie meint, er müsse mehr

* »Lückenlos«, soweit die Briefe erhalten geblieben sind.

als Kellermann (einen damals bekannten Romanautor)* und Thomas Mann kennen, besonders Goethe. »Aber in gewisser Hinsicht dürften Sie vielleicht Recht behalten. Ich glaube, unsere Größe liegt nicht auf dem Gebiet des Romans, soviel wirklich künstlerisch Hochstehendes wir auch haben mögen. Es liegt wohl im ethischen Grundcharakter unseres Volkes, daß es seinen adäquaten Ausdruck nur in der hohen Tragödie finden kann. Und ich finde nicht, daß wir hier irgend einen Vergleich zu scheuen brauchen. Freilich, das neue Deutschland hat noch nicht seinen Dichter gefunden, sondern muß noch von der Vergangenheit zehren. Aber es ist ja auch noch so jung!«[188]
Alles, was die beiden national so unterschiedlich gerichteten und gebundenen jungen Menschen in einer Zeit höchster politischer Spannungen bewegt, kommt in den oft im Abstand von nur wenigen Tagen hin und her gehenden Briefen zum Ausdruck: die Entwicklung in Rußland im Jahr 1917, Ediths Auffassung, daß für Rußland das Heil nicht von einer importierten Revolution kommen könne, und nicht zuletzt die Situation Polens. Ingarden scheint sich über die Behandlung durch Deutschland beklagt zu haben. Edith bittet ihn in ihrem Brief vom 31. Mai 1917 um ein gerechtes Urteil und fährt dann fort: »... wie es auch kommen mag – zwischen uns persönlich bleibt alles unverändert. Ich hoffe, die Mauer wird nie so hoch, daß wir nicht mehr mit den Händen hinüber langen.«[189]

Im Sommer 1917 kommen Erna und die Freundinnen der Breslauer Zeit, Rose Guttmann und Lilli Platau, zu Besuch nach Freiburg. Gemeinsam genießen sie den Schwarzwald wie früher das Riesengebirge. Im Jahr darauf kommt Erna allein – mit Problemen beladen, wie so oft: Sie steht dicht vor ihrer Niederlassung als Frauenärztin, und Edith rät ihr dringend, nicht in den reichen Süden Breslaus zu ziehen, sondern die Praxis im Hause der Mutter, im eher armen Nordosten, zu eröffnen. Dort habe sie, wenn erforderlich, Hilfe von den Schwestern, brauche also nicht mit fremdem Personal zu arbeiten und nicht auf die Allüren einer verwöhnten Klientel einzugehen.
So bleibt Edith diejenige, die auch jetzt für die Sorgen und Nöte

---

* Bernhard Kellermann, Erzähler, der durch seinen 1913 erschienenen technisch-utopischen Roman »Der Tunnel« weltbekannt wurde.

118

anderer da ist, Rat gibt, ruhig und vernünftig abwägt. Dabei hat sie seit Monaten eigene, schwere Kämpfe durchzustehen.

Am 16. November 1917 ist Adolf Reinach in Flandern gefallen. Was das für Edith Stein heißt, läßt sich nur nachempfinden, wenn man sich den Einfluß des jungen Dozenten und Freundes auf ihr Leben vergegenwärtigt: Durch seinen Zuspruch, seine gütige Zuwendung hat sie die Krise gemeistert, die im Zusammenhang mit ihrer Staatsexamensarbeit auftrat, sich zu grundlegenden Zweifeln an ihren wissenschaftlichen Fähigkeiten zuspitzte und ihre Lebenskräfte angriff. Sein Verhalten als Wissenschaftler, Mensch und Patriot entsprach ihrem eigenen Empfinden und ihrer wachsenden Erkenntnis und Einsicht. Er hatte das vertreten, was die Göttinger Phänomenologen unter entschiedenem Realismus verstanden: mit Hilfe des phänomenologischen Instrumentariums, dieser Mischung aus Intuition und Ratio, voranzuschreiten. Im Felde hatte er jedoch die Erkenntnis gewonnen, im Grunde für die Philosophie unbegabt zu sein, und er hatte sich entschlossen, nach dem Krieg nur noch religiösen Fragestellungen nachzugehen. Kein Zweifel: Mit Adolf Reinach hat Edith Stein einen wegweisenden Menschen verloren. Roman Ingarden hat später gesagt: »Ich habe ihre Reaktion nach seinem Tode gesehen. Was für einen schrecklichen Eindruck hat Reinachs Tod auf sie gemacht! Ich bin der Meinung, daß es der Anfang gewisser Wandlungen war, die sich in ihr später vollzogen.«[190]

Die schwere seelische Verletzung, die der Verlust Adolf Reinachs für Edith Stein zweifellos bedeutet, mag Auslöser einer weiteren Krisenentwicklung sein, die ihr Verhältnis zu Roman Ingarden betrifft. Ihre Beziehung ist nicht nur philosophisch begründet; sie hat auch, was besonders die späteren Briefe bezeugen, einen zutiefst persönlichen Akkord. Unter der Wucht des Schmerzes um den Tod Adolf Reinachs bricht die sonst nur verhalten aufscheinende Zuneigung offen durch. Am 24. Dezember 1917 schreibt Edith Stein (es ist der einzige erhaltene Brief, in dem sie den Freund duzt):

»Mein Liebling,
diesen Abend möchte ich noch einmal bei Dir sein und Dir manches sagen, was ich Dir schuldig geblieben bin. Zunächst um Verzeihung bitten, weil ich in der letzten Zeit unter dem Eindruck der schweren Tage, die hinter und vor mir liegen,* zu keiner frohen Stunde mehr fähig war. Unter allem, was mich gegenwärtig bedrückt, steht an 1. Stelle, daß ich nicht die Kraft hatte, Dir mein Leid zu verbergen, und so einen Schatten mehr in Dein Leben gebracht habe statt ein wenig Sonnenschein.
Was ich jetzt suche, ist Ruhe und Wiederherstellung meines völlig gebrochenen Selbstbewußtseins. Sobald ich das Gefühl habe, wieder etwas zu sein und anderen etwas geben zu können, will ich Dich wiedersehen. Dann wirst auch Du ein Stück weiter sein als heute. Du weißt, daß ich wissenschaftlich sehr viel von Dir erwarte. Und, was mehr bedeutet, ich glaube fest an Deine Fähigkeit, wieder zu vollem Leben zu erwachen. Und ich wünsche Dir ein Leben mit aller Fülle und allem Reichtum, den die Welt zu bieten hat. Ich möchte die Zauberkräfte besitzen, die der Meister gestern von mir verlangte, um es Dir selbst schaffen zu können.«[191]

Dieser Brief unterscheidet sich von den vorhergehenden und den nachfolgenden nicht nur durch die gepreßte Klage bei größter Bemühung um Fassung, sondern vor allem durch den Durchbruch der Gefühle. Die Anrede, die völlig ungewohnte Duzform, die Art der Entschuldigung für den inneren Zusammenbruch, den sie fraglos durchleidet, und schließlich die Zukunftswünsche haben etwas Bekenntnishaftes, Einmaliges, Unwiederholbares, und etwas Ähnliches hat sich ja auch nicht wiederholt. Aber nach Jahren noch steigt ein Hauch jener ganz persönlichen Nähe aus einzelnen Wendungen ihrer Briefe an Ingarden auf und erinnert an das Gewesene.
Ingarden selbst befindet sich, als er den Brief von Heiligabend 1917 erhält, ganz offensichtlich selbst in einer Krise, die in einem Mangel an Lebenskraft Ausdruck zu finden scheint. Jedenfalls deutet Ediths Formulierung, sie glaube fest an seine Fähigkeit, wieder zu vollem Leben zu erwachen, darauf hin.
Monate später schreibt sie an den Freund, der inzwischen nach Polen zurückgekehrt ist, im Zusammenhang mit dem Selbst-

* Reinachs Kriegstod und seine Bestattung in Göttingen am 31.12.1917.

120

Roman Ingarden (1893–1970)

mord eines gemeinsamen Bekannten: »Ich möchte Ihnen, lieber Freund, eine Bitte aussprechen, die Ihnen sehr kindlich erscheinen mag. Sie haben auch gelegentlich mit dem Gedanken gespielt, einmal selbst Schluß zu machen. Ich habe nie ernstlich daran geglaubt. Aber die bloße Möglichkeit ängstigt mich. Bitte, versprechen Sie mir, daß Sie es nie tun werden. Das Leben kann ja doch nicht völlig unerträglich sein, wenn man weiß, daß es einen Menschen gibt, dem es weit teurer ist als das eigene.«[192] Hier relativiert sich die Wertschätzung des eigenen Lebens im Vergleich mit jenem anderen des Angeredeten. Verbunden ist damit aber nicht nur dessen Wertsteigerung, sondern auch das gerade darin zum Ausdruck kommende unverhohlene Bekenntnis der Zuneigung.

Ein Vierteljahr später antwortet Edith auf Ingardens Geburtstagsglückwunsch und versichert ihm, daß es ihr »schon seit Monaten seelisch recht gut geht« und daß sie eine ernstliche Gefährdung nicht mehr befürchte. Dann aber fügt sie hinzu: »Glück wünschen in *Ihrem* Sinne werden Sie mir niemals. Aber in einem andern Sinne dürfen Sie es schon heute. Ich weiß nicht, ob Sie es aus früheren Äußerungen schon entnommen haben, daß ich mich mehr und mehr zu einem durchaus positiven Christentum durchgerungen habe. Das hat mich von dem Leben befreit, das mich niedergeworfen hatte, und hat mir zugleich die Kraft gegeben, das Leben aufs neue und dankbar wieder aufzunehmen. Von einer Wiedergeburt kann ich also im tiefsten Sinne sprechen. Aber das neue Leben ist doch für mich so innig verknüpft mit den Erlebnissen des letzten Jahres, daß ich mich nie in irgendeiner Form von ihnen lossagen werde; sie werden immer lebendigste Gegenwart für mich sein. Nur kann ich darin kein Unglück mehr sehen, im Gegenteil, sie gehören mit zu meinem wertvollsten Besitz.« Und dann folgt eine mahnende Zurechtweisung: »Damit müssen aber auch Sie sich zufrieden geben. Sie dürfen nicht zu einer Episode stempeln, was für mich so viel mehr bedeutet, und Sie sollen nicht mir und sich selbst ein Phantom von ›Glück‹ vorspiegeln, das keinerlei Realität für mich hat und mich eher schrecken als locken kann. Und wenn ich zu dieser Forderung noch eine Bitte aussprechen darf – bewahren Sie mir Ihre Freundschaft, sehen Sie es nicht als einen Eingriff in Ihre Freiheit an, wenn ich Ihre Angelegenheiten ganz als meine eigenen betrachte und lassen Sie mich glauben, daß auch nichts, was für mich Bedeutung hat, Ihnen gleichgültig ist.«[193] Die räumliche Trennung hat also die innige Beziehung nicht stören können, obwohl ein Schatten, der Tragik und Verlust erkennen läßt, über ihr liegt.

So beklagt Edith in dem schon zitierten Brief vom 12. Mai 1918, daß seine schriftlichen Äußerungen »ohne rechte innere Beteiligung« seien, und sie fährt fort: »Ich würde es sehr gut verstehen, wenn Sie Ihre Unbefangenheit mir gegenüber verloren hätten und würde nur mir selbst die Schuld zuschreiben. Aber der Abstand war zu schmerzlich für mich – ich für meinen Teil mußte mich ja immer gewaltsam zurückhalten, um nicht mit dem Einsatz meiner vollen Persönlichkeit zu schreiben ...«[194]

Wie immer die Schwierigkeiten in dieser Beziehung beschaffen gewesen sein mögen – auf jeden Fall hat sie tiefe Spuren hinterlassen. Im Dezember 1925, damals schon konvertiert und am Lehrerinnenseminar der Dominikanerinnen in Speyer unterrichtend, schreibt Edith Stein an Ingarden: »... natürlich wollte ich keineswegs in Abrede stellen, daß zwischen uns – von allem andern ganz abgesehen – eine wirkliche Freundschaft bestanden hat und daß ich die als etwas Wertvolles ansehe.«[195]

Was letzten Endes das Verhältnis beider zueinander komplizierte, wissen wir nicht. Jedenfalls geht aus den Briefen Edith Steins an Ingarden aus den Jahren 1916/17 deutlich hervor, daß sie schon damals in einer tiefreichenden Krise lebt und ihre Hinwendung zum Christentum hier ihren Anfang nimmt.

Im Winter 1925 beschäftigt sie sich überhaupt viel mit der Vergangenheit. So schreibt sie an Ingarden im November: »Erinnern Sie sich, daß Sie mir damals sagten, ich sei ›zu katholisch‹? Ich verstand es damals nicht. Jetzt verstehe ich es und weiß, wie weit Sie Recht hatten. Ich empfand in der Tat katholisch. Aber weil mir das katholische Dogma mit seinen praktischen Konsequenzen fremd war, konnte ich das nicht rechtfertigen, was ich empfand, und so verbanden sich der Kopf und die Sinne, um dem Herzen Gewalt anzutun. Was dabei herauskam, wissen Sie.«[196]

Diese Formulierungen legen den Schluß nahe, eine für beide Seiten tragische Entwicklung habe dieser Begegnung die Erfüllung versagt. In dem eben zitierten Brief verneint Edith übrigens ausdrücklich jede Schuldzuweisung an Ingarden: »Von daher steht also nichts zwischen uns.«[197]

123

In dieser Zeit spitzt sich die politische Lage immer mehr zu. Auch darüber vertraut sich Edith dem Freund an. Am 19. Februar 1918 stellt sie in einem Brief Betrachtungen über die weltgeschichtliche Entwicklung an, die sich mit dem zu Ende gehenden Krieg vollzieht. Dabei erwähnt sie den Vers aus dem Lukas-Evangelium (Lukas 22,22): »Zwar der Menschensohn geht dahin, wie es beschlossen ist. Aber wehe dem Menschen, der ihn verraten wird!« und fügt dann hinzu: »Ob das nicht ganz allgemein gilt? Wir führen die Ereignisse herbei und tragen die Verantwortung dafür. Und doch wissen wir im Grunde nicht, was wir tun, und können die Weltgeschichte nicht aufhalten, auch wenn wir uns ihr versagen. Zu begreifen ist das freilich nicht.« Und dann folgt der Satz: »Übrigens rücken Religion und Geschichte für mich immer näher zusammen.«[198]

Als sich der Zusammenbruch des Kaiserreiches abzeichnet, schreibt sie dem fernen Freund, die Wissenschaft spiele in ihrem Leben derzeit keine allzu große Rolle. »Sie können sich wohl denken, daß man andere Sorgen hat. Aber darüber kann man nicht schreiben. *Sprechen* möchte ich gerne mit Ihnen über alles, einmal um zu sehen, wie sich die Sachen von außen betrachtet ausnehmen, vor allem aber, um mich über vieles, was mich bedrückt, mit Ihnen zu verständigen. Denn nicht wahr, ich muß Sie nicht wie irgendeinen ›Ausländer‹ betrachten, den Deutschlands Schicksal nur gerade so weit interessiert als es für ihn selbst von Bedeutung ist?«

Würde sich der Freund nicht wundern, daß sie eine solche Frage stellt? Nein, das glaubt sie nicht, die voller Kummer in die Zukunft blickt und voll Vertrauen in die Dauerhaftigkeit einer Freundschaft ist, die aus Zuneigung geworden oder – auch diese Deutung lassen die Briefe zu – neben der Neigung immer bestand und sie überlebt hat. So fährt sie fort: »... ich glaube, Sie müssen es verstehen – weil Sie es ja so gut aus eigener Erfahrung wissen – daß man gerade in schweren Zeiten besonders fühlt, wie stark man national gebunden ist und daß man dann sehr empfindlich wird und jede Berührung von außen fürchtet. Glauben Sie bitte nicht, daß ich in verzweifelter Stimmung bin (vor allem nicht der *äußeren* Situation wegen); ich bin mir nur klar darüber, daß die Lage so ernst ist wie noch nie...«[199]

Die Briefe folgen einander auch jetzt im Abstand von nur wenigen Tagen. Das, was sie miteinander erlebten und wohl auch

124

durchlitten, hat das sichere Gefühl tiefinnerlichen Verständnisses füreinander nicht antasten können, es eher noch erhöht und gestärkt.

Am 18. Oktober 1918 berichtet Edith, daß sie zu Husserls übergesiedelt sei, die derzeit kein Dienstmädchen hätten, während Husserl an schwerer Grippe darniederliege und seine Frau ganz durch die Pflege ihres Mannes beansprucht sei. Zur selben Zeit liegt Husserls ältester Sohn Gerhart schwerverwundet im Lazarett in Jena. Die Tochter Elly ist von den Eltern zu ihm entsandt worden. In dieser schwierigen Situation übernimmt Edith für zehn Tage die Leitung des Haushaltes und findet für ihre hier offenbar werdenden hauswirtschaftlichen Talente die Anerkennung von Frau Husserl.

Dem sich in diesen Tagen mit rasender Geschwindigkeit auf die Auflösung zubewegenden Kaiserreich widmet Edith Stein Worte tiefer Betroffenheit: »... ich fühle mich doch verwachsen mit dem, was jetzt zusammengebrochen ist«, schreibt sie an Ingarden, »trotzdem ich in Opposition gegen das ›System‹ [gemeint ist das konservative politische System] groß geworden bin... Und sicherlich ist es nicht das Wahre, wenn man plötzlich seiner ganzen Geschichte den Rücken kehrt. Wenn man nur schon etwas klarer sehen könnte! Man ist ja noch wie betäubt.«[200]

Am 5. November 1918, also noch vor dem Aufstand der Kieler Matrosen, der die Revolution einleitet, schreibt Edith Stein in Erwartung des endgültigen Zusammenbruchs an Ingarden, um die Möglichkeit der noch bestehenden Briefverbindung zu nutzen. Dabei zieht sie eine Bilanz ihrer beider Beziehung zueinander:

»... wenn es auch oft quälend für mich war und weiter sein wird, daß vieles unausgesprochen und ungeklärt bleiben mußte, so habe ich doch im Grunde die feste Zuversicht, daß uns innerlich nichts trennen kann und daß wir uns immer verstehen werden, wenn wir wieder zusammenkommen. Das muß uns über diese Zeit hinweghelfen.«

Der Brief schließt mit den Worten: »Denken Sie an mich, auch wenn ich Ihnen nicht mehr schreiben kann. Meine herzlichsten Wünsche begleiten Sie stets,

Ihre
Edith Stein«[201]

Bald darauf verläßt sie Freiburg und kehrt nach Breslau zurück, weil ihre Mutter sie in unruhigen Zeiten lieber bei sich hat, als sie in der Ferne zu wissen.

Wesentliche Entwicklungen ihres inneren, seelischen Lebens haben begonnen. Neue Erfahrungen sind auf dem Wege. In den nächsten vier Jahren entscheidet sich ihr Schicksal.

Das Ende einer Ära

Anfang November 1918 fürchtet Edith Stein noch, vielleicht längere Zeit nicht an Ingarden in Polen schreiben zu können. In der Tat spitzen sich die politischen Verhältnisse in rasendem Tempo zu: Am 9. November meutern Matrosen der Kriegsmarine in Kiel; der letzte Kanzler des Kaiserreiches, Prinz Max von Baden, übergibt dem Vorsitzenden der gemäßigten Sozialdemokraten, dem Mehrheitssozialisten Friedrich Ebert, die Nachfolge; einer seiner Anhänger, Philipp Scheidemann, ruft ohne Eberts Wissen und Willen die Republik aus. Kaiser Wilhelm II. hat Deutschland verlassen und geht vom belgischen Spa aus nach Holland ins Exil.

Edith Steins Schwager Hans Biberstein reagiert auf Waffenstillstand und Zusammenbruch der alten Ordnung wie viele, die in diesem Reich ihr Lebenszentrum gesehen haben. Er hat sich freiwillig bei Kriegsausbruch gemeldet und war vom Feldunterarzt zum Feldarzt und Feldoberarzt aufgestiegen, bekleidete damit Offiziersrang »und fühlte sich auch durchaus als Offizier.«[202] Das Ende des Krieges ist für ihn, und mit ihm für viele, Herausforderung und Schmerz zugleich. Nicht nur, daß er die Leiche seines gefallenen Hauptmanns, eines Freiburger Juraprofessors, bei jedem Stellungswechsel ausgraben läßt und in die Heimat überführt – »wie die alten Goten ihren toten König«[203] –, sondern er reitet auch während des Rückzugs zusammen mit dem neuen Kommandeur mit gezogener Pistole neben den Soldaten, um Zuchtlosigkeit und Aufruhr im Keim ersticken zu können. Doch ist Waffengewalt nicht erforderlich.

Ende Dezember erreicht er schließlich Breslau und stellt fest, daß seine Mutter, seine zukünftige Frau und seine künftige Schwägerin der Deutschen Demokratischen Partei beigetreten sind, die zur Republik steht.

Was damals geschieht, ist für die breiten Schichten des Bürgertums eine Umwälzung, eine Revolution mit deutlich negativem Akzent. Für alle die aber, die sich während des Kaiserreichs als minder geachtete Gruppierungen gefühlt hatten, ist die Republik das Hoffnungszeichen, der Aufbruch in eine neue Zeit. Das gilt besonders für die Arbeiterschaft, die nun die Erfüllung ihrer Wünsche als gleichberechtigter Teil der Gesellschaft erhofft und sich davon auch die Lösung der zahlreichen sozialen Probleme, die aus dem Industrialisierungsprozeß herrühren, verspricht.

Das gilt aber nicht weniger für die Katholiken, die sich durch die protestantische Prägung der führenden Kreise, nicht zuletzt des Kaiserhauses und nahezu des gesamten Geisteslebens, bedrängt fühlten und den Schock des Kulturkampfes keineswegs verarbeitet haben. Auch sie sehen nun eine neue Zeit anbrechen, an die sie ihre Hoffnungen knüpfen: »Die geistige Situation des deutschen Katholizismus änderte sich entscheidend mit dem ersten Weltkrieg. Das Hohenzollernsche Kaiserhaus verschwand und mit ihm der dynastisch-politische Rückhalt, den es den antikatholischen Kreisen gegeben hatte.«[204]

Man muß sich vergegenwärtigen, was der konfessionelle Gegensatz damals bedeutete: »Jeder, der sich der Zeit und ihrem Stil nähert, stößt auf die ungeheure Schärfe des konfessionellen Antagonismus und seiner Rhetorik. Er bestimmte das Leben und den Stil vom Schulbesuch übers Heiraten und die Tragödien, wenn eine Liebe an der Konfessionsverschiedenheit auflief, bis zu den geselligen Kreisen. Darum gab es so viele Katholikenfresser und so viele Protestantenfresser. Trotz Kooperation und Koexistenz im Beruf, in der Praxis, im Geschäftsverkehr, in den Parlamenten – die Konfessionsspaltung und -spannung war eine der fundamentalen und vitalen Grundtatsachen des deutschen Lebens.«[205]

Nun aber sieht das Bürgertum, diese breite Schicht, die in sich wiederum in Kleinbürgertum, Mittelschicht und Großbürgertum gegliedert und keineswegs nur evangelischer Prägung ist, eine Welt, seine Welt in Trümmer sinken. Es gehört zu den Eigenheiten dieser deutschen Situation, daß die ohnmächtige Trauer über den Untergang, dessen Zeuge man wird, weit hineinreicht in das katholische und das jüdische Bürgertum. Sogar die weitaus überwiegend sozialdemokratisch orientierte Arbeiterschaft, die 1914, bei Kriegsausbruch, wie alle anderen Schichten ihre Zugehörigkeit zur Nation voll dokumentiert hatte, ist alleine schon durch ihren unverhohlenen Wunsch, in die bürgerliche Klasse aufzusteigen, mit diesem Bürgertum verbunden, ja empfindet sich als Bürger, wenn auch in deutlicher Distanz zu den konservativen Kreisen.

128

So muß die junge Republik nicht nur aus Niederlage und Zerstörung emporwachsen, sondern ist auch mit der Hypothek belastet, daß nur eine Minderheit der Deutschen ihre Existenz vorbehaltlos begrüßt. Für die meisten, die zwischen Trauer und Hoffnung schwanken, gilt, was die Dichterin und Historikerin Ricarda Huch im November 1918 schreibt: »... wenn etwas Lebendiges, Großes untergeht – selbst wenn sein Leben und seine Größe weit zurückliegen –, sollte man Ehrfurcht vor dem Tragischen empfinden, und dieser Mangel an Ehrfurcht verletzt mich hier so sehr... Alles, was jetzt untergeht, mußte zweifelsohne untergehen, und es ist gut, daß etwas Neues kommt; das hindert aber nicht, daß dies alles furchtbar schmerzlich ist.«[206] Ähnlich empfindet Edith Stein. Unter dem Eindruck der Rat- und Mutlosigkeit der meisten Menschen schreibt sie im Oktober 1918 an Roman Ingarden: »Den Glauben an sein Volk hindurchretten durch alle Wechselfälle, das ist wohl mehr als der römische Tugendstolz, der die Erniedrigung nicht überleben kann. Das Umlernen müssen kommt nur zu plötzlich und ist hart.«[207]

Am 18. November 1918 teilt sie dem Freund auf einer Postkarte aus Breslau mit, sie komme vorläufig nicht zur wissenschaftlichen Arbeit, »weil, ich mich hier gleich kopfüber in die Politik gestürzt habe.«[208] Zwei Tage später berichtet sie, sie habe sich der neugebildeten Deutschen Demokratischen Partei (DDP) angeschlossen, und es sei sogar möglich, daß sie demnächst in den Breslauer Parteivorstand gewählt werde. Dann fährt sie fort: »An den ›Errungenschaften der Revolution‹ kann ich freilich vorläufig noch keine Freude haben, ich gehöre nicht zu denen, die leichten Herzens einen Strich durch ihre ganze Vergangenheit machen. Aber der Zusammenbruch des alten Systems hat mich überzeugt, daß es überlebt war, und wer sein Volk liebhat, der will natürlich mithelfen, ihm eine neue Lebensform zu schaffen, und wird sich nicht einer notwendigen Entwicklung entgegenstemmen.«[209]

Die Deutsche Demokratische Partei, in die Edith Stein im November 1918 eintritt, ist in diesen bewegten Zeiten von Friedrich Naumann als Sammelbecken des Bürgertums offener, liberaler Richtung gegründet worden. Sie steht zur Republik, ohne die

129

monarchische Vergangenheit einfach zu verleugnen, und will als sozial und christlich orientierte liberale Partei zusammen mit den Sozialdemokraten den neuen Staat aufbauen.

Der evangelische Theologe Naumann, Gründer auch des Nationalsozialen Vereins (1896) und der Wochenschrift »Die Hilfe« (1895) wollte seit den neunziger Jahren durch seine christlich-soziale Politik die Arbeiterschaft an Staat, Nation und soziales Kaisertum heranführen. Die besten Chancen dafür sah er in einer linksliberalen Partei, die allen offenstehen sollte, die diesen Zielen zustimmen.

Ungewöhnlich für einen ehemaligen Gemeindepfarrer, betreibt Naumann Anfang des Jahrhunderts den Zusammenschluß liberaldemokratischer Gruppierungen zur Fortschrittlichen Volkspartei und – 1918 – zur Deutschen Demokratischen Partei. Ihr schließen sich neben anderen Theodor Heuss und seine Frau Elly Heuss-Knapp, führende Persönlichkeiten der Frauenbewegung wie Helene Lange, Gertrud Bäumer und Agnes von Zahn-Harnack, die Tochter des Kirchenhistorikers Adolf von Harnack, an, wie auch der Vertreter der liberalen Gewerkvereine, Anton Erkelenz. Fünfundsiebzig Abgeordnete entsendet diese Partei 1919 in die Weimarer Nationalversammlung.

Auch Dr. Hans Biberstein wählt diese Partei, denn, wie seine Schwägerin Edith Stein schreibt, »weiter rechts konnte er als Jude auf keine Sympathien rechnen.«[210]

Naumann, ein Mann von tiefer Religiosität, großer Überzeugungskraft und persönlicher Lauterkeit, stirbt unerwartet im Sommer 1919.

Die Frauen haben im November 1918 durch Beschluß des Rats der Volksbeauftragten, also der provisorischen Regierung, das Wahlrecht erhalten. Sie können es bei der Wahl zur Nationalversammlung im Januar 1919 zum ersten Mal ausüben, und sie stellen die Mehrheit der Wähler. Edith Stein weiß, wie wichtig es ist, sie darauf vorzubereiten. Für die meisten von ihnen ist diese staatsbürgerliche Aufgabe etwas völlig Neues. So wendet Edith sich neben der Parteiarbeit der Aufklärung der Wählerinnen zu. Aber, so fragt sie sich, ist das alles wirklich sinnvoll? Wird es Erfolg haben? Wird ein neuer Anfang möglich sein?

130

»Die Vielgeschäftigkeit«, schreibt sie an Ingarden, »schützt vor trüben Gedanken. Denn wenn ich mal zur Ruhe komme, dann wollen mir immer Zweifel aufsteigen, ob es denn für uns – so ausgeblutet wie wir jetzt sind – überhaupt noch eine Zukunft geben kann.«[211]

Sie berichtet, daß ihre Verwandten in Oberschlesien auswandern wollen, wenn dieser Teil nicht mehr zu Deutschland gehören sollte, und fährt dann fort: »Ich habe bisher noch niemals einen Vorwurf ausgesprochen und mich immer bemüht, so gut es ging, alles verständlich zu machen...« Aber: »Es sieht doch unleugbar so aus, als ob jetzt, wo unsere Macht zusammengebrochen ist, alles erbarmungslos über uns herfiele, um ja auch noch das letzte bißchen Leben zu ersticken. Daß wir selbst gesündigt haben, weiß ich...«[212]

In dieser Zeit der inneren und äußeren Not finden sich dennoch Menschen, die beim Neubau des Staates mithelfen wollen. Das allerdings ist mühsam. Edith Stein beschreibt es ganz sachlich: »Ich beschäftige mich weiter mit der Abfassung von Flugblättern und ähnlichen Scherzen. Heute abend gibt es eine Versammlung der demokratischen Jugend, die wir innerhalb unserer Partei etwas zusammenfassen wollen.« Mit einem jungen Professor hat sie »ein Schutz- und Trutzbündnis geschlossen, um auf die Gestaltung der Partei, die ja noch im Werden ist, Einfluß zu gewinnen.« Ihre ganze politische Tätigkeit soll »darauf gerichtet sein, den idealen Gesichtspunkten in der Praxis Geltung zu verschaffen.«[213]

Aber schon am 27. Dezember 1918 läßt sie Ingarden ihre Enttäuschung wissen: »Die Politik habe ich satt bis zum Ekel. Es fehlt mir das übliche Handwerkszeug dazu völlig: ein robustes Gewissen und ein dickes Fell.«[214] Aber sie hat nun einmal Aufgaben übernommen: »Immerhin werde ich bis zu den Wahlen aushalten müssen, weil es zuviel notwendige Arbeit gibt. Aber ich fühle mich gänzlich entwurzelt und heimatlos unter den Menschen, mit denen ich zu tun habe.« Ihre Zukunft plant sie, wohl nicht zuletzt deswegen, anders: »Wenn ich mich von all dem Wust freimachen kann, dann will ich versuchen, eine Habilitationsschrift zu machen. In dem ›neuen Deutschland‹ –, falls es ›ist‹ – wird ja die Habilitation keine prinzipielle Schwierigkeit mehr machen.«[215]

Das bezieht sich auf zwei bislang als unüberwindbar geltende Barrieren: die Benachteiligung als Frau und die trotz der garantierten Gleichberechtigung praktisch eben doch existierende Beschränkung durch ihre Abstammung als Jüdin. Die Frage, wie das neue Deutschland sich verhalten wird, hat also grundsätzliche Bedeutung.

Die Krise

Innerhalb von vier Jahren, zwischen 1917 und 1921, macht Edith Stein entscheidende Erfahrungen ihres Lebens. Als sie gegen Ende 1918 nach Breslau zurückkehrt, tastet sie bereits nach neuen Wegen.

Als junge Studentin, frisch von der Schule weg, hat sie begonnen, Psychologie zu studieren, um dem Menschen auf die Spur zu kommen, und dabei festgestellt, daß sie auf diese Weise nicht ergründen konnte, was sie faszinierte: der Mensch und seine Seele.

Sie war nach Göttingen übergewechselt, um durch die Philosophie eine Antwort auf ihre zentrale Frage zu finden, die den Menschen miteinschließt: Was ist die Wahrheit? Später entwickelt sich daraus die umfassendere Frage nach dem Sein schlechthin und seinem Sinn. Sie findet in Edmund Husserl den »Meister«, den die Studentin braucht, um denkend zu bewältigen, was sie intuitiv sucht. Als ihr, zusammen mit anderen Husserl-Schülern, diese Wahrheitssuche nicht mehr in der gebotenen Voraussetzungslosigkeit und Objektivität gegeben zu sein scheint, folgt der Enttäuschung der Prozeß innerer Entfremdung, man könnte auch sagen: geistiger Verselbständigung.

Dieser Vorgang wird zur entscheidenden Weichenstellung, denn von nun an geht Edith Stein mit innerer Konsequenz – anfangs noch zögernd, aber doch bereits unbeirrbar – in Richtung auf jene Phänomene, die sich nach ihrem Verständnis bei der sachlich durchgeführten Wesensforschung früher Husserlscher Prägung notwendigerweise auftun.

Adolf Reinach, der von Edith menschlich und wissenschaftlich so hoch geschätzte und so tief betrauerte Phänomenologe, hatte seiner Frau gesagt, »daß er weder philosophisch begabt noch jemals ernst dafür interessiert gewesen« sei. Edith Stein fügt hinzu: »Das liegt daran, daß er jetzt ganz von religiösen Fragen in Anspruch genommen ist, und seine Arbeit wird sicherlich nach dem Kriege in erster Linie diesem Gebiet gelten.«[216]

Bereits am 23. Mai 1916 hatte Reinach seiner Frau vom »Erlebnis des Geborgenseins in Gott«[217] geschrieben.

Ingarden gegenüber spricht Edith Stein Anfang des Jahres 1917, also noch vor Reinachs Tod, ihre Freude darüber aus, daß der

133

Freund auf religiöse Probleme gestoßen sei, und sie meint dann: »Ich finde, man rennt an allen Ecken und Enden daran (vom religiösen Erleben einmal ganz abgesehen); es ist unmöglich, eine Lehre von der Person abzuschließen, ohne auf Gottesfragen einzugehen, und es ist unmöglich zu verstehen, was Geschichte ist. Klar sehe ich natürlich da noch gar nicht. Aber sobald die Ideen fertig sind (E. St. ist zu dieser Zeit noch Assistentin bei Husserl), möchte ich an diese Sachen herangehen. Es sind *die* Fragen, die mich interessieren. Vielleicht lesen wir zusammen Augustin, wenn Sie wiederkommen?«[218]

Der Gedanke an eine Lehre von der Person taucht also auch hier im Zusammenhang mit religiösen Fragen und, erstmals, mit geschichtlichen Problemen auf. Langsam beginnen sich also Weltbild und Personverständnis zu klären.

Edith nimmt, auch in Vertretung Husserls, an der Beisetzung Adolf Reinachs in Göttingen teil. Reinach hatte sich während eines Urlaubs zusammen mit seiner Frau Anne durch die Taufe in die evangelische Kirche aufnehmen lassen. Der Gedanke an das Elend der Witwe, an die Trauernde stürzt Edith in tiefe Depression.

Aber sie begegnet in Anne Reinach keiner Verzweifelten, sondern einer gläubigen Christin, die ihr Schicksal gefaßt trägt. Diese Erfahrung setzt einen Entwicklungsprozeß in Gang, der zwar bereits gewisse Grundlagen hat, aber erst jetzt seine volle Dynamik gewinnt.

Der Jesuitenpater Professor Johannes Hirschmann, der Edith Stein kennenlernt, als sie schon Nonne ist und bei dem sie während ihrer Zeit im Karmel zu Echt in Holland Exerzitien macht, schreibt in einem Brief vom 13. Mai 1950: »Schwester Theresia Benedicta unterschied selbst den Anlaß ihrer Konversion zum Christentum von ... ihrem Eintritt in die katholische Kirche. Der entscheidende Anlaß zu ihrer Konversion zum Christentum war, wie sie mir erzählte, die Art und Weise, wie die ihr befreundete Frau Reinach in der Kraft des Kreuzesgeheimnisses das Opfer brachte, das ihr durch den Tod ihres Mannes an der Front des ersten Weltkrieges auferlegt war. In diesem Opfer erlebte sie den Erweis der Wahrheit der christlichen Religion und ward ihr geöffnet.«[219]

134

Die Konversion zum Christentum beendet aber die Krise, in die Edith Stein seit Reinachs Tod geraten ist, nicht. Weltanschauliche Konsequenzen, persönliche Erlebnisse und Erfahrungen sowie die immer dringender und drängender werdende Konfessionsentscheidung führen zu einer schweren Belastung von Körper, Geist und Seele.

Das Jahr 1918 verbringt Edith in Breslau und Freiburg, wo sich ein loses Arbeitsverhältnis zu Husserl herstellt, aber auch in Göttingen, wo sie zusammen mit Anne Reinach den Nachlaß von Adolf Reinach ordnet und als posthume Ehrung für den Gefallenen schließlich die Herausgabe seiner sämtlichen Schriften in einem Band erfolgt. Auf Husserls Bitte, Edith möge doch wieder als seine Assistentin arbeiten, reagiert sie, wie sie an Ingarden schreibt, ziemlich spröde: »Ich habe mich bereit erklärt, gelegentlich etwas für ihn zu tun, wenn ich Zeit habe und wenn es mir gerade thematisch liegt. Und damit hat er sich dann wohl oder übel zufriedengegeben.«[220] Die Auflösung ihres Haushaltes in Freiburg kündigt sie für Februar 1919 an.
Im August 1918 ist Edith Stein in Göttingen und hält dort, zusammen mit Frau Reinach, einen kleinen privaten Ferienkurs in Phänomenologie ab. Bei Freunden genießt sie das Erlebnis, Bach künstlerisch schön musiziert zu hören »und Mozart durch Bach hindurch gesehen«[221].
Während dieser drei Wochen in der ihr so lieben Stadt ist sie auch mit Erika Gothe zusammen. Johannes Hering, der elsässische evangelische Theologe, weilt ebenfalls dort, und sie warten auf Hans Lipps, der einen Heimaturlaub angekündigt hat. Er trifft aber erst Ende des Jahres in Göttingen ein.

Inzwischen schreibt Edith in Breslau an ihrer 1917 begonnenen Arbeit »Beiträge zur psychologischen Begründung der Philosophie und der Geisteswissenschaften«, mit der sie sich an der Universität Göttingen habilitieren will.
Am 6. Februar 1919 befürwortet Edmund Husserl dieses Vorhaben seiner ehemaligen Schülerin. Aber die mögliche Ausführung des Planes erscheint ihm zweifelhaft. Die letzten beiden Sätze seiner Empfehlung lauten jedenfalls: »Fräulein Dr. Stein hat in

135

der Philosophie eine weite und tiefe Bildung gewonnen, und ihre Fähigkeiten für selbständige wissenschaftliche Forschung und Lehre sind außer Frage. Sollte die akademische Laufbahn für Damen eröffnet werden, so könnte ich sie an allererster Stelle und aufs wärmste für die Zulassung zur Habilitation empfehlen.«[222]

In der zweiteiligen großen Abhandlung, die sie als Habilitationsschrift in Göttingen einreicht, setzt Edith Stein fort, was sie nach eigenem Bekunden in ihrer Dissertation »Zum Problem der Einfühlung« begann, nämlich, die »Struktur der menschlichen Persönlichkeit in ihren Grundzügen zu skizzieren« (Beiträge, 1). Die beiden Teile »Psychische Kausalität« und »Individuum und Gemeinschaft« sind, obwohl erst 1922 im Druck im Jahrbuch für Philosophie und phänomenologische Forschung erschienen, zwischen 1917 und 1919 entstanden. Schon damals zeigt sich neben der weiteren Behandlung des Persönlichkeitsthemas die vermehrte Aufnahme von Gedanken, die auf religiöse Erfahrungen und Überlegungen hindeuten und eine wichtige Erweiterung des geistigen Horizontes erkennbar werden lassen. So heißt es im Zusammenhang mit dem Phänomen der menschlichen Seele: »Wenn in dieser Sphäre ein Wandel eintritt, so ist er nicht das Ergebnis einer ›Entwicklung‹, sondern als Verwandlung durch eine ›jenseitige‹ Macht anzusehen, d. h. eine außerhalb der Person und aller natürlichen Zusammenhänge, in die sie verflochten ist, gelegene.«[223]

Wie dieser Einfluß von außen sich nach ihrer Meinung (oder Erfahrung?) vollzieht, wird deutlich in folgenden Sätzen, die im Zusammenhang mit der Analyse der Triebkräfte des Menschen stehen: »Außer diesem Zuströmen von Triebkräften, das ein gewisses Maß an Lebenskraft bereits voraussetzt – nämlich das zum Erleben der kraftspendenden Gehalte erforderliche –, gibt es offenbar noch ein anderes, das nicht an diese Voraussetzung gebunden ist. Es gibt einen Zustand des Ruhens in Gott, der völligen Entspannung aller geistigen Tätigkeit, in dem man keinerlei Pläne macht, keine Entschlüsse faßt und erst recht nicht handelt, sondern alles Künftige dem göttlichen Willen anheimstellt, sich gänzlich ›dem Schicksal überläßt‹. Dieser Zustand ist mir etwa zuteil geworden, nachdem ein Erlebnis, das meine Kräfte überstieg, meine geistige Lebenskraft völlig aufgezehrt und mich aller Aktivität beraubt hat. Das Ruhen in Gott ist gegenüber dem

136

Versagen der Aktivität aus Mangel an Lebenskraft etwas völlig Neues und Eigenartiges. Jenes war Totenstille. An ihre Stelle tritt nun das Gefühl des Geborgenseins, das aller Sorge und Verantwortung und Verpflichtung zum Handeln Enthobenseins. Und indem ich mich diesem hingebe, beginnt nach und nach neues Leben mich zu erfüllen und mich – ohne alle willentliche Anspannung – zu neuer Betätigung zu treiben. Dieser belebende Zustrom erscheint als Ausfluß einer Kraft, die nicht die meine ist und, ohne an die meine irgendwelche Anforderungen zu stellen, in mir wirksam wird. Einzige Voraussetzung für solche geistige Wiedergeburt scheint eine gewisse Aufnahmefähigkeit zu sein, wie sie in der dem psychischen Mechanismus enthobenen Struktur der Person gründet.«[224]

Die Untersuchungen, die Edith Stein hier vorlegt, bewegen sich also, zwar noch unsicher, aber doch schon deutlich erkennbar, auf das Gebiet der Religionsphilosophie und, damit verbunden, der ontischen Struktur der Person zu, ihrem eigentlichen Lebensthema, dem sie später eine spezielle Arbeit widmen wird. Auch die für sie immer wichtiger werdende Frage des freien Willens taucht hier bereits auf. Die Kompliziertheit dieses Komplexes in Edith Steins Sicht erweist sich schon jetzt: Zwar hört da, wo keine Lebenskraft vorhanden ist, auch das Wollen und die Entfaltung neuer Triebkräfte durch das Wollen auf. »Es scheint allerdings, als ob der Willensvorsatz da, wo die erforderlichen gegenständlichen Grundlagen vorhanden sind, aber jede darüber hinausgehende Lebenskraft fehlt, sich selbst fortzeugen kann, ebenso wie er andere freie Akte erzeugt. Dieses wunderbare Vermögen, aus sich selbst heraus ›Triebkräfte‹ zu erzeugen, weist offenbar auf eine jenseits des Mechanismus der individuellen Persönlichkeit liegende Kraftquelle hin, die in das wollende Ich einströmt, in der es verankert ist.«[225]

Im Jahr 1919 ist Edith viele Wochen in Göttingen; sie trifft sich dort mit Erika Gothe, ist aber vor allem mit Hans Lipps zusammen.

Im Spätsommer erhält sie in Breslau nach vielen Monaten wieder einen Brief von Roman Ingarden, in dem er ihr – von seiner Frau erzählt. Edith antwortet am 16. September 1919 gefaßt und ruhig: »Daß es ... noch einmal ein solches neues Leben für Sie geben würde, das habe ich eigentlich immer erwartet, und wenn es Ihnen das bringt, was ich für Sie erhoffe, so wird niemand froher darüber sein als ich. Meine Freundschaft für Sie bleibt natürlich unverändert. Was das andere angeht, das noch daneben bestanden hat, so wäre es mir lieb, wenn Sie es ganz in sich begraben könnten und auch die Briefe verbrennen wollten, die Sie etwa noch von mir besitzen. Ich spreche das nur als *Wunsch* aus. Wenn Sie glauben, daß eine solche Verschwiegenheit mit den Forderungen einer idealen Ehe nicht vereinbar ist, so kann und soll es Sie nicht binden.«

Der Briefschluß lautet: »Bestellen Sie Ihrer Frau die besten Grüße von Ihrem getreuen Kameraden

Edith Stein«[226]

Wenn dieser Brief, wie viele andere zuvor, zeigt, wie tief die Bindung einst war und wie wichtig sie noch immer ist, so erschwert diese Tatsache aber auch die Erhellung jener Lebensphase. Denn unzweifelhaft ist Edith Steins schon vor der Begegnung mit Ingarden bestehende Haltung gegenüber Hans Lipps Liebe. Zuerst hat sie dieses Gefühl in sich verschlossen. Sie schreibt ihm ins Feld, schickt Päckchen, lebt innerlich mit ihm, der in einer großen inneren Unabhängigkeit die Qualen und Widrigkeiten des Krieges als Philosoph – philosophierend – überwindet, sich von ihnen unabhängig macht. Edith wartet auf ihn, wenn er ankündigt, auf Urlaub zu kommen. Aber dann kommt er nicht selbst, sondern schickt Orchideen, mit denen sich aber, so schön und kostbar sie auch sind, doch nicht philosophieren läßt.

Lipps ist der Philosophenfreund, der ihre Staatsexamensarbeit einer strengen Kritik unterzog, aber auf den zaghaften Einwand Ediths, Reinach sei zufrieden, lebhaft ausrief: »Dann durchstreichen Sie alles, was ich gesagt habe. Vor Reinach habe ich den größten Respekt.«[227] Es muß von diesem hochgewachsenen jungen Mann mit dem schöngeschnittenen Gesicht, den großen Augen eine besondere Ausstrahlung ausgegangen sein. Er spricht sächsischen Dialekt, den der gebürtige Pirnaer zu seinem Kummer nicht bezwingen kann. Dennoch ist er preußischer Staatsangehöriger, worauf er großen Wert legt, und er hat in einem Dragonerregiment gedient.

Lipps studiert neben Philosophie Medizin und Naturwissenschaften und experimentiert mit sich selbst. Edith Stein berichtet

138

aus der ersten Göttinger Zeit: »Ich traf Lipps damals manchmal mit einem seiner Bekannten beim Mittagessen. Ich hatte in jenen Monaten kein Stammlokal, sondern ging – wenn überhaupt – dann zu irgendeinem Mittagstisch, der mir gerade am Weg lag. Wenn die beiden mich bemerkten, mußte ich mich mit an ihren Tisch setzen; das war dann auch eine kurze Zeit der Entspannung. Einmal entschuldigte sich Lipps, daß er mich hinterher nicht nach der Schillerstraße begleitete. Er müsse jetzt schnell nach Hause gehen und sich schlafen legen. Er probiere es eben aus, möglichst viel zu schlafen und die übrige Zeit ganz konzentriert zu arbeiten. Auf 14 Stunden Schlaf habe er es schon gebracht, er hoffe aber, allmählich bis zu 21 zu gelangen. Er führte in jenem Winter den Vorsitz in der Philosophischen Gesellschaft; gegen Ende des Semesters mußte er die Vorbereitungen für Schelers Gastvorlesungen treffen und war sehr dankbar, daß ich auch meine Bekannten darauf hinwies. Im Sommer aber wollte er nicht wiederkommen, er wollte dann zu Hering nach Straßburg gehen. Es tat mir sehr leid, als ich das hörte. Ich dachte, ich würde mir noch verlorener vorkommen, wenn keine Aussicht mehr bestand, seine hohe Gestalt und seine marineblaue Jacke irgendwo auftauchen zu sehen.«[228]
Das Bild von Hans Lipps scheint Edith Stein von der frühen Zeit des ersten Kennenlernens an in sich getragen zu haben wie eine Folie, vor der sich das Leben abspielt. Offenbar kommt es aber nicht zu einer Annäherung, geschweige denn zu einer Aussprache. Lipps ist gerne mit Edith zusammen, philosophiert mit ihr, schätzt ihren Geist, ihre Feinfühligkeit. Doch für sie bedeutet der Austausch mehr. In ihren Familienerinnerungen schreibt Edith Stein: »Bei aller Hingabe an die Arbeit trug ich doch die Hoffnung auf eine große Liebe und glückliche Ehe im Herzen. Es kam vor, daß mir unter den jungen Menschen, mit denen ich zusammenkam, einer sehr gut gefiel und daß ich ihn mir als den zukünftigen Lebensgefährten dachte. Aber davon merkte kaum jemand etwas, und so mochte ich den meisten Menschen als kühl und unnahbar erscheinen.«[228a]
Hedwig Conrad-Martius aber, die enge Freundin Edith Steins, hat ausgesprochen, was auch anderen klar war: »Sie liebte Hans Lipps ...«[229]
Diese Liebe, die wohl von der Hoffnung auf Gegenliebe, nicht aber von Gewißheit begleitet ist, scheint zeitweilig zu einer Art

Hintergrund abgeblaßt zu sein. Die Verbindung zu Roman Ingarden jedenfalls ist, wenn auch nicht alleine, so doch wahrscheinlich auch daraus zu erklären, daß hier zwei Menschen einander begegnet sind, die sich beide, jeder für sich, in zwiespältiger Lebenslage befanden: Edith in einer ungeklärten und unerwiderten Gefühlssituation, zu der das problematische Verhältnis zu Husserl hinzukam, Ingarden nicht zuletzt schwer belastet durch das Schicksal seines Vaterlandes Polen.

Dabei ist der dunkelhaarige junge Mann schon äußerlich fast das genaue Gegenteil von Lipps. Auch seine Begabung, seine psychische Struktur sind von ganz anderer Art. Ingarden ist künstlerisch veranlagt. Seine Dissertation zum Thema »Intuition und Intellekt bei Henri Bergson« offenbart viel von seinem Wesen, wie auch seine späteren Arbeiten, etwa »Das literarische Kunstwerk«. Die brieflichen Diskussionen über deutsche Literatur und Kunst zwischen ihm und Edith Stein, aber auch ihr Interesse an polnischer Literatur, ihr Eingehen auf seine an Polens nationalen Problemen leidende Psyche, gibt viel preis von Ingardens Anlagen und Ediths Zuneigung, die auch über die Trennung hinaus, mehr und mehr gewandelt zu einer warmen Freundschaft, bestehen bleibt.

Bis zum Jahr 1919. Neun Monate lang hat nach den vorliegenden Briefen kein Kontakt bestanden. In dieser Zeit hat Ingarden geheiratet, und Edith Stein ist Hans Lipps wiederbegegnet. Wie tief diese Liebe ist, die selbst katastrophale Vorkommnisse erträgt, zeichnet sich in einem Brief an Ingarden vom Jahr 1925 ab, als Edith Steins Leben bereits in ganz andere Bahnen gemündet ist. Sie schreibt darin, daß gerade in der Zeit, in der sie von seiner Verheiratung erfuhr, die schmerzlichen Freiburger Erinnerungen durch andere, neue Eindrücke unwirksam gemacht wurden, »durch eine Geschichte, die in vielem eine unheimliche Analogie mit der Ihnen bekannten aufwies. Einzelheiten erlassen Sie mir wohl. Die Erfahrungen waren mindestens ebenso schmerzlich, aber meine inneren Widerstandskräfte waren gewachsen, so daß ich leichter hindurchkam und, wie ich glaube, gerade dadurch die innere Freiheit erlangt habe.«[230]

Daß sie noch nach Jahren diese Erfahrung im Zusammenhang mit der Erinnerung an Erlebnisse, die sie mit Ingarden teilt, er-

140

wähnt und sie nicht nur miteinander vergleicht, sondern auch als Anlaß für ihr Entwachsen aus dieser Sphäre benennt, beweist die Bedeutung der hier erwähnten Vorfälle.

Was ist im Sommer und Herbst 1919 geschehen? Wir sind, was Informationen anbetrifft, auf Briefe angewiesen, in denen Edith Stein sich Empfängern mitteilt, die unterrichtet sind, mit denen sie also Grundlegendes nicht erörtern muß, weil es bekannt ist. Aber auch nahestehende Freunde haben sich untereinander briefliche Mitteilungen gesandt, allerdings sich meist ebenfalls nur in Andeutungen geäußert.

Demnach ist es zwischen Hans Lipps, der seit Sommer 1919 in Freiburg lebt, und Edmund Husserl auf Grund einer persönlichen Beziehung von Lipps zu einem schweren Zerwürfnis gekommen. Der Meister, der am Schicksal seiner Schüler persönlich Anteil nimmt, läßt sich zu einer moralischen Verurteilung von Lipps hinreißen. Von allen Seiten versucht die Phänomenologen-Familie, wie sich die frühen Husserl-Schüler nennen und verstehen, den Konflikt zu entschärfen. So wird Anne Reinach aktiv, Fritz Kaufmann bemüht sich und – Edith Stein. Wie tief sie das Geschehen bewegt und erregt, läßt sich einem ihrer Briefe an Fritz Kaufmann entnehmen, in dem sie sich offen zu ihrer Zuneigung zu Hans Lipps bekennt und beinahe vor Empörung zitternd die Worte Husserls, an Lipps gerichtet, zitiert: »»Werturteile dürfen *Sie* nicht fällen. Das haben Sie verwirkt!‹« Und dann fügt sie hinzu: »Das zu unserem Hans Lipps! Und niemand im Husserlschen Hause hat ihm mehr die Hand gegeben.«[231]

Es ist bezeichnend, daß Edith die Auseinandersetzung zwischen Lipps und Husserl besonders hart trifft und sie sich eindeutig für Lipps einsetzt. Sie schreibt an Kaufmann in demselben Brief, daß sie Lipps wohl etwas lieber habe als ihn – Kaufmann – und sich deshalb so stark mit ihm identifiziere; deshalb könne sie sich auch nicht vorstellen, wie sie Husserl noch einmal persönlich gegenübertreten könne.

Das Zerwürfnis mit Husserl, das ganz offensichtlich als Katastrophe empfunden wird, nicht zuletzt wegen seiner moralischen Akzentuierung, wird also in der Diskussion mit Briefpartnern als vorrangig gesehen. Nimmt man aber den Brief von 1925 an Ingarden hinzu, gewinnt das Ganze noch eine andere Dimension. Die dortigen Aussagen lassen die Erfahrungen des Jahres 1919

141

als einen zu der Zeit, in der sie gemacht wurden, allerdings noch nicht erkannten Wendepunkt deutlich werden. Insbesondere das Problem Husserl erinnert an eigene Erlebnisse. Aber der Grund, warum die Aufregung so groß ist, die Wogen der Emotion so hoch schlagen, ist eindeutig Lipps. Am 8. November 1919 schreibt Edith an Fritz Kaufmann: »Ob er wohl mal überhaupt zur Ruhe kommt, der gute Lipps? Man sieht so deutlich, was ihm fehlt, und zugleich, daß man gar keine Möglichkeit hat zu helfen. Und möchte es doch so schrecklich gerne.«[232]
Die Unruhe und Qual dieser Zeit wird noch dadurch vermehrt, daß in Freiburg, auf Grund der dortigen persönlichen Verwicklungen, ein Prozeß beginnt, in den Hans Lipps verwickelt ist. Aus einem Brief Edith Steins vom 31. Mai 1920 geht hervor, daß der Prozeß offenbar langwierig ist, Lipps darüber lange nichts geschrieben hat, ihre Teilnahme – rein persönliches Interesse nennt sie es – aber auch den beiden anderen Beteiligten gilt: dem Phänomenologen Clauss und dessen Frau. Edith steht also auch jetzt noch mit Lipps in Verbindung.

Zu dieser Zeit ist die Habilitation in Göttingen schon abgelehnt, und zwar bereits durch die Vorkommission, die sich nicht in der Lage sah, »Ihre Arbeit dem Herrn Referenten zu überweisen«, da Edith Stein eine Frau ist.[232a]
Unabhängig davon, daß sie in Briefen mehrfach betont, ihr sei die persönliche Auswirkung nicht so wichtig, erkennt sie doch die überpersönliche Bedeutung dieses Vorgehens und richtet ein Schreiben an den preußischen Kultusminister, in dem sie darauf hinweist, daß dieses Verfahren ihres Wissens durch die Habilitationsordnung nicht gerechtfertigt sei und außerdem gegen die Reichsverfassung verstoße. Sie hoffe, daß eine prinzipielle Klärung der Frage erfolge.
Der Minister gibt daraufhin einen Runderlaß an die Universitäten heraus, in dem auf die Unrechtmäßigkeit der unterschiedlichen Behandlung von Habilitationsanträgen auf Grund der Geschlechtszugehörigkeit hingewiesen wird. Damit hat Edith Stein veranlaßt, daß die gleichberechtigte Teilnahme der Frauen am Universitätslehrbetrieb eindeutig festgelegt wurde.
Sie selbst hat nun noch die leise Hoffnung, es könne gelingen, sich in Kiel zu habilitieren, wohin sie Verbindungen besitzt, viel-

142

leicht auch mit Hilfe von William Stern in Hamburg. Aber ausdrücklich bitten mag sie ihn nicht darum.

Persönlich wichtig wird auf jeden Fall die Begegnung mit Hedwig Conrad-Martius im Sommer 1920 in Göttingen. Die Frauen empfinden sofort Sympathie füreinander. Daß beide zum Göttinger Phänomenologenkreis gehören, gibt der sich nun anbahnenden Freundschaft das gemeinsame Fundament und bildet damit auch die Ausgangsbasis für die dann folgenden religiösen Entwicklungen.

Als Anfang Dezember 1920 in Breslau die Hochzeit von Ediths Lieblingsschwester Erna mit Hans Biberstein stattfindet, ist die Krise, in der sie sich befindet, voll ausgebrochen: »Mir ging es damals gesundheitlich sehr schlecht, wohl infolge der seelischen Kämpfe, die ich ganz verborgen und ohne jede menschliche Hilfe durchmachte. Am Morgen der standesamtlichen Trauung, während die letzten schweren Möbel [zur Vorbereitung der abendlichen Feier] die Treppen hinaufgetragen wurden, lag ich mit heftigen Schmerzen in einem unserer Schlafzimmer auf der Chaiselongue und zuckte bei jedem Geräusch zusammen. Als Erna einmal heraufkam, sagte sie, sie könne das nicht mitansehen und gab mir etwas Morphium.«[233]

Über dieses schwere Jahr, das sie hauptsächlich in Breslau verbringt, schreibt Edith in ihren Erinnerungen: »Es brannte mir ... dort der Boden unter den Füßen. Ich befand mich in einer inneren Krisis, die meinen Angehörigen verborgen war und die in unserem Hause nicht gelöst werden konnte.«[234]

In dieser Situation wird eine Freundin wichtig, die Edith Stein im Jahr 1918 kennengelernt hat: Gertrud Kuznitzky geborene Elkas, später verheiratete Koebner. Sie möchte in die phänomenologische Methode eingeführt werden und sieht in der Phänomenologie eine Möglichkeit, die kritische Methode Kants zu ergänzen, ohne sie ersetzen zu wollen. Nach den gemeinsamen Arbeitsstunden pflegt sie von Edith zu einer Tasse Tee eingeladen zu werden. Dabei berichtet sie Frau Kuznitzky immer öfter über ihre Phänomenologen-Freunde, und langsam wächst auf diese Weise eine Freundschaft, die für beide Seiten zu einer bleibenden Erfahrung wird. Frau Koebner, selber Jüdin, hat mitgeteilt, daß Edith Stein wußte, sie werde niemals ihren jüdischen

Glauben aufgeben. Edith habe es daher peinlich vermieden, sie in ihrer Glaubensüberzeugung wankend zu machen. Ihre Freundschaft habe nur auf dieser Grundlage bestehen können. Vielleicht gerade darum ist Frau Koebner die wohl wichtigste Zeugin jener jahrelangen Phase des Suchens nach der Edith Stein entsprechenden Glaubensrichtung. Ihre Briefe, soweit sie im Edith-Stein-Archiv des Karmels »Maria vom Frieden« in Köln vorhanden sind, atmen die Bewegung, die von einem großen, anhaltenden Eindruck ausgelöst worden ist. Zweifellos ist die Begegnung mit Edith Stein von dieser hochintelligenten, künstlerisch-sensitiven Frau, die zugleich ihren Glauben sicher lebte, feinfühlig und mit großer Wachheit erfahren und im Gedächtnis bewahrt worden.

Hinzu kommt, daß Frau Koebner ihre Berichte über Edith Stein mit besonderer Gewissenhaftigkeit abgefaßt hat, worauf immer neue Überlegungen und das Ringen um die richtige Fassung des Erlebten in die entsprechenden Worte hindeuten. Oft handelt es sich nur um winzige Abweichungen vom vorherigen Text, die aber doch als wesentlich angesehen werden. Und Gertrud Kuznitzky (Koebner) weiß viel über Edith Stein: »Edith war längere Zeit mit einem Phänomenologen besonders befreundet, sie zeigte mir seine Briefe und Manuskripte und sprach viel von ihm, aber natürlich rührte ich an diese Beziehung nicht mit einem taktlosen Wort, und E. verriet nichts.«[235]

Damals – um 1919 - arbeitet Edith an ihrer »Untersuchung über den Staat«, die sie an Hans Lipps schickt, dessen Urteil ihr wichtig ist und dem die Arbeit gefällt. Einen Tag nach der Hochzeit ihrer Schwester Erna im Dezember 1920 schreibt Edith an Ingarden: »Ich bin jetzt ziemlich abgekämpft und freue mich sehr auf die Weihnachtsferien, die ich mit Lipps in Dresden, wo er zu Hause ist, verbringen will.«[236] Dort will sie seine Habilitationsschrift mit ihm durchgehen.

In diesem Jahr der Unruhe, auch der körperlichen Schmerzen, der Krise nimmt sie dennoch weiter teil am Leben der Freunde, vor allem der Schwester, die nach einer überlangen, durch den Krieg noch verlängerten Zeit des Wartens endlich in der Heirat mit ihrem Studienfreund Hans Biberstein ihr Lebensglück findet. Probleme und Sorgen, die es aus der besonderen Situation heraus immer wieder gab, hat Edith mit ihr getragen, ihr geraten, ihr beigestanden. So kann sie nach der

144

Hochzeit beruhigt sein und sich frei fühlen, nun auch an sich selbst zu denken.

Aus der Ferne nimmt Edith an Ingardens Arbeit und Familienleben teil, wenn auch der Briefwechsel nicht mehr so lebhaft ist wie früher. So gibt sie ihm Auskunft über die Studienverhältnisse in Deutschland in dieser Zeit kurz nach Kriegsende, berichtet von einer sehr nationalistischen Studentenschaft, von Überfüllung der Lehrveranstaltungen, beschränkten Arbeitsmöglichkeiten, und sie gibt ihm Auskunft über die Lebenshaltungskosten – mindestens sechshundert Mark monatlich – und die Reisekosten für die Strecke Breslau – Freiburg: ca. zweihundert Mark. Ingardens kleinen Sohn wünscht sie im Foto zu sehen, denn: »Was Sie über seine Schönheit schreiben, darauf gebe ich gar nichts. Sie besitzen doch sicherlich kein bißchen Sachkenntnis auf diesem Gebiet.«[237]

Auch in diesem zu Ende gehenden Jahr hat sie ihre Habilitationspläne nicht weiter voranbringen können. Dafür hat sie sich, wie sie am selben Tag sowohl an Fritz Kaufmann wie an Roman Ingarden schreibt, selbst die venia legendi erteilt und hält in ihrer Wohnung abends Vorlesungen und Übungen zur Einführung in die Philosophie auf phänomenologischer Grundlage. Ohne irgendwelche öffentliche Bekanntmachung haben sich über dreißig Teilnehmer eingefunden.

Unter ihnen befindet sich auch ein junger Mann, der zum Sommersemester 1920 nach Freiburg gehen will, um bei Husserl zu hören und den Edith Fritz Kaufmann angelegentlich zur Betreuung empfiehlt. Er sei im Haupt- oder Nebenberuf Mediziner und von ihr instruiert, »daß er seinen Kritizismus einklammern muß, um etwas von Phänomenologie zu kapieren«.[238] Sein Name ist Norbert Elias.[239] Sie kommt dann im nächsten Brief noch einmal auf ihn zu sprechen und meint, wenn man ihm seinen Kritizistendünkel aberzogen habe, käme etwas ganz Brauchbares zum Vorschein. Es würde ihr leid tun, wenn er in Freiburg nicht auf seine Kosten käme, denn er sei mit dem guten Willen, dort etwas zu lernen, hingegangen.

Hat Edith Stein das Jahr 1920 größtenteils in Breslau verbracht, so ist sie 1921 vor allem in Göttingen und Bergzabern, dem Wohnort von Hedwig Conrad-Martius. Immer noch ist die

Edith Stein mit dem kleinen Sohn ihres Vetters
(Göttingen, um 1920)

Krise, in der sie sich befindet, nicht ausgestanden, geht aber nun ihrem Höhepunkt entgegen. Das sagt auch der Satz aus, mit dem sie in ihren Erinnerungen das Kapitel über die Studienjahre in Göttingen beginnt: »Es war ein weiter Weg, den ich zurückgelegt hatte, von jenem Apriltage 1913, an dem ich zum erstenmal nach Göttingen kam, bis zum März 1921, als ich wieder einmal dorthin fuhr – der größten Entscheidung meines Lebens entgegen.«[240]

Liest man die Briefe und anderen Zeugnisse jener Tage, so scheint es, als füllten Arbeit und freundschaftliches Miteinander die Stunden. Ingarden erzählt sie von Lipps' Habilitationsschrift, die Ende April eingereicht werden muß, sie nimmt Anteil an Ingardens eigener Arbeit, gibt Hinweise, plant für einige Wo-

146

chen einen Besuch beim Ehepaar Conrad in Bergzabern und ist im übrigen ganz unphilosophisch »hauptsächlich mit dem Pakken von Bücherkisten, mit Gardinenaufstecken (dieses im Verein mit Lipps, der doch Spezialist für Innendekoration ist)«, beschäftigt und spielt »mit dem kleinen Courantchen«[241], dem Kind ihres Vetters Richard Courant. Den Rest des Sommersemesters will sie wieder in Göttingen verbringen.

Aber das Idyll trügt. Unterschwellig bereiten sich Entscheidungen vor, die einschneidend sein werden. Wahrscheinlich ist in diesen Monaten in Göttingen die Hoffnung auf ein gemeinsames Leben mit Hans Lipps, dem Mann, den sie liebt, auf eine letzte, harte Probe gestellt worden und zerbrochen.

Ende Mai reist Edith Stein nach Bergzabern, wo das Philosophenehepaar Theodor Conrad und Hedwig Conrad-Martius eine Obstplantage bewirtschaftet. Hier, in dem Haus am Eisbrünnelweg, ist so etwas wie ein Phänomenologenheim entstanden, und der Kanadier W. Bell, auch er ein Husserl-Schüler, hat sogar einen Fonds gestiftet, aus dem Bücher für eine Bibliothek angeschafft werden sollen.

Bis Anfang August 1921 hält sich Edith dort auf und arbeitet zusammen mit den Freunden Conrad auf deren Obstgut. Aber nicht nur sie befindet sich in einer tiefen Lebenskrise, die aus mehr als einer Quelle genährt wird, und sucht nach der richtigen Entscheidung. Auch Hedwig Conrad-Martius, die Philosophenfreundin, ist in ähnlicher Lage und berichtet später: »Wir gingen beide wie auf einem schmalen Grate dicht nebeneinander her, jede in jedem Augenblick des göttlichen Rufs gewärtig. Er geschah, führte uns aber nach konfessionell verschiedenen Richtungen.«[242]

Die ihr bestimmte Richtung wird für Edith erkennbar, als sie eines Abends alleine im Hause ist, nach Lektüre sucht, das »Leben« der Teresa von Avila im Bücherschrank findet und sich darin vertieft.

Hedwig Conrad-Martius hat später gemeint, sie habe die Selbstbiographie Teresas gar nicht besessen. Die Leiterin des Edith-Stein-Archivs in Köln, Maria Amata Neyer OCD, hat die Geschichte dieses Buches, das von der Hand von Hedwig Conrad-Martius zweifelsfrei die Eintragung enthält »Sommer in Bergza-

bern 1921«, zurückverfolgt und als Ergebnis ihrer gründlichen und belegten Nachforschungen festgestellt: »Wenn ... Edith Stein schreibt, es sei ihr im Sommer 1921 das ›Leben‹ der hl. Mutter Theresia ›in die Hände gefallen‹, so ist ... geklärt, daß das im Conradschen Hause in Bergzabern im Juni oder Juli des genannten Jahres gewesen ist.«[243]
Zu dieser Zeit ist Edith Stein ihrer Überzeugung nach bereits Christin, aber über die Konfessionszugehörigkeit war bislang noch nicht entschieden. Die Frage, ob sie evangelisch oder katholisch werden soll, beschäftigt sie lange. Ihre Berührungen mit der evangelischen Kirche waren häufiger als die mit der katholischen, wenn auch nicht sehr intensiv. In der Schule hatte sie an den – evangelischen – Andachten teilgenommen, und wohl gar nicht so ungern, wie ihre Vorliebe für das Lutherlied »Ein' feste Burg ist unser Gott« bezeugt, obwohl hier der kämpferische Ton, der jugendliches Empfinden anspricht, ausschlaggebend gewesen sein kann. Jedenfalls hat sie sich diesen Schulandachten nicht entzogen, was sie als Jüdin sicher gekonnt hätte, da sie ja auch den ihrer Konfession entsprechenden Religionsunterricht in der Schule erhielt. Außerdem ist es gewiß nicht ganz ohne Einfluß, daß Breslau, wie ganz Niederschlesien, vorwiegend evangelisch geprägt ist. Teresia Renata de Spiritu Sancto, Edith Steins erste Biographin, überliefert die Aussage eines nicht näher benannten Familienmitgliedes: »Den Katholizismus kannten wir nur aus unseren Beobachtungen an der tiefstehenden Menschenklasse unserer ostschlesischen Heimat und glaubten, die katholische Religion bestehe darin, auf den Knien zu rutschen und den Priestern die Schuhe zu küssen.«[244] Unter diesen Umständen wäre ein Übertritt zur evangelischen Kirche für die Familie eher verständlich.
Aber die Lektüre der Autobiographie Teresas von Avila hat offenbar dem schwierigen und gewiß auch quälenden Klärungs- und Entscheidungsprozeß ein Ende gesetzt. Maria Amata Neyer, die in ihrer Dokumentation über »Edith Stein und Teresa von Avila« die einzelnen Schritte genau rekonstruiert hat, zitiert aus dem schon erwähnten Brief von Johannes Hirschmann SJ unter anderem die folgenden Sätze: »Der Grund, warum sie [Edith Stein], dem Christentum gewonnen, nicht, wie ihr Lehrer Husserl, ihre Freundin Hedwig Conrad-Martius[245] oder Frau Reinach[246] selbst evangelisch wurde, sondern katho-

Hedwig Conrad-Martius (1888–1966)

lisch, war unmittelbar die Lesung des Lebens der hl. Teresia. Sie glaubte aber, daß der Schritt vorbereitet war durch den Einfluß Schelers, durch den sie besonders in seiner katholischen Zeit angesprochen wurde.«[247]

Es kann kein Zweifel daran bestehen, daß die Lektüre des »Lebens« der Teresa von Avila entscheidend für die schließlich getroffene Wahl der Konfession war. In ihrem autobiographischen Rückblick »Wie ich in den Kölner Karmel kam« schreibt Edith Stein 1938: »Seit ... 12 Jahren war der Karmel mein Ziel. Seit mir im Sommer 1921 das ›Leben‹ unserer hl. Mutter Theresia in die Hände gefallen war und meinem langen Suchen nach dem wahren Glauben ein Ende gemacht hatte.«[248] Damit ist klar, daß nicht eine plötzliche Eingebung, sondern eine lange Entwicklung, die nun zur Entscheidung herangereift ist, die Konfessionswahl bestimmt.

Das bestätigen auch die Aussagen von Gertrud Kuznitzky (Koebner), die Edith Stein in ihrem Brief vom 3. Oktober 1936 an Petra Brüning OSU »eine Freundin« nennt, »die mir sehr nahe steht und meine Konversion ganz stark miterlebt hat, obgleich sie selbst Jüdin geblieben ist ...«[249]

Frau Koebner hat in mehreren Briefen und in einem Bericht von ihrer Freundschaft mit Edith Stein Zeugnis abgelegt. Sie teilt darin mit, daß etwa im zweiten Jahr ihrer Freundschaft (Maria Amata Neyer OCD hat nachgewiesen, daß es im dritten Jahr, also 1921, war), und zwar zwischen August und Oktober, nachdem Edith in Bergzabern die Autobiographie Teresas gelesen hatte, »Edith Stein die Lektüre der Bücher der Hl. Teresa an(fing) – als Gegensatz zu Kierkegaard, dessen ›Einübung im Christentum‹ ihr nicht genügte ... Sie las laut vor, es war fast wie ein Beten, nicht wie ein Lesen. Viele Monate dauerte das. Ich erinnere mich, daß sie oft sagte, sie fände das, was in diesen Büchern steht, nicht in der jüdischen Religion, die sie von Kindheit an kannte und die im Hause ihrer Mutter echt und tief gelebt wurde. Und daß sie das, was ihr dabei aufging, auch *leben* und *tun* müsse, das verlange die ewige Wahrheit, um die es ginge. Sie sagte mir eines Tages, daß sie regelmäßig in die Kirche ginge, zur Frühmesse, damit sie zurück sei, bevor das Haus erwache und es jemand merken könne. Eines Tages legte sie mir ein Gebetbuch der Priester vor. Sie hütete es wie einen kostbaren Schatz. Woher sie es hatte, erinnere ich mich nicht. Jeden Sonn-

150

tag übersetzte sie mir daraus, sie las ja Latein wie Deutsch, und das war unbeschreiblich, mit welcher Andacht, Ehrfurcht und tiefster Freude sie die Gebete von Papst Gregor las ... Und daß all das in der lutherischen Kirche nicht zu finden sei und sie nie evangelisch werden könne, wenn man ihr auch diesen Übertritt leichter ›verzeihen‹ würde ...«[250]

Über diese entscheidende Phase im Leben Edith Steins hat Frau Koebner neun Jahre vor diesem Bericht geschrieben: »Sie [Edith Stein] hatte sich Mühe gegeben, im Judentum zu finden, was ihr Herz suchte ... Die Lehre Jesu zog sie unwiderstehlich an. Die Frage, welche Konfession, bewegte sie tief, aber obwohl ihre tief verehrte Freundin, Frau Hedwig Conrad-Martius, protestantisch war und E. St. mit ihr eines Glaubens sein wollte und Frau Martius vor dem Katholizismus schauderte (sie sagte es mir), kostete die Wahl E. St. keinen Kampf. Sie sagte mir, daß sie die letzte innere Unterwerfung, das sich selbst kreuzigen, nur in der katholischen Kirche finden würde und dorthin wolle ...«[251]

In ihrem Bericht vom 22. Juni 1962, den Gertrud Koebner als endgültige Fassung ihrer Erinnerungen bezeichnet hat, bringt sie einen wichtigen Hinweis: »Bei allem, was sie [Edith Stein] arbeitete und tat, konnte man fühlen, daß ihr nichts genug war. Befriedigung kannte sie nicht. Sie verlangte nach Hingabe, nach dem Aufgehen im Höchsten. Wie sie dabei ihre eigenen Erfahrungen ohne Einschränkung den Menschen enthüllte, die zu ihr kamen, das machte die Begegnung mit ihr zu einem einzigartigen Erlebnis.«[252]

Damit ist auch jener Zug zur Radikalität bezeichnet, der in Edith Steins Charakter angelegt ist und immer wieder Ausdruck findet: so im hochgespannten Idealismus der jungen Studentin, die beim Hören von Luthers »Ein’ feste Burg ist unser Gott« mit den von ihr so zitierten Zeilen: »Und wenn die Welt voll Teufel wär’/ Und wollt’ uns gar verschlingen,/ So fürchten wir uns nimmermehr,/ Es muß uns doch gelingen«[68] von einer tiefen Depression geheilt wird. Dabei ist es sehr bezeichnend, daß sie – Jahrzehnte später, schon als Nonne – immer noch falsch zitiert. Es heißt nämlich nicht: »So fürchten wir uns nimmermehr«, sondern: »So fürchten wir uns nicht so sehr« – ein wenig eben doch, weil wir Menschen sind, die meistens nicht die Kraft besitzen, das volle Vertrauen in die göttliche Gnade zu setzen. Und es heißt auch nicht: »Es muß uns doch gelingen«, sondern: »Es soll

151

uns doch gelingen« – und das, weil es verheißen ist und wir darauf vertrauen dürfen. Edith Stein aber, die junge wie die ältere, ist radikal und willensstark: »nimmermehr« und »muß« – in diesen zwei kleinen, aber entschiedenen Worten, die sie einfügt, liegt fast eine ganze Charakteristik.

Der gleiche Zug zum Rigorosen läßt die Krankenpflegerin bis zur Erschöpfung arbeiten und treibt später auch die Beterin an. Edith Stein will das Ganze, das Absolute erreichen. Seit sie die Lebensbeschreibung der Teresa von Avila kennt, weiß sie, weshalb sie wohin strebt.

Irgendwann in dieser Zeit der Entscheidungen sagt Edith der Freundin, daß jener Phänomenologenfreund, dessen Papiere und Briefe sie ihr gezeigt hatte, dessen Name aber nicht genannt wurde, sich verheiratet habe.

Was aber ist es konkret, was Edith Stein bei Teresa von Avila so anzieht, daß sie von ihr, tief beeindruckt, Wegweisung für ihr weiteres Leben empfängt?

Maria Amata Neyer hat darauf aufmerksam gemacht, daß Edith Stein als psychologisch vorgebildete Phänomenologin und Germanistin besondere Voraussetzungen für die Aufnahme und Einschätzung der Werke Teresas besaß, die zur großen, klassischen Literatur Spaniens gehören. Vor allem aber werde sie in jener entscheidenden Begegnung mit dem Leben der Reformatorin des Ordens der Karmeliten entdeckt und erkannt haben, daß hier die Wahrheit gelebt und getan worden sei.252a

In der Tat berichtet Teresa von Avila in ihrer Lebensbeschreibung ausführlich und beeindruckend über den eigenen Weg zu christlichem Leben, Gebet und mystischer Vereinigung mit Gott, und sie tut es in einer unprätentiösen, für ihre Zeit schlichten Weise. Insbesondere die von ihr beschriebenen und empfohlenen Stufen des Gebetes als Annäherung und Weg zur schließlichen Vereinigung mit Gott werden schlicht dargestellt.

Viele von Edith Stein später hervorgehobene Richtpunkte ihres religiösen Lebens – und ihr späteres Leben ist eigentlich nur und ausdrücklich religiös – finden sich bei Teresa. So auch manche Ratschläge, die Edith künftig für die praktische Lebensführung gibt, bis hin zur Definition des Göttlichen. Teresa schreibt: »Anfangs war ich in einer gewissen Unwissenheit befangen. Ich

Teresa von Avila (1515–1582)

153

wußte nämlich nicht, daß Gott in allen Dingen ist ...«[253] Oder: »Sagen wir also, die Gottheit sei wie ein ganz heller Diamant, weit größer als die ganze Welt ... Alles, was wir tun, wird in diesem Diamant gesehen; denn weil es nichts gibt, was außer seiner Größe sich befände, schließt er alles in sich ein.«[254] Liest man Teresas Äußerungen über das Gebet in den verschiedenen Stufen, so meint man, Edith Stein zu hören, so etwa bei folgender Stelle: »Die Seele kann sich Christum als gegenwärtig vorstellen und sich angewöhnen, seine heilige Menschheit recht innig zu lieben, ihn stets mit sich herumzuführen, mit ihm zu reden, ihm ihre Bedürfnisse mitzuteilen, ihre Leiden zu klagen, sich mit ihm zu freuen, wenn es ihr wohl ergeht, und in diesem Wohlergehen seiner nicht zu vergessen. Dazu bedarf sie keiner künstlich ausgedachten Gebete; es genügen ganz einfache Worte, die ihre Bedürfnisse und Wünsche ausdrücken.«[255] Ganz ähnlich äußert sich Edith Stein später über »Das Gebet der Kirche«, wo sie schreibt: »Jedes *echte* Gebet ist Gebet der Kirche.« Es gehe nicht an, »das innere, von allen überlieferten Formen freie Gebet als ›subjektive Frömmigkeit‹ der Liturgie als dem ›objektiven‹ Gebet der Kirche gegenüberzustellen«.[256] Als sie Teresas »Leben« liest, befindet sie sich auf dem Höhepunkt jener Krise, die sich schon seit Jahren vorbereitet hat. Zwischen August und Oktober 1921 liest Edith mit Frau Kuznitzky in Breslau Teresas Schriften und weiß nicht nur bereits, daß sie katholisch werden will, sondern auch, daß sie in den Karmel will. Zu Frau Kuznitzky sagt sie, daß sie nie evangelisch werden könne, und Maria Amata Neyer schließt daraus, daß »für Edith die Kämpfe der Wahl der Konfession schon entschieden waren, sie aber tatsächlich noch nicht katholisch war«. Und weiter: »Auch Ediths zwar täglicher, aber *heimlicher* Gang zur Kirche würde gar nicht zu ihrem Charakter passen, wenn sie damals schon Katholikin gewesen wäre ...«[256a] Daß der Karmel Edith Steins Ziel seit der Begegnung mit Teresa von Avila ist, wissen wir aus dem schon zitierten Satz aus ihrem Bericht »Wie ich in den Kölner Karmel kam«: »Seit ... 12 Jahren war der Karmel mein Ziel. Seit mir im Sommer 1921 das ›Leben‹ unserer hl. Mutter Theresia in die Hände gefallen war und meinem langen Suchen nach dem wahren Glauben ein Ende gemacht hatte.«[257] In der Zeit der Entscheidung, wahrscheinlich zwischen Ende

154

1920 und den ersten Monaten des Jahres 1921, erfolgt der endgültige Abschluß der Begegnung mit Hans Lipps, von dem auch Frau Koebner berichtet und auf den sich vermutlich der Halbsatz in Ediths Familiengeschichte bezieht, der an die Mitteilung anknüpft, im März 1921 sei sie wieder einmal nach Göttingen gefahren; der Halbsatz lautet: »der größten Entscheidung meines Lebens entgegen«.[257]

Wie das Verhältnis zu Hans Lipps war, sagt Hedwig Conrad-Martius eindeutig in einem Brief, der Jahrzehnte nach diesen Vorgängen geschrieben wurde: »Sie [Edith Stein] liebte Hans Lipps ... Ich bin auch gewiß, daß sie ihn geheiratet hätte, wenn er es gewollt hätte. Er wollte aber nicht. Als das absolut feststand, hatte ich ein Gespräch mit ihr – bezüglich der Photographie, die – als einzige – immer noch auf ihrem kleinen Arbeitstisch in unserem Bergzaberner Haus stand. Ich sagte zu ihr, daß es wohl nicht anginge, gleichzeitig sich Gott ganz hingeben und ausliefern zu wollen *und* das Bild eines Mannes auf dem Tisch zu haben (vielleicht habe ich auch gesagt, es im Herzen zu haben, das weiß ich nicht mehr), der einen nicht heiraten wolle. Sie war tief betroffen und kurz nachher – vielleicht auch sofort – verschwand das Bild von ihrem Schreibtisch.«[258]

Im selben Brief teilt Frau Conrad-Martius mit, daß sie ganz *bestimmt* glaube, »daß diese tiefe Lebensenttäuschung nicht wenig zu ihrer [Edith Steins] Konversion und Taufe, ja zu der Wahl des Klosterlebens beigetragen hat«.[259] Damit ist klar, daß das Scheitern dieser für Edith Stein wichtigen menschlichen Beziehung vor ihrem Übertritt zur katholischen Kirche lag.

Etwa um dieselbe Zeit fragt die Freundin Edith auf dem Gang zum oberen Teil der Obstplantage, ob sie es für möglich halte, ein Leben des vollkommenen Gehorsams zu führen, ohne einen geistlichen Führer zu haben, »worauf sie in ihrer sehr bestimmten Art und rasch antwortete: nein. (Das war also noch vor ihrer Taufe).«[260]

Zu dieser Zeit, in der sie beide in religiösen Entscheidungsprozessen stehen, besuchen die beiden Freundinnen einmal gemeinsam den Gottesdienst in der uniert-reformierten Kirche von Bergzabern. Die reformierte Richtung des Protestantismus ist weit mehr als das Luthertum an der Wortverkündigung orientiert; dementsprechend ist die Liturgie zurückgenommen. Hedwig Conrad-Martius hat in dem eben schon zitierten Brief Edith

155

Steins Kommentar überliefert: »Im Protestantismus ist der Himmel geschlossen, im Katholizismus ist er offen.«[261] Damit ist nicht zuletzt ein ästhetischer Gesichtspunkt zu den religiösen Vorstellungen hinzugetreten. Die Suche nach der Wahrheit, die für Edith Stein zugleich Gottsuche ist, das Erlebnis religiöser Überwindungskraft in der Begegnung mit der verwitweten Anna Reinach, die Erfahrung, an den Rand der Lebensunfähigkeit geworfen zu werden durch den Verlust und die Trennung von nahestehenden Menschen sowie die einströmende Kraft im Zustand absoluter Inaktivität, die sie als göttlich erkennt, und eben auch das ästhetische Moment – das alles hat zur Konversion und Konfessionswahl Edith Steins beigetragen.

Dabei stößt ihre eigene Radikalität auch auf den radikalen Ansatz der lutherischen Theologie, die im Zentrum des Gegenüberstehens von Mensch und Gott keine Möglichkeit der menschlichen Mitwirkung am Heilsgeschehen kennt: »Allein aus dem Glauben, allein aus der Gnade, ohn' eigenes Verdienst« (Luther) geschehe die Erlösung. Jede andere Interpretation verkleinere Jesu Opfertat. Dagegen muß die katholische Auffassung von der aktiven Teilhabe des Gläubigen am Opfer, von der Freiheit, die Gnade anzunehmen oder abzulehnen, der willensstarken Persönlichkeit Edith Steins weitaus eher entsprochen haben.

Die letzte Erklärung ist damit natürlich nicht gegeben, auch nicht, wenn Edith später einem Freund, der sich in schwerer seelischer Not befindet, schreibt, mit Argumentieren sei nicht zu helfen, sondern er müsse »zum Kinde werden und das Leben mit *allem* Forschen und Grübeln in des Vaters Hände legen«.[262] Dieser Rat entspringt sicherlich eigener Erfahrung. Aber damit ist das Eigentliche, das in ihr vorgeht, als sie sich auf die Taufe vorbereitet, nur umschrieben, nicht wirklich bezeichnet. Gegenüber der »Herzensfreundin« (Gertrud Koebner), zu Hedwig Conrad-Martius, die wie sie vorsichtigen Schrittes der letzten Entscheidung entgegengeht, aber einen anderen konfessionellen Weg geführt wird, sagt sie damals das gebietende Wort: »Secretum meum mihi« – Mein ist das Geheimnis.[263]

Im August 1921 reist Edith nach Breslau. Ihre Schwester Erna, die Frauenärztin, sieht für September der Geburt ihres ersten Kindes entgegen. Frau Koebner erinnert sich: »Als sie [Susanne, genannt Suse] geboren werden sollte, lernte Edith Wochenpflege, um ihre Schwester und das Baby betreuen zu können, und mit welcher Hingabe pflegte sie Mutter und Kind! Ich sehe sie vor mir im weißen Kittel, wenn sie sich kurz Zeit nahm, mich zu sprechen.«[264]

Irgendwann zwischen August und der zweiten Oktoberhälfte 1921 hat Edith ihrer Lieblingsschwester als erstem und offenbar einzigem Familienmitglied von ihrer Absicht gesprochen, katholisch zu werden. Dr. Erna Biberstein-Stein hat 1949 in New York ihre Erinnerungen an ihre Schwester Edith aufgezeichnet. Darin heißt es: »Sie vertraute mir ihren Entschluß an, zum Katholizismus überzutreten und bat mich, unsere Mutter mit diesem Gedanken vertraut zu machen. Ich wußte, daß das eine der schwersten Aufgaben war, denen ich je gegenübergestanden hatte.«[265]

Und wirklich ist Frau Stein zutiefst erschüttert. Die Tochter Erna schreibt: »So sehr meine Mutter sonst für alles Verständnis und uns Kindern weitgehend Freiheit in allen Fragen gelassen hatte, bedeutete dieser Entschluß den schwersten Schlag für sie, die eine wahrhaft gläubige Jüdin war und es als Abtrünnigkeit auffaßte, daß Edith eine andere Religion annahm. Auch uns andere traf es schwer, aber wir hatten so viel Vertrauen zu Ediths innerer Überzeugung, daß wir schweren Herzens ihren Schritt hinnahmen, nachdem wir vergeblich versucht hatten, sie unserer Mutter wegen davon abzuhalten.«[266]

Edith bestätigt das aus ihrer Sicht in einem Brief vom 15. Oktober 1921 an Roman Ingarden: »Ich stehe jetzt vor dem Übertritt zur katholischen Kirche. Was mich dazu geführt hat, darüber habe ich Ihnen nichts geschrieben. Und all das läßt sich auch schwer sagen und schreiben gar nicht ... Eben jetzt habe ich sehr schwere Tage. Für meine Mutter ist der Übertritt das Schlimmste, was ich ihr antun kann, und mir ist es schrecklich zu sehen, wie sie sich damit quält und ihr nichts erleichtern zu können. Denn es gibt hier eine absolute Grenze des Verständnisses.«[267]

Die Familie Stein befindet sich, als Edith konvertiert, in einer quälenden Situation. Die Mutter sieht ihr jüngstes, innigeliebtes Kind dem *einen* Gott Israels untreu werden, denn nur so kann sie es deuten. Und das schlimmste ist: Sie kann nichts dagegen tun. Gewissensbisse regen sich: Hat sie genug getan, um Edith dem Judentum für immer zu verbinden? Erna und Hans

157

Bibersteins Tochter Susanne Batzdorff-Biberstein schreibt 1983 in einer Erinnerung an ihre Tante Edith Stein, daß ihre Großmutter zwar selbst »eine fromme und gläubige Jüdin war, daß sie aber wenig dazu beigetragen hatte, ihre Kinder zu ähnlicher Befolgung der traditionellen Vorschriften anzuhalten oder ihnen eine Beziehung zum Judentum zu vermitteln«. »Deshalb«, schlußfolgert Susanne Batzdorff, »ist meines Erachtens Ediths Konversion zum Katholizismus als ein Schritt aus einem gewissen Unglauben zur Religion und nicht als Flucht aus einem ihr wohlbekannten und vertrauten Glauben zu einem anderen anzusehen. Sie war dem Judentum schon fremd, ehe sie es verließ.«[268] Aber das ändert nichts an dem Schmerz, den alle angesichts der sich auftuenden Glaubensunterschiede und Verständnisschwierigkeiten empfinden.

Vom 23. Oktober 1921 bis Anfang Oktober des nächsten Jahres, ausgenommen sechs Sommerwochen, lebt Edith Stein wieder in Bergzabern.[269] Dort finden am 1. Januar 1922 ihre Taufe und Erstkommunion in der katholischen Pfarrkirche St. Martin statt. Taufpatin ist – mit bischöflichem Dispens – ihre evangelische Freundin Hedwig Conrad-Martius, deren weißen Hochzeitsmantel Edith trägt, als sie zum Altar geht. Sie erhält in der Taufe zu ihrem Rufnamen Edith die Namen Theresia und Hedwig und schließt damit die spanische Ordensheilige, deren Lebensbeschreibung für sie grundlegend wurde, und die Freundin, mit der sie gerade religiös eng verbunden ist und von der sie doch getrennt bleibt in der Interpretation des Glaubens, zusammen.

Der 1. Januar war damals noch das katholische Hochfest der Beschneidung des Herrn, der Namensgebung Jesu. Maria Amata Neyer, die darauf hinweist, fügt hinzu: »Es war meines Wissens das einzige Hochfest im liturgischen Kalender der römischen Kirche, dessen Gegenstand und Benennung (circumcisio Domino nostri) unmittelbar ein altjüdisches Ritual betraf ...«[270]

Am 2. Februar 1922, dem Fest Mariä Lichtmeß oder Mariä Reinigung (purificatio Beatae Mariae Virginis)[271] wird Edith Stein gefirmt.

Beide Sakramente, mit denen der Eintritt in die katholische Kirche besiegelt wird, empfängt Edith Stein also an Kirchenfesten, die auf altjüdische Tradition zurückgehen, und sicherlich hat Maria Amata Neyer recht, wenn sie darauf verweist, daß Edith Stein mit der Wahl dieser Tage eine Verbindung zwischen ihrer

158

jüdischen Herkunft und ihrem christlichen Bekenntnis herstellen wollte. »Bei einem Menschen wie Edith Stein – begabt mit einem ungewöhnlichen Verständnis für die Bedeutung von Symbolen und außerdem beeinflußt von dem tiefen Sinn, den Namen und Namensgebung im Judentum schon immer hatte – ist ein solches Zeichen von besonderem Gewicht.«[272]

Die Mutter hält künftige Aufenthalte Ediths in ihrem Hause für ausgeschlossen. Und wirklich bleibt die Tochter Breslau und damit dem Elternhaus bis zum Sommer 1922 fern, sicherlich auch in der Absicht, den Angehörigen die Gewöhnung an die veränderte Situation zu erleichtern.

Aber am 1. August 1922 schreibt Edith, auf der Durchreise in Hof um drei Uhr früh, und deshalb wohl auch irrtümlich die Jahreszahl auf 1923 vordatierend, an Roman Ingarden: »Ich war jetzt 6 Wochen in Breslau. Meine Mutter hatte seit meinem Übertritt geglaubt, ich wäre in ihrem Hause für alle Zeiten unmöglich. Jetzt habe ich ihr gezeigt, daß es doch geht, und sie wünscht sehr, mich wieder dauernd bei sich zu haben. Wahrscheinlich werde ich den Winter über in Breslau sein.«[273]

Das andere Leben

Das neue, das andere Leben beginnt mit der Aufgabe, katholisches Milieu, katholische Lebensart genauer kennenzulernen. Da trifft es sich gut, daß an den Mädchenbildungsanstalten der Dominikanerinnen in Speyer, denen ein Lehrerinnenseminar angeschlossen ist, gerade die Stelle einer Lehrkraft für Deutsch und Geschichte vakant geworden ist. Durch Vermittlung des Speyerer Generalvikars Josef Schwind wird Edith Stein dort zu Ostern 1923 fest angestellt.

Als sie während des Ersten Weltkrieges in Breslau Lehrerin war, hat sie die Erfahrung gemacht, daß sich Lehrtätigkeit und wissenschaftliche Arbeit auf Dauer nicht miteinander vertragen. Jetzt ist sie überzeugt, daß ihr neues Leben wissenschaftliche Arbeit überhaupt nicht verträgt. 1928 berichtet Edith Stein brieflich einer Ordensfrau: »In der Zeit unmittelbar vor und noch eine ganze Weile nach meiner Konversion habe ich ... gemeint, ein religiöses Leben führen heiße, alles Irdische aufgeben und nur im Gedanken an göttliche Dinge leben.«[274]

Das läßt sich zwar nicht in der von ihr gewünschten radikalen Form realisieren, aber doch im Verzicht auf die Wissenschaft. Sie unterrichtet in St. Magdalena sowohl an der Lehrerinnenbildungsanstalt als auch am Lyzeum. Die Anstalt besitzt auch ein Internat, und »Fräulein Doktor«, wie Edith Stein hier genannt wird, macht im Laufe von acht Jahren, die sie unter dem Dach dieses Dominikanerinnenklosters verbringen wird, neben dem normalen Unterricht manchen Ausflug mit den jungen Mädchen, gibt aber auch Novizinnen und Nonnen, die sich auf ein Studium vorbereiten, Lateinstunden.

Es steht ganz außer Frage, daß sie ihre Pflichten gewissenhaft erfüllt. Zugleich aber wendet sie sich nach innen. Daß sie täglich die Messe besucht, versteht sich nahezu von selbst. Aber sie sucht die Klosterkirche von St. Magdalena auch sonst im Lauf des Tages auf. Um während des Gottesdienstes nicht in der Andacht gestört zu werden, aber wohl auch, um nicht unnötig aufzufallen – sie pflegt während der ganzen Messe zu knien –, wird ihr bald ein Betstuhl an einer versteckten Stelle, hinter einem Pfeiler, aufgestellt. Hier kann sie jederzeit in Betrachtung und

160

Gebet, mit ungehindertem Blick auf den Hochaltar, stille Anbetung halten.

In dieser ersten Zeit des Einlebens in die neue religiöse Form spielt der Gedanke an wissenschaftliche Arbeit in der Tat keine Rolle. Sie hat alles hinter sich gelassen. Das alte Leben ist versunken. Sie lebt ihrer Pflicht, und sie lebt nach innen. Damit aber beginnt die Phase des Vorlebens – ohne daß sie es will oder gar plant. Ihr reicher Briefwechsel aus diesen Jahren in Speyer, besonders aus der Anfangszeit, gibt einen Einblick in die veränderte Lebenssituation – verändert nach außen wie nach innen. Die Adressaten ihrer Briefe sind nun häufig studierende Klosterfrauen, vor allem Dominikanerinnen, und Schülerinnen, denen sie Ratschläge gibt, sowie Konvertitinnen. Ihr inneres Leben spiegelt sich dabei in ganz unterschiedlicher Weise. Sie ist in ihrer ganzen Persönlichkeit erfüllt von dem neuen Geist, der sie beseelt, von dem Reichtum kirchlichen Lebens, von der Fülle geistlichen Stromes, von dem sie getragen wird.

Zugleich verläuft das äußere Leben denkbar bescheiden. Edith Stein bezieht ein kleines Zimmer in der äußeren Pfortenwohnung, bekommt freie Kost und Versorgung und erhält, anders als in manchen Berichten behauptet, ein normales Gehalt. Schon zu dieser Zeit scheint sie private Gelübde abgelegt zu haben. Sie lebt mit den Ordensfrauen wie eine von ihnen, betet täglich seit langem das Brevier, hört das Chorgebet der Dominikanerinnen, ist früh in der Kapelle, oft vor allen anderen. »Sie in der Kirche beten sehen, wo sie auch außerhalb des Gottesdienstes oft stundenlang unbeweglich kniete, war eine eindrucksvolle Predigt.«[275]

Ein gutes Jahr lebt sie so in Speyer, als sie an Roman Ingarden schreibt: »Mein Zimmerchen ist ganz winzig, aber ich bin noch nirgends so gern gewesen ... jedes Mal, wenn ich zurückkomme und von weitem die Speyerer Domtürme sehe und dann das kleine spitze Türmchen unserer Klosterkirche, dann werde ich ganz unsagbar froh ...«[276]

Sie selbst beurteilt sich als Lehrerin durchaus kritisch, so in einem Brief an den Studienfreund Fritz Kaufmann aus dem Jahr 1925 aus Speyer: »Daß ich Seminarlehrerin bin, werden Sie wohl gehört haben. Ich will Ihnen verraten, daß ich mich als Lehrerin nicht allzu ernst nehme und immer noch lächeln muß, wenn ich dies irgendwo als meinen Beruf hinzuschreiben habe.

Das hindert mich aber nicht, meine Pflichten ernst zu nehmen, so daß ich geistig und seelisch ziemlich stark davon absorbiert bin. Darum ist die Möglichkeit wissenschaftlicher Arbeit noch immer ein Problem.«[277] Immerhin: Jetzt ist es nur noch ein Problem, wissenschaftlich zu arbeiten, und nicht mehr, wie zuvor, ein abgelegtes Stück Leben.

Wie ernst sie ihre Lehraufgabe nimmt, geht aus der Schilderung einer ihrer Schülerinnen hervor: »Ich hatte gerade die Reifeprüfung vom Lyzeum hinter mir, war sehr selbstsicher und von meinem Können sehr eingenommen. Zur mündlichen Prüfung im Deutschen kam ein kleines bescheidenes Fräulein herein, ließ mich einen gelesenen Stoff wiedergeben und begann dann, denselben gründlich zu untersuchen, in einer Art, wie ich das noch nie erlebt hatte. Ich versagte vollständig und wurde sehr schweigsam. Mein Eindruck als ich hinausging war: So etwas Gescheites ist dir bis jetzt noch nicht begegnet.«[278]

Es ist in der Klosterschule nicht üblich, ins Theater zu gehen. Aber: »Großzügig, wie sie war, erbat sie auch uns streng gehaltenen Zöglingen den ersten Theaterbesuch. Es war Shakespeares Hamlet.«[279]

Das Theater und Shakespeare – auch das Fräulein Doktor, das nun so viel innerlicher, gedämpfter, sanfter und zugleich in sich geschlossener geworden ist, liebt sie noch immer, wie die junge Edith, für die jeder Theaterbesuch ein Fest und ein paar Seiten Shakespeare geistig und körperlich die Erfrischung in Phasen der Erschöpfung waren.

Ihre Persönlichkeit, die gereift ist in den Stürmen der Krise und der Wandlungen, bis sie den Ort fand, »wo Ruhe und Frieden ist für alle unruhigen Herzen«[280], beeindruckt junge Menschen tief. So erzählt eine Junglehrerin: »Ich sah Fräulein Doktor zum erstenmal vom Fenster meines Klassenzimmers aus, wie sie mit Büchern unter dem Arm über den Hof ins Seminar ging. Ich war derart gepackt von dieser Persönlichkeit – von der ich gar nicht wußte, wer es überhaupt war –, daß ich den Eindruck bis heute nicht vergessen kann.«[281]

An Roman Ingarden schreibt Edith Stein zu dieser Zeit, das geistige Niveau der Schule, an der sie unterrichtete, sei »unvergleichlich mit dem, was man draußen an Schulen trifft«, und dann fügt sie hinzu: »Die Hauptsache ist für mich natürlich die religiöse Basis des ganzen Lebens.«[282]

162

Diese Äußerungen sind typisch für die Lebensphase, in der sie sich befindet. Ihre Konversion ist ja, wie sie selbst später sagt, nicht gleichzusetzen mit ihrem Eintritt in die katholische Kirche. Was nun von dort in sie einströmt, erfüllt sie ganz, gestaltet sie um, ruft andere, neue Reaktionen, andere Sichtweisen in ihr hervor. Sie teilt diese innere Begeisterung mit vielen Konvertiten. Als Hans Lipps sie einst fragte, ob sie zu denen gehöre, die in München eifrig zur Messe gingen, mußte sie es noch verneinen. Jetzt verhält sie sich ähnlich eifrig und verliert in dieser ersten Phase des Einlebens und Neulebens auch wohl vorübergehend ein wenig den Blick für die Wirklichkeit des Vergangenen. Das geistige Niveau der Klosterschule, in der sie unterrichtet, sei so ganz unvergleichlich dem anderer Schulen »draußen« meint sie. Mit wieviel Liebe wird sie aber wenige Jahre später sich noch einmal an ihre alte Breslauer Viktoriaschule erinnern, der sie die Grundlagen ihrer eigenen höheren Bildung verdankt. Der Schlüssel für die Verdrängung findet sich in dem Satz, daß für sie natürlich die Hauptsache die religiöse Basis des Lebens sei. Hier hat sie Ruhe und Frieden für ihr unruhiges Herz gefunden, hier ist ihr Ort – geborgen in der Kirche.

Mit derselben Radikalität, mit der sie früher ihren Standpunkt vertrat und gegenüber anderen Recht behalten wollte, lebt sie das neue Leben. Die natürliche Veranlagung ist geblieben, aber sie ist nun auf andere Inhalte gerichtet und verändert sich damit auch in ihrer Substanz. Was einmal bis zur Rechthaberei reichte, wird nun zur Beharrlichkeit. Jahre später berichtet eine Studentin, was auch jetzt schon gilt: »Konnte sie es möglich machen, bei Gelegenheit drei heilige Messen nacheinander mitzufeiern, so sah man sie während aller hl. Messen in ehrfürchtiger straffer Haltung – nie ein Anlehnen – nie ein Sitzen. Und in jeder heiligen Messe folgte sie mit großer Andacht allen Gebeten des Priesters.«[283]

Sie ißt kein Fleisch, ißt überhaupt sehr wenig, fastet zu den vorgeschriebenen Zeiten des Kirchenjahres, aber auch darüber hinaus. Solche Lebensführung, die auch in einem Kloster nicht unbeachtet bleibt, wenn es sich nicht um eine Ordensfrau handelt, verleitet leicht zu falscher Einordnung mancher Auffälligkeiten, besonders in der Rückschau. Aber die einfache Kleidung, die geflickte Wäsche, das Wenden von Briefumschlägen und das Benutzen der leeren Seite eines einseitig beschriebenen Blattes

163

für Notizen oder Entwürfe ist kein Zeichen von Askese, sondern Begleiterscheinung der damals im Bürgertum allgemein geübten Sparsamkeit und anspruchslosen Lebensart, die auf Äußerlichkeiten wenig gibt, dafür aber um so mehr auf die Bildung des inneren Menschen.

Für Edith Stein ist das Ziel, auf das sie zustrebt, die innere Stille, und nach und nach kommt sie weit voran auf diesem Wege. In einem Brief an Callista Kopf OP schreibt sie am 12. Februar 1928: »Besondere Mittel wende ich zur Verlängerung der Arbeitszeit nicht an. Ich tue so viel ich kann. Das Können steigert sich offenbar mit der Menge der notwendigen Dinge. Wenn nicht Brennendes vorliegt, hört es viel früher auf. Der Himmel versteht sich sicher auf Ökonomie. Daß es in der Praxis nicht glatt nach den Vernunftgesetzen geht, liegt daran, daß wir keine reinen Geister sind. Es hat keinen Sinn, dagegen zu rebellieren, es kommt nur darauf an, daß man zunächst einmal einen stillen Winkel hat, in dem man mit Gott so verkehren kann, als ob es sonst überhaupt nichts gäbe, und das täglich. Das Gegebene scheinen mir die Morgenstunden, ehe die Tagesarbeit beginnt; ferner, daß man seine besondere Mission dort bekommt, am besten für jeden Tag, und nicht selbst wählt, schließlich, daß man sich ganz und gar als Werkzeug betrachtet und speziell die Kräfte, mit denen man besonders arbeiten muß, z. B. den Verstand in unserem Fall, als etwas, was nicht wir brauchen, sondern Gott in uns.«[284]

Um 1925 lernt Edith Stein den Jesuitenpater Erich Przywara persönlich kennen, der die Briefe und Tagebücher des englischen Kardinals John Henry Newman »bis zum Übertritt zur Kirche 1801–1845« in einer dem Original möglichst angenäherten Form in die deutsche Sprache übersetzt haben möchte. Sie sollen Teil der von ihm zusammen mit Daniel Feuling OSB und Dietrich von Hildebrand initiierten und eben begonnenen deutschen Gesamtausgabe der Werke Newmans sein. Przywara findet aber niemand, der für seine Vorstellung offen ist. Da empfiehlt ihm Dietrich von Hildebrand, der ehemalige Husserl-Schüler und Konvertit wie Edith Stein, die Speyerer Lehrerin. Przywara schreibt, sie habe seine Intentionen sofort verstanden, »weil es ihre eigene Idee war«.[285] Es heißt dann wenig später bei

164

Erich Przywara (1889–1972)

ihm: »Dieser Beginn meines langen Zusammenarbeitens mit Edith Stein war symbolisch. Symbolisch für die doppelte Art ihres geistigen Wesens: weiteste frauliche Empfänglichkeit und tiefes Mitgehen und zugleich herb männliche Sachlichkeit (die bis zu scharfem Klingenfechten gehen konnte und fast bis zum, wenigstens Anschein, durch dieses scharfe Klingenfechten ihre zarte Fraulichkeit zu überpanzern).«[286]
Aber nicht nur in der sachlich-fachlichen Diskussion ist sie offenbar so unerbittlich wie eh und je – auch im kompromißlosen Ausdruck ihres Bekenntnisses: »bis zum Übertritt zur Kirche« heißt der Teiltitel des von ihr übersetzten Brief- und Schriftenkonvoluts – Newman war vor seinem Übertritt zur katholischen Kirche anglikanischer Geistlicher. Aber die anglikanische Kirche wird als solche nicht anerkannt. Gewiß, das ist die übliche, vorkonziliare kirchliche Auffassung, die die Herausgeber natürlich auch teilen. Aber es zeigt auch Edith Steins Haltung, und diese geht nicht nur auf das Konto der glaubenseifrigen Konvertitin. Was sie tut, was sie denkt, das tut und denkt sie ganz, radikal, ohne Kompromiß, bis zu jenen Augenblicken, in denen die »Überpanzerung« aufbricht. Aber davon ist sie jetzt noch fern. 1925 macht die Arbeit an der Übersetzung, wozu auch Newmans »The Idea of a University« gehört, ein persönliches Treffen zwischen Przywara und Edith Stein erforderlich. Generalvikar Schwind, Ediths geistlicher Berater, führt beide in Speyer zusammen. Przywara berichtet, sie seien sich bald einig gewesen, »nicht nur über die Gestaltung der Newman-Ausgabe, sondern auch über das weitere philosophische Schaffen Edith Steins ...«[287]
Und noch etwas bringt Przywara in Ediths Leben: Er empfiehlt ihr, die 1927 durch den Tod von Prälat Schwind ihres geistlichen Führers beraubt worden ist, die Benediktiner-Abtei Beuron als Ort der Stille und der betrachtenden Einkehr. Dort wird Erzabt Dr. phil. et theol. Raphael Walzer OSB Edith Steins geistlicher Beistand.
Raphael Walzer war noch nicht dreißig Jahre alt, als er am 25. Januar 1918 in sein hohes Amt gewählt wurde. Aber anders als in der Vorkriegszeit, als der Erzabt von Beuron zugleich der gesamten Kongregation mit Klöstern in Belgien, England und Portugal vorstand, kann Raphael Walzer wegen der Kriegsverhältnisse nicht auch von den Äbten und Vertretern dieser Ab-

166

Erzabt Raphael Walzer (1888–1966)

teien gewählt werden. Bis dann, nach Übergangslösungen, ab 1936 der Titel Erzabt nur noch für den Abt des Mutterklosters gilt und der Leiter der Kongregation sowie die Assistenzäbte alle sechs Jahre von den Äbten und Konventualprioren gewählt werden.

Erzabt Walzer übernahm also sein Amt bereits in schwerer, belasteter Zeit. Als außerordentlich tatkräftiger Abt ist er in die Geschichte von Beuron eingegangen. Während seiner Amtszeit werden drei neue Männerabteien und eine Frauenabtei in Württemberg und Baden gegründet. Beuron wirkt daran wesentlich mit.

Aber auch die Erzabtei selbst erfährt wichtige Veränderungen. Sie erhält neue Wirtschaftsgebäude, ein großes Bibliotheksgebäude und einen sogenannten Klerikatsbau zur Unterbringung und für die Aus- und Weiterbildung von Klerikern. Darüber hinaus wird die Abtei auf eine verbesserte wirtschaftliche Grundlage gestellt und erhält zum Beispiel ein eigenes Wasserkraftwerk.

Beuron ist also unter Erzabt Walzer ein Kloster im Umbruch, und viel später, anläßlich der Hundertjahrfeier der Abtei 1963, wird im Hinblick darauf vom Chronisten des Klosters vorsichtig zwar, aber doch spürbar Kritik geübt: »...die fast hektisch anmutende Gründungstätigkeit ließ die Kommunität kaum zur Ruhe kommen, entzog ihr dauernd die wertvollsten und tragenden Kräfte und überforderte sie mit der Zeit. Mit dem äußeren Wachstum der Kommunität hielt nicht immer das innere Schritt. Nur selten gelingt es Männern von starker Aktivität, auch die innere Sammlung auf ihre Umwelt ausstrahlen zu lassen.«[288]

Als Edith Stein zum ersten Mal nach Beuron kommt, im Jahre 1928, ist diese Entwicklung, die später mit kritischem Unterton geschildert wird, in vollem Gange. Aber sie empfindet nichts von der später beanstandeten Unrast. Für sie ist vielmehr Beuron wie der »Vorhof des Himmels!«[289] Das läßt Freude, tiefinnere Bewegung, ja Begeisterung erkennen, relativiert aber auch ihren Ausspruch, daß im Katholizismus der Himmel offen sei (im Gegensatz zum Protestantismus), denn ganz offen ist er eben auch hier nicht, auch in Beuron nicht, diesem Zentrum der Liturgiebewegung – nach Maria Laach –, die seit dem Ende des 19. Jahrhunderts, vor allem aber in den zwanziger Jahren unseres Jahrhunderts aufbricht zu neuen Formen der Religiosität.

168

Die Meßfeier war zuvor oft genug »hinabgemindert zur stillen Privatmesse des Zelebranten. Nichts hinderte, daß solche Messen in beliebiger Zahl hinter- oder an Seitenaltären nebeneinander ›gelesen‹ wurden, während die Gläubigen, private Gebete verrichtend, vom Kirchenschiff aus nur mangelhaft zu folgen vermochten. Die fehlende Sicht auf den Altar, das den meisten unverständliche Latein, das sehr seltene Kommunizieren verschlimmerten die Lage ... Hier griff nun die Liturgische Bewegung ein. Sie wollte, in einer von fortschreitender Entchristlichung bedrohten Welt, dem Volke die uralten Liturgieschätze der Kirche neu erschließen. Dabei ging sie von dem Gedanken aus, daß nur eine lebendige Begegnung mit dem erhöhten Herrn die Christusverbundenheit des einzelnen und damit das Glaubensleben der Gemeinden erwecken kann.«[290]

Beuron also wird für Edith Stein zu dem Ort, wo sie künftig die Karwoche verbringt und das Osterfest feiert. Am 20. April 1930 schreibt sie an Adelgundis Jaegerschmid OSB: »... der Karsamstag war zu schnell zu Ende, um Ihnen einen Ostergruß zu schikken. Dafür kann ich jetzt ein wenig mehr sagen. Freilich weiß ich nicht, wo anfangen und aufhören. Und das Beste aus diesen überreich gesegneten Tagen läßt sich nicht sagen, geschweige denn schreiben. ›Praestolari in silentio salutare Dei‹ [Schweigend auf Gottes Heil bauen. Klagel. Jer. 3, 26] war der Text der Karfreitagspredigt, die Vater Erzabt wieder selbst hielt: Rüstungsschweigen des Gründonnerstags, Kampfesschweigen des Karfreitags, Siegesschweigen – stummer Jubel der Osterfreude. Dabei wollen wir es bewenden lassen.«[291]

Beuron bleibt für Edith Stein auf Jahre hinaus der Ort, wo sie ganz in Anbetung versinken kann, ihr Leben in Gebet und Lobpreisung aufgehen läßt.

Es kann nicht ausbleiben, daß ihre ganz auf Versenkung gerichtete Art religiösen Lebens und Erlebens Aufsehen erregt – auch an einem Platz, wie die Erzabtei Beuron es ist. So berichtet eine Teilnehmerin der Passionswoche – Maria Schäfer –, die während der Beuroner Aufenthalte in unmittelbarer Nähe Edith Steins wohnt und wie diese an den Gottesdiensten teilnimmt, daß sich das Geschehen dieser Tage in absoluter Einsamkeit vollzog. »Edith Stein erschien immer als erste, meist vor 4 Uhr morgens, im Chor. In diesen Tagen sprach sie fast nichts. Aber der Gruß und Wunsch am Ostermorgen, leuchtend und voll in-

169

niger Wärme, ließ erahnen, wie tief Edith Stein in die Gottverlassenheit und Leiden des Gottmenschen hinabgestiegen sein mußte, um so österlich strahlen zu können. Sie schien in diesen Tagen mehr als gewöhnlich im Geiste zu leben; sie erschien noch zarter und blasser als sonst; nur die Augen und die Züge verrieten etwas von ihrer compassio.«[292]

Dieselbe Beobachterin berichtet aber auch, daß dieses konzentrierte, ganz an die Passion und Auferstehung Jesu hingegebene Verhalten keineswegs nur positive Aufnahme fand, ja selbst bei durchaus frommen Menschen auf Ablehnung stoßen konnte: »›Muß Dr. Stein immer den ersten Platz in der Kirche innehaben und hartnäckig verteidigen?‹ Oder man legte die Auswahl ihrer Speisen bei Tisch als anspruchsvolle Art aus, ihr frühes Sichzurückziehen von der Tafel als Hochmut und ihr Schweigen für Stolz.« Maria Schäfer fügt hinzu: »Man ahnte wohl nicht, daß die künftige Karmelitin schon damals in der Welt ihr Leben nach den Prinzipien des Karmel ausrichtete.«[293]

In der Tat ist Edith Stein seit ihrem Entschluß, sich in die katholische Kirche aufnehmen zu lassen, willens, Karmelitin zu werden. Dadurch verändert sich auch ihr Verhältnis zu den Menschen. Das Persönliche erhält, soweit es sie selbst betrifft, einen geringeren Stellenwert, das Überpersönliche einen überragenden. Zugleich wird aber die Auffassung vom Menschen nicht etwa entpersönlicht, wohl aber ins Überpersönliche verwandelt. Als Roman Ingarden Edith um die vertrauliche Anrede des Du bittet, schreibt sie ihm, daß sie zwar gerne die kleine Bitte gewähren würde, aber »es wäre unwahrhaftig, weil nicht meinem Empfinden entsprechend, und so etwas möchten Sie ja selbst nicht ... Für mich hängt an der vertraulichen Anrede etwas von Familienwärme, wie sie in mein Leben nicht mehr paßt. Sie müssen immer denken, daß um mich herum unsichtbare Zellenwände sind. Die Liebe, die nicht von dieser Welt ist, geht durch diese wie durch alle materiellen Wände hindurch, sie kennt keine Grenzen von Zeit und Raum, aber anderes wird dadurch ferngehalten.« Und dann folgt dieser Abweisung eine noch schärfere Ziehung der Grenze: »Wenn Ihnen das weh tut, ist es mir leid, aber ich kann es nicht ändern. Es geht Ihnen nur so, wie meinen Lieben hier.«[294]

Auch die Angehörigen also sind aus diesem neuen Leben weitgehend ausgeschlossen. Aber für sie ändert sich in dieser Hinsicht

170

nicht so sehr viel. Zwar ist das geistliche Leben, das Edith jetzt führt, ihnen weithin verschlossen. Doch immer schon hat sie ja ihr eigenes Leben gelebt, so daß die Angehörigen den Abstand nicht so sehr empfinden. Das Buch mit sieben Siegeln, das schon der Mutter Rätsel aufgab, ist Edith Stein im Grunde ihr Leben lang für alle, ohne Ausnahme, geblieben. Und doch schreibt sie am Fronleichnamstag 1924 aus Speyer an Ingarden: »Es gibt keinen Menschen auf der Welt, mit dem ich tauschen möchte. Und das Leben habe ich erst lieben gelernt, seit ich weiß, wofür ich lebe.«[295]

Zwei Jahre später bittet sie Ingarden, doch aus ihrem Einkommen, das ihre Bedürfnisse übersteige, die Kosten für eine Deutschlandreise anzufordern. Sie betrachte ihr Geld nicht als ihr Eigentum. Sowohl ihr seit jungen Jahren ausgeprägtes soziales Verantwortungsgefühl als auch das zu dieser Zeit mit großer Wahrscheinlichkeit bereits bestehende Armutsgelübde drückt sich hier aus. Die selbstverständliche Art, in der sie die finanzielle Hilfe anbietet, macht es dem Freund leicht, sie anzunehmen. Auch vor achthundert bis tausend Mark, schreibt sie am 28. November 1926, würde sie nicht erschrecken.

Im Spätsommer und Herbst 1927 ist Ingarden tatsächlich in Deutschland, und im Oktober treffen sie sich in Bergzabern im »Phänomenologenheim« beim Ehepaar Conrad. Edith Stein schreibt am 8. November desselben Jahres an den Freund ihrer Jugend, sie hätten sich bei diesem Wiedersehen besser verstanden als in Freiburg, wo jeder zu sehr mit sich selbst beschäftigt gewesen sei, um den rechten Blick füreinander zu haben.

Bedenkt man die damaligen Vorgänge, soweit sie uns bekannt beziehungsweise entschlüsselbar sind, so ist diese Äußerung teilweise sicherlich als eine Interpretation von einem gereifteren, aber auch weltanschaulich veränderten Standpunkt aus zu verstehen. Wie sehr Edith Stein sich von den Freiburger Tagen und den dortigen Erlebnissen entfernt hat und wie sehr sich seitdem die Grundlagen ihres Lebens und Denkens verändert haben, schreibt sie am 8. November 1927 an Ingarden: »Es ist eine unendliche Welt, die sich ganz neu auftut, wenn man einmal anfängt, statt nach außen nach innen zu leben. Alle Realitäten, mit denen man vorher zu tun hatte, werden transparent und die eigentlich tragenden und bewegenden Kräfte werden spürbar.«[296]

171

Aus diesen »eigentlich tragenden und bewegenden Kräften« heraus lebend und also von einer neuen Grundlage ausgehend, bleibt sie, wie früher schon, der gute Geist der Familie. Bei ihr finden alle, die dessen bedürftig sind, auch weiterhin Rat. Ihre Freundin Trude Kuznitzky (Koebner) nennt den Platz neben Ediths Schreibtisch den »Sprechstundenstuhl«.[297]
Aber nicht etwa nur für die Erwachsenen ist die Jüngste unter ihnen eine verständnisvolle, ruhig-sachliche Ratgeberin wie schon in ganz jungen Jahren, sondern auch die Kinder fühlen sich zu ihr hingezogen, und sie selbst hat einen Blick für die Eigenart der einzelnen. In ihrer Familiengeschichte widmet sie, mehr als zwanzig Jahre zurückschauend, dem kleinen Gerhard, Sohn ihres ältesten Bruders Paul, eine der reizendsten Beschreibungen des ganzen Buches. Die »schöne(n), goldblonde(n)« Löckchen des Kleinen, seine »große(n) dunkle(n)« Augen, sein weißes Mäntelchen und Kapuzchen werden hervorgehoben[298], die ersten Anzeichen bewußten selbständigen Handelns erzählt: daß schon der Dreijährige alleine mit der Straßenbahn fuhr, alle Schaffner ihn kannten, und wenn er eine Haltestelle später als gewohnt ausstieg – was seinen Grund hatte: dann ging er nämlich zum Holzplatz der Großmutter, dem schönsten Spielplatz, den man sich denken konnte –, so hob er, gelassen winkend, die Hand gegen alle, die ihn auf seinen »Irrtum« aufmerksam machen wollten.
Mit großem Verständnis schildert die Tante auch die Schwierigkeiten, die ihren Neffen Werner, den Sohn ihrer Schwester Else, bedrückten. Dabei fing alles so vielversprechend an: »Der kleine Junge war ein richtiges Sonnenkind, strahlend vergnügt und liebenswürdig gegen jedermann. Als er zum erstenmal nach Breslau kommt, sind alle entzückt von ihm, und er bleibt dort der Liebling.« Und Edith fährt fort: »Da ich ihn vom ersten Tage an kannte, hing er an mir natürlich besonders.«[299] Aber als er größer wurde, hatte er schwere Zeiten zu bestehen. Die Mutter fand nicht den richtigen Ton ihm gegenüber, die Schwestern beklagten sich, nicht immer zu Recht, über ihn, der sie gern neckte; der Vater behandelte ihn schroff. Aus der Art, wie Edith Stein dieses Schicksal eines Kindes erzählt, ist viel zu erkennen von ihrem Einfühlungsvermögen, ihrer Beobachtungsgabe, ihrer Menschenliebe.

172

War eines der Kinder in der Familie ihres Bruders Arno krank, so ergab es sich wie von selbst, daß Tante Edith pflegte. So auch im Winter 1920, als alle zugleich die Grippe hatten, besonders der kleine Helmut war davon lange mitgenommen. Als die Geschwister schon wieder gesund waren, lag er noch immer in einem Zimmer, das an Ediths Arbeitsraum grenzte. »Wenn er alleine war, rief er: ›Tante Edith, komm doch herein! Du kannst deine Schularbeiten hier machen.‹ (Die ›Schularbeiten‹ waren meine philosophische Arbeit) ... Ich raffte dann meine Papiere zusammen und versuchte, nebenan am Schreibtisch meines Bruders weiterzuarbeiten. Wenn der kleine Patient mich dann immer wieder an sein Bettchen rief, sagte ich: ›Helmut, wenn du so oft störst, kann ich doch nicht arbeiten!‹ ›Du brauchst ja nicht!‹ war die Antwort. Und das war so überzeugend, daß ich zu ihm ging und mit ihm spielte.«[300]

Als Ernas Verlobung gefeiert wurde, flüsterte der Kleine Edith ins Ohr: »Willst du meine Braut sein?«[301] Bereitwillig gab sie ihr »Jawort«. Jahrelang hielt der kleine Kerl an dieser Verlobung fest. Einmal allerdings fragte er: »Tante Edith, wenn ich groß bin, bist du dann auch noch groß?«[302] Danach dauerte es nicht mehr lange, und die Neckereien der Geschwister zerrissen den Traum.

Viele Jahrzehnte später erinnert sich der Mann, der aus dem kleinen Jungen wurde, daß diese Tante ihm einst eine kleine rote Lokomotive schenkte, und er schenkte sie Tante Edith zum Geburtstag zurück – »ganz kaputt«. Als er selbst dann Geburtstag hat, bekommt er sie wieder – »so gut wie neu«. Die Gefühle, die das Kind bewegten, sind unvergessen geblieben: »Eine Tante, die eine Lokomotive heilen kann, ist ein Engel (was einen kleinen Jungen anbelangt).«[303]

Die Nichte Susanne, Tochter von Erna und Hans Biberstein, hat als Erwachsene geschrieben: »... es war charakteristisch für meine Tante, daß sie meine Worte nicht belächelte [als sie ihr Vorhaltungen machte wegen des Klostereintritts] ... In der Familie hatte Tante Edith immer einen besonderen Platz eingenommen. Sie war meistens eine abwesende Tante. Wir sahen sie nur selten, wenn sie zu Besuch kam. Dann wurde ihre ruhige, freundliche Persönlichkeit im Hause fühlbar ... Wenn Tante Edith kam, zeigte sie stets ein reges Interesse an unseren Fortschritten in der Schule und an dem, was uns beschäftigte und be-

173

wegte. Aber in ihrem Wesen schien sie immer etwas fern.«[304] »Oft ... erzählten meine Eltern von ihrer Studentenzeit, von Wanderungen durchs Riesengebirge (in Schlesien) mit einer Gruppe von Freunden. Oft lachten sie dann laut auf, wenn sie sich an manche komische Zwischenfälle erinnerten. In diesen Geschichten sahen wir Edith von einer anderen Seite. Da war sie voll Humor, dichtete Reime und erfand lustige Geschichten.«[305] Es war etwas geschehen zwischen dieser lustigen Studentenzeit und den Anwesenheiten der abwesenden Tante während der Ferien. Aber was ist es? Die Kinder wissen es nicht. Das ist eine Bedingung, die die Erwachsenen gestellt haben. »Sie pflegte einen großen Teil des Tages an ihrem Schreibtisch arbeitend zu verbringen, besuchte mitunter einen katholischen Verlag, um ›Geschäftliches‹ zu besprechen, und empfing viele Besuche von Freunden und Bekannten. All das machte Eindruck auf uns. Es war ganz anders als die Art der anderen Tanten.«[306] Was die Kinder nicht wissen können: Ihre Tante Edith Stein war immer schon anders, etwas Besonderes: das stille Wasser, das Buch mit sieben Siegeln, die kluge Edith, das blaue Steinchen. Und die Welt der anderen war ihr schon immer ein wenig fern. Nun hat sie ein ganz anderes Leben begonnen.

174

Der neue Standpunkt

Edith Stein, schreibt später eine ehemalige Studentin des katholischen Deutschen Institutes für wissenschaftliche Pädagogik in Münster, sei allgemein als der Dozent bezeichnet worden, »der den katholischen Standpunkt kompromißlos vertrete«.[307] Dieser Standpunkt hat sich entwickelt, und in dieser Entwicklung spiegelt sich ein wichtiger Teil der Persönlichkeitsgeschichte Edith Steins.

Entsprechend ihrer anfänglichen Überzeugung, wahrhaft religiöses Leben habe den Abschied von allem Irdischen zur Voraussetzung, strebt sie sogleich nach ihrer Taufe dem Eintritt ins Kloster entgegen. Aber bereits Generalvikar Schwind in Speyer ist anderer Ansicht. Abgesehen davon, daß es kaum eine Kommunität geben dürfte, die eine eben Konvertierte aufnehmen würde, ist Schwind, wie nach ihm auch Erzabt Walzer, der Überzeugung, daß die hohen Geistesgaben und die ungewöhnliche Spiritualität der bemerkenswerten Frau der »streitenden Kirche« dienen sollten, abgesehen von der Rücksichtnahme auf die hochbetagte Mutter, der nach dem so überaus schmerzlich empfundenen Übertritt der Tochter zum katholischen Glauben ein weiterer Schlag nicht zuzumuten sein würde.

Zu jener Zeit, also während der Weimarer Republik, ist die katholische Kirche in Deutschland dabei, das ihr vor dem Ersten Weltkrieg durch äußere Umstände aufgezwungene, aber zum Teil von ihr auch selbstgewählte Ghetto zu verlassen. Noch immer leidet sie unter den Folgen des Kulturkampfes und den Reaktionen, die dadurch unter den deutschen Katholiken entstanden sind, aber auch unter lange vor dieser Zeit liegenden Entwicklungen.

Der Begriff »Kulturkampf« geht auf den Mediziner Rudolf Virchow zurück, den Begründer der Zellularpathologie, der als liberaler Politiker und Landtagsabgeordneter ein scharfer Gegner Bismarcks war, zugleich aber auch des politischen Einflusses der Kirchen. Er nannte allerdings die Auseinandersetzung zwischen dem preußischen Staat und der katholischen Kirche einen Kampf *für* die Kultur, woraus dann die Kurzfassung entstanden ist. Dabei ging es grundsätzlich um das Mißtrauen des Staates gegenüber einer Kirche, deren Oberhaupt traditionell außerhalb der Landesgrenzen residiert und von dort aus regiert. Die Stellung dieses Oberhauptes, des Papstes, war im Ersten Vatikanischen Konzil durch das Unfehlbarkeitsdogma weiter gestärkt worden. So entstand die Befürchtung, im Falle des Konfliktes zwischen Kirche und Staat, der im konfessionell gespaltenen Deutschland als vorstellbar galt, könnten Landeskinder zum Ungehorsam gegenüber dem Staat angehalten werden. In der katholischen Zentrumspartei, die der »großdeutschen Lösung« der deutschen Frage – also der Einheit Deutschlands unter Einbindung des katholischen Österreich – den Vorzug vor der »kleindeutschen« mit dem protestantischen Preußen als tonangebendem Bundesstaat gab, sah Bismarck einen die Reichseinheit gefährdenden Gegner.

Das führte zu Maßnahmen, die von der katholischen Kirche nicht hingenommen wurden. So setzten die sogenannten Maigesetze, die in schneller Folge vom 11. bis 14. Mai 1873 erlassen wurden, unter anderem fest, daß Geistliche ein dreijähriges Studium an deutschen Universitäten zu absolvieren hätten mit einem anschließenden »Kulturexamen«, daß kirchliche Seminare staatlicher Aufsicht bedürften und die Anstellung von Geistlichen von den kirchlichen Behörden dem Staat anzuzeigen sei. Voraufgegangen waren unter anderem das Jesuitengesetz von 1872 und die im selben Jahr verhängte staatliche Aufsicht über alle Schulen. 1875 wurden durch das »Sperrgesetz« alle staatlichen Finanzleistungen an die katholische Kirche eingestellt. Zur selben Zeit erfolgte die Auflösung fast aller Klostergemeinschaften in Preußen und die Einführung der obligatorischen Zivilehe. Insbesondere die Maigesetze riefen den Widerstand des Klerus und der Gläubigen hervor. Bischöfe ließen sich lieber ins Gefängnis abführen, als den Gesetzen zu entsprechen, und die Gläubigen wählten zunehmend die Zentrumspartei, nicht zuletzt, um ihre Einstellung, die sie schon in Sympathiebekundungen für die betroffenen Geistlichen zum Ausdruck brachten, auch auf diese Weise zu bezeugen. Wie bei dem späteren Sozialistengesetz (1878–1890) mußte Bismarck erkennen, daß grundlegende, weltanschauliche Qualität besitzende Überzeugungen durch Gewalt oder auch nur Druck weder zu ändern noch zu überwinden sind.

Deshalb wurde 1878, nach der Wahl des verhandlungsbereiten

176

Papstes Leo XIII., Friedensgespräche eingeleitet, die ab 1880 zum Abbau der Maigesetze führten, bis hin zum zweiten Friedensgesetz, das auch die meisten Ordensgemeinschaften in Preußen wieder zuließ. Leo XIII. akzeptierte seinerseits für die Kurie die Anzeigepflicht der Kirche bei der Ernennung von Geistlichen und erklärte 1887 den Kulturkampf offiziell für beendet. 1891 erhielt die katholische Kirche auch die während des Kulturkampfes angesammelten gesperrten Staatsgelder, und 1904 und 1917 wurde in zwei Stufen auch das Jesuitengesetz wieder aufgehoben, durch das die Gesellschaft Jesu 1872 verboten worden war. Einen Kulturkampf gab es übrigens außer in Preußen innerhalb des Deutschen Reiches auch in Hessen und Baden.

Daß die Wurzeln für die Auseinandersetzungen aber nicht nur in politischen Fragen wie dem Ringen um die kleindeutsche oder großdeutsche Lösung der deutschen Einheit lagen, wird erkennbar in ganz ähnlichen Zwistigkeiten mit der katholischen Kirche, zu denen es etwa um dieselbe Zeit auch in der Schweiz kam. Besonders betroffen waren Genf, Basel und Solothurn. 1874 brach die Bundesregierung der Eidgenossenschaft sogar die diplomatischen Beziehungen zum Vatikan ab. Ab 1883 traten auch hier Beruhigung und Normalisierung ein.

Die Auseinandersetzungen waren, wie die Schweizer Ereignisse zeigen, nicht alleine, aber doch zu einem bedeutenden Teil darauf zurückzuführen, daß für die konfessionell geteilte Mitte Europas die Einigung Deutschlands in einem Deutschen Reich unter Führung des evangelischen preußischen Herrscherhauses einerseits und die Stärkung der päpstlichen Führungsmacht durch das Unfehlbarkeitsdogma andererseits von außerordentlicher Bedeutung waren.

Die Situation der deutschen Katholiken im 19. Jahrhundert wurde aber nicht nur dadurch bestimmt: Es zeigte sich, daß »der ›Kulturkampf‹ politisch nur bestätigte, was geistig längst vorhanden war, die Isolierung der katholischen Kirche, der kirchlichen Wissenschaft und der gläubigen Katholiken in der Gesellschaft«. »... den Einsichtigen war lange klar, daß der tiefere Grund für die Isolation im Geistigen lag und daß hier dringende Rückstände aufzuholen waren, die sonst nicht mehr aufholbar sein würden und zur Abschnürung und Erstickung führen müßten.«[308]

Auf der einen Seite erkannten gebildete Katholiken die Bedeu-

177

tung der modernen Wissenschaft, auf der anderen Seite stellte Papst Pius IX. 1864 in einem Syllabus thesenartig von ihm als Irrtümer bezeichnete und verurteilte Ergebnisse dieser modernen Wissenschaft zusammen. Die Auseinandersetzungen, die damit vorprogrammiert waren, haben den deutschen Katholizismus lange beschäftigt. Sie resultierten nicht zuletzt daraus, daß die geistige Geschlossenheit des Mittelalters nicht mehr herrschte und auch gar nicht mehr herrschen konnte. Karl Erlinghaben SJ resümiert rückblickend: »Das christliche Mittelalter brauchte in seiner geistigen Geschlossenheit und religiösen Sicherheit die Auseinandersetzung mit der profanen Bildungswelt nicht zu fürchten. Es gab eine unbestrittene Bildungs- und Wissenschaftshierarchie, in der die Theologie die Krönung, die Philosophie die ›ancilla Theologiae‹, die Dienerin der Theologie, und die übrigen Wissenschaftszweige Materialbereitstellung waren.«[309]

In der Weimarer Republik wird dann offenbar, was durch eine mit der Gegenwart nicht mehr korrespondierende Tradition an Bildungsabwehr ausgelöst wurde. Die Gründe dafür waren teilweise durchaus nicht nur innerhalb des katholischen Bereiches zu suchen. Aber der unzweifelhaft bestehende Rückstand war schwer aufzuholen. Zwar stellten die Katholiken in der kurzen Zeit von 1919 bis 1933 sechsmal den Reichskanzler, aber, und so heißt es noch in den fünfziger Jahren: »Es fehlen Wissenschaftler, es fehlen Akademiker, es fehlen Studenten, es fehlen höhere Schüler. Der Bildungswille der deutschen Katholiken ist nicht weit genug gestreut, nicht tief genug angesetzt und nicht stark genug, die Durststrecke des langen und mühsamen Bildungswegs bis zum Ende durchzustehen.«[310]

In dieser Situation, in der sich die deutschen Katholiken – befreit von dem Trauma, einem evangelisch beherrschten Staat, durch den und in dem sie sich benachteiligt fühlten, untertan zu sein – in der Gesellschaft nach vorne kämpfen, hat eine gebildete Frau wie Edith Stein, promovierte Philosophin, ausgebildete Gymnasiallehrerin und Konvertitin, einen wichtigen Stellenwert im Bildungskonzept. Die streitende Kirche, die Kirche, die nun selbstbewußt ihren Platz in der Gesellschaft einnimmt, braucht sie, und sie sieht es ein und fügt sich den Wünschen ihrer Berater.

Die etwa um 1922 zu datierende briefliche Verbindung mit Erich Przywara SJ, die aber erst 1925 zum persönlichen Kennenlernen führt, leitet Edith Stein zurück zur philosophischen Arbeit. Die beiden im Jahrbuch für Philosophie und phänomenologische Forschung von 1922 erschienenen »Beiträge zur philosophischen Begründung der Psychologie und der Geisteswissenschaften. I. Psychische Kausalität, II. Individuum und Gemeinschaft« sind zwar schon nach der Konversion zum Christentum entstanden, aber noch vor dem Übertritt zur katholischen Kirche. 1925 erscheint an gleicher Stelle die Schrift »Eine Untersuchung über den Staat«, von der der Rechtsphilosoph Martin Kriele meint, daß zur Zeit ihrer Niederschrift die philosophische Konversion der Autorin noch nicht vollzogen war, was atypisch sei, »weil in der Regel die philosophische der religiösen vorangehe.«[311]
Edith Stein schreibt in dieser Arbeit: »Es gibt kein natürliches Recht.« Der Staat selbst sei der Urheber allen Rechtes, ausgenommen das »reine Recht«, das unabhängig von allen Individuen und ihrer Organisation bestehe.[312]
Dieser Hinweis läßt aber doch bereits eine wesentliche Grundposition aufscheinen. Edith Stein macht darauf aufmerksam, daß es Adolf Reinach war, der zuerst die »Sphäre des reinen Rechts« aufgewiesen habe, und sie folgert: »Das reine Recht ist zu allen Zeiten und bei allen Völkern dasselbe, denn es ist ewig und tritt nicht irgendwo und irgendwann ins Dasein.«[313] Dagegen werde das positive Recht durch Willkürakte geschaffen oder in Kraft gesetzt und könne deshalb beliebig mannigfaltig sein. Der Begriff der Willkür ist hier im Sinne einer unabhängigen Rechtssetzung, ohne Orientierung an vorgegebenen Normen gemeint. Das schließt nicht aus, ja es bedingt fast die Schlußfolgerung: »Das Leben des Staates ist ganz und gar im Bereich der Freiheit beschlossen, es erschöpft sich in freien Akten. Wo wir auf den Staat stoßen, da tritt er uns in freien Akten entgegen und damit eben als zusammengeraffte Einheit ...«[314]
Aber die Verfasserin weiß sehr wohl, daß »die Auffassung von Recht und Staat«, die hier vertreten wird, »die scharfe Trennung des von sich aus bestehenden reinen und des gesetzten Rechts, das als seine letzte Quelle den Staat fordert, und die Unbeschränktheit des Staates in seiner Rechtsetzung« »gewissen Tatsachen des geschichtlichen Lebens nicht gerecht werden zu kön-

179

nen«[315] scheint. Sie schreibt weiter, daß ihres Erachtens der »mittelalterlichen Auffassung die Idee des *reinen* Rechts zugrunde« liege.[316] In einer Fußnote erläutert sie dann, daß unerörtert bleiben müsse, ob das reine Recht als ein Teil der göttlichen Weltordnung anzusehen sei, es ist aber erkennbar, daß ihre eigene Auffassung dahin tendiert.

Diese 1920 entstandene Untersuchung über den Staat verweist auf die Situation ihrer Verfasserin als zwar konvertierte, aber noch nicht von der katholischen Philosophie durchdrungene Phänomenologin. Noch steht die nähere Bekanntschaft mit der Philosophie des Thomas von Aquin aus. Daß diese Untersuchung volle Anerkennung der Phänomenologen, insbesondere von Hans Lipps, findet, gibt schon zu erkennen, daß die phänomenologische Methode in ihr konsequent angewendet und die Voraussetzungslosigkeit, die ihre Grundlage ist, durchgehend gewahrt bleibt.

Der Schlußabschnitt über »Staat und Religion« ist dafür beispielhaft. Es heißt dort u. a.: »Wenn der Gläubige einen Befehl von Gott empfängt – sei es unmittelbar im Gebet, sei es durch Vermittlung seiner Stellvertreter auf Erden –, so muß er gehorchen, gleichgültig, ob er damit dem Willen des Staates zuwiderhandelt oder nicht. Wir stehen hier vor zwei Herrschaftsansprüchen, die sich in ihrer Absolutheit gegenseitig ausschließen. Es ist darum wohl verständlich, wenn der Staat den einzelnen Gläubigen, vor allem aber der sichtbaren und permanenten Verkörperung jenes seine Souveränität durchbrechenden Herrschaftsanspruchs – der Kirche – mit Mißtrauen und gegebenenfalls mit offener Feindseligkeit begegnet. Andererseits kann man es verstehen, daß unter den Gläubigen immer wieder die Auffassung vom Staat als Antichrist auftauchte. Eine prinzipielle Lösung des in der Eigenart von staatlicher und religiöser Sphäre begründeten Konflikts gibt es nicht.«[317] Das klingt fast wie ein Kommentar zum Kulturkampf.

Edith Stein verkennt aber nicht die Möglichkeit eines Ausgleichs, für den Gläubigen begründet in dem Wort Jesu: »Gebt dem Kaiser, was des Kaisers ist, und Gott, was Gottes ist.« Sie kommentiert: »Allerdings ist es nur eine bedingte Anerkennung der staatlichen Souveränität – sie setzt voraus, daß der Staat es nicht ausschließt, Gott zu geben, was Gottes ist.«[318]

Hier ließe sich auch interpretieren, daß der Staat nicht aus-

180

schließe, zu dulden, daß die Gläubigen Gott geben, was Gottes ist. Daß aber Edith Stein anders verfährt, daß sie nämlich vielmehr den Staat, den sie zuvor so nüchtern beschrieben hat, hier bereits auch in seinem Selbstverständnis als dem göttlichen Gebot unterworfen interpretiert, zeugt davon, daß eben doch schon die religiöse Konversion auf die philosophische Haltung eingewirkt hat. Als Voraussetzung für ein »faktisches, reibungsloses Nebeneinanderbestehen des souveränen Staates und der religiösen Sphäre bzw. der Kirche« bezeichnet sie die Einfügung dieser staatlichen Toleranzhaltung gegenüber der Religion »in die Normierung seines Lebens«[319], also nicht etwa die Toleranz an sich, sondern ihre Befestigung als staatliche Norm. Damit zeigen sich Richtpunkte im Denken und Philosophieren Edith Steins, die für die Auseinandersetzung mit der Denkwelt des Aquinaten günstig sind.

Wieder ist es Erich Przywara, der ihrer philosophischen Arbeit wertvolle Anregung gibt, indem er sie bittet, das bis dahin nicht ins Deutsche übertragene Werk »Quaestiones disputatae de veritate« zu übersetzen. Nach der Beschäftigung mit dem Konvertiten Newman begegnet sie also nun dem Philosophen und Kirchenlehrer Thomas in seinen Untersuchungen über die Wahrheit. Bei ihrer Übersetzung folgt sie wiederum, wie schon bei Newman, dem Prinzip, dem Original möglichst nahezukommen. Das führt dazu, daß ganze Passagen in der lateinischen Urschrift beigegeben werden. Dahinter steht das phänomenologische »Zu den Sachen«, das Bemühen um Wortanalysen, die zum Wesen der »Sachen« führen sollen. Husserl, der Schöpfer dieser Methode, ist also immer beteiligt, wenn Edith Stein Thomas von Aquin übersetzt und dadurch eigentlich erst kennenlernt. Sie entdeckt dabei die Gemeinsamkeiten, die alle wahren Philosophen, die die Suche nach der Wahrheit auf ihre Fahnen geschrieben haben, verbindet. Sie erfährt, was darüber hinaus die Scholastik des Mittelalters, besonders Thomas von Aquin, mit der modernen Philosophie der Phänomenologie gemeinsam hat. Als Denkender, Philosophierender werden ihr die zur eigenen Stellungnahme nötigenden Unterschiede bewußt, die sich aus dem Abstand der Zeit und den daraus resultierenden veränderten Problemstellungen ergeben. Und schließlich sucht die gläubige Katholikin den Zwiespalt, der sich zwischen Wissenschaft und Glaube auftut, denen sie beiden verpflichtet ist, zu überbrücken.

Wie weitreichend die hier berührten Probleme sind, spiegelt sich in der Arbeit »Husserls Phänomenologie und die Philosophie des hl. Thomas von Aquin, Versuch einer Gegenüberstellung« in der Festschrift zu Husserls siebzigstem Geburtstag. Darin legt Edith Stein gleich zu Beginn in einer Anmerkung dar, daß es sich aus verschiedenen Gründen »nur um einen ersten Versuch«[320] handeln könne. Ein »aus den Quellen geschöpftes Gesamtbild als Grundlage einer ... vergleichenden Untersuchung« sei aber auch deswegen nicht zu leisten, weil sie sich »für eine solche Aufgabe noch nicht genügend gerüstet« fühle; sie fügt dann jedoch hinzu: »Aber den Geist des Philosophierens hier und dort in ein paar wesentlichen Linien zu zeichnen, wie sie sich mir auf Grund meiner bisherigen Thomas-Studien aufgedrängt haben – das darf ich wohl jetzt schon versuchen.«[321]
Bei diesem Bemühen bleibt neben der Feststellung, daß der Geist echten Philosophierens in jedem wahren Philosophen lebt, »in jedem, den eine innere Notwendigkeit unwiderstehlich treibt, ... dieser Welt nachzuspüren«, auch »die völlige Übereinstimmung«, »Philosophie als strenge Wissenschaft« zu treiben, wie Husserl es genannt hat.[322]
Beide, Thomas wie Husserl, zweifeln nicht an der ratio, aber für Husserl ist ratio natürliche Vernunft, während Thomas natürliche von übernatürlicher Vernunft unterscheidet. »Die Phänomenologie geht so vor, als gäbe es für unsere Vernunft prinzipiell keine Grenzen ... sie geht geradlinig auf ihr Ziel los, d. i. die volle Wahrheit, die als regulative Idee die Richtung des Weges vorschreibt.«[323]
Für Thomas ist das der Weg der natürlichen Vernunft. Aber dies ist für ihn nicht der einzige Weg zur Wahrheit, den die Phänomenologie als unendlichen Prozeß beschreibt. Der Aquinate stellt neben die natürliche Erkenntnis die göttliche, und während die natürliche Vernunft irren kann, ist die göttliche irrtumsfrei. Daß der Glaube die zuständige Instanz für die Religion sei, habe Husserl nie bestritten, schreibt Edith Stein. Aber für die Philosophie sei es strittig. »Es handelt sich bei der Hereinziehung des Glaubens in der Tat nicht um eine spezielle philosophische Frage, sondern um die Absteckung der Grenzen der natürlichen Vernunft und damit zugleich einer Philosophie aus rein natürlicher Vernunft.«[324]
Für Thomas aber war der Glaube nichts Irrationales, »er ist«,

182

Thomas von Aquin (1225–1274)

schreibt Edith Stein, »ein Weg zur Wahrheit, und zwar einmal ein Weg zu Wahrhei*ten*, die uns sonst verschlossen wären, und zweitens der *sicherste* Weg zur Wahrheit, denn eine größere Gewißheit als die des Glaubens gibt es nicht, ja noch mehr: es gibt für den Menschen in statu viae keine Erkenntnis von gleicher Gewißheit, wie sie dem Glauben eigen ist, obgleich es eine uneinsichtige Gewißheit ist ... Wenn der Glaube Wahrheiten erschließt, die auf anderm Weg nicht zu erreichen sind, so kann die Philosophie auf diese Glaubenswahrheit nicht verzichten ...«[325] »Sodann: wenn dem Glauben die höchste Gewißheit eigen ist, die der Menschengeist erreichen kann, und wenn die Philosophie den Anspruch erhebt, die höchste erreichbare Gewißheit zu geben, so muß sie sich die Gewißheit des Glaubens zu eigen machen. Das geschieht, indem sie einmal die Glaubenswahrheiten in sich aufnimmt, ferner, indem sie alle andern Wahrheiten an diesen Wahrheiten als dem letzten Kriterium mißt.«

Natürlich weiß die geschulte Phänomenologin, daß sich hier – kritische – Fragen ergeben, und sie beantwortet sie im Geiste, nicht aber mit den Worten des Aquinaten, denn für ihn existierte ein solches Problem des Verhältnisses von Glauben und Vernunft nicht. So schreibt Edith Stein: »... wenn der Glaube letztes Kriterium aller anderen Wahrheit ist, was ist Kriterium für ihn selbst, was verbürgt mir die Echtheit der Glaubensgewißheit?«[326] Die Autorin meint, daß Thomas wohl geantwortet hätte: »Der Glaube verbürgt sich selbst.«[327] Aber sie läßt es nicht dabei bewenden, und nun spricht sie nicht mehr für die Philosophie allgemein, sondern ganz persönlich als Glaubende: »Man kann nur darauf hinweisen, daß für den Gläubigen die Glaubenswahrheiten eine solche Gewißheit haben, daß alle andere Gewißheit dadurch relativiert wird und daß er nicht anders kann als jede vermeintliche Erkenntnis preisgeben, die zum Glauben in Widerspruch steht. Die spezifische Glaubensgewißheit ist ein Geschenk der Gnade. Verstand und Wille haben die theoretischen und praktischen Konsequenzen daraus zu ziehen. Zu den theoretischen Konsequenzen gehört der Aufbau einer Philosophie aus dem Glauben.«[328]

Edith Stein hat sich dieser Aufgabe gestellt. Den Ausgangspunkt hat sie so beschrieben: »Der Philosoph, der auf dem Boden des Glaubens steht, hat von vornherein die absolute Gewißheit, die

184

man braucht, um ein tragfähiges Gebäude zu errichten; die andern müssen nach einem solchen Ausgangspunkt erst suchen ...«[329]

Sie – Edith Stein – hat diesen Ausgangspunkt gefunden und schreibt, ganz im Geiste des Aquinaten: »Die erste Wahrheit, das Prinzip und Kriterium aller Wahrheit, ist Gott selbst ... Alle Wahrheit, deren wir habhaft werden können, geht von Gott aus ...«[330] Damit ist klar, daß die Philosophie, die diese Wahrheit gefunden hat und anerkennt – Edith nennt sie die erste Philosophie –, Gott zum Gegenstand haben muß. »Sie muß die Gottesidee entwickeln und den Modus seines Seins und Erkennens. Sodann ist das Verhältnis festzustellen, in dem alles andere, was ist, seiner Essenz und Existenz nach, zu Gott steht, und die Erkenntnis anderer erkennender Wesen zur göttlichen Erkenntnis. Für alle diese Fragen ist *alles* heranzuziehen, was wir darüber wissen können, nicht nur das, was der natürlichen Erkenntnis, sondern auch das, was der Offenbarung zu entnehmen ist.«[331]

Husserls Weg der transzendentalen Phänomenologie, der vom Subjekt ausgeht, das in Akten die Welt aufbaut, ist für Edith Stein nicht nur deswegen nicht gangbar, weil »die Welt, die sich in Akten des Subjekts aufbaut«[332], immer eine Welt für das Subjekt bleibt, man könnte auch sagen: durch das Subjekt. Vor allem aber ist diese Deutung vom Standpunkt Edith Steins aus abzulehnen, weil sie »Gott selbst relativiert« und damit »im Widerspruch zum Glauben« steht.[333]

Damit sind die Grundlagen von Edith Steins neuem Denken offengelegt: Sie bleibt der Phänomenologie verbunden, wo diese der katholischen Glaubenslehre nicht widerspricht. Sie verbindet das Denken aus dem Geist des Thomas von Aquin mit moderner phänomenologischer Philosophie, wo immer es möglich ist, ohne die Schranke der Glaubensoffenbarung zu verletzen. Im methodischen Vorgehen bleibt sie Phänomenologin und damit Schülerin ihres Meisters Husserl, mit der Ausnahme, daß sie nicht mehr voraussetzungslos arbeitet und vorgeht, sondern von der Voraussetzung einer geoffenbarten Wahrheit aus.

Von Thomas aber übernimmt sie das Muster einer Lebensphilosophie, ohne daß sie diesem Muster voll entsprechen kann oder will. Aber aus der eigenen schmerzhaft erfahrenen Bedrängnis leitet sie deren Notwendigkeit ab und stellt deshalb fast apodiktisch fest: »Die Menschen sind haltlos und suchen nach einem

Halt. Sie wollen greifbare, inhaltliche Wahrheit, die sich im Leben bewährt, sie wollen eine ›Lebensphilosophie‹. Das finden sie bei Thomas.«[334]
Edith Steins Arbeit der kommenden Jahre ist an diesen Bedürfnissen der Menschen orientiert: auf dem Gebiet der Bildung, der Frauenrechte, des Frauenlebens und, ohne das völlig abgrenzen zu können von den übrigen Gebieten, in der Philosophie. Was sie für die anderen als notwendig ansieht, ist ihr selbst Bedürfnis, und immer vertritt sie dabei kompromißlos den katholischen Standpunkt.

Die Bekennerin

Die Übersetzung der Briefe und Tagebücher von Kardinal Newman erscheint 1928. Im selben Jahr schließt Edith Stein die Übersetzung der »Quaestiones disputatae de veritate« ab, die 1931/32 herauskommen.

Aus der Zeit zwischen dem Abschluß der einen und dem Beginn der zweiten großen Übersetzungsarbeit liegt der Text eines Vortrages vor, der vermutlich 1926 in Speyer und – als Wiederholung – in Kaiserslautern gehalten worden und im selben Jahr in der Zeitschrift »Volksschularbeit« erschienen ist. Unter dem Titel »Wahrheit und Klarheit im Unterricht und in der Erziehung« hat Edith Stein darin ihre grundlegenden Auffassungen zur katholischen Pädagogik erstmals skizziert und der Öffentlichkeit während zweier pädagogischer Tagungen vorgetragen. Damit beginnt eine sich mehr und mehr steigernde Vortrags- und Autorinnentätigkeit. Sie selbst schreibt 1928 an Callista Kopf OP: »Es hat den Anschein, als ob der Umkreis meines Tagewerkes weiter werden sollte. Das ändert aber, denke ich, an mir nichts. Man hat es von mir verlangt, und so habe ich es übernommen, obwohl mir noch dunkel ist, was es einschließt und welches die praktischen Wege sein werden.«[335]

Wie die meisten ihrer Vorträge und im Druck erschienenen Manuskripte, die auf Vorträgen basieren, ist auch diese frühe Vortragspublikation aus ihrer Speyerer Zeit an einigen wenigen Grundvorstellungen orientiert. Am Beginn steht die Definition der Begriffe »Wahrheit« und »Klarheit«, die nur auf dem Wege der Erkenntnis möglich sei. Was aber ist Erkenntnis? »Erkennen heißt, eine neue Kenntnis gewinnen oder einen Gegenstand *kennenlernen*.«[336] »Zu jeder Erkenntnis gehört dreierlei: ein *Objekt* oder ein *Gegenstand*, der erkannt wird, ein *Subjekt* oder ein *geistiges Wesen*, das erkennt, und die Tätigkeit oder der Akt der Erkenntnis.«[337] Für die göttliche Erkenntnis trifft das aber nicht zu. Sie ist »ein Wissen oder Erkannthaben von Ewigkeit her.«[338]

Beide Formen des Erkennens, die menschliche und die göttliche, ermöglichen, Wahrheit und Klarheit zu erlangen, sind andererseits aber auch die Grundlagen der Erkenntnis. Die Phänomenologin und die Thomas-Schülerin vereinen sich, um zu den richti-

187

gen Begriffen und zum wahren und klaren Urteil zu gelangen, doch hat dabei die Schülerinnenhaltung gegenüber dem Aquinaten das Übergewicht; Edith Stein ist in ihrer Erkenntnistheorie und damit auch in ihrer Pädagogik weit mehr an Thomas als an Husserl orientiert. Aber manchmal schlägt auch hier die phänomenologische Prägung durch, so wenn sie schreibt: »Die menschliche Erkenntnis folgt den *Dingen* nach. Sie ist wahr, wenn sie die Dinge so auffaßt, wie sie in Wirklichkeit sind.« Hier ist sie ganz Husserl-Schülerin, und fügt dann als Thomas-Schülerin hinzu: »Die göttliche Erkenntnis ist *früher* als die Dinge. Sie erkennt die Dinge, *ehe* sie sind, sie schreibt ihnen vor, was sie sein sollen. Sie enthält ein *Urbild* oder eine *Idee* aller geschaffenen Dinge in sich.«[339]

Die durch Husserl und Thomas erzogene Edith Stein zieht den Schluß: »Die menschliche Erkenntnis ist wahr, wenn sie mit den Dingen übereinstimmt. Nun muß man sagen, die *Dinge* sind wahr, wenn sie mit der *göttlichen* Erkenntnis übereinstimmen, d. h., wenn sie *das* sind, was sie nach dem göttlichen Schöpfungsplan sein *sollen*. Alle geschaffenen Dinge sind im göttlichen Geist vorgezeichnet, auch der Mensch. Er ist *wahrer Mensch*, wenn er das ist, was Gott dem Menschen vorschreibt, und zwar sowohl im allgemeinen Sinne des Menschseins als in dem ganz speziellen Sinne der individuellen Persönlichkeit. Auch für *jeden einzelnen* Menschen ist im göttlichen Geist ein Urbild dessen vorgezeichnet, *was* er sein *soll. Damit aber haben wir das Ziel der Erziehung umschrieben.*«[340]

»Wahre Menschen bilden« heißt nach Edith Stein, »sie nach dem *Bilde Christi* bilden. Wir haben dann das Kind auf den Weg zum Ziel gebracht, wenn wir das Bild Christi in seine Seele eingeprägt und dazu erzogen haben, den Weg der Nachfolge Christi zu gehen.«[341]

In der Glaubenslehre und vor allem in dem Gottmenschen Jesus Christus sei vorgegeben, was göttlicher Wille, was der wahre Mensch sei. Um aber wahre Menschen erziehen zu können, müsse der Lehrer selbst ein wahrer Mensch sein. »Es wird ihm um so eher gelingen, seine Kinder zu Nachbildern Christi zu gestalten, je mehr er sich *selbst* zum Nachbild Christi gestaltet hat.«[342]

Dazu gehört auch die Beachtung, Pflege und Entwicklung der Individualität: »... wahres Menschentum gibt es nur in *individu-*

188

Edith Stein in Speyer

eller Ausprägung.«[343] Aber mit den modernen Psychologen und Erziehungsforschern ihrer Zeit verbindet sie wenig. »Wer sein Leben in Gottes Hand gibt«, schreibt sie, »der kann sicher sein, und *nur* der kann sicher sein, daß er ganz er selbst wird, d. h., daß er das wird, was Gott für ihn persönlich vorgesehen hat.«[344] Deshalb, so meint sie, gebe es nichts Törichteres als die Sorge um die Wahrung und das Forschen nach der Individualität, wie sie die moderne Wissenschaft betreibe. Im übrigen sei die Individualität »ein letztes Geheimnis, das kein Mensch vollständig durchdringen kann«.[345]

Zusammenfassend legt Edith Stein in dieser frühen pädagogischen Arbeit ihr gesamtes Erziehungskonzept, das von Glaubensgrundsätzen getragen wird, so dar: »Wahrheit als Übereinstimmung des Menschen mit dem, was er nach dem göttlichen Schöpfungsplan sein soll, und Klarheit als Besitz klarer Anschauung und als Übereinstimmung zwischen Theorie und Praxis ist Erziehungsziel. Klare und wahre Anschauungen über das, was Erziehungsziel sein soll, und über das was der Erzieher für das Ziel leisten kann, sind Erziehungsmittel.«[346]

Damit sind auch die Grundlinien der späteren Studien zur Ontologie, zur Pädagogik, zu Stellung und Berufung der Frau gezogen: Orientierung an der Offenbarung, wie sie die Heilige Schrift und das katholische Lehramt vorgeben, und Nachfolge Christi. Nichts geht darüber, und daneben ist nur noch wenig Raum für anderes.

Etwa seit dem Jahre 1928 beginnt für Edith Stein in zunehmendem Maße eine sich immer mehr ausdehnende Vortragstätigkeit. Die katholische Frauenbewegung, und hier besonders die Lehrerinnenvereine, holen sie als Referentin zu den Tagungen, Seminaren und Hauptversammlungen der Verbände. Auch der katholische Akademikerverband wird auf die stille, zurückhaltende Lehrerin mit der philosophischen Vergangenheit aufmerksam. Nicht zuletzt trägt ihre Thomas-Übersetzung dazu bei, die von den einen hochgerühmt, von anderen bis in unsere Gegenwart hinein als verfehlt bezeichnet wird.

Diese neben der Schultätigkeit geleistete Arbeit, die grundlegende Studien der thomistischen Philosophie bedingt, wird von großer Bedeutung für die eigene Positionsbestimmung. Von hier

190

aus versucht die nunmehr durch zwei Schulen gegangene konvertierte Philosophin in klarer Bestimmung ihres religiös-philosophischen Standpunktes eine Pädagogik unter den Aspekten des Ewigen zu entwickeln und das zugrundeliegende Menschenbild zu entfalten. Der Maßstab sind immer Leben und Opfer des Gekreuzigten. »Ich bin nur ein Werkzeug des Herrn«, schreibt sie 1930 an ihre ehemalige Schülerin Erna Hermann nach Bamberg. »Wer zu mir kommt, den möchte ich zu Ihm führen.«[347]

Was für den persönlichen Umgang gilt, trifft nicht weniger auf Edith Steins öffentliches Wirken zu. Von ernstem Verantwortungsgefühl getragen, die eigenen Möglichkeiten keineswegs überschätzend, aber in dem Bewußtsein, tun zu müssen, was möglich ist, leistet sie diese sie im Grunde überlastende Arbeit. Die Themenpalette ist reichhaltig. So versucht sie, im Rahmen eines Fortbildungsprogramms katholischen Lehrerinnen und Lehrern »die Typen der Psychologie und ihre Bedeutung für die Pädagogik« nahezubringen. Sie hat durch ihr Psychologiestudium, das nach damaliger Art weitgehend an einem empirischen Verständnis der menschlichen Seele orientiert war, eigene Erfahrungen gesammelt. Positiver wertet sie die geisteswissenschaftliche Psychologie von Dilthey und Spranger, obwohl auch hier nicht jene Deutung der Seele erfolgt, die ihr vorschwebt. Auffallend ist, daß sie zwar Alfred Adlers Individualpsychologie erwähnt, aber nicht ein einziges Mal der Name Sigmund Freuds, geschweige denn seine Tiefenpsychologie genannt wird. Das entspricht zwar der Einstellung der katholischen Kirche, aber als Husserl-Schülerin weiß Edith Stein mit hoher Wahrscheinlichkeit um die Parallelen bei der Ausbreitung und Anwendung der Lehren Freuds und ihres Meisters auf Geisteswissenschaften, Kunst und Religion.

Der Erzieher, so Edith Stein, müsse wissen, womit er umgehe. So steht bei ihr an erster Stelle – vor allem wegen der chronologischen Reihenfolge, aber sicher nicht nur deswegen – die thomistische Definition der Seele: »Die Seele ist ihrem Wesen nach etwas Einfaches (Unzusammengesetztes), Geistiges (Immaterielles), aber sie hat ihren Funktionen nach ein doppeltes Gesicht: Sie ist einmal die Form des Leibes, d.h. das, was ihm das Leben gibt, ihn aus einem toten Körper zu einem lebendigen Leib macht und worin alle Lebenstätigkeiten gründen; ferner

191

wurzelt in ihr auch alles sinnliche und geistige Leben. Und so entspringt dem einen, einfachen Wesen eine Vielheit von Fähigkeiten, Vermögen oder Potenzen: solche, die der Erhaltung des Lebens dienen (z. B. Ernährungsvermögen), sinnliche (auffassende Fähigkeiten und Strebevermögen), geistige (Verstand, Willen). Alle Fähigkeiten aber sind Fähigkeiten zu etwas, d. h. zu Tätigkeiten und Zuständen der Seele, den Akten, die in aktive und passive (Aktionen und Passionen) einzuteilen sind. Die Potenzen sind zunächst als unentwickelte Vermögen, als bloße Möglichkeiten vorhanden; sie können aber eine leichte Bereitschaft gewinnen, zu Akten überzugehen: dann hat die Potenz durch einen ›Habitus‹ eben eine solche Bereitschaft oder Fertigkeit, Vollendung gewonnen.«[348]

Hier deuten sich in der Wiedergabe von Vorstellungen des Aquinaten bereits Gedankengänge an, die in der als Habilitationsschrift gedachten Arbeit »Potenz und Akt« zur Ausführung kommen und wahrscheinlich in dieser Zeit Gestalt anzunehmen beginnen. Zusammenfassend stellt die Autorin fest, daß es vor allem um »Anleitung zum Verständnis der Kinder und zur Verhütung von Verletzungen der jugendlichen Seele gehe, die oft lebenslange Störungen zur Folge haben«.[349] Hier blitzt doch ein wenig Freud auf. Aber sie läßt keinen Zweifel aufkommen: »Alle psychologischen Methoden sind nur schüchterne Versuche, ins Innere der Seele einzudringen – ihr Wesen (das allgemeine wie das individuelle) bleibt uns verhüllt.«[350]

Grundlegend für die Anwendung psychologischer Kenntnisse in der Pädagogik ist die Idee der Bildung, der Edith Stein 1930 einen ausführlichen Vortrag, ebenfalls im Lehrerfortbildungsprogramm in Speyer, widmet. Was also ist Bildung? Die Antwort ist kurz: »Es gehört ... zum Bildungsprozeß, daß eine Materie eine Form annimmt, die sie zum Abbild eines Urbildes macht.«[351] »Was kommt als Materie in Betracht? Alles, was nicht fertig geformt und der Formung zugänglich ist.«[352] Also tote Stoffe ebenso wie die belebte Materie: Pflanze, Tier, Mensch, wobei – an Aristoteles und Hedwig Conrad-Martius orientiert – Pflanze und Tier ebenfalls eine Seele zugesprochen wird. Das geistige Auge der Menschenseele ist der Intellekt, der Verstand. »An der aktiven Verstandesleistung hat der Wille Anteil.«[353] Alle wirkliche Bildung des bereits selbständig denkenden Menschen (also nicht beim Kind!) ist deshalb nur als Selbstbildung möglich: als

192

Bildung des Selbst unter Beteiligung des Selbst am aktiven Bildungsprozeß. Aber alle Bildung ist auch Wachstum, und solange der Mensch nicht selbstverantwortlich an seiner eigenen Bildung arbeiten kann, bedarf er der Hilfe anderer.

»Gott ... kann Gaben verleihen, die er nicht in die Natur gelegt hat. Er kann Schlacken beseitigen, die in der ererbten Anlage stecken oder durch eigene Schuld in die Seele einwurzelten; er kann also die Natur umwandeln und so von innen her den Bildungsgang in einer nach außen hin, ja für den, dem es widerfährt, selbst höchst überraschenden und erstaunlichen Weise beeinflussen.«[354]

Der Erzieher aber fragt: Nach welchem Bilde soll der Mensch geformt werden? Edith Stein gibt die Antwort: »Gott schuf den Menschen nach seinem Bilde. Aber dieses Bild schaut in Vollkommenheit wiederum nur er allein. Wir schauen es in vielen Bildern, die es jedes unvollkommen, jedes von einer anderen Seite darstellen: in den Geschöpfen. Am vollkommensten, in dem vollkommensten aller Geschöpfe, in Gottes Sohn, und im Wort der Offenbarung, das uns von Gott kündet. Wir sollen von diesem Bild so viel in uns aufnehmen, wie wir nur können, damit es zur inneren Form werde und uns von innen heraus gestalte. Wir sollen auch, soweit unsere Kraft reicht, uns selbst zu erkennen streben und das, wozu wir angelegt sind, und ebenso andere, deren Bildung uns mit anvertraut ist. Aber wir werden nie in den Besitz einer vollkommenen Erkenntnis gelangen, weder für uns selbst noch für andere, und darum niemals in der Lage sein, unsere Bildungsarbeit, an uns selbst und an andern, mit unfehlbarer Sicherheit in Angriff nehmen zu können. Sicher gehen wir nur, wenn wir uns bedingungslos der Hand dessen übergeben, der allein weiß, was aus uns werden soll, und allein die Macht hat, uns diesem Ziel zuzuführen – vorausgesetzt, daß wir guten Willens sind.«[355]

Es ist klar, daß nur für denjenigen, der mit dieser Glaubenshaltung übereinstimmt, die Voraussetzungen und Schlußfolgerungen der pädagogischen Vorstellungen Edith Steins akzeptabel sein können. »Würde man aus Edith Steins pädagogischem Denken die religiöse Bildung auszublenden suchen, so würde man ihre ›Pädagogik‹ auslöschen.«[356]

Dementsprechend ist »eucharistische Erziehung« das Kernstück von Edith Steins Pädagogik. 1930 nimmt sie dazu in einem Vortrag unter diesem Titel ausführlich Stellung. Dabei bedient sie sich – wie eigentlich überwiegend und verständlicherweise – der Sprache ihrer Zeit, wenn sie bespielsweise schreibt: »Des Heilands Wonne ist es, bei den Menschenkindern zu sein ...«[357] Inhaltlich werden die Kernaussagen katholischer Glaubenslehre, ohne deren gläubige Akzeptanz und Befolgung eucharistisches Leben im Horizont katholischer Religiosität nicht möglich ist, eindringlich dargestellt: »Der Heiland ist auf Kalvaria für uns gestorben. Aber es genügte ihm nicht, mit diesem Opfertod ein für allemal für uns das Erlösungswerk zu vollbringen. Er wollte jedem einzelnen die Früchte seiner Tat persönlich zuführen. Darum erneuert er täglich das Opfer auf dem Altar, und jeder, der gläubigen Herzens beiwohnt, der wird im Blut des Lammes reingewaschen und seelisch erneuert.« »Wer ... zugegen sein könnte und es nicht ist, der geht kalten Herzens am Kreuz des Herrn vorbei und tritt seine Gnade mit Füßen.«[358] Recht verstanden, sagt Edith Stein, verlange die eucharistische Wahrheit vom Menschen: »den Heiland im Tabernakel aufsuchen, sooft wir können, dem heiligen Opfer beiwohnen, die heilige Kommunion empfangen, sooft wir können«.[359] »Dann werden wir aus der Enge unseres Daseins hinausgehoben in die Weite des Gottesreiches; seine Angelegenheiten werden die unseren, immer tiefer werden wir mit dem Herrn verbunden und in ihm mit all den Seinen. Alle Einsamkeit hört auf ...«[360] Eucharistische Erziehung bedarf, um zu solchem Ergebnis zu gelangen, vor allem des Beispiels durch die Erzieher. Sodann muß sie im Zusammenwirken von Belehrung, Gewöhnung und Formung eine Lebensordnung herbeiführen, die die Entwöhnung von der Sünde zum Ziel hat, was erhebliche Opfer für den natürlichen Menschen bedeutet. Dazu meint Edith Stein: »Das ist auch nicht anders möglich, da der eucharistische Heiland ja der *gekreuzigte Heiland* ist und das Leben mit ihm eine *Teilnahme an seinem Leiden* ... die vollkommene Weihe an das göttliche Herz ist ... erst dann erreicht, wenn wir in ihm unsere Heimat, unsern täglichen Aufenthalt und den Mittelpunkt unseres Lebens haben, wenn sein Leben unser Leben geworden ist.«[361]

194

Fast noch eindringlicher, radikaler – wenn das möglich wäre – hat sich Edith Stein 1929 in ihrem Vortrag über »die Mitwirkung der klösterlichen Bildungsanstalten an der religiösen Bildung der Jugend« ausgesprochen. Als Aufgabe postuliert sie: »Wir sollen die Menschenkinder zu *Gotteskindern* bilden helfen. *Gott-förmig, Christus-förmig* sollen sie werden. Das heißt: sie sollen ihren Lebensweg an Gottes Hand gehen, von Gottes Willen widerstandslos geleitet. Dazu gehört ohne weiteres, daß dieser Weg der Weg der Nachfolge Christi sein wird. Sie sollen sich selbst ausziehen und Christus anziehen, lebendige Glieder am Leibe Christi sein, durch die das übernatürliche Leben seines mystischen Leibes hindurchströmt.«[362] »... die Menschenseele soll Christusgestalt annehmen.«[362a]

Die Frau, die das schreibt, ist Psychologin und feinfühlig genug, um zu wissen, daß gesuchte Beeinflussung gar nichts erreicht. Aber das zur rechten Zeit ungesucht angewandte Bibelwort kann zeigen, »welche lebendige Kraft im Wort Gottes steckt«: »Es wird nicht als ein ›frommer Spruch‹ empfunden, wenn es so mitten in einem lebendigen Gedankenprozeß erleuchtend und befruchtend auftaucht.«[363]

In einer weit ausgreifenden Betrachtung führt sie dann durch das weite Feld religiöser Erziehung auf katholischer Grundlage, die in einer klösterlichen Bildungsanstalt durch das Mitleben des Kirchenjahres anhand des Breviers in besonderer Weise möglich ist. Die Kinder sollen wohlgerüstet sein, wenn sie eines Tages die Schule verlassen, für den Kampf der Geister draußen in der Welt. Dazu sollen helfen: die Vertrautheit mit der Glaubenslehre, also die dogmatische Durchbildung, und das Gebet der Kirche in der Liturgie.

Freimütig wird auch Kritik geübt: Machen die klösterlichen Bildungsanstalten genügend Gebrauch von den nur ihnen zu Gebote stehenden Bildungsmöglichkeiten der Jugenderziehung? So ist zum Beispiel das Chorgebet den Schülerinnen nicht zugänglich. In Beuron ist das anders. Dort ist jeder zum Mitbeten eingeladen. Edith Stein spricht ihre Bedenken aus: »In vielen Frauenklöstern spielt sich für mein Gefühl alles zu stark unter dem Ausschluß der Öffentlichkeit ab ... es ist ... eine gewisse innere Einstellung mit wirksam, die das innere klösterliche Leben als eine Klausurangelegenheit betrachtet, in die man sich nicht hineingucken lassen will. Im Interesse der religiösen Bildung bedaure ich das. Wenn die Kinder in den Geist des Chorgebetes eingeführt würden und, soweit ihre Zeit es erlaubt und das Verlangen danach vorhanden ist, wenigstens *zuhören* könnten und wenn sie es in einer Ausgestaltung zu hören bekämen, die heilige Freude und Begeisterung wecken kann, dann würden sie für ihr ganzes Leben etwas mitnehmen.«[364]

Edith Stein weiß, wovon sie spricht. An Adelgundis Jaegerschmid schreibt sie in einem Brief etwa aus der Zeit dieses Vortrages: »Im stillen habe ich schon gedacht: wie gut würde es St. Magdalena tun, wenn Sie hier mal einen Choralkurs geben könnten. Aber ich habe noch niemandem etwas davon gesagt. Ich tue gut, nur zu reden, wenn ich gefragt werde – in diesen Dingen wenigstens.«[365] Sie hat bereits die Teilnahme von Schülerinnen am Chorgebet vorgeschlagen, was als Einmischung einer weltlichen Kollegin abgelehnt worden ist. Aber sie bleibt bei ihrer Einsicht: »Was hier für das Chorgebet angeführt wurde, gilt auch für das übrige klösterliche Leben. Es sollte nicht als etwas Geheimnisvolles dastehen, was die Neugier reizt. Das entspricht nicht seiner Würde und Heiligkeit. Kinder, die im Kloster aufwachsen, sollten wissen, was wahres Ordensleben ist.« Und dann fügt die dem Klosterdasein bereits innig Verbundene hinzu: »Ich glaube fast, die Klagen über fehlenden Nachwuchs würden dann aufhören, weil die werbende Kraft eines recht vorgelebten Ordenslebens so stark wäre.«[366]

»Seit vier Jahrhunderten ist der größere Teil des deutschen Volkes von der Kirche getrennt. Seit vier Jahrhunderten hat dieser abgetrennte Teil die Führung des deutschen Geisteslebens übernommen.«[367] Von diesen Feststellungen ausgehend, ist es für Edith Stein selbstverständlich, daß diesem Zustand eine möglichst gefestigte katholische Erziehung entgegengesetzt werden sollte.

Die aber erscheint ihr außer in der Familie nur gesichert in der katholischen Konfessionsschule. »... die Kinder, die im Religionsunterricht *ein* Weltbild gezeichnet bekommen und im Deutsch- oder Geschichts- oder Naturkundeunterricht ein anderes, können zu keiner klaren Anschauung und festen Überzeugung gelangen, sie werden skeptisch und unsicher, und so mancher bekommt sein Leben lang keinen festen Boden unter

196

die Füße ... Die Kinder verschiedener Konfessionen sitzen friedlich nebeneinander auf denselben Bänken, sie verkehren vielleicht sogar freundschaftlich miteinander außerhalb der Schule, aber sie sprechen nicht miteinander über ihr religiöses Leben. Und wenn dieses religiöse Leben auf der einen oder anderen Seite oder auf beiden Seiten stark ist, dann spüren sie, daß etwas Trennendes zwischen ihnen steht, sie spüren es vielleicht stärker, als wenn sie getrennt voneinander aufwüchsen.« Nun sei das kein Unglück, denn daraus könne das Suchen nach der Wahrheit resultieren. »Aber dieser Anreiz ergibt sich auch, wenn sich Menschen nahekommen, die in getrennten Konfessionsschulen erzogen sind; und dann ist der eine Teil durchschnittlich besser dafür gerüstet, dem andern Führer zur Wahrheit zu sein, als bei nicht-konfessioneller Schulbildung.«[368]
Auch im Hinblick darauf, daß in konfessionell stark gemischten Gegenden Spannungen auftreten können, zieht sie es vor, »die Kinder in konfessionellen Schulen gründlich religiös und in Liebe zum Deutschtum« zu erziehen und sie anzuleiten, »Andersgläubigen, die ohne persönliche Schuld im Irrtum aufgewachsen sind, mit Achtung und Liebe zu begegnen und durch die eigene Lebensführung die Kraft der Wahrheit zu beweisen.«[369] Ökumenische Vorstellungen, wie wir sie heute kennen, sind nicht nur Edith Stein fremd, sondern überhaupt zu dieser Zeit nur selten zu finden. Der katholische Lehrer in der katholischen Bekenntnisschule und ein katholischer Lehrerverband erscheinen ihr unaufgebbar, auch wenn sie anerkennt, daß zum Beispiel übergreifende Interessen, wie Besoldungsfragen, auch überkonfessionell gemeinsam vertreten werden sollten.
Daß allerdings die Mehrzahl der deutschen Katholiken ihrer Zeit, und besonders die Intellektuellen unter ihnen, den hohen Ansprüchen Edith Steins nicht gerecht werden, betont sie. Sie hätten vielfach seit der Reformation eine traurige Rolle im deutschen Geistesleben gespielt, seien den Strömungen, »die als Folge der Glaubensneuerung oder doch unter ihrem Einfluß aufkamen, kritiklos nachgelaufen« und hätten damit ihren Katholizismus weitgehend preisgegeben. Dieser Katholizismus wird von Edith Stein so definiert: »Katholik im vollen Sinne des Wortes sein (...) heißt zunächst, sich zum Glauben der Kirche bekennen, das katholische Credo abstrichlos annehmen und so umfassen, daß man bereit wäre, für jeden Artikel sein Leben hin-

zugeben; es heißt die Lehrautorität der Kirche anerkennen und sich ihren Entscheidungen in kindlichem Gehorsam unterwerfen; es heißt den Weg der Nachfolge Christi gehen, wie er uns durch Wort und Beispiel des Herrn im Evangelium und durch Wort und Beispiel seiner treuesten Diener, der Heiligen aller Zeiten, in leuchtender Klarheit gezeigt ist; es heißt sich die Kraft für diesen Weg, der ein Kreuzweg ist, aus den Quellen holen, die der Heiland uns erschlossen und seiner Kirche zur Verwahrung und Ausspendung übergeben hat: aus seinen Sakramenten.«[370] Eindeutiger, radikaler läßt es sich kaum formulieren; scharf wird die Grenze gezogen.

Für den katholischen Lehrer wie für jeden verantwortlich Handelnden ergibt sich daraus die Konsequenz: »Kein Ergebnis wissenschaftlicher Forschung ist unfehlbar, auch die scharfsinnigsten Forscher können irren. Wo darum wissenschaftliche Theorie und Glaubenswahrheit miteinander in Widerspruch stehen, da kann es für uns keine Frage sein, welches von beiden wir abzulehnen haben.«[371] »Auch die größten Autoritäten auf den Gebieten weltlicher Wissenschaft können uns nicht Führer sein, wenn sie nicht zugleich feststehen im Glauben und gründlich in der Dogmatik zu Hause sind.«[372]

Edith Stein hat mit der Konfessionsschule und den Aufgaben des katholischen Lehrers sowie der Problematik von Differenzen zwischen Glauben und Wissen wichtige Themen angeschlagen, besonders in der damaligen Zeit, also Ende der zwanziger Jahre. Aber heute ist nicht so sehr dieses Thema an sich von Bedeutung als vielmehr Edith Steins Einstellung dazu und die Form, in der sie sich dazu und darüber äußert.

Es ist deutlich ersichtlich, daß ihr Denken und ihre Sprache an vorkonziliaren Formen orientiert sind, worauf insbesondere Waltraud Herbstrith wiederholt hingewiesen hat. Vor sechzig Jahren war ökumenisches Denken nicht weit verbreitet. Die ja auch damals bestehende Gemeinsamkeit christlichen Glaubens und christlicher Weltauffassung, wie sie sich heute in gemeinsamen Verlautbarungen der beiden großen Kirchen in Deutschland ausdrückt, wird damals nicht betont, meistens nicht einmal wirklich erkannt. Die Trennungslinien zwischen den Konfessionen erschienen schier unüberwindlich. In zwei großen, voneinander fast völlig unabhängigen Strömen verläuft das religiöse Leben in Deutschland. Noch hat jede Konfession mit ihren aus

198

der Vergangenheit überkommenen Verletzungen und Vorurteilen zu kämpfen, wodurch die wirklich bestehenden dogmatischen Unterschiede sich noch in ihrer Wirkung verstärken, so daß das Verbindende demgegenüber fast verschwindet. Wo allerdings der Mitchrist anderen Bekenntnisses als »im Irrtum lebend« und außerhalb »der Wahrheit« stehend gesehen und bezeichnet wird, und das geschieht durchaus auf beiden Seiten des tiefen Grabens, da ist geschwisterliches Miteinander in christlicher Verbundenheit nur schwer zu verwirklichen.

So sehr Edith Stein mit der evangelischen Christin Hedwig Conrad-Martius verbunden ist, als tiefüberzeugte Bekennerin des von ihr Schritt um Schritt errungenen Glaubens kann sie nicht anders, als eindeutig festzustellen: Achtung und Liebe für den Andersgläubigen, sofern er, wie sie es ausdrückt, ohne persönliche Schuld irrt, aber immer daran denken, daß hier die volle Wahrheit nicht erkannt ist. Dabei ist für sie die religiöse Wahrheit ein genauso objektiver Wert wie eine beweisbare logische Denkoperation. Es ist eben eine dunkle Wahrheit, aber eine Wahrheit. Dies weiterzugeben betrachtet sie als ihre Aufgabe.

Edith Stein hat neben vielen Gaben auch einen missionarischen Drang. Die Frau, die im Erwachsenenalter ihre Bekehrung erlebte, die mit dem scharfen Verstand der geschulten Philosophin den Bau der katholischen Glaubenslehre freudig erkannt und erfaßt hat, vor allem aber die Mysterien des Christentums in katholischer Interpretation gläubig aufnimmt, sie gelangt von der Unbedingtheit des eigenen Weges über Zweifel und Krisen zur Unbedingtheit der mit Eifer predigenden Bekennerin.

Natürlich ist sie zu gebildet, zu erfahren, nicht zuletzt auch in den Geheimnissen des menschlichen Herzens, um in eine primitive Attitüde zu verfallen. Wie sollte sie das auch mit ihren tiefen Beziehungen zu Menschen vereinbaren, die ihren Glauben nicht teilen? Aber das Steuer ihres Lebensschiffes ist herumgeworfen, und von dieser stürmischen Fahrt und dem, was ihr darin Halt gab und gibt, berichtet sie in einem fort. Das Licht, das ihr seitdem leuchtet, muß es nicht, sollte es nicht allen leuchten? Ihre persönliche, zur Radikalität neigende Anlage vereint sich mit der Überzeugung letzter Wahrheitsfindung durch jene Glaubenslehre und Glaubenshaltung, zu der sie sich bekennt.

Das zeigt sich besonders deutlich in ihrem Verhältnis zu Goethe. In ihrer Jugend ist Edith Stein eine glühende Anhängerin der deutschen Klassiker gewesen. Als Studentin absolviert sie mit Freuden ein Faust-Seminar. Im Jahr der hundertsten Wiederkehr von Goethes Todestag, 1932, hält sie, wahrscheinlich in Münster in Westfalen, einen Vortrag zum Thema »Natur und Übernatur in Goethes ›Faust‹«.

Anläßlich dieses Goethe-Jahres erhält Thomas Mann den Goethe-Preis der Stadt Frankfurt, und der spanische Philosoph José Ortega y Gasset schreibt einen Aufsatz mit dem Titel »Um einen Goethe von innen bittend«. Im selben Jahr äußert Hermann Hesse: »Wenn ich eine Schule zu leiten hätte, so würde ich die Lektüre Goethes verbieten und sie als höchste Belohnung den Besten, Reifsten, Wertvollsten vorbehalten.«[373] Goethe selbst schrieb im Alter von dreißig Jahren in sein Tagebuch: »Wie kurzsichtig in menschlichen und göttlichen Dingen ich mich umgedreht habe.«[374]

Edith Stein weiß, daß es gewagt wäre, über Goethes religiöse Weltanschauung ein abschließendes, eindeutiges Urteil abzugeben: »Goethe ist wie nur irgendeiner begnadet worden mit den Augen, die die reine Schönheit schauen, mit dem Herzen, das davon zur Glut entflammt wird, mit der Gabe des Wortes, das davon zu künden weiß. Er hat das reine Ideal des Künstlertums besessen, wie es sich im Helena-Drama der Faust-Tragödie ausspricht.«[375]

Und dennoch schreibt sie: »Wir stehen vor des größten deutschen Dichters größter Dichtung und fragen uns: können wir dieses Werk der deutschen Jugend und dem deutschen Volk in die Hände legen und sagen: nehmt es hin, nehmt es in euch auf, laßt euch ganz durchdringen von dem Geist, der darin lebt und daraus spricht; es ist das Beste, das wir euch zu bieten haben; es ist das Eine, das nottut? Wir blicken auf zum Bild des Gekreuzigten und sagen: Nein.«[376]

Trotzdem weiß sie: »Dieses Werk gehört zu den wenigen ganz großen Menschheitsdichtungen, weil es die große Frage der Menschheit, die Frage nach Sündenfall und Erlösung, in ihrer ganzen Tiefe und Weite und Schwere aus der Fülle des Menschenlebens sich entrollen läßt.« Und dann fährt Edith Stein fort: »Aber sie beantwortet diese Frage mit einer blendenden Scheinlösung.«[377] Drei wesentliche Aspekte fehlen ihrer Mei-

200

nung nach, um das Werk, in das nahezu alles eingeströmt ist, was deutsches Geistesleben geformt hat – Elemente des klassischen Altertums, katholische Mysterien, evangelische Freiheit –, vor ihrem Urteil bestehen zu lassen:

Da heißt es zum einen: »Die Freiheit wird nicht angewendet, um der Gnade entgegenzustreben und die Pforten zu öffnen, die Gnade soll mechanisch ihr Werk verrichten ...«[378] Das ist allerdings evangelische Glaubensüberzeugung: Aus Gottes Gnade allein vollzieht sich die Erlösung, ohne die »Freiheit« des Menschen, der Gnade noch etwas hinzuzufügen und sie dadurch nach evangelischem Verständnis zu verkleinern. Dagegen steht das »Ohn' eigenes Verdienst« Luthers. Der Mensch kann nur auf Gottes Gnade vertrauen, er kann, darf und soll glauben, aber auch hier hilft ihm die Gnade.

Weiter vermißt Edith Stein bei Goethe auch die Begriffe »Sünde« und »Reue«, und ein Schauer innerer Abwehr der mit strengem Maßstab Messenden kommt bis auf uns Heutige, wenn sie, obwohl doch den »Faust« besprechend, plötzlich auf Goethes großen Entwicklungs- und Bildungsroman »Wilhelm Meisters Lehr- und Wanderjahre« zurückgreift und schreibt: »Das Wahrzeichen, das über unserer Menschenbildung steht, kann nicht ein Goethebild sein, sondern das Kreuz.« Über dieses aber habe Goethe gesagt, und Edith Stein zitiert wörtlich: »Wir halten es für eine verdammungswürdige Frechheit, jenes Martergerüst und den daran leidenden Heiligen dem Anblick der Sonne auszusetzen, die ihr Angesicht verbarg, als eine ruchlose Welt ihr dies Schauspiel aufdrang, mit diesen tiefen Geheimnissen, in welchen die göttliche Tiefe des Leidens verborgen liegt, zu spielen, zu verzieren, und nicht eher zu ruhen, als bis das Würdigste gemein und abgeschmackt erscheint.«[379] Aus dieser Passage im »Wilhelm Meister« zieht sie den Schluß, Goethe habe das Kreuz verhüllen und damit seine Bedeutung verkleinern oder gar ableugnen wollen, obwohl sie zugesteht, seine Mahnung, mit dem Heiligsten nicht zu spielen und zu tändeln, solle man sich zu Herzen nehmen.

Vermutlich würde Goethe, wenn er Edith Steins Kritik gekannt hätte, gesagt haben, von ihrem Standpunkt aus könne man vielleicht so urteilen. Aber eben: von ihrem Standpunkt aus. Denn man erfährt auch aus diesem Vortrag über »Faust« als dichterisches und weltanschauliches Werk weniger über Goethe als über

201

Edith Stein. Zwar meint sie: »Jeder große Genius ist ein Werkzeug des Allerhöchsten, ein Sprachrohr, durch das der Geist Gottes sich vernehmen lassen will, jedes reine Kunstwerk eine Offenbarung göttlicher Wahrheit in einer Sprache, die dem Menschengeist und dem Menschenherzen verständlich ist.«[380] Damit wäre Goethe gerechtfertigt. Aber die Kritikerin fügt hinzu, das geschehe »genau so weit, als der Künstler sich dem Geist, der über ihm ist, überläßt, in reinem Sachgehorsam sich selbst vergessend und nicht mit eigener Willkür dazwischenfährt.«[381] Hier also soll die menschliche Freiheit nicht wirksam werden. Mangelnder Selbstvergessenheit und bestehender Willkür bezichtigt sie Goethe, weil er dem »absoluten Maßstab ..., den wir niemals aus den Händen legen dürfen«[382], nicht gerecht werde.

Goethe hat aber nie gesagt, daß über der Menschenbildung ein Menschenbild, zumal in Form des seinen, stehe könnte oder dürfte. In dieser Hinsicht wäre er mit seiner Kritikerin ganz einig gewesen. Die aber liegt offenbar im Kampf mit ihrer einstigen Verehrung der Klassiker, mit den überwundenen Versuchungen ihres eigenen überwundenen Unglaubens.

Wenige Seiten vor der von ihr schmerzlich tadelnd zitierten und mißverstandenen Stelle aus »Wilhelm Meister« ist die Rede von einem elfenbeinernen Kruzifix. Ein alter Mann berichtet, er habe dreißig Jahre lang nur den Torso des Corpus mit Haupt und Füßen besessen, schließlich das dazu gehörige Kreuz erhalten und dann einen Bildschnitzer beauftragt, Arme zu schnitzen und anzufügen. Was daraus hervorging, war mit dem Kunstgrad des Ursprungs nicht zu vergleichen. Schließlich wurden auch die echten Arme gefunden, so daß das Kunstwerk in seiner vollen Harmonie wiederhergestellt werden konnte. Der alte Mann aber, der Erzähler, fügt seiner Geschichte hinzu, er enthalte sich nicht, »die Schicksale der christlichen Religion hieran zu erkennen, die, oft genug zergliedert und zerstreut, sich doch endlich immer wieder am Kreuze zusammenfinden muß«.[383] Der Dichter und Menschenkenner zeigt sich hier lange vor aller Ökumene als ökumenischer Geist. Die Summe seiner Erfahrung zieht er in dem Satz: »Wer lange lebt ..., sieht manches versammelt und manches auseinanderfallen.«[384]

202

Die Neigung, das Wesentliche in einem einzelnen Punkt, wie in einem Brennglas zusammengefaßt, erkennen zu wollen – eine Neigung, die nur deswegen nicht zur Enge wird, weil hohe Bildung und eine zugrundeliegende ungewöhnliche Begabung die selbst gezogenen Grenzen immer wieder sprengen –, zeigt sich auch an anderer Stelle. Über »die theoretischen Grundlagen der sozialen Bildungsarbeit«[385] nachdenkend, gibt Edith Stein auch einen kurzgefaßten Überblick über die geistige und soziale Entwicklung vom Mittelalter bis zu Gegenwart der dreißiger Jahre, mit negativem Akzent auf der Geschichte seit Beginn der Neuzeit. Dabei fällt auf, daß sie mit religiösen Begriffen wie »die gefallene menschliche Natur«[386] zu verdeutlichen versucht, was soziale, wirtschaftliche, geistige und – nicht zuletzt – geistlichtheologische Gründe hat.

Martin Kriele meint in seiner Beurteilung der Schrift »Eine Untersuchung über den Staat«: Der Staat, den Edith Stein beschrieben habe, sei nicht der wirkliche Staat gewesen, sondern »ein Bild des Staates, das die Staatslehre ihrer Zeit vom Staat vermittelte – ein Bild, in dem die wesentlichen Probleme gar nicht vorkamen«.[387] Ein wenig gilt das, im übertragenen Sinne, überall da, wo diese bedeutende Frau sich übergreifenden Themen und deren Beziehungsgeflechten zuwendet, weil sie das Hauptgewicht auf religiöse Zusammenhänge legt, in denen immer ihre persönlichen Erfahrungen eine Rolle spielen.

Das fordert auch Widerspruch heraus. So schreibt Edith Stein nach ihrem Vortrag »Grundlagen der Frauenbildung«[388] vor dem Bildungsausschuß des Deutschen Katholischen Frauenbundes in Bendorf am Rhein, den sie am 8. November 1930 hielt, in einem Brief: »Auf Widerstände in Bendorf war ich gefaßt. Ich hätte nur gewünscht, daß sie klarer und unumwundener zum Ausdruck gekommen wären. Es hat ja niemand ein Wort davon gesagt, daß es ›zu fromm‹ war, d. h., daß man sich an der radikalen Orientierung am Übernatürlichen stieß. Und wahrscheinlich stand das doch bei so manchen im Hintergrund, obwohl die Diskussion um ganz andere Dinge geführt hat ... Daß die Ablehnung doch wohl stärker war, nahm ich erst nach dem vollkommenen Schweigen in den Wochen seither an, und Ihre lieben Worte bestärken mich darin.«[389] Bezeichnend für die grundsätzliche Bewertung solcher Auseinandersetzungen sind die folgenden, abschließenden Sätze Edith Steins: »Wie dem auch sei – an

203

unserm Weg soll es uns nicht irremachen. In der Miliz Christi wird es wohl noch manchen härteren Streit auszufechten geben. Schenken Sie mir, bitte, manchmal ein Memento als Waffenhilfe!«[390]

Zu einer wirklich bekannten Exponentin im deutschsprachigen katholischen Kulturbereich wird Edith Stein aber erst, als sie 1930 bei der Salzburger Herbsttagung des Katholischen Akademikerverbandes das einleitende Referat »Das Ethos der Frauenberufe« hält. Die Gesamttagung steht unter dem Thema »Christus und das Berufsleben des modernen Menschen«. Ursprünglich ist Edith Stein das zentrale Thema »Christliches Berufsethos« zugedacht, das dann, weil die Veranstalter ein eigenes Frauenthema für unerläßlich halten, Dietrich von Hildebrand übernimmt.

Der Eindruck, den das Referat und seine Referentin hinterlassen, ist überwältigend. Peter Wust spricht aus, was viele empfinden: »Dieses Fräulein hat noch Zukunft!«[391] Von nun an drängt man sich, Edith Stein zur Mitarbeit zu gewinnen.

Beruf und Berufung der Frau

»Als Gymnasiastin und junge Studentin bin ich radikale Frauenrechtlerin gewesen. Dann verlor ich das Interesse an der ganzen Frage. Jetzt suche ich, weil ich muß, nach rein sachlichen Lösungen.«[392] Das schreibt Edith Stein am 8. August 1931 aus Breslau in einem Brief an Callista Kopf OP in Speyer. »... weil ich muß ...« – die Referentin Edith Stein sieht sich ganz offensichtlich in die Pflicht genommen. Aber die Konvertitin Edith Stein wäre nicht die, die sie ist, wenn sie ganz einfach da anknüpfen könnte, wo sie das Interesse verlor. Von den Rednerpodien, die sie betritt, will sie eine Botschaft zu den Menschen bringen, gleich, ob sie über Erziehung, Bildung oder eben Frauenfragen spricht. Welche Botschaft ihr am Herzen liegt, hat sie deutlich in einem anderen Brief vom April 1931 geschrieben: »... (es) scheint ..., daß Sie das Übernatürliche überhaupt nicht einbezogen haben wollten? Doch wenn ich darüber nicht sprechen sollte, würde ich wohl überhaupt auf kein Rednerpult hinaufgehen. Es ist im Grunde immer eine kleine, einfache Wahrheit, die ich zu sagen haben: *wie man es anfangen kann, an der Hand des Herrn zu leben.* Wenn dann die Leute ganz etwas anderes von mir verlangen, und mir geistreiche Themen stellen, die mir sehr fern liegen, dann kann ich sie nur als Einleitung nehmen, um schließlich auf mein Ceterum censeo zu kommen. Vielleicht ist das eine sehr anfechtbare Methode. Meine ganze Rednertätigkeit ist so über mich hereingebrochen, daß ich noch gar nicht prinzipiell darüber nachgedacht habe. Wahrscheinlich werde ich das einmal tun müssen.«[393]

Edith Stein beginnt ihre eigentliche Referentinnentätigkeit am 12. April 1928 mit dem Vortrag »Der Eigenwert der Frau in seiner Bedeutung für das Leben des Volkes«. Sie hält ihn anläßlich der 15. Hauptversammlung des katholischen bayrischen Lehrerinnenvereins in Ludwigshafen. Und wie sie es drei Jahre später in dem oben zitierten Brief ausdrückt, läuft auch hier schon alles auf ihr Ceterum censeo hinaus: von der Realität und Kraft des Übernatürlichen Zeugnis abzulegen.

Das verführt sie aber nicht dazu, den Anlaß des Vortrages zu negieren und die »Einleitung«, wie sie es nennt, leichthin abzutun.

In diesem frühen Vortrag zur Frauenfrage sind vielmehr die meisten Elemente der späteren, oft viel ausführlicheren Studien über Beruf und Berufung der Frau schon enthalten.

Weil der Eigenwert der Frau auf ihrer Eigenart beruhe, beginnt Edith Stein mit einem Vergleich männlicher und weiblicher Eigenart: »Der Mann ist mehr *sachlich* eingestellt.« »Die Einstellung der Frau ist persönlich ...«[394] »Der Mann erfährt durch die Unterwerfung unter ein Sachgebiet leicht eine *einseitige Entwicklung.* In der Frau lebt ein natürlicher Drang nach *Ganzheit und Geschlossenheit,* und das wieder in doppelter Richtung: Sie möchte selbst ein ganzer Mensch sein, ein voll und allseitig entfalteter werden, und sie möchte andern dazu verhelfen, es zu werden und jedenfalls, wo sie mit Menschen zu tun hat, dem ganzen Menschen gerecht werden.«[395]

Diese Feststellungen werden nicht begründet, sie werden nicht belegt, sie werden, wie es auch in den Anfangszeiten der Frauenbewegung geschah, als feststehend angenommen. Davon ausgehend meint Edith Stein, daß die beiden von ihr genannten charakteristischen Züge der Frau, »wie sie *von Natur aus* sind«, zunächst noch keinen Wert darstellen, sondern daß darin sogar große Gefahren liegen, die aber bei richtiger Behandlung zu etwas höchst Wertvollem gestaltet werden können. Hinter allem aber, was in der Welt an Wertvollem zu finden sei, stehe die Person des Schöpfers, »der alle erdenklichen Werte als ihr Urbild in sich schließt und überragt«.[396] Der Mensch aber ist nach dem Bilde Gottes geschaffen. »Und zwar *der* Mensch, in dem das Bild Gottes in möglichster Reinheit entfaltet ist, in dem die Gaben, die der Schöpfer in ihn gelegt hat, nicht verkümmern, sondern aufblühen, und in dem die Kräfte in der Ordnung stehen, die Gottes Bild entspricht und von Gott gewollt ist: der Wille von der Erkenntnis geleitet und die niederen Kräfte von Erkenntnis und Willen gezügelt. Das ist der *ganze Mensch,* von dem wir sprachen.«[397]

An diesem Menschenbild hat sich Edith Stein von Kindheit an orientiert, von einem starken Willen geleitet – der allerdings auch dazu diente, sich das Beten abzugewöhnen (oder war es die Erkenntnis oder beides zusammen?) –, von einem sicheren Gefühl für die Würde des Menschen, der sich selbst beschädigen kann, wenn er, wie bei Alkoholexzessen und Zornausbrüchen, die Gewalt über sich verliert. Aber natürlich ist für sie der ganze

206

Mensch noch mehr. Er setzt »*die richtige persönliche Einstellung*«[398] voraus, das heißt: jene weltanschaulich-religiöse Haltung, zu der sie sich bekehrt hat.

Jeder Mensch ist zu ganzem Menschentum berufen. Daß, nach ihrer Meinung, die Frau dazu eine besondere Neigung habe, bringt Edith Stein mit ihrer Bestimmung zur Mutter- und Gefährtinnenschaft in Verbindung. Den daraus sich ergebenden Verpflichtungen könne die Frau nur entsprechen, wenn sie die richtige persönliche Einstellung habe. Denn die ursprüngliche Form der weiblichen Eigenart (gemeint ist offenbar die nicht durch Erkenntnis, Willen und Einsicht geprägte Form) sei eine »Entartung und Versperrung der richtigen Einstellung«.[399] Und nun folgt eine Aufzählung der aus den ungeläuterten Anlagen der Frau entspringenden negativen Eigenschaften: Geltungssucht, Unfähigkeit, Kritik zu ertragen, Kritiklosigkeit, Blindheit vor Liebe, Oberflächlichkeit, Selbstsucht und Besitzergreifung gegenüber Menschen. Die Rednerin hält diese Eigenschaften für verbreitet und folgert: »Der großen Masse der Menschen gegenüber, stellen die eine Auswahl dar, die eine gründliche, sachliche Bildung haben, und in dieser Auswahl sind sicherlich mehr Männer als Frauen.« Aber: »Eine sehr viel kleinere Auswahl kommt dem Ziel des vollen Menschentums nahe. Und in dieser *kleinen Herde* sind, scheint es, mehr Frauen als Männer.«[400]

Für die Frau bedürfe es als Gegenmittel gegen ihre seit dem Sündenfall »entartete« weibliche Grundlage gründlicher sachlicher Ausbildung. »Da die sachliche Arbeit, die wir als Heilmittel gegen die Mängel der weiblichen Eigenart ansehen, etwas ist, wozu der Mann durchschnittlich von Natur aus neigt, so könnte man auch sagen: Ein Zuschuß männlichen Wesens ist das Gegengift gegen das Allzu-Weibliche.«[401]

Von der sachlichen Einstellung soll der Weg dann zur persönlichen führen. Dazu gehöre die Erkenntnis des wahren Menschentums, das in Jesus Christus erschienen ist. »Und je tiefer dieses Gottesbild in uns eindringt, je mehr es unsere Liebe weckt, desto empfindlicher werden wir für alle Abweichungen von ihm in uns und in andern: es werden uns die Augen geöffnet für wahre Menschenkenntnis, frei von aller Beschönigung.«[402] »Hier ist die Hingabe angebracht, zu der die weibliche Natur neigt, hier *finden* wir andererseits auch die absolute Liebe und Hingabe, die wir bei Menschen immer vergeblich suchen.[403]

Für das praktische Leben bedeutet das Möglichkeiten, die Krankheit der Zeit zu heilen. Edith Stein konstatiert bei der großen Masse der Menschen eine innere Zerrissenheit, einen völligen Mangel an festen Überzeugungen und Grundsätzen, haltloses Getriebenwerden, Unbefriedetheit des Daseins und ein sich daraus ergebendes Betäubungsstreben durch immer neue und raffiniertere Genüsse. Sie verkennt aber auch nicht, daß bei denen, die einen ernsten Lebensinhalt anstreben, vielfach in einseitiger Berufsorientierung versunken, das Streben nach Schutz vor solchen Zeitproblemen der krisengeschüttelten Gesellschaft der Weimarer Republik besteht, ohne daß diese dadurch behoben werden. Das Heilmittel sind nach ihrer Meinung Menschen, die fest stehen, auf »Ewigkeitsgrund«.[403a]
Für Frauen bedeutet das: Sie wissen als Mütter, wozu sie ihre Kinder erziehen. Diesem Stehen auf dem Ewigkeitsgrund des religiösen Bekenntnisses mißt Edith Stein die Kraft einer vollkommenen Verwandlung negativer Erscheinungen ins Positive zu. So werden dadurch, ihrer Auffassung nach, Mütter sein, die Entwicklungsmöglichkeiten der Kinder richtig einschätzen, die gefährlichen Entwicklungen vorbeugen, die sich selbst zurücknehmen, damit die Kinder sich entfalten können.
Ähnlich gegenüber dem Mann: Die Frau soll die verständnisvolle Gefährtin sein, die ihn betreut, stützt und vor dem Abgleiten in flache oder gefährliche Zertreuungen bewahrt. Sie sollte zwischen Vater und Kindern vermitteln und möglichst den vielleicht religiös gleichgültigen oder ablehnenden Mann zum Glauben führen. Das sind sehr traditionelle Verhaltensformen: Für den Mann gilt das selbständige, das gestaltende Prinzip, für die Frau, nach Edith Steins Meinung, das des Dienens und der mittelbaren Einflußnahme. Aber Edith Stein ist auch eine berufstätige Frau, sie ist Lehrerin, und der Lehrerin fällt als Erzieherin besondere Verantwortung zu. Auch »... sie muß *fest stehen* ...«[404]
Der Beruf der Lehrerin gilt als echt weiblich. Aber auch andere Berufe sind ihrer Meinung nach für Frauen besonders geeignet, so der der Ärztin. Die Frau, die nach Edith Stein auf das Ganze ausgerichtet ist, habe mehr Verständnis dafür, daß, sobald ein Organ erkrankt, der ganze Mensch krank ist und leidet. Ebenso entsprechen die sozialen Berufe mit ihrer pflegerischen Komponente der Eigenart der Frau, wie Edith Stein sie versteht, in besonderem Maße. Auf wissenschaftlichem Gebiet sieht die

208

Wissenschaftlerin Edith Stein allerdings wenig Möglichkeit für Eigenart und Eigenwert der Frau, sich auszudrücken. Sie zweifelt sogar daran, daß Frauen für die abstrakten Wissenschaften – Naturwissenschaften, Philosophie – geeignet sind, es sei denn, die männliche Geistesart sei in ihnen vorherrschend – ein interessanter Aspekt, vor allem wenn man ihn unter dem Gesichtspunkt der Selbstbeurteilung der Verfasserin sieht.

Im politischen Leben könne dagegen die Frau eigene Akzente setzen, da sie auf das Menschlich-Konkrete achte und weniger abstrakt veranlagt sei als der Mann. Edith Stein verweist auf das Jugendwohlfahrtsgesetz, das 1922 vom Reichstag nur verabschiedet werden konnte, weil die weiblichen Abgeordneten aller Fraktionen zusammenarbeiteten und im Parteienstreit, der den Gesetzentwurf fast zu Fall gebracht hätte, einen Kompromiß erzielten, den schließlich die Parlamentsmehrheit akzeptierte. Ein politischer Mensch mit Verständnis für die aktuellen Geschehnisse und Einblick in ihre Bedeutung ist Edith Stein also auch jetzt geblieben.

Ihren Eigenwert kann dementsprechend nach ihrer Meinung die Frau im Grunde überall geltend machen und dadurch Segen stiften: »Überall besteht das Bedürfnis nach mütterlicher Teilnahme und Hilfe, und so können wir auch in dem *einen* Wort *Mütterlichkeit* das zusammenfassen, was wir als Eigenwert der Frau entwickelt haben. Nur muß es eine Mütterlichkeit sein, die nicht bei dem engen Kreis der Blutsverwandten oder der persönlichen Freunde stehenbleibt, sondern nach dem Vorbild der *Mutter der Barmherzigkeit* für alle da ist, die mühselig und beladen sind, sie muß ihre Wurzel haben in der weltweiten göttlichen Liebe.«[405]

Was das konkret in der Sicht Edith Steins bedeutet, geben die beiden abschließenden Sätze des Vortrages zu erkennen: »Gefügige Werkzeuge in Gottes Hand werden und sein Werk wirken an der Stelle, an die er uns führt, das ist unsere Mission. Wenn wir sie erfüllen, tun wir das Beste für uns selbst, für unsere nähere Umgebung und damit zugleich für das ganze Volk.«[406]

Was in dieser frühen Skizze über Wesen, Wert und Beruf der Frau gesagt wird, findet in den ab 1930 fast immer auf Grund von Vortragsverpflichtungen ausformulierten Studien zur Frauenthematik Präzisierung, Einbeziehung in weitere Zusammenhänge und seine starke Ausrichtung auf das Vorbild der Virgo-Mater. Aus der Skizze wird so in mehrfachen Ansätzen und Variationen ein vielfältiges und doch zugleich zentral beleuchtetes Bild der Frau, das wiederum viel über Edith Stein selbst aussagt. Als sie 1930 zur Eröffnung der Salzburger Herbsttagung des katholischen Akademikerverbandes den viel bewunderten Vortrag über »das Ethos der Frauenberufe« hält, definiert sie den Begriff »Ethos« als »etwas Dauerndes ..., was die Akte der Menschen regelt: ... eine *innere Form*, eine dauernde *Haltung der Seele*, das, was die Scholastik einen *Habitus* nennt«.[407] Es gibt nach Edith Stein »angeborene Habitus« und »eingegossene«.[408] Zu den ersteren gehören die Temperamente, zu den letzteren »die göttlichen Tugenden«[409], die der Seele nicht unwandelbar angehören, »aber sie sind leicht wandelbar«.[410] Berufsethos ist jene dauernde Seelenhaltung oder Gesamtheit von Habitus, »die im Berufsleben als ein von innen her formendes Prinzip hervortreten«.[411] Dazu gehören Pflichttreue und Gewissenhaftigkeit. Nur wer seine Arbeit nicht nur und vor allem um des Gelderwerbs willen verrichtet, kann im wirklichen Sinne von »Beruf« sprechen, weil sie ihm Berufung ist. Erst dann kann seinem Verhalten Berufsethos zugrunde liegen.

Unter diesen Gesichtspunkten, die gleichsam die Einleitung bilden, hat Edith Stein dann, wie in vielen anderen dem Thema Frau gewidmeten Arbeiten, Beruf und Berufung der Frau untersucht. Dabei unterscheidet sie jetzt den natürlichen Frauenberuf vom übernatürlichen. Mutter und Gefährtin des Mannes sein – das ist der von der Natur für die Frau vorgesehene Beruf. Edith Stein weist auch hier auf die Gefahren der weiblichen Anlage hin, die in der Erbsünde begründet seien. Auf der Lehre vom Sündenfall errichtet sie das ganze Gebäude ihrer Anthropologie: des gefallenen Menschen, den die göttliche Gnade durch Jesu Opfer erlöst. Dies geschieht mit einer Naivität, die im ursprünglichen Sinne kindlich, treuherzig, unbefangen ist und vielleicht am ehesten mit Schillers Begriffsbestimmung in »Naive und sentimentalische Dichtung« übereinstimmt, wo die echte Naivität als unreflektiert bezeichnet wird, oder auch im Sinne Husserls, der des Aquinaten Beschäftigung mit den Realitäten in der Art, in der sie geschah, naiv nannte.[412] In der Tat reflektieren beide – Thomas wie Edith – hinsichtlich von Glaubensinhalten nicht, aber sie ergehen sich auch nicht in primitiver Realistik. Edith Stein verwendet vielmehr die Begriffe der Bibel aus einer intuitiven Selbstverständlichkeit heraus, die aus ihrer tiefen Frömmigkeit erwächst. Hier hat sich jemand im wörtlichen Sinn auf die Bibel eingelassen.

Gegenüber dem durch den Fall entstellten Menschen, hier der Frau, stellt Maria, die Mutter Jesu, das Gegenbild dar. Sie verkörpert – in der katholischen Interpretation und der fast noch weitergehenden Ausschmückung durch Edith Stein – die seelische Grundhaltung, die aus dem natürlichen Beruf der Frau entspringt: »Im Mittelpunkt ihres Lebens steht ihr Sohn ..., sie hütet seine Kindheit, ... sie hält den Toten in den Armen, sie vollstreckt das Testament des Abgeschiedenen. Aber all das tut sie nicht als ihre Sache, sie ist darin die Magd des Herrn, sie erfüllt, wozu sie von Gott berufen ist.«[413] »Das Bild der Gottesmutter zeigt uns die seelische Grundhaltung, die dem natürlichen Beruf der Frau entspricht: dem Mann gegenüber Gehorsam, Vertrauen und Teilnahme an seinem Leben, die seine sachlichen Aufgaben und seine Persönlichkeitsentfaltung fördern; dem Kind gegenüber treue Hut, Pflege und Ausbildung seiner gottgegebenen Anlagen; beiden gegenüber selbstlose Hingabe und stilles Zurücktreten, wo man ihrer nicht bedarf; alles begründet in der Auffassung von Ehe und Mutterschaft als Beruf, der von Gott kommt und um Gottes willen und unter göttlicher Leitung auszuüben ist.«[414]

Das aber heißt nicht, daß die Frau nur Ehefrau und Mutter sein darf: »Keine Frau ist ja nur Frau«, schreibt Edith Stein und weist damit eine im Zusammenhang des bis dahin Dargestellten unerwartete Modernität auf, »jede hat ja ihre individuelle Eigenart und Anlage so gut wie der Mann und in dieser Anlage die Befähigung zu dieser oder jener Berufstätigkeit künstlerischer, wissenschaftlicher, technischer Art usw. Prinzipiell kann die individuelle Anlage auf jedes beliebige Sachgebiet hinweisen, auch auf solche, die der weiblichen Eigenart fernliegen.«[415]

Damit hat Edith Stein, die selbst als Philosophin eine, nach ihrer eigenen Definition, der typischen weiblichen Eigenart nicht entsprechende wissenschaftliche Tätigkeit ausübt, einen jener Aus- und Aufbrüche ausgeführt, die immer wieder auftauchen, wenn existentiell verankerte Anlagen oder Bedürfnisse, aber auch Einsichten sonst keinen Ausdruck finden können. Die Rednerin, die sich so verhält, tut im Grunde zweierlei: Sie bedenkt aus inniger

211

Frömmigkeit heraus Fragen des Frauenlebens, und sie wirft aus der Erfahrung als Berufstätige, in der Frauenbewegung Bewanderte ein die Szene beleuchtendes Schlaglicht auf die moderne Lebenssituation und gibt ihr dadurch Kontur und Eigenwert im Zusammenhang mit der weltanschaulichen Beurteilung, die sie vornimmt. Dazu gehört, daß sie einerseits den übernatürlichen Beruf der Ordensfrau genauso in ihre Sicht einbezieht wie sie andererseits Zusammenhänge mit der Frauenbewegung und Unterschiede ihr gegenüber herausstellt.

»Der Ordensberuf ist die restlose Hingabe des ganzen Menschen und des ganzen Lebens an den Dienst Gottes; er bedingt die Verpflichtung zum Gebrauch der Mittel, die zur Erfüllung des Berufes tauglich machen: Verzicht auf jeden Besitz; Verzicht auf jede menschlich-vitale Bindung und Verbindung; Verzicht auf den eigenen Willen.«[416]

»Nur Gott kann eines Menschen Hingabe ganz empfangen und so empfangen, daß der Mensch seine Seele nicht verliert, sondern gewinnt. Und nur Gott kann sich selbst einem Menschen so schenken, daß er dessen ganzes Wesen ausfüllt und dabei von sich nichts verliert. Darum ist die restlose Hingabe, die Prinzip des Ordenslebens ist, zugleich die einzig mögliche adäquate Erfüllung des weiblichen Sehnens.«[417]

Hier spricht die Frau, die seit fast zehn Jahren darauf wartet, sich ihren Herzenswunsch erfüllen und ins Kloster eintreten zu können. Die ins Übernatürliche gesteigerte und gewandelte natürliche Neigung wird zum Ziel persönlicher Wünsche aus persönlicher Erfahrung.

Edith Stein ist davon überzeugt, »daß die gefallene, die entartete weibliche Natur nur in Reinheit hergestellt und auf die Höhe des Berufsethos geführt werden kann, das in der reinen weiblichen Natur vorgezeichnet ist, wenn sie sich Gott ganz hingibt«.[418] Das gilt für Nonnen wie für Ehefrauen, Mütter, Berufstätige. Sie scheut sich aber auch nicht, darauf hinzuweisen, daß hinter Klostermauern keineswegs immer die wünschenswerte Höhe des Ideals erreicht werde, wozu dann, zum Beispiel bei den Lehrorden, noch die Anforderungen des modernen Lebens treten. »Gar oft geht da, ähnlich wie bei der erwerbstätigen Gattin und Mutter, unter der übermäßigen Belastung die rechte Seelenhaltung verloren.«[419]

Aber natürlich gibt es auch die anderen, die ihrem Beruf und ih-

212

rer Berufung gerecht werden – da, wo Gott sie hingestellt hat: diesseits wie jenseits der Klostermauern. »Ein echter Frauenberuf«, meint Edith Stein, »ist jeder Beruf, in dem die weibliche Seele zu ihrem Recht kommt und der durch die weibliche Seele geformt werden kann. Das innerste Formprinzip der weiblichen Seele ist die Liebe, wie sie aus dem göttlichen Herzen quillt. Die weibliche Seele gewinnt dieses Formprinzip durch den engsten Anschluß an das göttliche Herz in einem eucharistischen und liturgischen Leben.«[420]

Damit ist sie bei ihrem Ceterum censeo, bei der wichtigsten Erfahrung und Botschaft ihres Lebens. Aber sie bleibt nicht dabei stehen, nur einfach diese Botschaft zu verkünden. Sie betrachtet vielmehr alle Teile des menschlichen Lebens unter diesem Gesichtspunkt, und indem sie zu dieser religiösen Interpretation ansetzt, verdeutlicht sie Zusammenhänge, die deshalb so viel Aufsehen erregen, weil sie bis dahin im katholischen Bereich so eindeutig und radikal, ausgehend von der Frau und hinführend zu ihr, noch nicht formuliert wurden. Dabei weist die chronologische Abfolge der Studien über die Frau eine stete Vertiefung und Erweiterung von Analyse, Ergebnis und Verständnis auf.

Der Unbefangenheit, mit der das Bekenntnis zu einem ganz in Gott ergebenen und in Gott geführten Leben abgelegt wird, entspricht die Unerschrockenheit in der Einführung von, zu jener Zeit jedenfalls, ungewohnten Gedankenverbindungen. Edith Stein kommt bekanntlich aus der radikalen Frauenemanzipationsbewegung. Am Anfang der Frauenbewegung aber stand, anders als sie selbst meint, nicht die Emanzipation im radikalen Sinne, sondern die soziale Verantwortung von Frauen für Frauen.

Die Vorstellung, daß die Frau vor allem Gehilfin des Mannes sei, ihm als Strafe für den Sündenfall untergeordnet, war allerdings nicht die Auffassung, von der diese wichtige soziokulturelle Bewegung ausging. Aber hier spielte auch nicht die Idee der Emanzipation als individualistisches Ziel die Hauptrolle, sondern am Anfang der deutschen Frauenbewegung stand die tiefe Bewegung des Gewissens durch den Ausbruch des Elends in einer sich rapide verändernden Welt. Louise Otto, eine junge Schriftstellerin, hat in den frühen vierziger Jahren des vorigen

Jahrhunderts, bewegt von der Not der Klöpplerinnen im Erzgebirge, mit der Gründung von Vereinen für Heimarbeiterinnen, Dienstmädchen und Fabrikarbeiterinnen der Frauenbewegung die ersten Ziele und organisatorischen Formen gegeben. Erst später, und dann auch nur durch relativ wenige vertreten, wurde der Gedanke der Emanzipation als persönliches Verlangen nach exzessiver Freiheit virulent. Louise Otto antwortete darauf 1849 in der Einleitung zur ersten Nummer ihrer »Frauen-Zeitung«: »Man wird ... weder mich noch meine mitarbeitenden Schwestern zu diesen ›Emanzipierten‹ werfen können, wohl aber werden wir stolz darauf sein, wenn man uns Nachfolgerinnen jener edlen Jungfrau aus Bethanien nennt, von welcher das leuchtende Vorbild aller Menschen sagte: ›Maria hat das bessere Teil erwählt!‹ «[421]

Es ist auffallend, daß in der Arbeit »Probleme der Frauenbildung«, die auf ein Vorlesungsmanuskript aus dem Sommersemester 1932 am katholischen Deutschen Institut für wissenschaftliche Pädagogik zurückgeht, Edith Stein ausführlicher und auch sachgerechter auf den Anteil der Frauenbewegung an der Durchsetzung von Bildungsmöglichkeiten für Mädchen und Frauen eingeht als in früheren Arbeiten. Das mag damit zusammenhängen, daß die »Lebenserinnerungen« von Helene Lange, der bedeutenden Bildungsreformerin, gerade erschienen sind und sie diese ausführlich für ihre Arbeit benutzt. Sie geben bis dahin wenig oder gar nicht bekannte Aufschlüsse über die Anfänge jener Frauenbewegung, die nach der Abspaltung der Arbeiterinnen in den neunziger Jahren des vorigen Jahrhunderts zur sogenannten bürgerlichen Frauenbewegung wurde. Dieser Teil spaltete sich dann noch einmal für eine bestimmte Zeit (1900 bis 1908) in die Richtung der »Gemäßigten«, die von der Sonderart der Frau ausgingen, und die Radikalen, die mit ihrer Forderung nach sofortiger Einführung des Frauenwahlrechts und der Behauptung von der Gleichheit von Mann und Frau auch Edith Stein beeinflußten, so daß sie sich zu Recht als radikale Frauenrechtlerin verstand.

Diese Zeit liegt lange zurück, als Edith die – später entstandene – konfessionelle Frauenbewegung als diejenige sieht, die der Frauenproblematik am meisten gerecht werde, weil sie »auf Felsengrund«[421a] stehe. So stimmt sie ganz mit Josef Mausbach überein, der als Theologe sowohl ein Befürworter der katholi-

214

schen Frauenbewegung wie Vorsitzender des Kuratoriums des ebenfalls katholischen Instituts für wissenschaftliche Pädagogik in Münster ist und den sie mit den Worten zitiert: »Wir durften später kommen, weil wir früher da waren.«[422] Edith Stein schließt daran an: »Wir bleiben, wenn auch niemand sonst auf dem Plan bleiben sollte.« »Unser Leitstern ist nicht ein zeitbedingtes Menschen- und Frauenideal, sondern eines, das vor aller Zeit für alle Zeit aufgerichtet wurde.« »Höher und heiliger kann keine Eheauffassung sein als die unserer Kirche. Aber sie kennt noch etwas Höheres. Die Frau, die uns für alle Zeiten als Urbild der Mutterschaft vor Augen gestellt ist, hatte entgegen aller Tradition ihres Volkes beschlossen, keinem Mann anzugehören. Sie stellte ihr ganzes Sein in den Dienst des Herrn. So wurde sie zum Urbild der *gottgeweihten Jungfräulichkeit,* zum Urbild der sponsa Christi. Gott verbunden zu sein in dauernder Lebensgemeinschaft, das ist die höchste Lebensform, zu der man berufen sein kann.«[423]
Diese religiös-konfessionell gebundene Auffassung von Leben, Beruf und Berufung der Frau kann als Ganzes nicht Grundlage der überkonfessionellen Frauenbewegung sein, die darauf gerichtet ist, das Verbindende unter den Frauen zu suchen, das, was allen Frauen gemeinsam ist, und die ihnen gemeinsamen Probleme anzusprechen. Aber die christliche Grundlage ist dennoch vorhanden.

In der Arbeit »Beruf des Mannes und der Frau nach Natur und Gnadenordnung« aus dem Jahre 1930 hat Edith Stein am Beginn eine Definition des Begriffs »Beruf« gegeben. Sie schreibt: »Was heißt ... berufen sein? Es muß ein *Ruf* ergangen sein: *von jemandem, an* jemanden, *zu etwas,* auf eine *vernehmliche Weise.*«[424] Und weiter: »Die *Natur des Menschen* und sein *Lebensweg* aber sind kein Geschenk und Spiel des Zufalls, sondern – mit den Augen des Glaubens betrachtet – Gottes Werk. Und so ist letztlich der, der beruft, Gott selbst. Er ist es, der beruft: *jeden* Menschen zu etwas, wozu er ganz persönlich berufen ist, überdies noch Mann und Weib als solche zu etwas Besonderem ...«[425] Damit sind die beiden Begriffe »Beruf« und »Berufung« auf ihre gemeinsame Wurzel zurückgeführt (übrigens im Sinne Luthers, von dem ja Begriff und Definition ursprünglich stammen).

Das alles aber gründet sich nach Edith Steins Auffassung auf den Zusammenhang von Sündenfall und Erlösung, und sie merkt an: »Der Bericht über Erschaffung und Fall des Menschen ist voller Geheimnisse, die wir nicht lösen werden.«[426] Aber: »Wie an ein Weib zuerst die Versuchung herantrat, so kommt die Gnadenbotschaft Gottes zuerst zu einem Weibe, und hier wie dort entscheidet das Ja aus dem Mund eines Weibes über das Schicksal der ganzen Menschheit.«[427] Die Auszeichnung des weiblichen Geschlechts sei es, daß eine Frau der Mensch war, der das neue Gottesreich begründen helfen durfte; die Auszeichnung des männlichen Geschlechts dagegen wird darin gesehen, daß die Erlösung durch den Menschen*sohn*, den neuen Adam, gekommen sei.

Daraus ergeben sich, denkt man diesen Ansatz weiter, und Edith Stein tut das, schwerwiegende Folgen für das Verhältnis zwischen Mann und Frau. Die Frau soll dem Mann untertan sein: »Er soll dein Herr sein«, weil sie dem Versucher, der Schlange, erlag. Worin aber liegt diese gesetzte Herrschaft des Mannes über die Frau? Wie weit darf sie gehen? Der Apostel Paulus hat im ersten Korintherbrief einiges dazu gesagt. Edith Stein ist nicht mit allem einverstanden, was dort steht. Sie findet, zum Beispiel, was die Kleidervorschriften für Frauen beim Gottesdienstbesuch angeht, »Göttliches und Menschliches, Zeitliches und Ewiges«[428] darin vermischt.

Wenn dann im ersten Timotheusbrief der Apostel der Frau – weil sie erst nach dem Manne geschaffen wurde und dem Versucher als erste erlag – Untertänigkeit, Zurückhaltung abfordert und in Aussicht stellt, durch Kindergebären und gläubiges Verhalten könne sie das Heil erwerben, so stellt Edith Stein demgegenüber fest: »Was hier ausgesprochen ist und gegenüber gewissen Mißbräuchen in den griechischen Gemeinden am Platze sein mochte, ist nicht als verbindlich für die prinzipielle Auffassung des Verhältnisses der Geschlechter anzusehen. Es widerspricht zu sehr den Worten und der ganzen Praxis des Heilands, der Frauen unter seinen nächsten Vertrauten hatte und auf Schritt und Tritt in seiner Erlösertätigkeit bewies, daß es ihm um die Seele der Frau genauso zu tun war wie um die Seele des Mannes.«[429]

Wieder ist hier einer jener Punkte erreicht, wo Edith Steins Denken und Verhalten zu Ausbruch und Aufbruch führt: Ausbruch

216

aus einer traditionellen Denkweise, die sie, die doch so Traditionsbewußte, nicht als berechtigt anerkennen kann, und Aufbruch zu einer neuen, ganz religiös bestimmten, aber selbständigen weiblichen Haltung in der katholischen Kirche. Sie weiß eben um die Geschichtlichkeit des Glaubensgutes, die Bedingungen seiner Entstehung, seiner Überlieferung. Und ihr ist klar, daß aus dem Apostel an einigen Stellen noch die alte Gesetzlichkeit spricht, die Jesus durchbrochen hat. Aber andererseits hält sie auch an der Sicht fest, die die Frau als Versucherin und damit auf immer Gezeichnete betrachtet: »Weil das Weib im Sündenfall sich gegen Gott erhob und zugleich in der Verführung des Mannes sich über ihn erhob, ist ihre Strafe die Unterwerfung unter die Herrschaft des Mannes.«[430] Hier wird der Mythos zum geschichtlichen Ereignis erhoben. Die Ambivalenz ihres Denkens und Verhaltens zeichnet sich einmal mehr ab: einerseits »Feststehen auf Felsengrund«, also vollkommene Anerkennung der Glaubenslehre, und andererseits eigenständiges Denken bis hin zum Aufbruch zu weiteren Horizonten.

Auch ihre Einstellung gegenüber der Einordnung der Frau ins Heilsgeschehen läßt das erkennen: Die Frau sei zu Außerordentlichem berufen, zu dem, was die gewöhnliche Ordnung übersteigt, zum Beispiel im Ordensstand, den sie als höchste Berufung einstuft.

Die schwierige und vielumstrittene Frage des Priestertums der Frau, die damals nur in engen Zirkeln diskutiert wird, erwägt sie nach allen Seiten: »Wenn wir das Verhalten des Herrn selbst in diesem Punkte betrachten, so sehen wir, daß er freie Liebesdienste für sich und die Seinen von Frauen annimmt, daß unter seinen Jüngern und nächsten Vertrauten Frauen sind.«[431] Aber sie weist auch darauf hin, daß er ihnen das Priestertum nicht verliehen habe, »auch nicht seiner Mutter, der Königin der Apostel, die an menschlicher Vollkommenheit und Gnadenfülle über die gesamte Menschheit erhoben war.«[432] In Anlehnung an die gerade in Leipzig erschienene Dissertation von Hilde Vérène Borsinger »Rechtsstellung der Frau in der Katholischen Kirche« weist sie unter anderem auf die apostolische Wirksamkeit von Frauen in der Urkirche hin, die auch das Frauendiakonat mit eigener Diakonatsweihe kannte, und sie fährt dann fort: »Die weitere geschichtliche Entwicklung bringt eine Verdrängung der Frauen aus diesen Ämtern und ein allmähliches Sinken ihrer kir-

chenrechtlichen Stellung, wie es scheint, unter dem Einfluß alttestamentlicher und römisch-rechtlicher Vorstellungen.«[433]
Die Gegenwart, ihre Gegenwart, drängt voran: »Die neueste Zeit zeigt einen Wandel durch das starke Verlangen nach weiblichen Kräften für kirchlich-karitative Arbeit und Seelsorgehilfe. Von weiblicher Seite regen sich Bestrebungen, dieser Betätigung wieder den Charakter eines geweihten kirchlichen Amtes zu geben, und es mag wohl sein, daß diesem Verlangen eines Tages Gehör gegeben wird.«[434]
Ob das dann zum Priestertum der Frau führen wird, erscheint Edith Stein zwar fraglich, aber sie schreibt: »*Dogmatisch* scheint mir nichts im Wege zu stehen, was es der Kirche verbieten könnte, eine solche bislang unerhörte Neuerung durchzuführen.«[435] Doch sie fragt sich, ob es auch praktisch zu empfehlen sei, und sie zweifelt: »*Dagegen* spricht die gesamte Tradition von den Urzeiten bis heute.«[436] Auch ihr Gefühl spricht dagegen, da Christus als Menschen*sohn*, also in männlicher Gestalt, auf dieser Erde lebte, mit ihm also »das erste Geschöpf auf Erden, das in einem ausgezeichneten Sinn nach Gottes Bild geschaffen wurde, ein Mann war« – das scheint ihr darauf hinzuweisen, »daß er [Jesus] zu seinen amtlichen Stellvertretern auf Erden nur Männer einsetzen wollte.«[437]
Das ist natürlich eine Interpretation von Jesu Absichten oder genauer und auch richtiger gesagt: eine Spekulation. Aber Edith Stein nennt auch einen Grund, der aus ihrer Sicht für das Priestertum der Frau spricht, und das zu einer Zeit, als die Formel vom priesterlichen Gottesvolk noch fern lag: *Einer* Frau hat er sich so nahe verbunden wie keinem andern Wesen auf Erden »und sie so sehr zu seinem Bilde geschaffen wie keinen Menschen vorher und nachher.«[438] Er habe ihr für alle Ewigkeit eine Stellung in der Kirche gegeben wie keinem anderen Menschen. Zu beachten sei auch, daß er zu allen Zeiten Frauen zu seinem Dienst berufen habe, »als Sendboten seiner Liebe, als Verkünderinnen seines Willens an Könige und Päpste, als Wegbereiterinnen seiner Herrschaft in den Herzen der Menschen«.[439] Aber der Ruf kann auch ganz anders ergehen, zu anderem auffordern und herausfordern. Welcher Weg auch immer beschritten werden muß – »zur Nachfolge Christi ist ein jeder berufen«.[440]
Das heißt aber auch, sich der Ordnung, die die Natur bestimmt, an- und einzupassen. Mann und Frau haben hier ihre je eigenen

218

Aufgaben: der Mann als Familienoberhaupt in verantwortlicher Fürsorge für das Ganze der Familie, die Frau in besonderer Offenheit für die religiöse Grundlage der Familie.

In einer intuitiven Interpretation religiöser Vorstellungen kommt Edith Stein in einer ihrer Zeit weit vorauseilenden Problemsicht zu der Erkenntnis, daß alle Kräfte – wir würden heute sagen: Anlagen –, die der Mann besitzt, auch in der weiblichen Natur vorhanden sind und umgekehrt, wenn auch jeweils in anderer Stärke und anderem Verhältnis, und daß dies eine Aufforderung sei, das auch bei den jeweiligen Tätigkeiten von Mann und Frau zu berücksichtigen. Damit ist aber auch die Ansicht hinfällig geworden, daß gewisse Berufe nur dem Mann, andere nur der Frau vorbehalten sein müßten. »Ich glaube«, schreibt Edith Stein, »daß auch diese Frage zu verneinen ist, und zwar mit Rücksicht auf die starken individuellen Differenzen, die manche Frauen stark dem männlichen Typus und manche Männer stark dem weiblichen Typus annähern, und es mit sich bringen, daß jeder ›männliche‹ Beruf auch von gewissen Frauen, jeder ›weibliche‹ auch von gewissen Männern durchaus sachgemäß ausgeübt werden kann.«[441] Gesetzliche Schranken seien deshalb ungeeignet. Außerdem könnten Erziehung, Berufsberatung und hohe, sachgerechte Anforderungen die Spreu vom Weizen sondern, nicht zuletzt auch, weil die naturgemäße Anlage beim Durchschnitt der Menschen von selbst ausschlaggebend sein werde.

Edith Stein beschäftigen vor allem die Probleme der Mädchen- und Frauenbildung. Dabei wird der historische Ansatz auch hier religiös-kirchlich gewählt. So führt sie das Bildungsproblem von Frauen, wie es im 19. Jahrhundert erkannt und dann vor allem im 20. Jahrhundert bekämpft wird, auf die Reformation zurück: »Die Reformation hat die Klöster geschlossen und dem Jungfräulichkeitsideal abgesagt. Sie ist es gewesen, die das Wirken der Frau allein auf Familie und Haus beschränkte und ihren Wert allein an Ehe und Mutterschaft maß. Sie hat damit den Frauen ein reiches Feld mannigfachen Wirkens abgeschnitten und sie der entsprechenden Bildungsanstalten beraubt. Luther verlangte wohl Fürsorge der weltlichen Behörden auch für Mädchenschulen – die Bibel sollte ja auch von Frauen gelesen werden

– und für diese Schulen *Lehrfrauen* ... Aber es fehlte an den nötigen weiblichen Lehrkräften. An etwas Höheres als Elementarbildung für Mädchen wurde überhaupt nicht gedacht.«[442]
Luther hat aber an etwas Höheres gedacht. In seinem Sendschreiben »An die Ratsherren aller Städte deutschen Landes, daß sie christliche Schulen aufrichten und halten sollen« von 1524 schrieb der damals noch unverheiratete Reformator, der allerdings das mittelalterliche Mädchen-Bildungswesen, soweit es die breiten Schichten anging, nicht so hoch schätzte wie Edith Stein: »Ich rede für mich: wenn ich Kinder hätte und vermöcht's, sie müßten mir nicht allein die Sprachen und Historien hören, sondern auch singen und die Musica mit der ganzen Mathematica lernen.« Das heißt, sie sollten eine breite Bildungsgrundlage erhalten, und nicht etwa nur die Jungen, auch die Mädchen. Es seien, wünschte Luther, »die allerbesten Schulen, beide für Knaben und Maidlein, an allen Orten aufzurichten, daß die Welt auch ihren weltlichen Stand äußerlich zu halten, doch bedarf feiner, geschickter Männer und Frauen, daß die Männer wohl regieren könnten Land und Leute, die Frauen wohl ziehen und halten könnten Haus, Kinder und Gesinde. Nun solche Männer müssen aus Knaben werden, und solche Frauen müssen aus Maidlein werden. Darum ist's zu tun, daß man Knäblein und Maidlein dazu recht lehre und aufziehe.«[443]
Luthers Ziel war also, modern ausgedrückt, eine gebildete Gesellschaft, und wenn er die Frau auf Haus, Kinder und Gesinde als ihr Feld verwies, so tut das auch Edith Stein, denn die Rolle der Ehefrau und Mutter ist bei ihr die primäre, die der sponsa Christi die Ausnahme und zugleich höchstgestellte, während die der Berufsfrau erst in der Moderne möglich wird.
Wenn aber nun diese erst in unserem Jahrhundert zum Durchbruch gekommene Lebensform gerade durch die Reformation, die ja die Individualisierung des Menschen förderte, verzögert worden sein soll, so stellt sich die Frage, wie es denn mit Bildung und Berufswahl der Mädchen und Frauen aussah in jenen Gebieten, in denen die katholische Konfession bestimmend blieb. Der katholische Pädagoge Bruno H. Reifenrath meint dazu: »Edith Steins bildungsgeschichtliche Skizze mutet in diesem Zusammenhang recht einseitig an und ist geeignet, die Frage zu provozieren, was denn nach der Reformation in den katholisch gebliebenen oder wieder vom Katholizismus zurückeroberten

220

deutschen Landen unter dem Einfluß der katholischen Kirche und katholischer Fürstenhäuser geschah.«[444] Reifenrath bringt dann Beispiele, die seine Skepsis begründen. Er gibt Edith Stein aber insofern recht, als nach der Reichsgründung der Einfluß Preußens sich auf ganz Deutschland ausdehnte, und Preußen ein evangelisches Herrscherhaus hatte. Aber gerade zu dieser Zeit beginnt ja auch die Frauenbildungsbewegung als wichtiger Zweig der – überkonfessionellen – Frauenbewegung mit Kritik und eigener Projektarbeit.

Noch vor dreißig Jahren ist in einer repräsentativen Studie über die Bildungschancen von Mädchen festgestellt und belegt worden: »In der Situation der Arbeitertöchter kumulieren sich ... alle Widerstände gegen die theoretische Bildung, die in der Bundesrepublik überhaupt bestehen. Wohnt das Mädchen überdies noch auf dem Land, gar in Bayern oder Rheinland-Pfalz, und gehört es einer katholischen Familie an, so grenzt es ans Wunderbare, wenn es zum Abitur gelangt.«[445]

Edith Steins Positionen sind auch in ihren Kreisen nicht immer unumstritten, wie das erwähnte Schweigen von Bendorf zeigt. Ihre Haltung ist die einer Frau, die einen weiten Weg gegangen ist und dabei das Ziel nie aus den Augen verloren hat: die Wahrheit zu finden, und bei dieser Suche auf das Übernatürliche, wie sie es nennt, auf die Transzendenz stieß.

Faszinierend ist, wie sie daraus Folgerungen für das tägliche Leben zieht – radikal, rigoros, auch manchmal abgehoben und deshalb auf manche anstößig wirkend. Es bleibt die Frage, die indirekt bereits in Bendorf gestellt wurde: Wie kann die moderne Frau unter diesen Forderungen und grundsätzlichen Aussagen ihr Leben gestalten? Wird sie davon überhaupt noch erreicht? Bruno H. Reifenrath schreibt dazu aus heutiger Sicht: »Selbst unter günstigsten Bedingungen für eine religiöse Erziehung könnte das von Edith Stein gezeichnete Ideal der Frauenbildung ... problematisch werden: Es ist dem profanen Leben weit entrückt und könnte den jungen Menschen als ein ›ohnehin nicht erreichbares Ideal‹ bei seinen sittlichen Anstrengungen mutlos werden lassen.«[446]

Edith Stein allerdings lagen solche Überlegungen, lag wohl schon die bloße Annahme einer solchen Möglichkeit fern. Das ist nicht ihre Sache, es entspricht weder ihrem Temperament noch ihrer Intention, darüber nachzudenken. Sie hat eben wirklich – bei aller Weite des geistigen Horizonts – eine einzige Wahrheit zu sagen: daß man Christus nachfolgen soll und wie man es ihrer Meinung nach tun kann. Das gilt für Männer wie für Frauen. Aber, und diese Einschränkung ist notwendig, es heißt trotzdem nicht, daß Edith Stein die Alltäglichkeit des modernen Lebens nicht kennt, zum Beispiel den von seinem Beruf verschlungenen Mann, der seinen Familienpflichten nicht gerecht wird, die überlastete Frau, die Kindererziehung, Haushaltsführung und außerhäusliche Berufstätigkeit miteinander vereinbaren muß.

Diese Kenntnis zeigt sich auch in der kleinen Schrift »Wege zur inneren Stille«, die, obwohl sehr meditativ und vergeistigt, doch auf das Alltagsleben gerichtet ist und praktischen Rat enthält. Als das Wichtigste bezeichnet Edith Stein die Teilnahme an der morgendlichen Meßfeier: »Meine erste Morgenstunde gehört dem Herrn. Das Tagewerk, das Er mir aufträgt, das will ich in Angriff nehmen, und Er wird mir die Kraft geben, es zu vollbringen. So will ich hintreten zum Altare Gottes.«[447] Die Teilnahme am Versöhnungsopfer ist für sie das immer wieder erneut mögliche sich »reinwaschen und frohmachen lassen«, sie kann sich »mit allem ... Tun und Leiden bei der Opferung mit auf den Altar legen«.[448] Diese Teilhabe am Opfer, eine grundkatholische Vorstellung, ist offenbar entscheidender Teil von Edith Steins Glaubensüberzeugung, ihrem Naturell und dessen Bedürfnissen ganz stark entsprechend. Nach dieser Beteiligung am Opfer wird die Frage bei der Kommunion fast wie von gleich zu gleich gestellt: »Was begehrst Du, Herr, von mir?«[449] Was daraus folgt? »Wenn ich nach dieser Morgenfeier«, schreibt Edith Stein, »in meinen Arbeitstag eintrete, wird es feierlich still in mir und leer wird die Seele sein von dem, was sie bestürmen und belasten wollte, aber erfüllt von heiliger Freude, von Mut und Tatkraft.« Als »weit, still, leer von sich selbst, warm und klar«, hat sie am Anfang der kleinen Abhandlung die wünschenswerte Haltung der Frauenseele beschrieben und hinzugefügt: »Diesen Zustand können wir nicht willensmäßig erarbeiten, er muß durch die Gnade gewirkt werden. Was wir tun können und müssen ist: uns der Gnade öffnen! Das heißt: unserem eigenen Willen völlig entsagen und nur dem göttlichen Willen

222

gefangen geben, unsere ganze Seele aufnahme- und formungsbereit in Gottes Hände legen. Damit hängt zunächst das Leer- und Stillwerden zusammen.«[450] Nach der Messe sei die Seele »groß und weit ... geworden, weil sie aus sich herausgegangen und in das göttliche Leben eingegangen ist.«[451] Edith Stein beschreibt hier knapp und für einen verständnisbereiten Leserkreis verständlich die Methode christlicher Meditation, angelehnt an Teresa von Avila, und sie hebt als ihr Resultat hervor, daß die groß und weit gewordene Seele klar »das nächste Stückchen Weg vor sich« sieht; »sie sieht nicht sehr weit, aber sie weiß: wenn sie dorthin gelangt ist, wo jetzt der Horizont abschneidet, dann wird sich ein neuer Ausblick eröffnen.«[452] Husserls Sprache begleitet sie also immer noch.

Loslassen und Konzentration in einem sind die Schlüssel zu diesem Ziel – loslassen der Tagesereignisse, der die Seele beunruhigenden Geschehnisse, auch der Kümmernisse, um sich ganz auf die Hingabe an Gott zu konzentrieren: im Gebet, im Versöhnungsopfer, im Empfang der Kommunion.

Auch während der dann folgenden angespannten und angestrengten Tagesarbeit – Edith nennt aus persönlicher Erfahrung das Beispiel des Schulunterrichts und die darauf folgende Erschöpfung – bleibt ein stiller Augenblick als Kraftquell: »Am besten ... wieder eine kurze Zeit vor dem Tabernakel alle Sorgen ausschütten.« Aber als berufstätige Frau weiß sie auch, daß das nicht immer möglich ist, und daher erscheint manchmal »das Atemholen im eigenen Zimmer«[453] als die geeignetere Möglichkeit, Stille zu suchen und zu finden. Was aber, wenn auch das nicht möglich ist? »... dann wenigstens innerlich für einen Augenblick sich gegen alles andere abschließen und zum Herrn flüchten.«[454]

Doch was für die eine richtig ist, muß es für die andere nicht sein: »Die äußere Einteilung wird bei jeder [Edith Stein schreibt für Frauen] anders sein müssen und auch im Laufe der Zeit dem Wechsel der Umstände sich elastisch anpassen müssen. Aber auch die seelische Situation ist bei den verschiedenen Menschen verschieden.«[455] »Von den Mitteln, die geeignet sind, die Verbindung mit dem Ewigen herzustellen, wachzuhalten oder auch neu zu beleben – wie Betrachtung, geistliche Lesung, Teilnahme an der Liturgie, an Volksandachten usw. –, sind nicht alle für jeden und zu allen Zeiten gleich fruchtbar. Die Betrachtung z. B.

kann nicht von allen und immer auf die gleiche Weise geübt werden. Es ist wichtig, das jeweils Wirksamste herauszufinden und sich zunutze zu machen.«[456] Meditation als Mittel, sich dem Ewigen zu verbinden, aber auch als die Möglichkeit, dieses Ewige im Trubel und den Anforderungen des Alltags wirksam werden zu lassen und dadurch Kraft zu gewinnen, und das jeweils in der Form, die der einzelnen entspricht: Die kleine Schrift, von einer berufstätigen Frau für berufstätige Frauen verfaßt, ist aus der Lebenspraxis heraus geschrieben und für die Praxis des Lebens gedacht. Aber zugrunde liegt auch ihr das Ceterum censeo Edith Steins: wie man es anfangen kann, an der Hand des Herrn zu leben. Das ist ihre Wahrheit und Botschaft, und in dieser Wahrheit und Botschaft spiegelt sich auch ihre Sicht der Frau.

Aber es gehört zu den Besonderheiten der Darstellung und Auffassung Edith Steins, daß sie bei aller Kompromißlosigkeit immer wieder gegen Einseitigkeit und Vorurteil auftritt, wenn zum Beispiel die Individualität unzumutbar eingeschränkt werden soll. Zugleich fügt sie sich bei ihrer Interpretation des Persönlichen wiederum ganz in das soziale und religiöse Schema ihrer Zeit, so wenn sie schreibt: »Wie die allgemeine Menschennatur, so hat auch die Individualität Bedeutung für Zeit und Ewigkeit. Sie weist dem Menschen nicht nur seinen sozialen Platz auf Erden an, sondern auch in der himmlischen Hierarchie. Sie ist nicht irdische Unvollkommenheit, die überwunden werden muß, sondern gottgewollte Eigenart, die – rein entfaltet – in der polyphonen Harmonie der Gemeinschaft der Heiligen ihre besondere Melodie mitklingen läßt.«[457]

In einem Vortrag vor katholischen Lehrerinnen scheut Edith Stein sich auch nicht, die Probleme der alleinstehenden Frau zu benennen; sie bezweifelt, daß bei Ausschaltung der leiblichen Komponente die volle Erfüllung der Bestimmung der Frau möglich sei, und sie spricht klar aus, daß nach ihrer Meinung auch die sogenannten glücklichen Ehen so glücklich nicht seien: »Die normale gesunde Frau hat das natürliche Verlangen, Gattin und Mutter zu werden. Gottgeweihte Jungfräulichkeit ist ein außerordentlicher Beruf und bedarf zu ihrer Durchführung besonderer Gnade. Beim jungen Mädchen äußert sich das Verlangen als

224

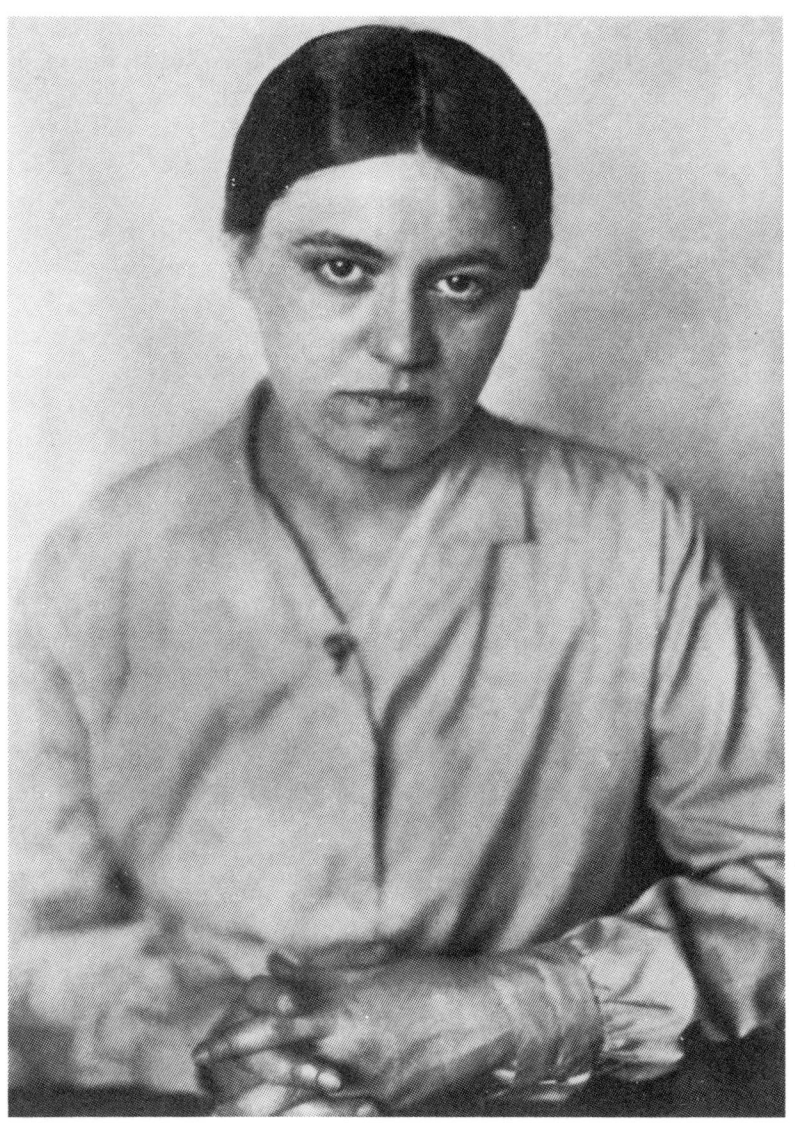

Edith Stein bei einem Vortrag in Wien 1931

frohe Erwartung künftigen Familienglücks. Wenn die Erfüllung eintritt, so zeigt sie wohl in der Regel ein sehr viel anderes Gesicht als die Erwartung. Ich glaube, auch die meisten ›glücklichen‹ Ehen sind mindestens für *einen* Teil ein Martyrium.«[458] Diese Feststellung, 1931 vor Junglehrerinnen getroffen, läßt eine veränderte persönliche Einstellung zur Ehe erkennen. Im Rückblick auf ihre eigene Jugendzeit wird Edith Stein nur etwa zwei Jahre nach diesem illusionslosen (oder desillusionierten) Äußerungen in ihrer Familienchronik noch einmal an ihre Hoffnung auf eine glückliche Ehe erinnern. Jetzt – viele Jahre nach diesen Jugendtagen, die Ehe des einstigen Freundes ist gescheitert, geschieden, die Frau gestorben, seine späte Frage, ob sie zu ihm und seinen zwei kleinen Töchtern kommen wolle, traf auf eine durch Gelübde gebundene und ihr Leben in eine ganz andere Bahn lenkende Frau* –, sieht sie also die Ehe eher negativ. Mag sein, daß sie diesen jungen Frauen, die ihr zuhören, gefährliche Illusionen nehmen will, mag auch sein, daß sie vorbeugen will, weil die meisten ihrer Zuhörerinnen, wie es damals im Lehrberuf noch üblich war, vermutlich nicht heiraten werden. So stellt sie fest: »Nerven- und Frauenärzte wissen etwas von den Leiden und Schwierigkeiten unverheirateter Frauen, die über das heiratsfähige Alter hinaus sind, zu erzählen, und erfahrene Seelsorger kennen sie aus den Beichtstühlen. Leider stellen die Lehrerinnen keinen geringen Prozentsatz unter diesen Patientinnen.«[459] Aber daß die Wahl des Lehrberufs bereits den Verzicht auf die Ehe bedeuten soll, hält Edith Stein »für eine bedauerliche Verirrung«[460]. In Sonderfällen, bei pädagogisch hochbegabten und starken Persönlichkeiten, wünscht sie sich geradezu die Verbindung von Lehrerin, Ehefrau und Mutter. Das ist für damalige Zeit eine sehr fortschrittliche Einstellung. Das Schicksal im möglichen oder sogar wahrscheinlichen Martyrium Ehe für die durchschnittliche Frau aber sieht sie unter einem ganz anderen Aspekt: »... selbst in unglücklicher Ehe entspricht die Frau durchschnittlich ihrer Bestimmung besser als außer der Ehe. Mögen auch manche in Sorge, Not und Leid verkümmern und verbittern – viele reifen unter all diesen Lasten heran zu wahrhafter Größe. Viel stilles Heldentum, ja echte Heiligkeit reifen

---

* Laut Bericht von Gertrud Koebner (Kuznitzky) im Archiv des Kölner Karmels »Maria vom Frieden«.

226

auf solchem Boden –, die Geschichte weiß nichts von ihnen, aber Gott kennt sie und vielleicht ein kleiner Kreis von Menschen, in dem sie gelebt haben.«[461]

Was aber ist mit den anderen? Mit denen, die »verkümmern und verbittern«, weil ihnen ein Martyrium auferlegt ist, mit dem sie nicht fertig werden? Edith Stein weiß, daß es sie gibt, aber ihr Blick ruht auf jenen, die reif werden durch die Bewältigung eines Schicksals, so wie sie selbst reif geworden ist durch die Bewältigung ihres eigenen Geschicks. Doch manche von denen, die das nicht schaffen, brechen zusammen unter der Last, und wenn die Ehe wirklich, wie sie meint, mindestens für einen der Partner ein Martyrium wäre, müßte die Zahl dieser zusammenbrechenden Frauen sehr hoch sein, weil – zumindest zu jener Zeit – die Frauen die Hauptlast einer schlechten Ehe tragen.

Hier zeigt sich: Edith Steins Denk- und Vorstellungswelt ist im Prinzip geblieben, wie sie immer war: am Ideal orientiert und von dem Versuch bestimmt, das Ideal auf die Erde herabzuholen. Sie hat an Erfahrung und sicher auch an Einsicht gewonnen; Enttäuschung und Verlust haben sie selbst reifen lassen, aber die gewöhnlichen Menschen haben ein in seiner Alltäglichkeit schwierigeres Leben zu bestehen. Das Schweigen der Zuhörerinnen von Bendorf, denen die vergeistigte Sicht, die ihnen diese ungewöhnliche Frau bot, zu abgehoben war, zu weit vom wirklichen Leben entfernt, machte bereits die Kluft deutlich. Bei aller Modernität, bei aller Einsicht in die Probleme des praktischen Lebens in einer aufgewühlten, von Krisen geschüttelten, unter materieller und seelischer Not leidenden Gesellschaft in schwerer Zeit, sieht Edith Stein Leben, Beruf und Berufung der Frau vorwiegend von einem höheren, auf Transzendenz gerichteten Standort aus. Auf der Suche nach der Wahrheit hatte die Philosophie die Transzendenz und mit ihr verbunden das absolute Sein entdeckt. Das ist der Maßstab, an dem sie alles mißt, als Frau nicht zuletzt die Frauen. Zugleich aber ist es ihr Leben, ihre Erfahrung, ihre Einsicht, ihre Enttäuschung, ihr Glücksgefühl, was ihre Wertvorstellungen mitprägt. In der Mischung aus persönlichem Erleben einerseits und religiöser Verwandlung und Überhöhung andererseits liegt die Besonderheit dieser Lebenssicht, bei der die katholischen Anteile sich mit den persönlichen verbinden; Naturell und Lebenserfahrung kommen ihnen entgegen und schließen sich mit ihnen zusammen.

227

Zwischenspiel

Schon als junge Hilfslehrerin in Breslau während des Ersten Weltkrieges hatte Edith Stein erkannt, daß sich Schuldienst und wissenschaftliche Arbeit nicht auf die Dauer miteinander vereinbaren lassen. Als sie nach einer Zeit vermeintlich notwendiger Enthaltsamkeit doch wieder zur Wissenschaft zurückfand, hat sie nach vielerlei inneren und äußeren Veränderungen ihres Lebens auch eine andere Wissenschaftshaltung eingenommen. Ihre religiöse Konversion hat die philosophische nach sich gezogen. Ihr Wunsch, Menschen an den Ergebnissen der erschütternden und umwälzenden Veränderungen und Erkentnisse, die sie gewann, teilnehmen zu lassen, mehr noch aber die Wünsche Außenstehender, den Rat und die Wegweisung der begabten Frau zu hören, führten zu einer Fülle von mehr populär gehaltenen Publikationen und Vorträgen auf hohem Niveau für katholische Frauenkreise. Dadurch wurden ihre Kräfte stark beansprucht. Auf die Dauer war diese Arbeitsfülle ohne bedenkliche Folgen für die Gesundheit nicht zu bewältigen. Erich Przywara, der sie der Wissenschaft wiedergewonnen hat, erkennt offensichtlich den Raubbau an einem großen Talent und drängt auf die Aufgabe der Lehrerinnentätigkeit.

So entsteht der Plan, erneut die Habilitation in Angriff zu nehmen, nun allerdings unter anderem Vorzeichen. Aber auch jetzt dürfen die Hindernisse auf dem Weg zum gesetzten Ziel nicht gering eingeschätzt werden. Zwar hat Edith Stein John Henry Newman und Thomas von Aquin übersetzt, aber außer der Arbeit zu Husserls siebzigstem Geburtstag und den noch vor dem Übertritt entstandenen Beiträgen über »Individuum und Gemeinschaft« und »Psychische Kausalität« sowie die »Untersuchung über den Staat« – alles im Jahrbuch für Philosophie und phänomenologische Forschung – ist von ihr keine wissenschaftliche Arbeit mehr erschienen. Zwar weiß ein kleiner Kreis von Philosophen der phänomenologischen Richtung von ihr und ihren Veröffentlichungen, aber die acht Jahre Schultätigkeit bei den Dominikanerinnen, ausgerichtet vor allem auf religiöse Kreise und Themen, sind ein Faktum, das dem angestrebten Ziel nicht dienlich ist.

Am 10. Dezember 1930 schreibt Edith Stein in einem Brief, daß sie voraussichtlich Ostern [1931] die Schule an den Nagel hängen werde, aber was dann komme, sei unsicher: »Ich habe alles Nachdenken darüber – als unnütz und zeitraubend – bis auf die Weihnachtsferien vertagt. Aber nun muß es in Beuron gründlich bedacht werden.«[462]

Erzabt Walzer ist also als Berater auch in dieser Frage eine wichtige Rolle zugedacht, und schon am 19. Januar schreibt Edith Stein an dieselbe Adressatin, eine ehemalige Husserl-Schülerin aus der Freiburger Zeit, daß sie sich an Dr. Eugen Fink, den Assistenten Husserls, gewandt habe – offensichtlich wegen ihrer Habilitationspläne. Eine Woche später kann sie berichten, daß sie von Heidegger empfangen worden sei, freundliche, ausführliche Beratung erhalten habe, daß bei einer »katholischen Berufung« sein Kollege Honecker die richtige Anlaufstelle sei und daß sich Honecker nicht abgeneigt gezeigt habe. Beim anschließenden Essen im Hause Husserl herrschte darüber Freude.

Am 28. März 1931 teilt sie dann Callista Kopf OP in Würzburg mit: »Ich habe am Donnerstag von St. Magdalena Abschied genommen. Der hl. Thomas ist nicht mehr zufrieden mit den abgesparten Stunden, er will mich ganz.«[463]

Ab Ende Januar, während der letzten Wochen in Speyer, hat Edith Stein mit ihrer Habilitationsarbeit begonnen, einer Auseinandersetzung mit der Potenz- und Aktlehre des Thomas von Aquin unter Gesichtspunkten phänomenologischer Philosophie und Methode. Aber obwohl sie weiß, daß der Schritt weg von Speyer nötig ist, fällt er ihr doch nicht leicht und löst auch bei den Schülerinnen und Schwestern Bestürzung aus. Sie selbst flüchtet fast vor den Gefühlen der anderen und den eigenen: »Die wenigen Eingeweihten halfen mir in rührender schwesterlicher Liebe, daß ich in der kurzen Zeit neben der Schule die ganze Packerei bewältigen und nach Schulschluß sofort nach Beuron entfliehen konnte.«[464]

Nach Ostern kehrt sie ins Elternhaus nach Breslau zurück. Aber trotz emsiger Arbeit an »Potenz und Akt« ist ihr die Habilitation an sich doch nicht so wichtig. Am 28. April 1931 schreibt sie an Adelgundis Jaegerschmid nach Freiburg, daß sie, wenn sie an eine Pädagogische Akademie berufen würde – gemeint ist die neu entstehende in Spandau, wo sie eventuell eine Psychologie-Professur bekommen kann –, »vielleicht auf die Habilitation ganz verzichten« würde. »Nachdem ich die Arbeit angefangen hatte«, heißt es dann weiter, »war sie mir sofort viel wichtiger als alle Zwecke, denen sie eventuell dienen könnte. Gott weiß, was er mit mir vorhat. Ich brauche mich darum nicht zu sorgen.«[465] Dennoch bleibt die Habilitation auf der Tagesordnung. Freiburg hat sich zerschlagen. Aber unversehens rückt Breslau ins Blickfeld. Hans Biberstein, Ediths Schwager, inzwischen Oberarzt und Privatdozent, trifft an seinem Dozenten-Stammtisch auch einen katholischen Theologen, Professor Josef Koch, der ihm erzählt, daß seine Schwägerin wegen ihrer Thomas-Übersetzung in Rom Aufmerksamkeit erregt habe, und er fragt, ob sie nicht geneigt sei, sich in Breslau zu habilitieren.[466] Bibersteins laden daraufhin Koch und Edith zusammen ein, um ein Kennenlernen zu ermöglichen. Koch wiederum interveniert bei dem – katholischen – Ordinarius für Philosophie, Professor Baur, im Sinne einer möglichen Habilitation Edith Steins an ihrer alten Universität.

Zuvor aber muß geklärt werden, ob Frau Stein damit einverstanden sein würde, daß ihre Tochter »hier am Ort in aller Öffentlichkeit eine katholische Wirksamkeit ausübt(e)«, und es zeigt sich, »daß sie alles in Kauf nehmen will«[467], wenn ihre Jüngste nur bei ihr bleibt. Edith ist überrascht von dieser Reaktion, und mit Sicherheit wäre ihr auch die endgültige Entscheidung nicht leichtgefallen, denn sie entbehrt die Klosteratmosphäre: »Ich wußte, als ich beschloß, von Speyer fortzugehen, daß es sehr schwer sein würde, nicht im Kloster zu leben. Aber daß es so schwer sein würde, wie es die ersten Monate war, habe ich mir doch nicht vorstellen können. Reue habe ich trotzdem keinen Augenblick gehabt, denn ich kann nicht daran zweifeln, daß es so ist, wie es sein muß.«[468] Diese Bekräftigung der Richtigkeit von Entschluß und Ausführung wirkt etwas bemüht, selbst wenn man das Vertrauen in die göttliche Führung, das ja zweifellos da ist, berücksichtigt. Die Verhältnisse im Hause Stein sind nämlich schwieriger geworden. Die Nichte Erika, Tochter von Ediths Schwester Frieda, ist strenggläubige Jüdin. Sie bestimmt in steigendem Maße die Atmosphäre in dem Familienhaus. Rosa Stein aber hat ihren geplanten Übertritt zur katholischen Kirche nur mit Rücksicht auf die Mutter noch nicht vollzogen. Sie erhofft sich nun viel von Ediths Anwesenheit und ihrer ausgleichenden Wesensart.

230

Aber für Edith ist die Einfügung in den Familienverband schwierig und nicht ohne persönliche Opfer möglich. Einer ehemaligen Schülerin schreibt sie Pfingsten 1931 aus Wien: »Ich habe mich ... für die Pfingsttage in die Einsamkeit geflüchtet. Wie Du siehst, in fremdem Lande. Am 30. Mai muß ich in Wien eine Rede zu Ehren der hl. Elisabeth halten (Gelt, da hilfst Du mir mit einem Memento!). Ich bin früher gefahren, weil es zu Hause an Festen besonders schwer für mich ist (Du weißt ja sicher, daß meine Angehörigen nicht unseren Glauben haben.«)[469]
Insgesamt elfmal wird Edith Stein der Landgräfin Elisabeth von Thüringen aus Anlaß der siebenhundertsten Wiederkehr ihres Todestages öffentlich gedenken. Interessanterweise erhält sie für die große Jubiläumsveranstaltung in der Heidelberger Stadthalle, für die man sie engagiert hat, schließlich eine Absage. »Man hatte es in Heidelberg vorgezogen, zu Ehren einer der größten deutschen Frauen einem Manne das Wort zu erteilen.«[470]
Der Aufenthalt in Breslau ist überhaupt durch mehrfache Vortragsreisen unterbrochen: Im Oktober ist Edith im rheinisch-westfälischen Industriegebiet, im Januar zu einer Vortragsfolge in Zürich. Am 23. Dezember 1931 schreibt sie aus Beuron, daß, ihre Zukunft betreffend, noch alles in Dunkel gehüllt sei.[471] Zu Jahresbeginn hält sie sich in Freiburg auf, dann folgt Zürich, und Ostern ist sie in Beuron.
Zu dieser Zeit ist die Entscheidung über ihre nächste Zukunft bereits gefallen: Sie wird sich nicht habilitieren. Auch Breslau hat die erhoffte Möglichkeit nicht geboten. In diesen letzten Jahren der Weimarer Republik macht sich ein zunehmender Antisemitismus breit, von dem auch der evangelische Schriftsteller Jochen Klepper, damals noch Journalist in Breslau, in seinen Tagebüchern* berichtet; er zwingt ihn, den mit einer Jüdin Verheirateten, um dieselbe Zeit, in der Edith die Absage der Universität bekommt, die Stadt zu verlassen und nach Berlin überzusiedeln. Diese schwierige Situation ist für die philosophische Fakultät der Friedrich-Wilhelms-Universität Anlaß, darüber nachzudenken, wie sie es vermeiden kann, ihre jüdischen Mitglieder Angriffen von außen auszusetzen. Die Annahme einer weiteren Habilitandin jüdischer Herkunft wird als eine Belastung angese-

---

* Jochen Klepper: Unter dem Schatten Deiner Flügel – Aus den Tagebüchern der Jahre 1932 bis 1942, Stuttgart 1956.

231

hen. Damit ist klar, daß selbst günstige Umstände, wie sie in Breslau durch die Fürsprache angesehener Mitglieder des Universitätslehrkörpers bestehen, eine Habilitation Edith Steins nicht möglich machen. Sie ist aber nicht nur Jüdin von Geburt, sondern auch noch eine Frau, was damals zwar nicht mehr rechtlich, aber doch noch weit mehr als heute ein schweres Hindernis für eine Universitätskarriere ist.

In dieser Situation kommt es einem Wink von oben gleich, als Edith Stein ein anderes Angebot unterbreitet wird. Sie folgt ihm am 1. März 1932.

Pädagogik als Wissenschaft

Damals besteht im westfälischen Münster seit zehn Jahren das von den Berufsverbänden katholischer Lehrer und Lehrerinnen gegründete Deutsche Institut für wissenschaftliche Pädagogik. Träger ist ein Kuratorium unter Vorsitz des Theologen Professor Dr. Josef Mausbach. 1932 ist Professor Dr. Johann Peter Steffes Leiter des Instituts; er hat sich zum Ziel gesetzt, eine wissenschaftliche Pädagogik auf katholischem Fundament zu begründen. Edith Stein, für deren Berufung sich vor allem Maria Schmitz, die Vorsitzende des Vereins Katholischer Deutscher Lehrerinnen, eingesetzt hat, soll hier »beim Aufbau der Wissenschaft einer katholischen Pädagogik helfen und außerdem philosophische Vorlesungen halten...«[472] Berufen wird sie allerdings als »Dozentin für Fragen der Frauenbildung«[473]. Damit wird an die Thematik angeknüpft, mit der sich Edith Stein publizistisch und als Referentin wiederholt beschäftigt hat.

Edith lebt in dem an das Institut angeschlossenen Collegium Marianum zusammen mit in der Ausbildung befindlichen Studentinnen, vor allem studierenden Ordensfrauen. Es ist eine schwere Zeit. Die Weltwirtschaftskrise führt in Deutschland zu immer höher steigenden Arbeitslosenzahlen, die schließlich die Sechs-Millionen-Grenze erreichen. Das Elend, die Verzweiflung der Menschen steigern sich immer mehr. Die Suche nach Schuldigen, nach Sündenböcken, treibt auch den Antisemitismus wieder in die Höhe. Inmitten aller dieser Turbulenzen tut Edith Stein mit den Kollegen am Institut ihre Arbeit, lebt aber selbst im Marianum keineswegs wie auf einer idyllischen Insel, da selbst hier Sympathien für den Nationalsozialismus geäußert werden.

Und auch jetzt ist Edith Stein eine auffallende Erscheinung. »Es scheint, daß... (sie) während ihres kurzen Aufenthaltes in Münster ein Gegenstand frommer Neugier für die aus den verschiedensten Lehrorden entsandten studierenden Klosterfrauen gewesen ist. Man wußte, wann sie aufstand und wann sie schlafen ging... Man beobachtete sie beim Gebet und bei der Arbeit, in der gemeinsamen Erholung und im Zwiegespräch.«[474] Ähnliches war ihr schon in Beuron widerfahren und wahrscheinlich nicht nur dort. Ihr Verhalten hat das nicht beeinflußt, und wahrscheinlich nimmt sie, bei ihrer starken inneren Konzentration, wenig davon wahr.

Sie arbeitet viel und oft bis in die Nacht, weil sie sich klar darüber ist, wie schwierig es sein wird, unter den am Institut tätigen Dozenten so etwas wie eine gemeinsame Grundlage herzustellen. Offenbar ist erst mit Edith Steins Eintritt in den Kreis der am Institut Arbeitenden der Plan eines durchdachten pädagogischen Konzeptes wirklich in den Mittelpunkt der Bestrebungen gerückt.

Zuerst aber muß sie sich mit ihrem eigenen Vermögen, die gestellten Aufgaben zu bewältigen, auseinandersetzen. So schreibt sie an Adelgundis Jaegerschmid von der schwierigen Lage, die durch ihre »zehnjährige Ausgeschlossenheit aus der Kontinuität der Arbeit und dem tief innerlich begründeten Mangel an Fühlung mit dem modernen Leben gegeben ist.«[475]
Edith Stein weiß also sehr wohl, daß für ihre *wissenschaftliche* Existenz die Speyerer Jahre eher ein Hindernis sind und ihre innere Entwicklung sich in Wort und Schrift in Äußerungen ausgeprägt hat, die für viele im täglichen Lebenskampf Stehende, wenn auch nicht unverständlich, so doch nicht in dem erwarteten Sinne hilfreich sein können. In dieser sehr persönlich gefärbten Umsetzung religiös-weltanschaulicher Inhalte liegt allerdings auch das Besondere, das vielen auffällt, dessen geistige und geistliche Spannweite aber doch wenige erfassen. So stellt sie schon bald fest, daß sie nicht nur viel zu tun hat, um im Institut richtig Fuß zu fassen, sondern daß auch ihre Hörer dem Niveau ihrer Kurse teilweise nur unter großen Mühen gewachsen sind. Sie erhofft sich Zustrom von Studentinnen der Universität, die auch schon bei ihr Besuch gemacht haben. Mehr als früher versteht sie jetzt, daß sie »auf Menschen, die mitten im Leben stehen, ... sehr befremdend« wirkte. »Denn ich merke erst jetzt, wo ich selbst draußen stehe, wie völlig fremd mir die Welt geworden ist und welche Mühe es mich kostet, den Anschluß zu finden. Ich glaube nicht, daß es je wieder ganz gelingen kann.«[476]
Hedwig Conrad-Martius hat ihr eine eigene Publikation, einen Aufsatz über Metaphysik, geschickt, und sie erkennt daran, was ihr fehlt und was sie doch nicht mehr nachholen kann: »Die(se) Erkenntnis der eigenen Grenzen hat in den letzten Monaten bei

234

mir rapide Fortschritte gemacht. Ich weiß nicht, ob Sie sich erinnern, daß Sie mir vor Jahren einmal etwas darüber gesagt haben – das heißt über den Mangel dieser Erkenntnis und ein allzu naives Selbstvertrauen. Damals habe ich nicht viel davon verstanden ... Jetzt, wo ich immer wieder mit Menschen zusammentreffe, die ganz mit ihrer Lebensarbeit verwachsen sind, richtig fachlich dafür gebildet und darin groß geworden, merke ich, daß ich eigentlich überall den Anschluß verloren habe und für diese Welt allseitig untüchtig bin. Diese Erkenntnis deprimiert mich an sich nicht. Es ist nur nicht ganz leicht, an einem verantwortlichen Posten zu stehen, für den einem so vieles Notwendige fehlt, und wenig Aussicht zu haben, das alles nachholen zu können.« Das wäre an sich doch niederdrückend, aber: »... solange die Indizien dafür sprechen, daß der Herr mich an dieser Stelle haben will, darf ich nicht desertieren.«[477]
Desertieren – das Wort sagt viel aus über den Grad an Selbstüberwindung, den Edith Stein täglich aufbringen muß, aber nicht weniger über die Grundlage der Arbeit, der sie sich stellt. Eine Kollegin, die auch als Bibliothekarin des Instituts tätig ist, sagt später: »Sie überragte alle anderen Dozenten durch die Schärfe ihres Geistes, den Umfang ihrer Bildung, die vollendete Form ihrer Darstellung und die Sicherheit ihrer inneren Haltung um ein Vielfaches, ja im Vergleich zu uns allen, die wir dort tätig waren, war sie ganz nur mit den Maßstäben einer wesenhaft anderen Seinsstufe zu erfassen.«[478]
Als schon die Schatten des Nationalsozialismus geistige Arbeit in ihren Grundlagen zu bedrohen beginnen, schreibt Edith Stein am 24. Februar 1933 an Hedwig Conrad-Martius: »Ich bin seit Wochen in intensiven grundsätzlichen Auseinandersetzungen mit den anderen Dozenten ... Haben Sie einmal darüber nachgedacht, was Pädagogik ist? Man kann keine Klarheit darüber bekommen, wenn man nicht Klarheit in allen Prinzipienfragen hat. Und wir sind Leute mit ganz verschiedener philosophischer Vergangenheit (der Psychologe sogar ganz ohne eine solche); da können Sie sich denken, wie schwer es ist, sich zu verständigen. Einig sind wir nur in dem Ziel, eine katholische Pädagogik aufzubauen, und in dem ehrlichen Willen, einen gemeinsamen Boden zu finden.«[479]

235

Edith Steins Arbeit in Münster verläuft zwischen diesen Zweifeln an den eigenen Möglichkeiten einerseits und der Notwendigkeit, klare Grundvorstellungen zu gewinnen, um die vorgegebene Aufgabe auf eine tragfähige Basis zu stellen, andererseits. Da sie ihre Tätigkeit dort als ihr von Gott auferlegt, ihr abgefordert ansieht, was sich zweifellos als Energiequelle auswirkt, können depressive Stimmungen sie nicht überwältigen.

Sie beginnt das Sommersemester 1932 mit der großen Vorlesung über Probleme der Frauenbildung. Unter diesem Titel ist das Manuskript auch posthum veröffentlicht worden. Ursprünglich trägt es die Überschrift »Probleme der neueren Mädchenbildung«. Es stellt eine stärker wissenschaftlich gefaßte Darlegung ihrer früher schon bezogenen Positionen dar. Bei ihrer kompromißlosen Einstellung wundert es beispielsweise nicht, zu lesen, daß nur die katholische Seite den »Aufbau einer wahrhaft katholischen, großzügigen Sexual- und Ehetheorie und daraus abgeleitete Erziehungsgrundsätze« leisten könne, die dann für alle in gutem Sinne konservativ gerichteten Kreise außerhalb der Kirche einen festen Rückhalt bieten würde.[480]

Verständlicherweise kann eine katholische Ehe- und Sexualtheorie nur von katholischer Seite kommen, aber gemeint ist, daß nur von hier aus überhaupt eine solche Theorie entwickelt werden könne. Das Wort »großzügig« mag in diesem Zusammenhang seltsam anmuten, zumal für den nichtkatholischen Leser, aber es ist durchaus ernst zu nehmen. Edith Stein geht im Substantiellen keineswegs von einem engen Standpunkt aus. Sie schreibt: »Die Diskussion über Sexualprobleme: die Sexualpsychologie, -pädagogik und -pathologie hat so weit um sich gegriffen, sich so stark bereits praktisch in Erziehung und Unterricht, in Heilbehandlung und Lebensgestaltung ausgewirkt, daß es nötig ist, sich von der katholischen Grundlage aus mit all diesen Richtungen kritisch auseinanderzusetzen.« Was aber versteht sie unter »kritisch«? Sie definiert es sofort selbst: »Kritisch, d. h. nicht einfach negativ, sondern gründlich und ernstlich scheidend, was für uns annehmbar und was nicht annehmbar ist. Denn wir können von den modernen Forschungsrichtungen in der Tat vieles lernen; die traditionelle katholische Behandlung oder Nichtbehandlung dieser Fragen ist einer Erneuerung fähig und bedürftig, wenn sie dem Ansturm der Zeitfragen genügen will.«[481]

236

Edith Stein als Dozentin in Münster

Bedenkt man den damaligen Diskussionsstand zu diesem Thema innerhalb katholischer Kreise und vergleicht damit Edith Steins Standpunkt, so zeigt sich auch hier das Durchbrechen von Schranken, die sie nicht nur für unangemessen, sondern sogar, berücksichtigt man die Zeitverhältnisse, für gefährlich hält. So schreibt sie im selben Jahr an die Zisterzienserin Callista Brenzing: »Den sexuellen Fragen würde ich nicht ausweichen – im Gegenteil, man muß froh sein, wenn sich ungezwungen Gelegenheit bietet, klar und ehrlich über die Dinge zu sprechen, weil es eigentlich wirklich nicht mehr angeht, die Mädchen ohne Sexualerziehung in die Welt hinauszuschicken. Nur muß man sehr sorgfältig auswählen und alle schwüle Erotik vermeiden; Sachen [gemeint ist offenbar Literatur], die die elementarsten Tatsachen des Lebens ihrer Bedeutung entsprechend ehrlich und realistisch behandeln, halte ich für viel weniger gefährlich.«[482] Die Kinder, die Schülerinnen dürfen nicht, dessen ist sie sich sicher, abgeschirmt vom realen Leben erzogen werden: »Gewiß sollen die Kinder aus den klösterlichen Erziehungsanstalten die Kraft mitbekommen, das Leben im Geist Christi zu gestalten. Und das Wichtigste ist sicher, daß die Lehrerinnen diesen Geist wirklich in sich haben und lebendig verkörpern. Aber daneben ist es auch eine Aufgabe, das Leben zu kennen, in das die Kinder hineingehen müssen. Sonst ist die Erfahrung, daß die Mädchen sich sagen: die Schwestern haben keine Ahnung von der Welt, sie haben uns auf die Fragen, die wir jetzt zu lösen haben, nicht vorbereiten können. Und daß dann alles als unbrauchbar über Bord geworfen wird.«[483]

Edith Steins Vorlesung über Probleme der Frauenbildung enthält bereits die methodische Vorausschau auf das eigentliche Gebiet ihres Denkens, das seit Beginn ihres selbständigen Philosophierens in ihrer Dissertation über »Einfühlung« Gestalt angenommen hat: der Mensch, die Person im weitesten Sinne, alle damit verbundenen Voraussetzungen und Folgen eingeschlossen. So schreibt sie nun, sie sehe »als Fundamentaldisziplin die Ontologie an, d. h. eine Lehre von den Grundformen des Seins und des Seienden. Sie kann zeigen, daß es innerhalb des Seins einen radikalen Schnitt gibt: den Schnitt zwischen einem *reinen* Sein, das nichts von Nicht-Sein in sich enthält, das keinen An-

238

fang und kein Ende hat und alles in sich befaßt, was sein kann, und einem *endlichen Sein,* das anfängt und aufhört, das einem endlich Seienden zugeteilt ist. Wir nennen das eine das ungeschaffene, das andere das geschaffene Sein, den Schöpfer und die Geschöpfe ... Die Geschöpfe ordnen sich in Stufen je nach der größeren oder geringeren Annäherung, die sie zum reinen Sein haben. Denn alles geschöpfliche Sein ist ein Analogon des Göttlichen. Die *analogia entis* ist aber für jede Stufe eine andere. Jeder Stufe entspricht eine andere Art des Seins und eine andere Grundform des Seienden: materielles, organisches, animalisches, geistiges Sein.«[484]

Mit diesen wenigen Sätzen ist die große Thematik von Edith Steins philosophischem Denken umrissen.

Mit hoher Wahrscheinlichkeit noch in Münster und für ihre dortigen Hörer verfaßt sie die Arbeit »Die ontische Struktur der Person und ihre erkenntnistheoretische Problematik«, die wie eine Brücke zwischen ihren bisherigen Publikationen und dem kommenden Werk über »Endliches und Ewiges Sein« wirkt. Im Mittelpunkt steht die *Freiheit eines Christenmenschen.*[485] Nicht von ungefähr wird dieser Titel einer der großen Bekenntnisschriften Martin Luthers gleich am Anfang genannt, allerdings ohne auf den Reformator und seine Schrift ausdrücklich Bezug zu nehmen. In diesem Zusammenhang kann nicht ausgeschlossen werden, daß die Auseinandersetzung mit evangelischen Grundpositionen, wie sie hier, aber keineswegs nur hier erfolgt, bewußt oder unbewußt gesteuert wird von dem Wissen, daß der Riß zwischen ihr und ihrer Familie nicht so stark und letztlich unüberwindlich wäre, wenn sie evangelisch geworden wäre.

»Die ontische Struktur der Person ...« ist jedenfalls im Kern eine Auseinandersetzung mit dem Problem der Freiheit im theologisch-religiösen Rahmen oder genauer gesagt: mit der Rechtfertigungs- und Gnadenlehre Luthers. Im Band VI von Edith Steins Werken trägt der dort veröffentlichte Einteilungsentwurf zu dieser Vorlesung den Titel »Freiheit und Gnade«.[486]

1927 war Josef Schwind, der Speyerer Generalvikar, gestorben, dem Edith Stein einen Nachruf im Priesterkorrespondenzblatt des Innsbrucker Canisianums widmete. Darin hat sie berichtet, daß sie mit Schwind die »Lutherbiographie von Grystar«[487] gelesen habe. Das mag als aktueller Anstoß zur schriftlichen Beschäftigung mit dem Reformator gewirkt haben.

Das Problem, ob der Mensch die Freiheit habe, sich der Gnade Gottes zu öffnen oder sich ihr zu verschließen, ob also menschliche Freiheit am Heilsgeschehen prinzipiell beteiligt ist oder nicht, wird von Edith Stein eindeutig im Sinne der katholischen Glaubenslehre, »wie sie das Konzil von Trient als Ergebnis der Auseinandersetzung mit den Irrlehren des 16. Jahrhunderts zusammengefaßt hat«[488], beantwortet. Aber sie macht sich als Philosophin die Antwort nicht leicht, unterscheidet die verschiedenen Möglichkeiten der Freiheit, des Freiseins, Befreitseins nach phänomenologischer Methode voneinander, untersucht deren Wirkung auf die menschliche Person und ihr seelisches Zentrum, stellt die Bedingungen von Personalität, von Persönlichkeit fest. Die verschiedenen Sphären – etwa der Natur, des Geistes – werden in Beziehung dazu gesetzt, oder ihre Beziehungen werden verdeutlicht, vor allem der Zusammenhang von Geist, der prinzipiell von universaler Offenheit ist, und Gnade. Ob sich der Mensch dem Bösen zuwende oder dem Guten, sei in ihm vorbereitet und werde durch einen freien Akt entschieden. Und dann steht da sozusagen ein Schlüsselsatz: »Bei dem, der nicht *durch den Glauben gerecht* ist, ist es sozusagen ein *Zufall,* wenn er nicht sündigt, sondern die Versuchung ablehnt.«[489] »Durch den Glauben gerecht« – das ist gut paulinisch und auch gut lutherisch: »Allein aus dem Glauben, allein aus der Gnade« heißt es beim »Dr. Martinus«[490], dessen Vorstellungs- und Glaubenswelt Josef Schwind und Edith Stein gemeinsam zu erkunden sich bemühten. Bei Luther heißt es aber auch noch: »ohn' eigenes Verdienst«. Jahre später wird die Nonne Teresia Benedicta vom Kreuz im holländischen Echt auf einen Zettel schreiben: »Zustand meiner Seele vor der Konversion: Sünde des radikalen Unglaubens. Rettung rein durch die Barmherzigkeit Gottes, ohne eigenes Verdienst.«[491] Jetzt aber schreibt die Dozentin in Münster, die Vorstellung von der freien Gnadenwahl des Menschen gleichsam beschwörend: »Die Selbsthingabe ist die freieste Tat der Freiheit.«[492] Und zuvor heißt es: »Das ist der seelische Habitus der *Kinder Gottes.* Ihre Freiheit, die *Freiheit eines Christenmenschen,* ist Befreitheit von der Welt.«[493] »Das Getriebe des natürlichen Seelenlebens rührt nicht an das Zentrum, das der Ort der Freiheit und die Ursprungsstelle der Aktivität ist. Die geleitete Seele horcht mit eben diesem Zentrum nach oben, empfängt hier die Weisungen

240

von oben und läßt sich von hier aus *gehorsam* durch sie bewegen. Die Aktivität ist an ihrer Ursprungsstelle unterbunden, von der Freiheit wird am Ort der Freiheit kein Gebrauch gemacht.«[494] Hier stellt sich die Frage, ob damit nicht aber doch die Freiheit in diesem speziellen Zusammenhang ad absurdum geführt ist, und das, weil es gar nicht anders sein kann.

Ganz ähnlich verhält es sich mit der Gnade: »Der Mensch kann die Gnade nur ergreifen, sofern die Gnade ihn ergreift.«[495] »...die Gnade muß, um von der Seele frei ergriffen werden zu können, bereits in der Seele wirksam sein und muß, um wirksam sein zu können, schon eine Stätte darin vorfinden.«[496] Dann aber ist doch zumindest die Gnade das erste und die Freiheit nicht die Voraussetzung für die Wirksamkeit der Gnade.

Edith Stein sieht das Problem und sie löst es durch einen Akt der Befreiung von den zuvor von ihr aufgerufenen Voraussetzungen: ein Mensch kann sich nach Gnade sehnen. »Den Akt der Hingabe kann er noch nicht vollziehen. Der ist nur aufgrund der vorbereitenden Gnade möglich. Aber sich von sich selbst lossagen und sich der Gnade zukehren, das kann er. Wenn ihn dann die Gnade anrührt, so bedarf es keines ausdrücklichen Aktes der Hingabe mehr: sie strömt dann in die ihr zuvor geöffnete Seele ungehemmt ein und nimmt sie ohne weiteres in Besitz.« Und dann folgt, durch eine Klammer gleichsam seines sprengenden Charakters etwas entkleidet, der Satz: »(Wer auf diesem Wege der Gnade teilhaftig wird – wie *Luther* –, dessen Blick kann sich sehr begreiflicherweise der Mitwirkung der Freiheit ganz entziehen.)«[497]

Dieser Luther, der hinter der Auseinandersetzung Edith Steins um Freiheit und Gnade steht, aber schreibt in der Schrift »Von der Freiheit eines Christenmenschen«: »Also sehen wir, daß an dem Glauben ein Christenmensch genug hat; es bedarf keines Werkes, daß er fromm sei... Das ist die christliche Freiheit, der einzige Glaube, der da macht nicht, daß wir müßig gehen oder übel tun können, sondern daß wir keines Werkes bedürfen, zur Frömmigkeit und Seligkeit zu gelangen...«[498]

Edith Stein faßt die Freiheit anders, nicht theologisch-religiös, sondern spekulativ-logisch und damit philosophisch, aber von religiöser Basis aus. Sie schreibt: »Gnade und Freiheit werden für den Glauben konstitutiv. Dasselbe stellten wir auch beim Erlösungswerk fest.« Aber dann läßt sie den wohlgeordneten Bau phänomenologischer Begrifflichkeit hinter sich und fährt fort: »Und in Wahrheit ist Glauben und Erlöstwerden ein und dasselbe. Durch den Glauben werden wir gerecht, d.h. wir *sind* gerecht gerade so weit, wie wir im Glauben und aus dem Glauben leben.«[499] Und hier schließt sich der Zwiespalt, hier fallen die religiös-theologischen Schritte des vermutlichen Anstoßgebers Luther mit den Überlegungen und, vor allem, den religiösen Überzeugungen der Philosophin zusammen.

Doch dann führt sie ihr Weg wieder davon fort; offenbar nimmt sie an, daß »die guten Werke« vom Reformator nicht mit dem Glauben zusammen gesehen werden, wo es ihm doch in Wirklichkeit darum ging, die Werke nicht einfach mit dem Glauben gleichzusetzen. Edith Stein schreibt: »Wenn jemand nur überzeugt ist, daß die göttliche Gnade den Sünder erlösen könne, so mag er ein genauso sündhaftes und unheiliges Leben führen wie ohne diese Überzeugung. Diese Überzeugung reicht aber nicht aus, ihn zu rechtfertigen. Und auch das pure Berührtwerden von der Gnade genügt nicht dafür, sondern das Ergreifen gehört notwendig dazu. Erst durch das Ergreifen wird der Glaube konkret, lebendig und wirksam.«[500] Das aber ist eine philosophische Schlußfolgerung, keine religiöse. Im Falle Luther zumindest hat Edith Stein es selbst anerkannt: Es ist sehr wohl möglich, daß die Gnade den Menschen überwältigt, von sich aus berührt und verändert.

Mit der Arbeit »Die ontische Struktur der Person und ihre erkenntnistheoretische Problematik« ist Edith Stein unter anderem und noch einmal zu den Ursprüngen ihrer Konversion und ihrer Konfessionswahl zurückgekehrt. Sie behandelt das Thema philosophisch, gleichsam um ihm Objektivität zu wahren, aber es spricht einiges dafür, daß die evangelische, speziell die lutherische Interpretation religiöser Grundfragen sie mehr bewegt hat, als manche kompromißlose Formulierung vermuten läßt.

Die philosophischen Grundlagen ihres Denkens und Glaubens treten erneut in den Mittelpunkt, als Edith Stein am 12. September 1932 an einer Tagung der Société Thomiste in Juvisy bei Paris teilnimmt. Sie reist schon ein paar Tage vorher, um die Seinestadt kennenzulernen, und wohnt bei dem einstigen Husserlschüler Alexandre Koyré und dessen Frau.

242

Während der Tagung in Juvisy umreißt sie in fließendem Französisch durch ausführliche Diskussionsbeiträge ihre Sicht der von Husserl entwickelten Philosophie, deren Kern die phänomenologische Methode ist, und sie unterscheidet dabei seine und Heideggers Philosophie: »Husserls Philosophie ist Essenzphilosophie, Heideggers Existenzphilosophie. Das philosophierende Ich, das der Ausgangspunkt ist, um den Sinn des Seins zu erschließen, ist bei Husserl das ›reine Ich‹, bei Heidegger die konkrete menschliche Person.«[501] Die Frage aber, ob – wie bei Kant, und in der intersubjektiven Reduktion auch bei Husserl – das Subjekt sinngebend wirken könne, also die für sie entscheidende Frage nach dem absoluten Sein, beantwortet sie in Juvisy wie schon in ihrem Vergleich der Philosophie Husserls und der des Aquinaten: »...die Wesens- und Daseinsfülle, die in aller echten Erfahrung in das erfahrende Subjekt einbricht und bewußtseinsmäßig alle Fassungsmöglichkeiten übersteigt, widerspricht der Rückführung auf eine bloße Sinngebung vom Subjekt her. So scheint mir gerade die getreue Analyse der Realitätsgegebenheit zu einer Aufhebung der transzendentalen Reduktion und zu einer Rückkehr in die Haltung der gläubigen Hinnahme der Welt zu führen.«[502]

Damit sind die Grundpfeiler der philosophierenden Haltung Edith Steins bei der Suche nach dem Sein, die nach eigenem Bekunden Suche nach dem Sinn ist, deutlich erkennbar. Was anfangs Wahrheitssuche ist, wandelt sich zur Sinnfrage. Über die Frage nach dem Sinngehalt, die von der Beantwortung der Wahrheitsfrage ausgeht, spannt sich die Brücke zur Frage nach der Sinn*gebung* und ihrem Ursprung. Edith Steins philosophischer Weg wird durch diese Annäherung ihres Verständnisses von Philosophie und Theologie schon relativ früh, in Ansätzen schon in ihrer Dissertation von 1917, bestimmt und erhält seit der Arbeit an der Thomas-Übersetzung seine endgültige Richtung. Das wird dann in den verschiedensten Formen von gesprochener und geschriebener Veröffentlichung auseinandergefaltet, um schließlich in ihrem Hauptwerk »Endliches und Ewiges Sein« zusammengefaßt und zum Höhepunkt geführt zu werden.

Am 5. Januar 1933 hält Edith Stein während der Arbeitstagung des Deutschen Instituts für wissenschaftliche Pädagogik in Berlin-Charlottenburg den Vortrag »Jugendbildung im Licht des katholischen Glaubens«, in dem sie noch einmal ihre Grundposi-

243

tionen zur Bildungsfrage in besonders gestraffter Form darlegt; der Vortrag gipfelt in dem Satz: »Wenn ein Mensch das erreicht hat, daß er lebendiges Glied der Kirche ist und sein ganzes Leben von hier aus bestimmt und ordnet, dann ist er in katholischem Sinn gebildet und seines Zieles so sicher, wie das in *statu viae* möglich ist.«[503]

Knapp vier Wochen später, am 30. Januar 1933, wird Adolf Hitler, der Führer der Nationalsozialisten, von Reichspräsident von Hindenburg nach längerem Zögern zum Reichskanzler ernannt. Ende Februar plant Edith Stein noch die Vorlesung für das Sommersemester. Am 5. April berichtet sie an Hedwig Conrad-Martius von den Schwierigkeiten ihrer Angehörigen: »Meine Lieben in Breslau sind natürlich sehr erregt und bedrückt. An unserem Geschäft macht es leider seit langem nicht viel Unterschied, ob es geöffnet ist oder nicht. Aber mein Schwager erwartet täglich seine Entlassung (Oberarzt an der Universitäts-Hautklinik). Kuznitzky hat seine Stellung als Chef der Hautstation eines Städtischen Krankenhauses bereits verloren. Jeder Brief enthält neue schlimme Nachrichten. Meinen Angehörigen in Hamburg scheint noch nichts geschehen zu sein. Mir persönlich wird von allen Seiten versichert, daß ich für meine Stellung nichts zu fürchten habe. Und ich habe gerade in dieser letzten Zeit sehr viel Freundliches erfahren, was einem natürlich sehr wohl tut.«[504]

Ostern verbringt sie noch einmal in Beuron und trifft dort mit Erzabt Walzer zusammen, der gerade aus Japan zurückgekommen ist. Ihn unterrichtet sie über ihren Plan, in Rom um eine Audienz beim Papst nachzusuchen, um ihn um eine Enzyklika in der Judenfrage zu bitten. Eine Privataudienz wird ihr wegen des großen Andranges versagt; mit einer sogenannten »kleinen Audienz« in Anwesenheit anderer ist ihr nicht gedient. So trägt sie ihr Anliegen schriftlich vor. In ihrem Bericht »Wie ich in den Kölner Karmel kam« schreibt Edith Stein: »Ich weiß, daß mein Brief dem Heiligen Vater versiegelt übergeben worden ist; ich habe auch einige Zeit danach seinen Segen für mich und meine Angehörigen erhalten. Etwas anderes ist nicht erfolgt. Ich habe aber später oft gedacht, ob ihm nicht dieser Brief noch manchmal in den Sinn kommen mochte. Es hat sich nämlich in den fol-

244

genden Jahren Schritt für Schritt erfüllt, was ich damals für die Zukunft der Katholiken in Deutschland voraussagte.«[505] Zu dieser Zeit werden Juden und Andersdenkende bereits verfolgt. Das sogenannte Ermächtigungsgesetz vom 23. März 1933, das von allen Parteien des Reichstages, mit Ausnahme der Sozialdemokraten und der abwesenden Kommunisten, gebilligt wird, übergibt der Reichsregierung die gesamte Staatsgewalt und schließt parlamentarische Genehmigung und Kontrolle aus. Damit entrechtet sich das Parlament selbst, die Gewaltenteilung ist weithin aufgehoben. Hitler wird bis zum Ende des Dritten Reiches seine Machtausübung auf dieses »Gesetz zur Behebung der Not von Volk und Reich« stützen. Das Gesetz zur Wiederherstellung des Berufsbeamtentums gibt außerdem den Vorwand für die Entfernung Mißliebiger aus Staatsämtern. Als Edith Stein vor ihrer Abreise aus Beuron Erzabt Walzer fragt, was sie tun solle, wenn sie in Münster nicht mehr tätig sein könne, kann sich auch dieser sonst so weitblickende Mann eine solche Entwicklung nicht vorstellen. Kaum ein Jahr wird vergehen und er muß nach schweren Auseinandersetzungen mit Staat und Klostergemeinschaft nicht nur Beuron, sondern Deutschland verlassen.

Am 20. April 1933 teilt der Geschäftsführer des Münsteraner Instituts Edith Stein mit, daß man sich bereits erkundigt habe, ob sie weiter Vorlesungen halten werde. Man legt ihr nahe, erst einmal darauf zu verzichten. Alles werde sich klären, das Institut vielleicht von der Kirche übernommen, dann könne sie weiterarbeiten. Aber sie weiß es besser: »Wenn es hier nicht mehr geht«, antwortet sie dem betrübten Geschäftsführer, »so gibt es in Deutschland überhaupt keine Möglichkeit mehr für mich.«[506] Die Vorsitzende des Katholischen Deutschen Lehrerinnenvereins, Maria Schmitz, die Edith Steins Berufung nach Münster maßgeblich veranlaßt hat, sichert ihr die Finanzierung ihres weiteren Aufenthaltes durch den Verband zu, damit eine angefangene wissenschaftliche Arbeit abgeschlossen werden könne. Am 17. Mai schreibt Edith Stein an den Vorsitzenden des katholischen Jugendbundes »Heliand«, der sie um einen Vortrag gebeten hat: »...vor einigen Monaten noch hätte ich Ihrer Bitte wohl ohne weiteres entsprochen. Heute muß ich – wie nun bei

245

jeder solchen Gelegenheit – die Gegenfrage stellen: Wissen Sie, daß ich Konvertitin vom Judentum bin? Und wagen Sie es, sich der herrschenden Strömung entgegenzustellen, indem sie einer Jüdin solchen Einfluß auf deutsche Jugend einräumen? Wenn Sie dennoch Ihre Bitte wiederholen, will ich überlegen, ob ich noch bis August eine solche Verpflichtung übernehmen kann. Ich bin als Dozentin ›zur Disposition gestellt‹, rechne aber nicht mehr mit einer Rückkehr an das Institut. Was und wo ich im August sein werde, weiß ich noch nicht.«[507]

Edith Stein erhält ein Angebot, als Lehrerin nach Südamerika zu gehen. Aber sie lehnt ab. Ein anderes Ziel ist ihr nun nähergerückt.

Die Entscheidung

Noch in Münster – kurze Zeit nachdem ihr klargeworden ist, daß es für sie im neuen Deutschland keine Möglichkeit öffentlicher Arbeit mehr gibt – fragt sich Edith Stein: »...sollte es jetzt nicht endlich Zeit sein, in den Karmel zu gehen?« Sie fährt dann in ihrer Darstellung »Wie ich in den Kölner Karmel kam« fort: »Seit fast 12 Jahren war der Karmel mein Ziel, seit mir im Sommer 1921 das ›Leben‹ unserer hl. Mutter Teresia in die Hände gefallen war und meinem langen Suchen nach dem wahren Glauben ein Ende gemacht hatte. Als ich am Neujahrstage 1922 die hl. Taufe empfing, dachte ich, daß dies nur eine Vorbereitung zum Eintritt in den Orden sei. Aber als ich einige Monate später, nach meiner Taufe, zum erstenmal meiner lieben Mutter gegenüberstand, wurde mir klar, daß sie dem zweiten Schlag vorläufig nicht gewachsen sei. Sie würde nicht daran sterben, aber es würde sie mit einer Verbitterung erfüllen, die ich nicht verantworten könnte.«[508]
Doch der Gedanke an den Karmel ist wachgeblieben. »Das Warten war mir zuletzt sehr hart geworden. Ehe ich die Tätigkeit in Münster übernahm und nach dem ersten Semester hatte ich dringend um die Erlaubnis, in den Orden eintreten zu dürfen, gebeten. Sie wurde mir verweigert mit dem Hinweis auf meine Mutter und auch auf die Wirksamkeit, die ich seit einigen Jahren im katholischen Leben hatte. Ich hatte mich gefügt. Aber nun waren ja die hemmenden Mauern eingestürzt. Meine Wirksamkeit war zu Ende. Und würde mich meine Mutter nicht lieber in einem Kloster in Deutschland wissen als an einer Schule in Südamerika?«[509]
Als sie in der Passionswoche nach Beuron fährt, unterbricht sie von Donnerstagnachmittag bis Freitag früh in Köln die Reise, um abends in der Karmelkapelle die »Heilige Stunde« mitzufeiern, in der das Gedächtnis der Leiden Jesu während des Heiligen Jahres 1933 besonders begangen wird. Der Geistliche spricht »schön und ergreifend«, schreibt Edith Stein, »aber mich beschäftigte etwas anderes tiefer als seine Worte. Ich sprach mit dem Heiland und sagte ihm, ich wüßte, daß es Sein Kreuz sei, das jetzt auf das jüdische Volk gelegt würde. Die meisten ver-

247

stünden es nicht; aber die es verstünden, die müßten es im Namen aller bereitwillig auf sich nehmen. Ich wollte das tun, Er sollte mir nur zeigen wie. Als die Andacht zu Ende war, hatte ich die innere Gewißheit, daß ich erhört sei. Aber worin das Kreuztragen bestehen sollte, das wußte ich noch nicht.«[510]

»Am 30. April – es war der Sonntag vom Guten Hirten – wurde in der Ludgeriskirche das Fest des hl. Ludgerus mit 13stündigem Gebet gefeiert. Am späten Nachmittag ging ich dorthin und sagte mir: ich gehe nicht wieder fort, ehe ich Klarheit habe, ob ich jetzt in den Karmel gehen darf. Als der Schlußsegen gegeben war, hatte ich das Jawort des Guten Hirten.«[511]

Mitte Mai erteilte Edith Steins geistlicher Berater, Erzabt Raphael Walzer, ihr die Erlaubnis, sich um die Aufnahme in den Karmel zu bemühen. Siebzehn Jahre nach ihrem letzten Treffen schreibt der inzwischen durch mannigfache Prüfungen gegangene ehemalige Erzabt von Beuron: »Sie lief einfach, wie ein Kind in die Arme seiner Mutter, froh und singend dem Karmel zu.«[512]

Warum gerade der Karmel? Edith Stein selbst sagt, sie sei acht Jahre bei den Dominikanerinnen in Speyer Lehrerin gewesen und habe sich dem ganzen Konvent zugehörig gefühlt; Beuron sei wie der Vorhof des Himmels für sie gewesen, aber sie habe weder Dominikanerin noch Benediktinerin werden können: »...immer war es mir, als hätte der Herr mir im Karmel etwas aufgespart, was ich nur dort finden könnte.«[513]

Was ist der Karmel? »Zwei Worte umreißen den Karmel: Das Nichts und das Alles... Das Nichts... umspannt eine unbegrenzte Weite, und ihr Rhythmus ist sinnendes Schweigen. Sie ist nicht nur äußere Bedürfnislosigkeit und Armut, sie ist ein bewußt angestrebtes freiwilliges Leersein im Denken und Wollen, ein Begreifen und Genießen, damit Gottes Gegenwart mit ungehinderter Allgewalt in diese Leere einströme...«[514] Mit diesen Worten hat Edith Steins Novizenmeisterin und spätere Priorin das Wesen des Karmels umschrieben. Kontemplation, Meditation, Leerwerden, Leersein, um für das Göttliche ganz offen zu werden – das praktizierte bereits die Konvertitin, seit sie das »Leben« der Teresa von Avila las, mit steigender Konsequenz, und sie empfahl es auch anderen. Nun soll es, so Gott will, ihr Lebensinhalt werden – die Liebe zu Gott und den Mitmenschen als göttliche Richtschnur vor Augen. Nächstenliebe ist dabei

248

konkret und doch zugleich im übertragenen Sinne zu verstehen: »... es ist ja unser Beruf, für alle vor Gott zu stehen.«[515] Später hat sie eine sehr sachliche Beschreibung dessen gegeben, was das Karmelleben bestimmt: »Unsere Tagesordnung sichert uns Stunden einsamer Zwiesprache mit dem Herrn, und sie sind es, auf die sich unser Leben aufbaut. Wir beten mit den Priestern und den anderen alten Orden der Kirche das große Brevier, und dieses Officium Divinum gilt uns wie ihnen als unsere erste und heiligste Pflicht. Aber es ist für uns nicht der tragende Grund. Was Gott in den Stunden des inneren Gebets in der Seele wirkt, das entzieht sich jedem menschlichen Blick. Es ist Gnade um Gnade. Und alle anderen Stunden des Lebens sind der Dank dafür.«[516]

Teresa von Avila, die Reformatorin des Ordens der Unbeschuhten Karmelitinnen, hat das Wesen des Karmel in die Worte gefaßt: »Gott allein genügt.« Und auf den Propheten Elia, der den Karmeliten als der eigentliche Begründer ihres Ordens gilt, wird der Satz zurückgeführt, auf den auch Edith Stein immer wieder hinweist: »Vor dem Angesicht des Herrn stehen.«[517]

Gleich nachdem Erzabt Walzer sein Einverständnis erteilt hat, beginnt Edith Stein, sich um die Aufnahme in den Kölner Karmel zu bemühen. Zuvor hat sie aus dem gleichen Grund im Karmel Himmelspforten bei Würzburg angeklopft, war aber, nicht zuletzt wohl wegen ihres Alters, abgewiesen worden. In Köln spielen Vorbehalte dieser Art keine Rolle. Die Bewerberin ist allerdings mit zweiundvierzig Jahren weit älter als gewöhnlich die Postulantinnen und Novizinnen. Dazu kommt, daß sie auch noch mittellos ist und von zu Hause auf keinerlei finanzielle Leistungen rechnen kann; außerdem ist sie Jüdin von Geburt. Die sogenannte Mitgift, die dem entsprechen soll, was nach Stand und Vermögen im Falle einer Eheschließung von der Familie aufgewendet worden wäre, ist damals beim Eintritt noch üblich und dient der finanziellen Sicherung der Klostergemeinschaft. Aber keiner dieser Gegengründe vermag die Schwestern des Karmels »Maria vom Frieden« abzuschrecken. Wohl aber kommt der Priorin der Gedanke, daß es vielleicht nicht angehe, jemand, der so viel in der Welt wirken könne, ins Kloster zu ziehen. Die Antwort Edith Steins ist überliefert: »Nicht die menschliche Tätigkeit kann uns helfen, sondern das Leiden Christi. Daran Anteil zu haben, ist mein Verlangen.«[518] Was sie in der Welt bislang nur unvollkommen leben konnte, will sie nun zum Inhalt ihres Lebens machen: in Meditation und Kontemplation in besonderer Weise den Anschluß an das Heilsgeschehen finden – für sich und alle.

Am 15. Juli verläßt Edith Stein Münster. Nur wenige wissen dort, wohin es sie zieht. Die Schwestern im Marianum schenken ihr zum Abschied ein Reliquienkreuz, das ihr die Schwester Oberin auf einer Patene, mit Rosen bedeckt, bringt. Fünf Studentinnen und die Bibliothekarin des Instituts begleiten sie zum Zug, der sie nach Köln bringt, wohin ihr bereits sechs Bücherkisten vorausgeschickt worden sind: Theologie, Philosophie, Philologie – wahrlich, und sie weiß es, eine seltsame Aussteuer für eine künftige Karmelitin.

Einen Monat bleibt sie in der Pfortenwohnung, lebt als Gast eng angeschlossen an die Tagesordnung des Hauses. Im August fährt sie über Trier, wo sie Raphael Walzer trifft, und Maria Laach nach Breslau, um den Ihren begreiflich zu machen, was für diese ganz unbegreiflich sein muß, und um Abschied zu nehmen.

Die Familie lebt bereits in Unruhe und Angst. Seit längerem schon geht das Geschäft schlecht. Erst waren die wirtschaftlichen Verhältnisse schuld, jetzt ist es schon seit Jahren der Antisemitismus. Am Bahnhof wird Edith von ihrer Schwester Rosa abgeholt, die ebenfalls eine Neigung zum Katholizismus gefaßt hat, aber mit Rücksicht auf die Mutter vom Übertritt noch absieht. Ihr sagt Edith sofort, was sie vorhat. Sonst fragt nur ihr einundzwanzigjähriger Neffe Wolfgang danach, der Sohn des Bruders Arno, dessen Lieblingstante sie ist.[519] Sie gibt Auskunft und bittet ihn, zu schweigen.

Die Mutter ist mitgenommen von den Zeitumständen, zutiefst getroffen davon, daß es »so schlechte Menschen geben« kann.[520] Außerdem lastet auf ihr, daß Erna und Hans Biberstein mit den beiden Kindern Susanne und Ernst Ludwig im Begriff sind, das Familienhaus in der Michaelisstraße zu verlassen, um im Süden der Stadt die Praxis ihrer Freundin Lilli Berg (geborene Platau) zu übernehmen, die mit ihrer Familie nach Palästina emigriert. Edith hilft beim Umzug. Während einer Straßenbahnfahrt zur neuen Wohnung stellt Erna die Frage nach den Lebensumstän-

250

den in Köln. Edith hatte von dort aus bereits der Familie geschrieben, daß sie auch künftig bei den Schwestern sein werde. Sie antwortet wahrheitsgemäß auf Ernas Frage. Die wird blaß, Tränen treten ihr in die Augen. »Es ist schrecklich in der Welt«, sagt sie, »was den einen glücklich macht, ist für den andern das Schlimmste, was ihn treffen kann.«[521] Aber sie versucht nicht, die Schwester umzustimmen.

Ein paar Tage später läßt der Schwager Edith ausrichten, falls materielle Gründe für ihren Entschluß ausschlaggebend seien, solle sie wissen, daß sie bei ihnen leben könne, solange sie selbst noch etwas hätten. Auch der Schwager in Hamburg läßt Edith eine solche Nachricht zukommen. Erna aber weiß, daß solche Gründe für Edith nicht entscheidend sind.

Noch ahnt die Mutter nicht, was ihre Jüngste vorhat. Die läßt sich von ihr die Familienerinnerungen erzählen und beginnt mit der Niederschrift des Manuskriptes zu »Aus dem Leben einer jüdischen Familie«, das mit den Sätzen anfängt: »Die letzten Monate haben die deutschen Juden aus der ruhigen Selbstverständlichkeit des Daseins herausgerissen. Sie sind gezwungen worden, über sich selbst, ihr Wesen und ihr Schicksal nachzudenken.« »Ich möchte nur schlicht berichten, was ich als jüdisches Menschentum erfahren habe.«[522]

Die Mutter teilt gerne mit, was sie weiß, woran sie sich erinnert, sitzt mit dem Strickstrumpf neben dem Schreibtisch der Tochter. Dann, am letzten Sonntag im September, beide sind alleine zu Hause, stellt sie die entscheidende Frage: »Was wirst du bei den Schwestern in Köln tun?« – »Mit ihnen leben.«[523] Die Mutter ist verstört, reagiert verzweifelt, sie strickt weiter, aber das Garn verwirrt sich. Die Hände zittern, als sie es zu entwirren versucht. Die Tochter hilft ihr, während sie miteinander ringen.

Die friedliche Atmosphäre, die bisher über diesem Wiedersehen lag, ist zerstört. Die Mutter versucht in der nächsten Zeit wiederholt, Edith umzustimmen. Heftige Gefühlsstürme brechen immer wieder auf. Darauf folgt »stille Verzweiflung«.[524]

Else kommt zum Geburtstag der Mutter aus Hamburg. Ihr gegenüber äußert sich die alte Frau rückhaltlos, und die Schwester, in der Meinung, Edith wisse offenbar nicht, wie sehr die Mutter leide, berichtet in allen Einzelheiten von den Schmerzausbrüchen.

Die Geschwister wissen, daß es sinnlos ist, auf Edith einzuwir-

251

ken. Aber die Nichte Erika, strenggläubige Jüdin, versucht es. Sie steht selbst vor schweren Entschlüssen und Umbrüchen, hat ihr Studium umgestellt, weil die neuen Vorschriften ihr keine andere Wahl lassen. So bereitet sie sich jetzt auf die Mittelschullehrerprüfung vor und zieht Edith dabei wiederholt zu Rate. Auch Hans Biberstein unternimmt den Versuch, die Schwägerin zu beeinflussen – vergeblich.

Zugleich steigern sich auch die äußeren Probleme. Die Hälfte des Hauses, die Bibersteins bisher bewohnt haben, soll an die evangelische Kirchengemeinde »Zu den elftausend Jungfrauen« vermietet werden. Aber die Sache droht sich zu zerschlagen. Da sucht Edith den Hauptpastor in seiner Wohnung auf. Doch es scheint aussichtslos zu sein. Niedergedrückt will sie sich verabschieden. Ihr Gemütszustand bleibt dem erfahrenen Geistlichen nicht verborgen: »Nun sehen Sie ganz traurig aus, das tut mir leid.«[525] Sie erzählt von den Sorgen ihrer Mutter, von Konversion und Klosterplan und findet nicht nur ein offenes Ohr, sondern auch ein offenes Gemüt: »Sie sollen wissen, ehe Sie dorthin gehen, daß Sie hier noch ein Herz gewonnen haben.«[526] Zusammen mit seiner Frau beschließt er, dem Kirchenvorstand die Angelegenheit noch einmal vorzutragen – erfolgreich: Kurz vor Edith Steins Abschied von Breslau kommt der Hauptpastor mit einem Amtsbruder, um den Vertrag abzuschließen. Beim Weggehen sagt er leise: »Gott behüte Sie.«[527]

In Breslau wird zu der Zeit von zwei Schwestern des Kölner Karmels die Gründung eines Karmelitinnenklosters vorbereitet. Edith Steins Versetzung dorthin ist für einen späteren Zeitpunkt vorgesehen. Eine der Schwestern sucht wiederholt Frau Stein auf, aber aller Zuspruch ist vergebens: Was die Tochter plant und als ihr Lebensglück bezeichnet, kann von der Mutter nur als eine unverständliche, fast feindselige Handlungsweise aufgefaßt werden. Ihre Lieblingstochter, das Kind, das sie am höchsten Feiertag, dem Versöhnungsfest, zur Welt gebracht hat, wird dem *einen* Gott Israels noch mehr als zuvor schon untreu.

Der Abschluß des Laubhüttenfestes fällt 1933 auf den 12. Oktober, Ediths Geburtstag. Nach dem gemeinsamen Besuch des Gottesdienstes in der Synagoge fragt die Mutter: »War die Predigt nicht schön« – »Ja.« – »Man kann also auch jüdisch fromm

252

Auguste Stein (1849–1936)

sein?« – »Gewiß – wenn man nichts anderes kennengelernt hat.«
– »Warum hat du es kennengelernt? Ich will nichts gegen ihn sagen. Er mag ein sehr guter Mensch gewesen sein. Aber warum hat er sich zu Gott gemacht?«[528]
Hier gibt es keine Brücke. Hier stehen zwei Glaubensüberzeugungen einander gegenüber. Mag auch die Tochter noch soviel über die jüdischen Wurzeln des Christentums wissen und Judentum und Christentum in den historischen und religiösen Zusammenhängen sehen – jetzt und hier geht es um unvereinbare Inhalte.
Edith Stein hat geschrieben, es sei nicht möglich gewesen, ihrer Mutter etwas verständlich zu machen. Aber versteht nicht auch sie, trotz allen Feingefühls und aller Liebe, nur mangelhaft, was ihre Angehörigen im letzten bewegt? Dabei leidet sie schwer unter dem Leiden der ihr liebsten Menschen. Aber sie sieht keinen Ausweg.
Gertrud Kuznitzky (Koebner) erinnert sich: »Frau Stein bat ihre Tochter kniefällig, ihr nicht das noch anzutun, solange sie lebe. Aber Edith sagte: Ich kann nicht auf den Tod des geliebtesten Menschen hoffen, um mein Lebensglück zu erfüllen. E. St. wollte gehorchen und geführt werden – daher genügte ihr nichts als das Klosterleben... Alles, alles wegwerfen und nichts mehr sein als das, was das Kloster erlaubte und verlangte...«[529] Die Frau, die so heftig in ganz bestimmtem, genau umgrenztem Zusammenhang die Freiheit beschwört, sucht zugleich die absolute Unterwerfung, den Verzicht auf den eigenen Willen im Gehorsamsgelübde.
Wenige Tage vor ihrer Abreise trifft sie beim Zahnarzt ihre Nichte Suse, Erna und Hans Bibersteins Tochter. Die Kinder haben erst jetzt vom Glaubenswechsel ihrer Tante Edith erfahren, so daß Konversion und Klostereintritt für sie praktisch zusammenfallen. Es ist schwierig für die Zwölfjährige, auszudrücken, was sie bewegt, abgesehen davon, daß es als ungehörig gilt, Erwachsene gleichsam zur Rede zu stellen. Aber dieses Kind weiß mehr, als Zwölfjährigen eigentlich angemessen ist. »Wir mögen zwar Kinder gewesen sein, aber wir waren uns der Ereignisse in Deutschland, die Juden betreffend, durchaus bewußt. Indem sie katholisch wurde, hatte unsere Tante ihr Volk im Stich gelassen. Ihr Eintritt ins Kloster bekundete vor der Außenwelt, daß sie sich vom jüdischen Volk absondern wollte. So sahen wir es...«[530]

254

Edith, diese Tante, die »etwas Feiertägliches«[531] mit sich bringt und in deren Gegenwart »das Alltägliche zum Festlichen«[532] wird, lächelt weder noch reagiert sie herablassend, während sie »die braune Kinderhand«[533] in die ihre nimmt. Sie bleibt »ernst und aufmerksam« und erklärt dann, »sie sähe ihren Schritt nicht als einen Verrat an. Sie ließe niemanden im Stich. Der Eintritt ins Kloster garantiere ihr keine Sicherheit und werde die Wirklichkeit der Außenwelt nicht ausschalten. Sie werde immer ein Teil ihrer Familie und auch ein Teil des jüdischen Volkes bleiben, auch als Nonne.«[534]
Die Nichte erinnert sich als Erwachsene fünf Jahrzehnte später, daß das für sie schwer zu verstehen gewesen sei, »daß es von ihrem (Ediths) Standpunkt durchaus logisch war«, aber für ihre jüdischen Verwandten nicht überzeugend. »Eine Kluft war zwischen ihr und ihrer Familie entstanden, die nicht zu überbrücken war.«[535]
Aber Edith Stein nimmt das nur begrenzt wahr. Wenig mehr als fünf Jahre später schreibt sie: »Ich gab ihr [Suse] meine Gründe an wie einem Erwachsenen. Sie hörte nachdenklich zu und verstand.«[536]
Doch wie groß auch das Mißverständnis über das Verstehen oder Nichtverstehen sein mag: Auch das für die einen Unfaßliche, für Edith jedoch Unverzichtbare trennt dennoch im letzten nicht. Die Nichte hat es ausgesprochen: »Doch andererseits konnten wir nicht aufhören, sie lieb zu haben.«[537]

Das Schwerste aber steht noch bevor: der Abschied von der Mutter. Am letzten Tag vor der Abreise, Ediths Geburtstag, treffen sich am Nachmittag und Abend Verwandte und Freunde im Haus in der Michaelisstraße. Als schließlich alle gegangen sind und die Schwestern aufräumen, während Mutter und Tochter alleine im Zimmer zurückbleiben, beginnt die alte Frau zu weinen. Stumm umarmt Edith die vom Schmerz Überwältigte, »den silberweißen Kopf« an ihre Brust lehnend. »So blieben wir lange, bis sie sich zureden ließ, zu Bett zu gehen.«[538] Zum erstenmal hilft Edith der Mutter beim Auskleiden, sitzt bei ihr auf dem Bettrand, bis sie schlafen geschickt wird. »Wir haben wohl beide in dieser Nacht keine Ruhe gefunden.«[539]
Am nächsten Morgen kommt Erna früh, um bei der Mutter zu

bleiben, die nicht fähig ist, etwas zu essen oder zu trinken. Sie beginnt wieder zu weinen. Bis zum Augenblick des Aufbruchs hält Edith sie in ihren Armen. Dann nimmt Erna ihren Platz ein. Die beiden Jüngsten haben die Zärtlichkeit der Kinderjahre gegenüber der Mutter bewahrt. So wird Erna sie am ehesten trösten können.

Schon in Hut und Mantel, tritt Edith schließlich ihrer Mutter zum letzten Mal gegenüber. Die alte Frau, obwohl der Verzweiflung nahe, umarmt und küßt ihre jüngste Tochter herzlich. Die Nichte Erika dankt für alle Hilfe und fügt hinzu: »Der Ewige steh dir bei.«[540] Als Edith Erna umarmt, weint die Mutter laut auf.

Gefolgt von Rosa und Else verläßt Edith Stein ihr Elternhaus. Als sie mit der Straßenbahn zum letzten Mal daran vorüberfährt, steht – anders als sonst – niemand am Fenster, um zum Lebewohl zu winken.

Auf dem Bahnhof klammert sich Else an Edith, während Rosa ruhig und gelassen bleibt. Beide winken, bis der Zug entschwunden ist. Dann kann sich Edith auf ihren Platz im Abteil zurückziehen. Aber stürmische Freude kommt nicht auf. »Dazu war das zu schrecklich«, was hinter ihr liegt. Aber sie ist »tief beruhigt –, im Hafen des göttlichen Willens«.[541]

Für die in Breslau Zurückbleibenden, die Mutter, die Brüder, die Schwestern – mit Ausnahme von Rosa –, die Nichten und Neffen, den Schwager aber ist das, was da geschieht und was ihnen die Tochter, die Schwester, die Tante entzieht, wie »eine dunkle Nachtseite«, die niemand versteht »und die sie niemand erklären konnte oder wollte«.[542]

256

Im Karmel

Am späten Abend des 13. Oktober 1933 trifft Edith Stein in Köln ein. Von unterwegs hat sie an Roman Ingarden geschrieben: »Ich war die letzten beiden Monate bei meiner Mutter und bin jetzt auf dem Wege nach Köln, um morgen dort ins Kloster der Karmelitinnen einzutreten. Es ist ein alter Plan, der durch die Zeitverhältnisse zur Reife gekommen ist.«[543]
Sie übernachtet bei einem Patenkind, einer jungen Frau, deren Konversion sie begleitet hat und die sie am nächsten Tag, zusammen mit der Schwester ihrer künftigen Novizenmeisterin, an die Klausurtür des Kölner Karmels bringt. »Endlich tat sie sich auf, und ich überschritt in tiefem Frieden die Schwelle zum Hause des Herrn.«[544]
Edith Stein tritt in eine neue Welt ein, obwohl sie die Tagesordnung des Karmel bereits kennt, auch mit einigen der Schwestern vertraut ist. Außer ihr befinden sich zu dieser Zeit zwei Novizinnen, die schon die ersten – zeitlichen – Gelübde abgelegt haben, und eine Laienpostulantin im Hause, sämtlich nahezu zwanzig Jahre jünger als die zweiundvierzigjährige hochgebildete Frau. Zweifel erfaßt sie darüber, ob sie sich in ihrem Alter wohl die komplizierte Regel der Karmelitinnen in allen Einzelheiten werde merken können.
Aber eines der klösterlichen Gebote ist die Armut, und der entspricht ihre Zelle: »...zwischen weißgetünchten Mauern, drei Meter im Quadrat, ein Fenster mit der freien Aussicht in den Frieden des Klostergartens. Ein schlichtes Holzkreuz..., ein Weihwasserbecken aus Ton, Papierbilder der heiligen Ordenseltern an der kahlen Wand. Auf dem Boden der irdene Wasserkrug, in der Waschschüssel stehend, ein kleines Tischlein mit dem Nähkasten, davor die schmale, niedrige Sitzbank. In der Ecke die Lagerstätte: auf einem etwas erhöhten Brett der Strohsack, darauf ein Kissen und einige Decken aus grober Wolle, das ganze von einer herabhängenden braunen Wolldecke verhüllt.«[545]
Schon jahrelang hat sie der Regel des Karmels entsprechend gelebt, soweit das möglich war, verbunden mit einer »Überlast geistiger Arbeit«[546], körperlichem Fasten, willkürlichem Abbruch

des Schlafs. »... alles, was sie sich selbst an Kasteiungen auferlegt hatte«, ist nun »dem Gebot des Gehorsams gewichen: tüchtig essen, sorglos schlafen und recht fröhlich sein«.[547] Das sind die drei von Teresa von Avila angegebenen Kennzeichen »echten Karmelberufs«.[548]

An Petra Brüning OSU, die Oberin der Ursulinen in Dorsten, schreibt die Postulantin Edith Stein am 18. Oktober, vier Tage nach ihrem Eintritt: »Die Komplet war das erste, was ich im Chor mitbeten durfte, und dann gleich die Festmatutin [der 15. Oktober ist dem Gedenken der heiligen Teresa von Avila gewidmet]. Nun ist Ihre kostbare Gabe schon im Gebrauch [Edith Stein hatte von Mater Petra ein Brevier als Geschenk erhalten]... Nur muß ich mir vorläufig noch immer sagen, daß Sie wenig zufrieden mit der Art wären, wie ich das Offizium bete. Auch sonst bin ich ein sehr ungeschicktes Novizenkind, für das Vorgesetzte und Mitschwestern viel Liebe und Geduld brauchen, und es wird gewiß lange dauern, bis eine einigermaßen brauchbare Klosterfrau aus mir wird. Wollen Sie mir auch darum beten helfen, daß ich der großen Gnade dieser Berufung entsprechen möge?«[549]

Der Gedanke an die Ihren, zu Hause in Breslau, läßt sie nicht los. Sie schreibt viel in dieser Zeit und reflektiert dabei das Vergangene, so im Brief an Hedwig Conrad-Martius vom 31. Oktober 1933: »Die letzten Wochen zu Hause und der Abschied waren natürlich sehr schwer. Meiner Mutter etwas verständlich zu machen, war ganz unmöglich. Es blieb in seiner ganzen Härte und Unfaßlichkeit stehen, und ich konnte nur gehen in dem festen Vertrauen auf Gottes Gnade und die Kraft unseres Gebets. Daß meine Mutter selbst gläubig ist, und schließlich auch ihre immer noch so starke Natur machten es auch etwas leichter. Ich darf wie in all den Jahren früher jede Woche nach Hause schreiben, und bekomme auch pünktlich einen Wochenbrief von der Familie. Alle meine Geschwister waren rührend gut und liebevoll. Rosa geht innerlich ganz mit mir... Während der Postulantenzeit sollte man eigentlich noch keine Besuche bekommen. Es sind aber doch schon einige dagewesen... der zweite (war) Frau Reinach, die gerade von Pauline kam.* Sie werden verstehen, daß es mir eine besondere Freude war, jetzt eine ganze schöne Stunde mit ihr zusammen zu sein.«[550]

---

* Pauline Reinach lebte als Benediktinerin in einer belgischen Abtei.

Die Vorgesetzten nehmen also Rücksicht: Obwohl es unüblich ist, darf die neue Postulantin Besuche empfangen. Auch der häufige Briefwechsel stellt eine Ausnahme dar. Jeden Freitag bringt Edith der Novizenmeisterin ihren Brief an die Familie im unverschlossenen Umschlag, wie es damals noch Brauch ist, um den Vorgesetzten Einblick zu ermöglichen. Auch die eingehenden Briefe können von ihnen gelesen werden, bevor sie der Adressatin übergeben werden, und wenn im Sprechzimmer Besucher auf der anderen Seite des Doppelgitters von der verschleierten Nonne empfangen werden, ist immer eine weitere Schwester zugegen. Diese Regelungen, die durch das Zweite Vatikanum weitgehend reformiert worden sind, sollen den Abstand zwischen Kloster und Welt wahren helfen und möglichen Versuchungen vorbeugen.

»Die meisten Schwestern betrachten es als Buße, wenn sie ins Sprechzimmer gerufen werden. Es ist ja auch immer wie ein Übergang in eine fremde Welt, und man ist glücklich, wenn man wieder in die Stille des Chors flüchten und vor dem Tabernakel verarbeiten kann, was einem zugetragen worden ist«, schreibt Edith Stein nach einem Vierteljahr und fährt dann fort: »Aber ich empfinde diesen Frieden immer noch täglich als ein übergroßes Gnadengeschenk, das einem gar nicht für einen allein gegeben sein kann; und wenn jemand abgehetzt und zerschlagen zu uns kommt und dann etwas Ruhe und Trost mitnimmt, so macht mich das sehr glücklich.«[551]

Dabei hat sie es selbst in dieser Zeit nicht leicht. »Kann sie auch gut nähen?«[552], fragte eine ältere Schwester, um sich über die neue Postulantin ein Bild zu machen. Nein, sie kann gar nicht gut nähen. Sicherlich hat sie das alles zu Hause und im Handarbeitsunterricht der Schule einmal gelernt. Aber sie hat keine Übung darin, nicht zuletzt, weil keine Neigung zu solchen Arbeiten besteht. Aber sie bemüht sich nach Kräften, so wie sie einst mit ihren Studienfreundinnen Strümpfe für die Soldaten im Feld strickte.

Doch nicht nur Handarbeiten, mit denen damals im Karmel der Lebensunterhalt verdient wird, fallen ihr schwer: »…sie war in allen häuslichen Arbeiten so umständlich und ungeschickt, daß es ein Jammer war, ihr dabei zuzusehen. Wie viele Verdemütigungen erwuchsen ihr aus diesem Unvermögen.«[553]

Aber jene Sorglosigkeit, die alles Gott überläßt, nicht, weil das einfacher ist, sondern aus tiefinnerlichem Vertrauen in seine Führung, bricht immer wieder durch, besonders in den Stunden der Rekreation, die der Erholung dienen sollen. »Wie oft konnte sie mit ihren Mitschwestern kindlich scherzen und lachen, bis ihr die Tränen über die Backen liefen. Sie gestand, daß sie in ihrem ganzen Leben noch nie so viel gelacht habe wie in den Erholungsstunden im Karmel.«[554]

Festlich und feierlich ist es dagegen am 15. April 1934, als in der kleinen Kapelle des Kölner Karmels die Postulantin Dr. Edith Stein das Fest ihrer Einkleidung begeht, um als Schwester Teresia Benedicta a Cruce den Schleier zu nehmen, nach dem es sie so sehr verlangt. Die Menschen, die sich an diesem Tage hier versammeln, haben – jeder auf je eigene Weise – Edith Stein eine Strecke Wegs begleitet: Dr. Hedwig Conrad-Martius, ihre evangelische Patin, ist da; der Katholische Frauenbund ist zahlreich vertreten; die Lehrerinnen aus der Pfalz haben eine Vertreterin entsandt, ebenso die Studierenden und Schwestern des Collegium Marianum in Münster; Ordensfrauen, namhafte Wissenschaftler und Geistliche sind anwesend. Ihnen allen tritt die Freundin, Lehrerin, Kollegin von einst nun entgegen: im weißen Brautkleid, dessen schwere Seide Rosa aus Breslau geschickt hat, mit Kranz und Schleier – bis Glockengeläut den Beginn der Feier bezeichnet.

»Es war ein Fest, wie es der Kölner Karmel noch nie erlebt hatte. Die reichen Blumenspenden ihrer vielen Freunde und Bekannten hatten es ermöglicht, das Kirchlein wunderschön zu schmücken. Mit zahlreichen Festteilnehmern hatte man gerechnet, aber ein solcher Menschenandrang überraschte doch. Das hohe Ansehen und die Verehrung und Liebe, die Edith in der Welt genoß, offenbarte sich überwältigend.«[555]

Der gesamte assistierende Klerus – an der Spitze Erzabt Walzer im vollen Ornat und der Provinzial der Karmeliten, P. Theodor Rauch – zieht der künftigen sponsa Christi bis zur Kirchentür entgegen und geleitet sie bis zum Altar, wo sie, auf ihrem Betstuhl kniend, dem feierlichen Hochamt folgt. An die sehr persönlich gehaltene Ansprache von Erzabt Walzer schließt sich die eigentliche Einkleidungsfeier an, beginnend mit dem Dialog zwischen Ordensoberem und Postulantin:

260

Mutter Teresia Renata Posselt, Novizenmeisterin Edith Steins

»Was begehrst du?« – »Die Barmherzigkeit Gottes, die Armut des Ordens und die Gesellschaft der Schwestern.« – »Bist du entschlossen, bis zum Tode im Orden auszuharren?« – »So hoffe und will ich es, gestützt auf die göttliche Barmherzigkeit und das Gebet der Schwestern.« Mit dem Segenswunsch »Der Herr, der dich zu uns führte, entkleide dich des alten Menschen mit all seinem Tun!«[556] endet das Zwiegespräch.

Die brennende Kerze in der Hand, tritt die Postulantin durch die sich öffnende Klosterpforte in den Kreuzgang, wo die Nonnen sie, ebenfalls brennende Kerzen in den Händen, erwarten. Es schließt sich die Pforte, und die Festgäste drängen zum weit geöffneten Chorgitter. Den Hymnus »O gloriosa Domina« singend, ziehen die Schwestern durch den Kreuzgang, um beim Gesang der letzten Strophe, jeweils zu zweit nebeneinander, ins Chor einzuziehen. Als letztes Paar folgen die Priorin und die neue Novizin – des Brautschmucks entledigt, bekleidet mit dem härenen Bußkleid und den hanfenen Sandalen. Unter den Gebeten des Provinzials wird sie von der Priorin und der Subpriorin mit dem ledernen Gürtel und dem Skapulier, dem braunen Überwurf der Karmelitinnen, bekleidet. Es folgen der weiße Mantel und schließlich der weiße Novizinnenschleier. Mit dem Gebet: »Die dem Lamme ohne Makel folgen, werden mit ihm in weißen Gewändern wandeln, darum seien deine Kleider immer glänzend weiß zum Zeichen der inneren Reinheit«[557] endet die Einkleidung.

Die neue Karmelitin wirft sich mit ausgebreiteten Armen zu Boden, um in der Kreuzesform den mystischen Tod anzudeuten, den die sündige Natur sterben soll. Auf das Zeichen der Novizenmeisterin erhebt sie sich wieder »zu einem höheren Leben der Gnade«.[558]

»Verwundert und wie betäubt folgte man bei dieser Einkleidungsfeier den einzelnen Etappen des liturgischen Weges, bis zu jener ergreifenden Schlußszene, wo die junge Novizin unter dem Gesang des ›Veni Creator Spiritus‹ ihre Mitschwestern der Reihe nach umarmte, um dann, von ihnen in die Mitte genommen, choreinwärts zu ziehen, choreinwärts, weltabwärts, als ›Schwester Benedicta‹, als die mit der Wahrheit, mit der ganzen Fülle der Wahrheit ›Gesegnete‹.«[559]

Noch einmal begegnen sich Lebenskreise Edith Steins, als die neueingekleidete Karmelitin ihrer Patin Hedwig Conrad-Martius im Sprechzimmer, nun schon jenseits des Doppelgitters, gegenübersteht, aber unverschleiert, wie es bei nahen Verwandten und Paten erlaubt ist.

Ein Jahr später, am Ende des Noviziats, werden die beiden sich wiedersehen. »Diese Stunde«, schreibt die Freundin später, »ist mir unauslöschlich eingeprägt. Edith hatte immer schon, von Natur, etwas Kindliches und Freundliches an sich. Aber die Kindlichkeit, Vergnügtheit und Geborgenheit, die sie jetzt gewonnen hatte, war ... bezaubernd. Der wundersame Doppelsinn des Wortes Gratia – Gnade und Grazie – waren hier vereinigt.«[560]

Dabei ist das Klosterleben auch noch im Noviziat, trotz aller Heiterkeit, Freude, Dankbarkeit für die Gnade der Berufung, nicht leicht. Nicht nur, daß sie ungeschickt in Hausarbeiten ist, Edith hat in der Tat, wie von ihr befürchtet, Schwierigkeiten, Einzelheiten der komplizierten Regel zu behalten, und sie muß darauf achten, ihren Bildungsgrad möglichst nicht zu sehr erkennbar werden zu lassen. Einmal ist die Rede von Prüfungen im doppelten Sinn des Wortes. Da meint sie, niemand sei wohl so häufig geprüft worden wie sie. Die Novizenmeisterin rügt diese Äußerung am nächsten Tag als hochfahrend. Schwester Benedicta prosterniert sich daraufhin, sie nimmt also die vorgeschriebene Demutshaltung ein, indem sie mit über der Brust gekreuzten Armen niederkniet und den Oberkörper dem Boden zuneigt, während ihr die Röte ins Gesicht steigt. Auf ein Zeichen der Novizenmeisterin hin erhebt sie sich wieder.

Damals ist es im Karmel noch Brauch, daß die Schwestern vor der Priorin niederknien, die aber die älteren Schwestern durch Zeichengebung davon zu befreien pflegt. Zugleich enthält die auf Teresa von Avila zurückgehende Satzung auch eine ganze Reihe von Bestimmungen, die die Handlungsvollmacht der Priorin einschränken. Das reicht von der Verpflichtung zur Beratung und Handlungsabstimmung mit den Clavarinnen, dem gewählten Rat der Priorin, in genau festgelegten Fällen von besonderer Bedeutung bis hin zu Sitz und Stimme aller Schwestern, die die ewigen Gelübde abgelegt haben, im Kapitel. Postulantinnen und Novizinnen, die sich noch nicht endgültig gebunden haben, stehen diese Rechte nicht zu.

Zu jener Zeit gehören zum Karmel auch noch Laienschwestern, die ebenfalls weder Sitz noch Stimme im Kapitel haben. Sie sind in dem bis zu einundzwanzig Schwestern umfassenden Konvent die Stützen der Haushaltsführung, da die zahlreichen Gebetspflichten die Chorschwestern auch in den der Haus- und Handarbeit vorbehaltenen Tageszeiten unterbrechen.

Die damals gültige Tagesordnung, die Edith Stein selbst für den Sommer aufgeschrieben hat, sieht das Aufstehen für vier Uhr dreißig vor. Von fünf bis sechs Uhr ist Stunde der Betrachtung, in der jede für sich allein sich ein geistliches Thema vergegenwärtigt, möglichst aus der Leidensgeschichte Jesu. Daran schließen sich die im Stundengebet vorgesehenen Gebete der Prim/Non an. Um sieben Uhr hören die Schwestern die Messe. Von acht bis neun Uhr dreiundfünfzig widmen sie sich der Tagesarbeit. Dann folgen Minuten der Gewissenserforschung. Dem Mittagessen um zehn Uhr schließt sich eine Stunde Rekreation an, die Erholungspause, die die Schwestern in gemeinsamer Unterhaltung zu verbringen haben, während ihnen sonst möglichst Stillschweigen auferlegt ist. Von zwölf bis ein Uhr ist Mittagsruhe angesetzt. Daran anschließend widmen sich wieder alle bis zwei Uhr der ihnen zugeteilten Arbeit, während die Novizinnen ab halb zwei Unterricht haben. Um vierzehn Uhr versammeln sich die Schwestern zur Vesper wieder in der Kapelle, um danach geistliche Lesung zu halten. Die Zeit von fünfzehn Uhr bis sechzehn Uhr fünfunddreißig ist abermals der Arbeit gewidmet, an die sich Gebete an den einzelnen Stationen des Kreuzwegs anschließen oder eine geistliche Lesung in der Zelle. Zwischen siebzehn und achtzehn Uhr ist wieder Betrachtungsstunde, eine Einrichtung, von der Edith Stein schreibt: »... die Grundlage unseres Lebens sind doch die zwei Stunden Betrachtung, die wir in unserer Tagesordnung haben. Seit ich diese Wohltat genieße, weiß ich erst, wie sehr sie mir draußen gefehlt hat.«[561] Daran schließt sich um achtzehn Uhr das Abendessen an, mit nachfolgender Rekreation. Ab neunzehn Uhr dreißig folgt die Komplet als letztes der Stundengebete, wie sie 1568 von Papst Pius V. einheitlich vorgeschrieben worden sind. Von zwanzig Uhr bis einundzwanzig Uhr wird die »Zelleneinsamkeit« aufgesucht, der um einundzwanzig Uhr als letzte Gebete Mette – Matutin – und Laudes folgen, die bereits am Vorabend gebetet werden dürfen. Mit einer Gewissenserforschung und der Vorbereitung auf die Morgenbetrachtung, begleitet vom Großen Schweigen, endet der Tag.

264

Im Winter wird diese Tagesordnung um eine Stunde verschoben, beginnend mit dem Aufstehen um fünf Uhr dreißig statt um vier Uhr dreißig. Dafür fällt die Mittagsruhe fort. Von dieser Tagesordnung gibt es außerdem in Einzelheiten Abweichungen aus besonderem Grunde, zum Beispiel in der Fastenzeit.

Edith Stein bedeutet die Möglichkeit der Versenkung, der Betrachtung unendlich viel. Es gehört zu dem, was »draußen« zu leben so schwierig, wenn nicht unmöglich ist und nach dem sie besonders sehnsüchtig verlangte. Hinzu kommen die regelmäßigen Exerzitien. So schreibt sie an die Dichterin Gertrud von le Fort: »Liebe Baronesse, heute früh haben unsere Exerzitien geschlossen. Exerzitien im Karmel – da fehlt zum Himmel fast nur noch die eigene Heiligkeit. Meine geistliche Lesung in diesen Tagen war Ihr neues Buch [»Die ewige Frau«, erschienen 1934]. Vorher kam ich nicht dazu ... Ich möchte aus diesen Exerzitien, die mir sehr viel bedeutet haben, das Buch nicht wegdenken.«[562] Was für die neue Schwester mit dem benediktinischen Namen der Karmel ist, steht im selben Brief: »Das Vertrauen, daß etwas von unserem Frieden und unserer Stille hinausströmt in die Welt und denen beisteht, die noch auf der Pilgerschaft sind, kann mich allein darüber beruhigen, daß ich vor so viel Würdigeren in diese wunderbare Geborgenheit berufen wurde. Sie können sich gar nicht denken, wie tief es mich jedes Mal beschämt, wenn jemand von unserem ›Opferleben‹ spricht. Ein Opferleben habe ich geführt, solange ich draußen war. Jetzt sind mir fast alle Lasten abgenommen und ich habe in Fülle, was mir sonst fehlte. Freilich gibt es Schwestern bei uns, von denen täglich große Opfer verlangt werden. Und ich erwarte ja, daß ich auch einmal mehr von meiner Kreuz-Berufung spüren werde als jetzt, wo ich noch einmal vom Herrn als ein kleines Kind behandelt werde.«[563]
Dennoch ist es Edith nicht gleichgültig, was während des offenbar doch recht mühsam durchgehaltenen Noviziats mit ihr geschieht. Sie akzeptiert es, sie betrachtet es als von Gott geschickt, aber es lastet doch auch auf ihr, »als ein kleines Kind« behandelt zu werden. Sie hat schon mehr als die Hälfte eines Menschenlebens hinter sich, als sie wieder zum Kinde werden muß, das ungeschickt ist in Handfertigkeiten, Dingen, die doch

jedes Mädchen, jede Frau nach landläufiger Meinung können und kennen muß. Sie besitzt hohe Geistesgaben, aber die sind jetzt nicht gefragt. Jetzt heißt es, sich an- und einzupassen, und sie selbst hat es vorher gewußt und gewollt. Aber sie scheut sich auch nicht, darüber zu sprechen, daß es ihr nicht immer leicht fällt. So erzählt sie Hedwig Conrad-Martius, als die ihren Besuch zu Ende des Novizenjahres macht, »*wie* schwer doch das Noviziat, vor allem das ›Lernen‹ der Regel mit all den Kleinigkeiten für sie gewesen sei«.[564]

In dieser ersten Zeit besucht sie auch Gertrud von le Fort. Die Bekanntschaft stammt aus der Phase, als die – konvertierte – Dichterin mit der Arbeit an ihrer Novelle »Die Letzte am Schafott« beschäftigt war. »Auf den Stoff«, schreibt Edith Stein, »ist sie ohne mein Zutun gestoßen. Aber bald darauf suchte sie mich in München auf, und wir sprachen einen Nachmittag vom Karmel, dem sie damals geistig noch ziemlich fern war. Erst durch die Arbeit an der Novelle ist sie mit ihm verwachsen.«[565]

Gertrud von le Fort stammte aus altem, ursprünglich italienischem Adelsgeschlecht, das im 17. Jahrhundert wegen seines protestantischen Bekenntnisses über die Schweiz nach Deutschland kam. Sie hat im hohen Alter über ihren Glaubenswechsel geschrieben, daß sie von Jugend auf der Einheit der Kirche zugewandt gewesen sei: »...es ging, um es sehr deutlich zu sagen, bei mir weniger um eine Konversion als Ablehnung des evangelischen Glaubens, sondern es ging um eine Vereinigung der getrennten Bekenntnisse.«[566]

Am 15. Dezember 1935 schreibt Edith Stein an Hedwig Conrad-Martius: »...ich darf mich auf die Profeß im April freuen. Es ist aber gut, daß man dann noch nicht ›fertig‹ zu sein braucht, denn ich habe das Gefühl, daß das eigentliche Noviziat erst vor kurzem begonnen hat, seitdem das Eingewöhnen in die äußeren Verhältnisse – Zeremonien, Bräuche und dergleichen – nicht mehr soviel Kraft verbraucht.«[567]

Der Profeßtag ist der 21. April, der Ostertag des Jahres 1935. Edith Stein legt die Gelübde der Armut, der Keuschheit und des Gehorsams ab und ist für drei Jahre daran gebunden – eine letzte Probezeit vor der ewigen Profeß.

Im Karmel ist dieser Tag ein Fest erster Ordnung, den hohen

266

Kirchenfesten gleichgestellt, aber es ist ganz und gar ein Klosterfest, ohne Öffnung nach außen.

In zehntägigen Exerzitien bereitet Edith sich vor: »In dieser Zeit dürfen wir ganz wie Einsiedler leben. Für die Betrachtungen hatte ich unseres hl. Vaters Johannes *Dunkle Nacht* und das Johannesevangelium. Gewöhnlich legt man am Tage vor der Profeß im Refektorium vor dem Mittagessen ein öffentliches Schuldbekenntnis ab. Ich durfte das schon am Mittwoch in der Karwoche, damit die Stille der Kartage nicht dadurch unterbrochen würde. Ich fand es auch besonders schön vor den ersten Trauermetten – von da ab möchte man sich doch gar nicht mehr mit sich selbst beschäftigen.«[568]

Die eifrige Beterin, die meistens frühmorgens in der Kapelle die erste ist, die hilfsbereite, selbstlose, fröhliche Mitschwester, sie wird nun als aus dem Geist des Karmels lebend anerkannt und in die Gemeinschaft aufgenommen.

Was ihr der Karmel im letzten ist, was sie in ihm von Gott für sich aufgespart glaubt, ist die immer größere Annäherung an das göttliche Herz: die innere Stille, das Voranschreiten in den »Wohnungen der Seele« durch das Erreichen immer höherer Stufen der Versenkung, wie sie von Teresa von Avila in ihrer Schrift »Die Seelenburg« beschrieben und von Edith Stein ergänzt werden vom Standpunkt der philosophisch gebildeten modernen Religiösen, die sich mit der Seinsstruktur der Person beschäftigt: Das Ich ist gebunden an den unveränderlichen und unbeweglichen Mittelpunkt der Seele, »nicht nur zur höchsten mystischen Begnadung, der geistlichen Vermählung mit Gott, sondern um von hier aus die letzten Entscheidungen zu treffen, zu denen der Mensch als freie Person aufgerufen wird«.[569]

Teresa von Avila und, wie Edith Stein betont, andere Geisteslehrer sehen in der Hingabe des Willens an Gott das Wesentlichste der mystischen Vereinigung, und Edith formuliert: »Die Hingabe unseres Willens ist das, was Gott von uns allen verlangt und was wir leisten können. Sie ist das Maß unserer Heiligkeit. Sie ist zugleich die Bedingung der mystischen Vereinigung, die nicht in unserer Macht steht, sondern freies Geschenk Gottes ist.«[570]

Das stundenlange Knien vor dem Tabernakel, das Gebet in der Zelle, kniend, mit ausgespannten Armen, in Kreuzesform, die tiefe Konzentration in der Messe und überhaupt im Gebet und die innige Freude über die Gnade der Berufung lassen vermuten, daß ihr, der ungeschickten, aus dem üblichen Rahmen fallenden Ordensfrau, Erfahrungen geschenkt werden, die mit dem Begriff der mystischen Schau zu umschreiben sind. Das tiefe Schweigen, das sie über diesen Teil ihrer Existenz bewahrt, zieht die Grenze des Aussagbaren. »Mein ist das Geheimnis« – dieses Wort gilt auch hier.

Der Sinn des Seins

Als Edith Stein in den Kölner Karmel eintreten wollte, waren die Bedenken ihres geistlichen Beraters, Erzabt Raphael Walzer, trotz der gegebenen Zustimmung keineswegs überwunden. Er wolle keine Verantwortung dafür übernehmen, schrieb er an die Subpriorin, daß der streitenden Kirche diese wertvolle Arbeitskraft verlorengehe.

Aber auch im Karmel sind die Fähigkeiten der sich in Selbstverleugnung übenden Ordensfrau nicht vergessen. Schon bald wird Schwester Benedicta mit kleinen schriftstellerischen Arbeiten betraut. Sie übersetzt die bei Einkleidung und Schleierfest üblichen Gebete, die nun lateinisch-deutsch gedruckt werden, veröffentlicht ein von ihr verfaßtes kurzes Lebensbild Teresas von Avila, schreibt ihre in mancher Hinsicht von der damaligen Auffassung abweichende Betrachtung »Das Gebet der Kirche«, verfaßt den Index ihrer Thomas-Übersetzung und arbeitet an ihren Familienerinnerungen, die weitgehend eine Autobiographie sind. Im Mai 1935 muß sie diese Arbeit abbrechen, die auch später nur noch wenig gefördert werden kann und unvollendet bleibt. Der Grund ist der Besuch des Ordensprovinzials P. Theodor Rauch OCD, der der jetzigen Ordensfrau Sr. Benedicta, in der Welt Dr. Edith Stein, aufträgt, ihre Arbeit »Potenz und Akt« für den Druck fertigzumachen.

Als Edith Stein zu Teresia Benedicta a Cruce wurde, mußte sie damit rechnen, von nun an nicht mehr wissenschaftlich arbeiten zu können. Wie hoch für sie das kontemplative Leben – Meditation, Versenkung, Betrachtung, Beschauung – steht, wie weit sie auf mystisches Erleben vorbereitet ist, läßt sich allein schon daran ablesen, daß sie, vor die Entscheidung gestellt, ein Leben des völligen Ausgerichtetseins auf die geistliche Sphäre der geistigen Arbeit vorgezogen hat.

Nun aber angehalten, zur Wissenschaft zurückzukehren, bittet sie Hedwig Conrad-Martius, ihr verschiedene Arbeiten zu schikken. Dabei spürt man die Spannung, die die Aussicht, an dem weiterzuarbeiten, was sie einst um höherer Ziele willen aus der

Hand legte, auslöst: »Ich habe sie [die Arbeit] natürlich sofort vorgeholt und mit der Durchsicht begonnen. Am Anfang fand ich nicht sehr viel zu ändern. Aber ich weiß wohl, daß in den letzten Teilen viel zu tun sein wird.«[571]
Schon am 1. September 1936 schließt sie, wie das Datum des Vorworts zeigt, das Manuskript ab. Es ist eine nahezu völlige Umarbeitung der Ausgangsarbeit, von der nur der Anfang des ersten Teiles übernommen worden ist. Dabei ist inhaltlich eine entscheidende Veränderung eingetreten: »Der Ausgang von der thomistischen Akt-Potenz-Lehre wurde beibehalten, aber nur als Ausgang. Im Mittelpunkt steht die *Frage nach dem Sein*. Die Auseinandersetzung zwischen thomistischem und phänomenologischem Denken erfolgt in der sachlichen Behandlung dieser Frage.«[572]
Edith Stein gibt schon im Vorwort deutlich zu erkennen, was sie leisten wollte und konnte und was nicht: »...was hier versucht wird, ist der Grundriß einer Seinslehre, kein System der Philosophie.«[573] Dabei wird diese Arbeit, die trotz weitgehender Beibehaltung der klösterlichen Tagesordnung überraschend schnell fertiggestellt wird, nur mit geringen Hilfsmitteln durchgeführt: Eine große wissenschaftliche Bibliothek steht nicht zur Verfügung. Zugleich ist von vornherein klar, daß der schon in der Untersuchung über Thomas von Aquin und Husserl festgestellte absolute Primat der Glaubenslehre fortbesteht: »Die Grundwahrheiten unseres Glaubens – von der Schöpfung, vom Sündenfall, von der Erlösung und Vollendung – zeigen alles Seiende in einem Licht, wonach es unmöglich erscheint, daß eine reine Philosophie, d. h. eine Philosophie aus bloß natürlicher Vernunft, imstande sein sollte, sich selbst zu vollenden, d. h. ein perfectum opus rationis zu leisten. Sie bedarf der Ergänzung von der Theologie her, ohne dadurch Theologie zu werden.«[574]
Ist sie und wird sie auch nicht Theologie, so soll sich die Philosophie dieser doch unterordnen: »Wenn es Aufgabe der Theologie ist, die Offenbarungstatsachen als solche festzustellen und ihren eigenen Sinn und Zusammenhang herauszuarbeiten, so ist es Aufgabe der Philosophie, das, was sie mit ihren eigenen Mitteln erarbeitet hat, mit dem, was ihr Glaube und Theologie bieten, in Einklang zu bringen – im Sinne eines Verständnisses des Seienden aus seinen letzten Gründen.«[575]
Auf dieses Verständnis kommt es Edith Stein an. Nach ihm hat

270

sie sich immer gesehnt, sich darum bemüht. Die Suche nach der Wahrheit – erst psychologisch, dann philosophisch und schließlich im Versuch einer Synthese von Philosophie (Phänomenologie) und Theologie oder richtiger: Glaubensüberzeugung und -haltung ist lebenslang der Antrieb ihres geistigen Daseins und findet in diesem Werk seinen Höhepunkt. Dabei geht sie allerdings, anders als bei den Arbeiten aus der Zeit vor ihrem Übertritt, von der Vorgabe der Glaubenslehre und der dadurch bestimmten -inhalte aus, arbeitet also nicht voraussetzungslos. Das hat zur Folge, daß die Philosophin Edith Stein gegenüber der Ordensfrau Teresia Benedicta a Cruce fast zwangsläufig da zurücktreten muß, wo der Glaube anderes gebietet als die Wissenschaft, die Philosophie: »In Einklang bringen – das bedeutet zunächst das rein Negative, daß für den gläubigen Philosophen die offenbarte Wahrheit ein Maßstab ist, dem er seine eigene Einsicht unterzuordnen hat: er gibt eine vermeintliche Entdeckung preis, sobald er selbst erkennt oder durch den Ausspruch der Kirche darauf hingewiesen wird, daß sie mit der Glaubenslehre unvereinbar sei.«[576]

Läßt sich aber für den Wissenschaftler, der ja nach Wahrheitsfindung strebt, ein Abtreten der Entscheidung darüber, was wahr und was nicht wahr ist, an andere, seien sie auch noch so hochgestellte Autoritäten, verantworten? Edith Stein bejaht das, weil ihr menschliches Wissen nur etwas Vorletztes, Offenbarung aber Teil des Letzten, Ganzen, des göttlichen Geheimnisses ist – und daran teilzuhaben ist ihr sehnlicher Wunsch. Religiöses Bedürfnis und religiöse Erfahrung lassen die Wissenschaftlerin Edith Stein auf die Erleuchtung der Kirche und die ihr geoffenbarte Glaubenswahrheit vertrauen, so daß sie schreiben kann: »So sehr der Philosoph auf klare Einsicht als letzte Bürgschaft innerhalb seines eigenen Verfahrens bedacht sein muß, so begehrenswert muß ihm – angesichts der unleugbaren Irrtumsmöglichkeit bei aller rein menschlichen Erkenntnis – um der Wahrheit willen die Nachprüfung durch eine übernatürlich erleuchtete und dadurch irrtumsfreie höchste Autorität erscheinen. Gewiß wird er sich ihr nur unterwerfen können, wenn er gläubig ist. Aber es muß auch dem Ungläubigen einleuchten, daß der Gläubige sich ihr nicht nur als Gläubiger, sondern auch als Philosoph unterwerfen muß.«[577]

Abgesehen davon, daß es zweifelhaft ist, ob eine solche Zweiteilung in den Gläubigen einerseits und den Philosophen, also Wissenschaftler, andererseits möglich ist, hat man Edith Stein, und zwar durchaus von katholischer Seite, in doppelter Weise widersprochen: einmal, weil beispielsweise Thomas von Aquin eine solche Unterwerfung nicht für notwendig gehalten habe[578]; und zum zweiten, weil Philosophie und Theologie nicht einfach vermischt und dann die Theologie den absoluten Vorrang erhalten dürfe, obwohl man gleichzeitig der Auffassung ist, es handele sich weithin um Philosophie.[578a]

Für Edith Stein ist trotz Vorrangstellung der Theologie die Philosophie, und hier eben die Phänomenologie, durchaus Mittel zur Ergründung des Seins. Dieses Sein aber wird für sie nur dann verständlich und erkennbar, wenn sein Sinn erkannt wird: »So ist und bleibt die *Grundfrage* einer *Grundlegung* der Metaphysik die *Frage nach dem Sinn des Seins*.«[579]

Dieser Frage wendet sich Edith Stein mit Akribie zu, indem sie das Instrumentarium der Phänomenologie anwendet, immer *eine* Vorstellung als Ziel vor Augen: »Die vollendete Erfüllung dessen, worauf die Philosophie als Streben nach Weisheit abzielt, ist allein die göttliche Weisheit selbst, die einfache Schau, mit der Gott sich selbst und alles Geschaffene umfaßt. Die für einen geschaffenen Geist – freilich nicht aus eigener Kraft – erreichbar höchste Verwirklichung ist die *selige Schau,* die Gott ihm schenkt, indem Er ihn mit sich vereinigt: er gewinnt Anteil an der göttlichen Erkenntnis, indem er das göttliche Leben miterlebt. Die größte Annäherung an dieses höchste Ziel ist während des Erdenlebens die *mystische Schau.* Es gibt aber auch eine Vorstufe, zu der nicht diese höchste Begnadung nötig ist, und das ist der echte, lebendige *Glaube.*«[580]

Der Rahmen ist also gezogen, und die religiöse Philosophin akzeptiert ihn, ja dieser Rahmen selbst ist ihr ebenfalls Gegenstand des Philosophierens. Vor allem innerhalb dieses Rahmens aber verhält sie sich durchaus als Wissenschaftlerin, wendet die strenge Denk- und Erkenntnismethode der Phänomenologie an, bleibt Philosophin bis zu jenem Punkt, an dem die »gläubige Hinnahme der Welt« durchbricht. Stufe um Stufe steigt sie denkend empor: »Mein Sein, so wie ich es vorfinde, ist ein nichtiges Sein; ich bin nicht aus mir selbst und bin aus mir selbst nichts, stehe jeden Augenblick vor dem Nichts und muß von Augenblick zu Augenblick neu mit dem Sein beschenkt werden. Und

272

doch ist dies nichtige Sein *Sein* und ich rühre damit jeden Augenblick an die Fülle des Seins.«[581] Hier fallen die philosophische und die gläubige Sicht des eigenen Seins zusammen.

Drei Denker vor allem bemüht Edith Stein, um die Berechtigung solcher Gesamtschau nachzuweisen: Augustinus, Descartes und Husserl.

Der Kirchenvater Augustinus geht vom eigenen, persönlichen Sein aus, vom Leben des Individuums: »...(wir) fürchten gar nicht, durch irgendeinen Wahrheitsanschein getäuscht zu werden, da doch gewiß ist, daß auch, wer sich täuscht, lebt.«[582] Descartes wollte die Philosophie als zuverlässige, rationelle Wissenschaft begründen und schaltete alles aus, was sich bezweifeln läßt. Am Ende blieb der Zweifel oder, allgemeiner gefaßt, das Denken und damit der Satz: Cogito ergo sum – Ich denke, also bin ich.

Edmund Husserl wiederum hat, nach Edith Stein, in spezieller Verwandtschaft zu Descartes Urteilsenthaltung »gegenüber all dem verlangt, was wir in ›natürlicher Einstellung‹ als in der Welt unserer Erfahrung lebende Menschen, unbefangen gläubig einfach hinnehmen, *gegenüber* der gesamten Existenz der *natürlichen Welt* und der Geltung der *bestehenden Wissenschaft.* Was als Feld der Untersuchung übrigbleibt, ist das Feld des *Bewußtseins,* im Sinne des *Ichlebens:* ich kann es dahingestellt sein lassen, ob das *Ding,* das ich mit meinen Sinnen wahrnehme, wirklich existiert oder nicht – aber die *Wahrnehmung* als solche läßt sich nicht durchstreichen; ich kann bezweifeln, ob die Schlußfolgerung, die ich ziehe, richtig ist – aber das schlußfolgernde Denken ist eine unbezweifelbare Tatsache; und so all mein Wünschen und Wollen, mein Träumen und Hoffen, mein Freuen und Trauern – kurz alles, worin ich *lebe und* bin, was sich als das Sein des sein(er) selbst bewußten Ich selbst gibt.«[582a] Ausgehend von der Akt- und Potenzlehre des Thomas von Aquin, die Potenz als Möglichkeit, Vermögen, Macht begreift und Akt als Wirklichkeit, Wirken, Wirksamkeit, schreitet Edith Stein fort zum ewigen Sein. »Gottes Wirken hebt nicht an und hört nicht auf, es ist von Ewigkeit zu Ewigkeit; es ist sein unwandelbares Sein selbst.«[583] Damit hat Edith Stein gleich zu Beginn die beiden Seinsformen bezeichnet. Aber sie bleibt dabei nicht stehen, sondern untersucht »wesenhaftes und wirkliches Sein«, dabei der Wesenslehre Husserls und zugleich Thomas folgend, in-

Der frühere Kölner Karmel zur Zeit Edith Steins

dem sie Wesen, Substanz, Form und Stoff des Seins definiert und erörtert und das Seiende als solches, die verschiedenen Formen der Wahrheit zu fassen versucht: künstlerische, göttliche, transzendentale Wahrheit, den Sinn des Seins umkreisend und immer enger einkreisend, bis hin zu dem Versuch, das Abbild der Dreifaltigkeit in der Schöpfung aufzusuchen und im Sein und der Begründung des Einzelseins schließlich das Verhältnis zum göttlichen Sein zu erkennen und in die Einheit des Menschengeschlechtes, dessen Haupt und Leib Christus sei, einzumünden. Damit enthüllt sich zugleich der Sinn des Seins in Möglichkeiten und Wirklichkeiten zur Vereinigung mit Gott vom Glauben und der mystischen Schau bis zum Gottmenschen Jesus, in dem Gott ganz und ungeteilt gegenwärtig ist und der doch Mensch war. Die ontische Struktur des Menschen und seine Rechtfertigung bilden Stufen beim Anstieg zur Seins- und Sinnbestimmung.
Es ist ein gewaltiger Bau, der hier Schritt für Schritt und Stufe um Stufe aufgetürmt wird, dabei zu den »Sachen selbst« vordringend, oftmals in langwierigen Wortanalysen, als Husserls Schülerin, die Edith Stein auch hier unverkennbar ist. Sie geht von Aristoteles und Thomas von Aquin aus und nimmt schließlich im

274

Sinne von Augustinus die Haltung des innerlich gebundenen, deshalb äußerlich freien Menschen ein.

Freiheit aber als Voraussetzung für innere Gebundenheit – aus freiem Entschluß – spielt eine wesentliche Rolle in Edith Steins Geistes- und Glaubenswelt: »Im endlichen Abbild spaltet sich, was im göttlichen Urbild eins ist. Liebe, Erkenntnis und Wille fallen hier nicht zusammen, obwohl die Liebe etwas von der Art des Erkennens und etwas von der Art des Wollens einschließt, denn sie kann nicht völlig ›blind‹ sein, und sie ist frei. Sie ist ... das Freieste, was es gibt, denn sie verfügt nicht nur über eine einzelne Regung, sondern über das ganze eigene Selbst, die eigene Person.«[584]

Edith Steins sehr persönliche Sicht aus der Erfahrung einer hohen religiösen und einer nicht minder hohen philosophischen Begabung betont immer wieder nachdrücklich Existenz und Bedeutung der Freiheit bei gleichzeitiger gläubiger Bindung an den von der Glaubenslehre vorgegebenen Rahmen. Die Auffassung, daß der Mensch im äußersten Verhältnis zu Gott, aber auch nur hier, keine Freiheit besitzt, keine Selbstbehauptung, überhaupt keinen »Besitz« für sich in Anspruch nehmen, sondern nur ganz und gar alles Gott anheimstellen kann, alleine seiner Gnade überantwortet, in der er aufgehoben ist, widerstrebt ihrer starken Persönlichkeit. Dem entspricht die Glaubenslehre, der sie anhängt; Gnade kann danach nur walten, wenn der Mensch sie aus sich heraus, »frei«, anstrebt, ihr entgegenstrebt. Wenn Edith Stein nun auch in diesem Werk und später in der »Kreuzeswissenschaft« immer wieder diese spezielle Form der Freiheit betont, so läßt das den hohen Stellenwert dieses geistigen Faktums für ihre persönliche Überzeugung, für ihre Persönlichkeit erkennen. Nur vor diesem Hintergrund ist die radikale Einfügung nicht nur der Glaubenden, sondern auch der Wissenschaftlerin mit dem besonderen Ethos der Phänomenologin, das zu strenger Sachlichkeit verpflichtet, in den Gehorsam gegenüber der katholischen Glaubenslehre recht verständlich. Auch die damit verbundene Beschränkung selbst wird sachlich-philosophisch diskutiert, bis an jenen Punkt, wo das sola fide bestimmend wird. Dabei erkennt sie durchaus die Beschränkung dieser ihr so wesentlichen Freiheit: Alle Natur bedeutet Bindung. »Kein Geschöpf ist unbedingt frei. Unbedingt frei – weil aus sich selbst – ist nur der Schöpfer.«[585]

Augustinus, Duns Scotus, der den Vorrang des Willens vor der

Vernunft lehrte, und nicht zuletzt Dionysius, der Aeropagit, jener wahrscheinlich syrische Priester, der so oft mit dem namensgleichen Griechen verwechselt wird, sind für Edith Stein die Vorläufer, auf die sich ihre Seinslehre, die man zutreffend als eine »christliche Weisheitslehre« bezeichnet hat, gründet.[586] Denn nicht das Sein als solches, das Forschen nach seinem Werden und Existieren, steht im Mittelpunkt des Steinschen Denkens, wiewohl es durchaus eine wesentliche Rolle spielt. Am wichtigsten ist ihr jedoch das Nachdenken über und das Bekenntnis zur christlichen Seinssicht. Zu den Grundeinsichten gehört dabei, daß »Gott der Ewige, Unerschaffene und Unendliche ... nicht seinesgleichen schaffen (kann), weil es kein zweites Ewiges, Unerschaffenes, Unendliches geben kann«.[587] Deshalb liege es im »Sinn der Schöpfung, daß das Erschaffene kein vollkommenes Abbild sein kann, sondern nur ein ›Teilbild‹, ein ›gebrochener Strahl‹«.[588] »Aber Gott hat sich selbst benannt: »Ich bin‹ (2. Mos. 3, 14). Wenn die *augustinische* Deutung zutrifft, so darf man wohl daraus folgern: Der, dessen Name ist ›Ich bin‹, ist das Sein in Person.«[589]

Die Scheidung von Endlichem und Ewigem aber gehört – und darin denkt Edith Stein ganz phänomenologisch – zur Ordnung der Schöpfung und wird vollzogen durch die »Zeit«, den zeitlichen Ablauf. »Wende ich mich dem Sein zu, so zeigt es, wie es in sich ist, ein Doppelgesicht: ... Das ›ich bin‹ hält dem Blick nicht stand. Das ›worin ich bin‹ ist jeweils ein anderes, und da das Sein und die geistige Regung nicht getrennt sind, da ich ›darin‹ bin, ist auch das Sein ein jeweils anderes; das Sein von ›vorhin‹ ist vergangen und hat dem Sein von ›jetzt‹ Platz gemacht. Das Sein, dessen ich als meines Seins inne bin, ist von Zeitlichkeit nicht zu trennen. Es ist als ›aktuelles‹ Sein – d. h. als gegenwärtig-wirkliches – punktuell: ein ›Jetzt‹ zwischen einem ›Nicht mehr‹ und einem ›Noch nicht‹. Aber indem es sich in seinem fließenden Charakter in Sein und Nichtsein spaltet, enthüllt sich uns die *Idee des reinen Seins,* das nichts von Nichtsein in sich hat, bei dem es kein ›Nicht mehr‹ und kein ›Noch nicht‹ gibt, das nicht zeitlich ist, sondern *ewig.*«[590]

Daraus ergibt sich die Schlußfolgerung: »So sind ewiges und zeitliches Sein, unwandelbares und wandelbares, und ebenso Nichtsein Ideen, auf die der Geist in sich selbst stößt; sie sind nicht von andersher entlehnt.«[591]

276

Denkend ist Edith Stein bis zur Erkenntnis des Seins vorgestoßen, glaubend benennt sie es und erkennt dabei seinen Sinn: das endliche Sein als Spiegel und Teil des ewigen. Sie hat als Denkerin den Glauben gefunden, und als Glaubende gibt sie das Denken nicht auf, sondern stößt in die Sinnsphäre vor. Sie versucht, beides zu seiner Zeit zu seinem Recht kommen zu lassen, aber im Konfliktfall ist der Vorrang des Glaubens für sie unantastbar. Ihre tiefe Frömmigkeit hat die Wissenschaftlerin in ihr nicht vernichtet, aber ihr einen Rahmen gesetzt, über den hinauszugehen sie keine Sehnsucht hat.

Demgegenüber bedauert die pastorale Konstitution »Gaudium et spes« des Zweiten Vatikanums »gewisse Geisteshaltungen, die auch unter Christen wegen eines unzulänglichen Verständnisses für die legitime Autonomie der Wissenschaften vorkamen...«[592] Das macht den Abstand der Zeit, der geistigen und religiöstheologischen Entwicklung deutlich, ist aber auch bezeichnend für die Persönlichkeit Edith Steins und ihre Entwicklung, die auf der Suche nach der Wahrheit die Irrtumsmöglichkeit ausschalten will und prinzipiell den Primat der Kirche auch gegenüber dem Denken anerkennt.

Man hat festgestellt, daß Theologie als Wissenschaft Edith Stein wenig beschäftigt hat. »Fast möchte man sagen, sie war zu fromm, um noch Theologie zu betreiben.«[593] Unabhängig davon aber, und nicht einfach nur, weil die religiöse Innerlichkeit die Grundlage abgibt für den grandiosen Versuch, den Sinn des Seins zu ergründen und zu begründen, von dem das ganze Denken und Fühlen der Autorin durchwaltet ist, steigern sich Sachlichkeit und Geradlinigkeit des methodischen Vorgehens in diesem Werk schließlich zu einem alle Problematik übersteigenden, machtvollen Lobgesang.[594]

Zeit-Zeichen

Als Edith Stein im Mai 1935 mit der Umarbeitung von »Potenz und Akt« zu »Endliches und Ewiges Sein« beginnt, hofft sie noch auf die Möglichkeit, das Buch veröffentlichen zu können. Aber seit 1933 besteht als Voraussetzung dafür die Vorschrift, der Reichsschrifttumskammer anzugehören, und in die wird nur aufgenommen, wer »arisch« ist. Sondergenehmigungen gibt es zwar in ganz seltenen Fällen, aber auch nur dann, wenn sonst für das Kulturleben ein außergewöhnlicher Verlust drohen würde. Es ist nicht anzunehmen, daß der Präsident der Schrifttumskammer, der Schriftsteller Hans Friedrich Blunck oder sein Nachfolger Hanns Johst, die Arbeiten der Nonne Edith Stein – Teresia Benedicta a Cruce – als wertvoll im Sinne der nationalsozialistischen Kultur- und Weltanschauung einstufen wird. Daran kann auch das im Juli 1933 abgeschlossene Reichskonkordat mit dem Heiligen Stuhl nichts ändern, durch das das Dritte Reich, um eines ersten außenpolitischen Erfolges willen, der katholischen Kirche für die damalige Zeit relativ weitgehende Zugeständnisse macht. Sie betreffen besonders die Konfessionsschule und den Religionsunterricht. Am 15. September 1935 werden einschneidende Gesetze bekanntgegeben, die das Leben der Juden in Deutschland wie keine andere Verfügung zuvor bedrücken und erschweren. Bezeichnenderweise erfolgt das während des Nürnberger Reichsparteitages. Danach sind Juden keine Reichsbürger, sondern nur deutsche Staatsangehörige und dürfen nach dem »Blutschutzgesetz« keine Ehe mit Angehörigen »deutschen oder artverwandten Blutes« eingehen. Ein Jude kann nach einem damals veröffentlichten Kommentar zur Rassengesetzgebung nicht Angehöriger des deutschen Volkes sein.[595]
Im Herbst 1936, kurz nach Fertigstellung des Manuskriptes, beginnt der Verleger Borgmeyer in Breslau – Frankes Verlag und Druckerei – mit dem Satz. Druckfahnen kommen zur Korrektur, danach der erste und der zweite – korrigierte – Umbruch. Aber die jüdische Abstammung der Verfasserin ist ein Hemmnis. Auch dieser Verleger, der bereits Edith Steins Thomas-Übersetzung herausgebracht hat, kann es nicht überwinden. Bis 1939 besteht noch Hoffnung, dann muß die vorbereitete Druck-

legung endgültig eingestellt werden. Der erste Band ist zu dieser Zeit fertig umbrochen, der zweite bereits gesetzt.

Aber schon 1935 erlebt Edith Stein, daß die Freiheit der Publikation für jüdische Bürger nicht mehr besteht. Sie hat früher des öfteren Beiträge in der Zeitschrift »Die christliche Frau« veröffentlicht. Im Dezember 1935 soll ihre Besprechung einer neuen Thomas-Übersetzung erscheinen. Die Korrektur kommt noch, das Belegexemplar nicht mehr. Freunde wollen helfen. Aber Edith Stein schreibt an sie: »Ich danke Ihnen herzlich, bitte Sie aber, nicht mehr hinzugehen. Nachdem ich noch eine weitere Besprechung nach Aachen geschickt hatte, ging mir plötzlich ein Licht auf, daß wohl weder diese noch die vorausgehende je erscheinen wird. Man hat sicher eingesehen, daß die Zeitschrift nicht mehr durch meine Mitarbeit gefährdet werden darf, hat aber noch nicht den Mut gehabt, es mir zu schreiben. Die Erleuchtung kam mir, als ich erfuhr, daß ich nicht mehr wahlberechtigt sei. Eine Bestätigung habe ich noch nicht, werde sie mir aber bald verschaffen. Bitte regen Sie sich darüber nicht auf. Ich bin seit langem auf viel Schlimmeres gefaßt.«

Dieser Brief, der deutlich erkennen läßt, daß es ihr keineswegs gleichgültig ist, ob sie über ihre vollen staatsbürgerlichen Rechte verfügt oder nicht, mündet jedoch nicht in Kampfesstimmung, sondern in ein stilles, ruhiges Bekenntnis: »Ich freue mich jeden Tag, daß die österliche Zeit so lange dauert und daß man immer noch mehr von ihrem unerschöpflichen Reichtum in sich aufnehmen kann. Es ist doch die Zeit im Kirchenjahr, in der wir dem Himmel am nächsten sind. Die blühenden Bäume und die aufschießenden Stauden in unserem Garten sind überdies für mich unlöslich verbunden mit den großen Gnadentagen meines Klosterlebens.«[596]

In dieser Zeit ist Edith Stein nicht sehr gesund. Ein Magenleiden macht sich bemerkbar. Sie schreibt an die ebenfalls gesundheitlich gefährdete Freundin »Hatti« – Hedwig Conrad-Martius: »Auch bei mir muß aufgepaßt werden, daß der Bruder Esel nicht vorzeitig den Dienst verweigert. Ob Sie immer noch nicht wissen, was Ihnen fehlt?«[597]

Dazu kommen gerade jetzt vielfache Sorgen um die Familie. Die Mutter hat sich mit dem Entschwinden ihres jüngsten Kindes aus ihrem Gesichtskreis keineswegs ausgesöhnt. Eine Besucherin, die ihr vom Karmel und ihrer Tochter berichten will, nimmt sie zwar freundlich auf, von deren Anliegen will sie aber nichts hören.

Die Familie in Breslau leidet schwer: Drei Neffen befinden sich im November 1935 bereits in Amerika, ein weiterer will nach Palästina emigrieren; nur der Jüngste, dreizehn Jahre alt und vor der Aufnahme in die Gemeinde als Sohn des Gesetzes stehend, ist noch zu Hause.

Unter diesen Belastungen entsteht »Endliches und Ewiges Sein«, was nicht nur Konzentration, sondern die Bereitschaft aller in der Klostergemeinschaft bedeutet, auf ihre Weise beizutragen zum Gelingen des Werkes. Denn Schwester Benedicta ist auf Geheiß des Ordensprovinzials von allen häuslichen und sonstigen Arbeiten freigestellt. Aber Chorgebet, Betrachtung und Rekreation bleiben als Fixpunkte ihres klösterlichen Lebens – und die Arbeit. Aber gerade ganz am Anfang ist das mit Schwierigkeiten eigener Art verbunden. So berichtet Hedwig Conrad-Martius, daß sie »jedesmal erst um ›unseren‹ Federhalter bitten müsse«. Und sie fügt außerdem hinzu: »Eine große Sorge lag offenbar auf ihr wegen des Schicksals ihrer großen Familie. Das äußerte sie immer wieder.«[598]

Kurz vor Pfingsten 1935 wird die Mutter in Breslau krank: »...mitten in dieser Zeit hat der Herr daheim bei meiner lieben, guten Mutter angeklopft, um sie vorzubereiten zum Gang in die Ewigkeit. Sie hatte vor einigen Wochen eine anscheinend nicht schwere Gallenerkrankung. Seitdem sind die Kräfte rasch geschwunden. Es kamen wiederholt Schwächeanfälle, zuletzt recht besorgniserregend. Heute schreiben meine Schwestern, daß es etwas besser sei.«[599] Mit besonderer Freude kann Edith aber berichten, daß ihr die Mutter kürzlich »selbst sehr lieb geschrieben« habe.[600] Im Juli weiß man, daß Frau Stein ernsthaft erkrankt ist.

Als Mater Petra Brüning OSU an Edith schreibt, der Herr werde der Mutter ihre Messiashoffnung anrechnen, antwortet die Tochter: »Wenn sie die nur hätte! Der Messiasglaube ist bei den heutigen Juden, auch bei den gläubigen, fast verschwunden. Und fast ebenso der Glaube an ein ewiges Leben. Darum habe ich meiner Mutter weder die Konversion noch den Eintritt in den Orden je verständlich machen können. Und darum leidet sie

280

jetzt natürlich wieder schwer unter der Trennung, ohne daß ich ihr etwas Tröstliches sagen kann. Ich muß ihr schreiben, aber ich darf nichts Wesentliches aussprechen. Ich kann nur darauf bauen, daß sie ihr Leben lang ein kindliches Gottvertrauen hatte und daß es ein Opferleben war. Und vielleicht wird gerade die Trennung von ihrem jüngsten Kind, das sie immer besonders geliebt hat, und die kleinen Hinweise, die ich doch manchmal gewagt habe, in der Tiefe der Seele Auseinandersetzungen bewirken, von denen nichts nach draußen dringt.«[601]

Zur selben Zeit vollziehen sich Veränderungen des äußeren Daseins mit Windeseile; sie quälen Menschen, reißen sie aus ihren Lebenszusammenhängen, machen sie heimatlos und entwürdigen sie.
Erzabt Raphael Walzer hat Beuron verlassen müssen, nachdem er eines Devisenvergehens angeklagt wurde und es auch zu Schwierigkeiten im Konvent gekommen ist. Schließlich muß er sogar aus Deutschland flüchten – zuerst nach Frankreich, später nach Algerien. Edith Stein steht mit ihm weiterhin in Verbindung: »Meine Briefe gehen auf Umwegen und brauchen lange, bis sie ans Ziel kommen. Wenn sie aber erst einmal dort sind, dann erfolgt sofort die Antwort. Natürlich muß auch da das meiste ungesagt bleiben. Es sind nur Zeichen, daß man durch räumliche Trennung nicht getrennt werden kann, wenn man in Gott vereint ist. Und das bliebe ja bestehen, wenn auch diese Zeichen noch fortfallen müßten.«[602]
Zeichen, die vielleicht nicht mehr lange möglich sind, sendet sie, neben vielen anderen, auch ihrer Nichte Susanne: »Es ist lange her, seit ich Dir kein eigenes Briefchen mehr geschrieben habe. Heute tue ich es, weil Tante Rosa mir schrieb, daß Du wieder unerfreuliche Erfahrungen in der Schule gemacht hast. Dafür möchte ich Dir nun eine kleine Freude machen, wenn es auch nur ein schriftlicher Gruß ist. Besser wäre es ja, wenn Du manchmal zu einem Plauderstündchen in unser Sprechzimmer kommen könntest. An unser Gitter würdest Du Dich gewiß schnell gewöhnen. Und es tut allen Besuchern, jungen und alten, gut, manchmal, wenn auch nur für kurze Zeit, in einer Welt zu sein, wo man von all den wüsten Kämpfen draußen gar nichts merkt.«[603]

281

Bei diesen Sätzen spielt allerdings das Bemühen um Beruhigung und Tröstung die größte Rolle, denn im Karmel bleiben die Zeichen der Zeit keineswegs unerkannt, und niemand dort weiß sie so klar zu deuten wie die Schwester Teresia Benedicta a Cruce. Kurz nach ihrer zeitlichen Profeß äußert eine sie besuchende befreundete Studienrätin, daß sie doch wohl im Karmel sicher und geborgen sei. Darauf antwortet Benedicta schnell: »O nein, das glaube ich nicht. Man wird mich hier sicher noch herausholen. Jedenfalls darf ich nicht damit rechnen, hier in Ruhe gelassen zu werden.«[604]

Am 14. September 1936, dem Fest Kreuzerhöhung – es ist damals im Karmel noch üblich, an diesem Tag die Gelübde zu erneuern – sagt Edith Stein zu einer Mitschwester: »Als ich an der Reihe war ..., war meine Mutter bei mir. Ich habe ihre Nähe deutlich empfunden.«[605] Teresia Renata Posselt OCD, die diesen Ausspruch berichtet, fügt hinzu: »Noch am gleichen Tag traf ein Telegramm aus Breslau mit der Trauernachricht ein. Die Todesstunde der Mutter war die Stunde der Gelübdeerneuerung gewesen.«[606]
Gut einen Monat später schreibt Edith an die Geschwister, daß sie besonders Frieda für das Gebetbuch danke, das sie von ihr erhalten hat: »Es sind so viel Erinnerungen damit verknüpft. Als Kind habe ich ... (es) Mama manchmal holen dürfen. Und als ich zum erstenmal nach meiner Taufe mit ihr auf dem Friedhof war, betete sie erst selbst daraus und reichte mir dann aufgeschlagen das Gebet, das Kinder am Grabe ihrer Eltern zu sagen haben. Ohne diese Erinnerung hätte ich vielleicht nicht den Mut gehabt, um dieses Buch zu bitten. Jetzt schlug ich gleich wieder dieses Gebet auf und fand darin denselben Glauben wieder, der uns so selbstverständlich ist und auf den ich mich jetzt stütze. Er ist dem Judentum nicht fremd, nur, leider, bei den meisten gar nicht lebendig.«[607]
Auguste Stein, die fast bis ganz zum Schluß darüber nachdachte, »warum ihre Jüngste sie ›verlassen‹ habe«[608], hat ihre Tochter Edith in ihrem Testament nicht erwähnt. Diese Tochter aber versucht, gleichsam über das Grab hinweg, die eigene Zugehörigkeit zur Familie, zum Judentum nahezu zu beschwören, die Verbindung zum Gott des Alten Bundes zu verdeutlichen. Der

282

Nichte Susanne schreibt sie: »...wenn im April der Stein auf Großmamas Grab kommt und das Grab hergerichtet ist, dann macht einmal eine schöne Aufnahme für mich, bitte.«[609] Und Petra Brüning gegenüber spricht sie ihre Zuversicht aus, daß ihre Mutter einen sehr gnädigen Richter gefunden habe und jetzt ihre »treueste Helferin ist«, damit auch sie »ans Ziel komme«.[610] Der Tod der Mutter löst zwar nicht das Band zwischen den Geschwistern, wohl aber ist mit ihr der geliebte und verehrte Mittelpunkt dahingegangen.

Da die bisher geübte Rücksichtnahme nun entfällt, darf Rosa Stein endlich daran denken, den Glaubenswechsel vorzunehmen, den sie innerlich längst vollzogen hat. Zum 15. Dezember 1936 wird sie in Köln erwartet, um sich mit Hilfe ihrer Schwester auf Taufe und Kommunion vorzubereiten.
Da stürzt Edith am Abend zuvor eine Treppe hinab, bricht linksseitig Hand und Fuß und muß ins Krankenhaus eingeliefert werden. Nach anfänglicher Bestürzung begreifen alle dieses Unglück als ein verstecktes Glück, denn nun kann Rosa jeden Tag bei Edith im Krankenhaus sein und sie ohne das trennende Doppelgitter sehen und sprechen.
An Heiligabend – Edith ist bereits wieder so weit hergestellt, daß sie das Krankenhaus verlassen darf – sind beide Schwestern bei Rosas Taufakt und Erstkommunion vereint, und Ediths weißer Ordensmantel wird Rosa um die Schultern gelegt wie einst Edith der Hochzeitsmantel von Hedwig Conrad-Martius.
Rosa kehrt wieder nach Breslau zurück und lebt dort weiter mit Frieda und deren Tochter; sie erhalten, nach dem Willen der Mutter, das Familienhaus als Lebensmittelpunkt für alle Geschwister.

1937 ist ein Jubiläumsjahr: Vor dreihundert Jahren ist der Kölner Karmel gegründet worden. Die neue Priorin, zuvor Edith Steins Novizenmeisterin, verfaßt eine Jubiläumsschrift, der die versierte Schwester Benedicta durch Kapiteleinteilungen und Register den letzten Schliff gibt. Sie weiß nicht, ob sie selbst noch einmal etwas Größeres schreiben wird – schreiben darf. »Vorläufig scheinen mir ganz andere Aufgaben bevorzustehen.

Ich nehme, was kommt, und bitte nur, daß mir die nötigen Fähigkeiten dazu gegeben werden. Auf alle Fälle ist es eine gute Schule in der Demut, wenn man beständig Dinge zu tun hat, die man mit großer Mühe nur sehr unvollkommen fertigbringt.«[611] Sie hat Hausarbeit zu leisten, dazwischen Kranke gepflegt und übernimmt nun das verantwortungsvolle Amt der Windnerin. Damit hat sie die Verbindung zur Außenwelt zu halten, bedient das Telefon, zu dem sonst nur die Priorin und die Subpriorin Zugang haben. Auf diese Weise erhält sie auch Informationen. Daß die Zeiten immer unruhiger, beängstigender, notvoller werden, ist unverkennbar. Im Karmel in Maastricht, wo eine junge Freundin Edith Steins, Dr. Ruth Kantorowicz, wie sie Konvertitin aus dem Judentum, um Aufnahme nachgesucht und auch gefunden hatte, wird schließlich wegen der unsicheren Zeitläufte doch abschlägig entschieden. So sparen die Wogen aktuellen Geschehens auch den Karmel nicht aus.
Dafür sorgen schon die Anordnungen der Regierung. Zum 10. April 1938, wenige Wochen nach dem Anschluß Österreichs, wird das deutsche Volk aufgerufen, dem Führer und Reichskanzler Adolf Hitler seine Ergebenheit und Zustimmung zu seiner Politik zu bekunden. Es ist keine Wahl, niemand wird gewählt und niemand abgewählt. Die demokratischen Parteien sind längst aufgelöst; die *eine* Partei, die NSDAP Hitlers und seiner Gefolgsleute, ist mit dem Staat verschmolzen. In diesem Staat gibt es keine Gewaltenteilung mehr, auch keine unabhängige Rechtsprechung und keine Kontrolle von Regierung und Exekutive durch ein funktionierendes Parlament. Das Deutsche Reich ist im Jahre 1938 bereits auf allen Ebenen des öffentlichen Lebens »gleichgeschaltet«. Ob Politik, Kultur oder Wirtschaft – alles ist auf eine einzige Ideologie, die des Nationalsozialismus, festgelegt. Es gibt keine Wahlen mehr, es gibt nur noch Abstimmungen, Plebiszite, für die die Fragen so gestellt werden, daß Nationalgesinnte, und das ist die große Mehrheit der Bürger in Deutschland, die zudem noch in Hitler den Erretter aus der Not der Arbeitslosigkeit und des Chaos sehen, mit ja antworten.
Im Kölner Karmel wird in der Rekreation darüber gesprochen, daß »das Wahlergebnis ... schon eine von der Partei vorher abgemachte Sache (sei) und ... sowieso in jedem Wahlkreis von den Nazis auf den gewünschten Nenner gebracht (werde). Aber gegen diese Auffassung erhob Schwester Benedicta mit großem Ei-

fer ihre Stimme. Die sonst so Sanfte und Nachgiebige war nicht mehr zu erkennen. Immer wieder beschwor sie die Schwestern, Hitler nicht zu wählen, ganz gleich, welche Folgen für den einzelnen oder die Gemeinschaft daraus entstünden. Er sei ein Feind Gottes und werde Deutschland mit sich ins Verderben reißen.«[612] Niemals zuvor hat man Schwester Benedicta im Karmel so erregt gesehen. »Die Verwirrung war groß ...«[613]

Sie steigert sich noch, als am nächsten Morgen – die erste Schwesterngruppe will gerade zum Abstimmungslokal aufbrechen – Abgesandte der Kölner Abstimmungsleitung eintreffen, angeblich um den Schwestern die Teilnahme zu erleichtern. Die Oberin betont, »daß es sich um einen öffentlichen, wenn auch geheimen Wahlakt handele, dem sich die Schwestern bisher niemals entzogen hätten, um der Bevölkerung durch die öffentliche Ausübung ihrer Bürgerpflicht ein gutes Beispiel zu geben. Das werde nun durch das Kommen der Herren verhindert.«[614]

Aber der Protest nützt nichts, es wird in alphabetischer Reihenfolge abgestimmt. Am Schluß stellt der Vorsitzende fest: »Es haben noch nicht alle gewählt.« Ein Name wird genannt, und es kommt zu einem Wortwechsel mit der Priorin. »Sie ist nicht wahlfähig«, lautet deren Antwort. »Warum nicht?« – »Sie ist geistesschwach.« – »Und Dr. Edith Stein?« – »Die ist nicht wahlberechtigt.« – »Selbstverständlich, 91 geboren! Also auch wahlberechtigt!« – »Sie ist nicht arisch.« – »Schreiben Sie hin, sie ist nicht arisch.«[615] Eilig verläßt die Gruppe den Karmel.

Ist dies die Schlüsselszene für das, was sich nun anbahnt? Für alles, was noch folgen wird? Hat die Priorin unklug oder gar falsch gehandelt? Da seit 1934 durch den Bericht von Peter Wust in der Kölnischen Volkszeitung über ihre Einkleidung der Aufenthalt der einstigen Schülerin und Assistentin Edmund Husserls stadtbekannt ist, kann die Priorin kaum anders handeln, als sie es tut. Seit 1935 weiß Edith Stein, daß ihr das Wahlrecht entzogen ist. Ihre Abstammung zu verleugnen, wäre für sie zweifellos unannehmbar. Sie weiß auch, daß der Konvent durch ihre Anwesenheit gefährdet wird. Ihre Bitte, in einen ausländischen Karmel versetzt zu werden, vorzugsweise nach Palästina, wird aber fürs erste von der Oberin abgeschlagen, und Schwester Benedicta wird verboten, darüber zu reden.

285

Kaum zwei Wochen nach diesen Vorgängen legt Edith Stein – Teresia Benedicta a Cruce – am 21. April 1938 die ewigen Gelübde ab, ein Ereignis, das verborgen von den Klostermauern, dahinter aber mit allen Zeichen des hohen Festes gefeiert wird.

Am Abend dieses Tages ist es, dem klösterlichen Brauch folgend, üblich, der Priorin und den Schwestern für seine Gestaltung zu danken. Das geschieht herkömmlich in wenigen Worten. Schwester Benedicta aber läßt es dabei nicht bewenden. Obwohl lange genug im Kloster, um die Sitten zu kennen, fügt sie ihrem Dank noch einige Sätze hinzu, in denen sie auf den Ernst der Zeit, kommende Entscheidungen im Sinne des Bekenntnisses zu Christus und die besondere Verantwortung der Karmelitinnen hinweist, deren Beruf es ja ist, für alle vor Gott zu stehen. Damit hat Edith Stein weitaus mehr und sicher auch anderes gesagt, als es sonst üblich ist. Es ist verständlich, aber auch bezeichnend, daß sich Befremden ausbreitet.[616]

Das Schleierfest am 1. Mai wird wieder öffentlich begangen. Dabei tauscht der Bischof den weißen Schleier der Novizin gegen den schwarzen der für immer an Gott gebundenen Nonne aus: »Komm, Braut Christi, empfange die Krone, die der Herr dir für alle Ewigkeit bereitet hat.« Und die Braut Christi respondiert: »Nimm mich an, o Herr, nach deinem Wort und laß meine Erwartung nicht zunichte werden.«[617]

Damit ist Schwester Benedicta vollgültig in den Konvent aufgenommen; sie ist Kapitularin, hat also im Kapitel, der Versammlung der Schwestern, Sitz mit passivem und aktivem Stimmrecht. Im übrigen bleibt sie, was sie immer gewesen ist: »die demütige und bescheidene Ordensfrau, die mit größter Gewissenhaftigkeit all ihren Pflichten nachkommt und nur für Gott und in Gott« lebt.[618]

Wenige Tage vor dem Schleierfest ist am 27. April 1938 Edmund Husserl gestorben. Die Zeitungen berichten kühl. Der berühmte Philosoph geriet in Deutschland nach 1933 in immer größere Isolierung, während das Ausland ihn mit Ehren überhäufte: 1935 war er Ehrenmitglied des Cercle Philosophique de Prague geworden, 1936 Corresponding Fellow of The British Academy. Zur selben Zeit wurde er in Deutschland schikaniert: Ihm wurde, obwohl bereits Emeritus, die Lehrbefugnis entzogen; am

286

internationalen Philosophenkongreß 1937 durfte er nicht teilnehmen, ebenfalls nicht an den Verhandlungen des Instituts für internationale philosophische Zusammenarbeit in der Abbaye Pontigny. Im Sommer 1937 müssen Husserl und seine Frau die Wohnung in der Lorettostraße in Freiburg verlassen und wohnen von da an in Freiburg-Herdern, Schöneck 6. Schon ab dem Sommersemester 1936 wurde Husserls Name entgegen akademischem Brauch nicht mehr im Vorlesungsverzeichnis genannt. »Die altehrwürdige Alberto-Ludoviciana war auch der Verpflichtung enthoben, des Todes von Edmund Husserl geziemend zu gedenken: die Turmfahne auf Halbmast zu setzen, die Ansprache des Fakultätsdekans und Rektors zu leisten. Bei der Einäscherung am 29. April 1938 war von der philosophischen Fakultät nur Gerhard Ritter (als Privatperson) anwesend.«[619] Am Abend der Urnenbeisetzung hielt der Nationalökonom Geheimrat Karl Diehl in einem Seminar (in seinem Hause), zu dem neben anderen der Historiker Gerhard Ritter, der Ökonom Walter Eucken und der Jurist Franz Böhm, Schwiegersohn von Ricarda Huch, gehörten, eine Gedenkrede auf Edmund Husserl.

Edith Stein ist von der Benediktinerin Adelgundis Jaegerschmid aus St. Lioba in Freiburg-Günterstal, die bei ihr im »Philosophischen Kindergarten« war und bis zum Schluß zum engsten Kreis um Husserl gehörte, unterrichtet. »Um meinen lieben Meister habe ich keine Sorge«, schreibt sie. »Es hat mir immer sehr fern gelegen zu denken, daß Gottes Barmherzigkeit sich an die Grenzen der sichtbaren Kirche binde. Gott ist die Wahrheit. Wer die Wahrheit sucht, der sucht Gott, ob es ihm klar ist oder nicht.«[620] In einem anderen Brief vom 6. Mai läßt sie erkennen, wie sie über die Nachlebenden denkt: »Heute wurde mir eine kurze Notiz aus dem Hamburger Fremdenblatt geschickt von erschreckender Frostigkeit. Dem lieben Meister kann das nichts anhaben. Er war von allem Irdischen gelöst, als er heimging. Aber an die Nachwelt möchte man fast Goethes Kraftwort über die Hans-Sachs-Verkenner richten.«[621]

Auch von den Geschwistern aus Breslau und Hamburg kommen schlechte Nachrichten. Alle sind sehr verunsichert. Wem kann man den Umgang noch zumuten? An die mütterliche Freundin

287

Edith Stein, Dezember 1938, kurz vor dem Abschied von Köln

Petra Brüning OSU schreibt Edith Stein, Rosa sei »sehr verschüchtert im Verkehr mit Menschen anderer Abstammung durch die Erfahrungen, die sie gemacht hat; hält sich auch dort zurück, wo es nicht nötig wäre«.[622] Erna und Hans Biberstein überlegen nun, ob sie nicht ihre beiden Kinder nach England schicken sollen. Alle ihre Geschwister und deren Kinder in großer Bedrängnis zu wissen, lastet auf Edith: »Ich muß für sie eine Heimat auf Erden und die ewige Heimat erbitten.«[623] Ende September 1938 scheint mit dem Münchener Abkommen der Friede in Europa noch einmal gerettet. Nur für die Juden ändert das nichts an ihrer bedrängten Lage.

Am 14. Oktober verabschiedet sich der Bruder Arno von Edith, bevor er nach Amerika ausreist. Seine Frau ist schon dort, auch zwei der Kinder; die beiden älteren sind noch in Deutschland. Schon 1936 ist die Nichte Lotte, Arnos jüngste Tochter, achtzehnjährig nach Amerika ausgewandert und hat von der Tante in Köln – aufgeregt und deprimiert – Abschied genommen, wie sie selbst berichtet.[624]

Auch Hans Biberstein befindet sich in den Vereinigten Staaten, sucht nach einer Existenz. In Deutschland ist den jüdischen Ärzten die Approbation entzogen worden. Die Kinder haben die Schule verlassen. Susanne ist Haustochter bei einer befreundeten Familie und muß schwere Arbeit leisten. Ernst Ludwig lernt auf einem Gut die Landwirtschaft. Sein Vetter Wolfgang, Sohn von Arno Stein, lebt dort bereits seit einigen Jahren und hat vor, demnächst mit anderen in Argentinien zu siedeln. »Es ist alles in der Auflösung und im Aufbruch. Bitte, helfen Sie beten.«[625] Wie ein Alarmruf klingt diese Bitte Edith Steins.

Am 9. November 1938 kommt es im ganzen Reich zu den schweren Ausschreitungen, die als die »Reichskristallnacht« bezeichnet werden. Die Synagogen brennen, jüdische Männer werden – ohne Haftbefehl – abgeführt und in Konzentrationslager gebracht, aus denen sie meistens nur der Nachweis der bevorstehenden Auswanderung befreit. Im Grunde kann sich nun niemand mehr täuschen, obwohl viele es tun: Die Juden müssen, wollen sie überleben, Deutschland verlassen. Aber nicht alle haben die Möglichkeit dazu.

Am 9. Dezember 1938 schreibt Edith Stein an Petra Brüning OSU: »Mein Bruder [Arno] war am 14. 10. nach USA gegangen, gerade noch rechtzeitig. Sein ältester Sohn [Wolfgang] war bis

289

vor einigen Tagen im Lager, wird nun wohl auch bald nachfolgen können. Mein Schwager [Hans Biberstein] war schon seit einigen Monaten zur Information drüben, bekam nun die Erlaubnis, zu bleiben sowie Frau und Kinder fristlos nachkommen zu lassen; hat bereits eine Hochschultätigkeit. Die Hamburger Geschwister [Gordon] rüsten zur Abreise zu ihrem Sohn nach Columbien, eine Tochter geht nach Norwegen. Am schlimmsten sind die Schwestern in Breslau dran. Meine Hoffnung ist, daß Bibersteins (...) sie bald werden nachkommen lassen können.«[626]
Die Sorge um die Angehörigen verdrängt aber nicht das Verantwortungsgefühl gegenüber den mit ihr Lebenden. Alle sind sich klar darüber, daß Gefahr im Verzuge ist – für sie selbst, für den Konvent – und daß gehandelt werden muß. Palästina, wegen des Zusammenhangs mit der ursprünglichen Ordensgründung am Berge Karmel sehnsüchtig ins Auge gefaßt, ist nicht erreichbar. Aber Echt in Holland ist die Schwesterngründung des Kölner Karmels aus der Zeit des Kulturkampfes.
»Unsere liebe Mutter hat unsere Schwestern in Echt (Holland) gebeten, mich aufzunehmen. Heute bekamen wir die sehr liebevolle Zusage. Wenn alle Papiere so schnell zusammenzubringen sind, möchten wir es noch vor dem 31. 12. bewerkstelligen. Das sind die Tatsachen«[627], schreibt Edith Stein am 9. Dezember 1938 an Petra Brüning.
Für die Ausstellung des Passes sind Fotos erforderlich. Edith stellt sich dem Fotografen auf der Schwelle der Klausurtür. Es entsteht jene Aufnahme mit dem schmerzlichen Ausdruck und dem in eine weite Ferne gerichteten Blick, die seit langem das Bild Edith Steins in der Öffentlichkeit mitprägt.
Kurze Zeit nach dem 9. November besucht der Student Walter Warnach, der Edith Stein beim Gegenlesen der Korrekturen von »Endliches und Ewiges Sein« hilft, sie im Karmel. Sie hat ihn um Rückgabe der bei ihm befindlichen Druckfahnen gebeten. Bei dieser Begegnung spürt er »im Unterschied zu ihrer bisherigen gütevollen Zuwendung in ihrem Verhalten eine seltsame Fremdheit, ja fast Abweisung«.[628]
Am Silvestertag erhält sie Paß und Ausreiseerlaubnis. Der dem Kloster verbundene Arzt Dr. Paul Strerath erbietet sich, sie mit seinem Wagen über die Grenze nach Echt zu bringen, aber nicht, ohne einen Umweg zu machen, damit sie in der Kirche »Maria vom Frieden« vor dem dortigen Gnadenbild beten und

den Segen der Gottesmutter für die Fahrt erbitten kann. Am Abend dieses Tages trifft Edith Stein im Karmel zu Echt ein, ein Flüchtling, eine Emigrantin – für die Schwestern ein Gast. Dankbar und doch wie ein Stoßseufzer klingen Sätze in einem der ersten Briefe aus Echt: »Hier ist nun wieder alles neu. Bitte, helfen Sie mir beten, daß ich die große Liebe, mit der alle mir entgegenkommen, vergelten und mich dem Hause nützlich machen kann.«[629]

Esther – Die Tochter Israels

»Ich muß Ihnen sagen, daß ich meinen Ordensnamen schon als Postulantin mit ins Haus brachte. Ich erhielt ihn genauso, wie ich ihn erbat. Unter dem Kreuz verstand ich das Schicksal des Volkes Gottes, das sich damals schon anzukündigen begann. Ich dachte, die es verstünden, daß es das Kreuz Christi sei, die müßten es im Namen aller auf sich nehmen.«[630] So beginnt Edith Steins letzter Brief aus Köln an die ihr befreundete Oberin der Ursulinen in Dorsten. Und am 14. Januar 1939, wenige Wochen nach ihrer Ausreise, findet sich in einem Brief aus Echt die Bemerkung, daß sie »voraussichtlich fürs ganze Leben«[631] aufgebrochen sei von Köln nach Holland. Groß, ernst, dunkel und fordernd, steht vor ihr dieser neue Abschnitt ihres Lebens. Sie fühlt, daß etwas auf sie zukommt, was ihren im Ordensnamen ausgedrückten Willen zum Kreuztragen einfordern wird. Aber das ändert nichts daran, daß ganz menschlich in einem kleinen, kurzen Satz der Schmerz des Abschieds und die Bangigkeit des Anfangs zusammengedrängt werden: »Hier ist nun wieder alles neu.«[629]

Doch nicht nur das Eingewöhnen in die neuen Verhältnisse belastet. Am 16. Februar reist Erna mit den Kindern von Bremerhaven mit der »Deutschland« in die USA, ohne daß sich die beiden Schwestern, die sich so nahe sind, noch einmal sehen können. Da die Ausreisebedingungen an der deutsch-holländischen Grenze als schikanös gelten, will Erna das Risiko einer Verzögerung nicht eingehen.

Im März verläßt die älteste Schwester Else Gordon wie vorgesehen mit Mann und ältester Tochter Hamburg und emigriert nach Kolumbien, wo der Sohn sie schon erwartet; die jüngere Tochter hat bereits wie Edith am Silvesterabend Deutschland verlassen, um nach Norwegen überzusiedeln, Gerhard Stein, der älteste Sohn von Paul Stein, flüchtet ebenfalls mit seiner Familie in die USA.

Was soll aber aus denen werden, die noch in Deutschland sind? Aus Paul, dem ältesten Bruder, und seiner Frau, aus Frieda, aus Arnos Tochter Eva und aus Rosa? Edith bemüht sich um Hilfe: »Wir suchen jetzt für meine Schwester Rosa hier ein

292

Rosa und Edith Stein in Echt

293

Unterkommen.«[632] Im April kann sie mitteilen:»Meine Schwester trifft jetzt ihre Vorbereitungen zur Übersiedlung nach Belgien.«[633]

Langsam gewöhnt sich die Verjagte ein:»Meine Grundstimmung, seit ich hier bin, ist Dankbarkeit. Dank, daß ich hier sein darf und daß das Haus so ist, wie es ist.«[634] Nur ein paar Tage zuvor hat sie geschrieben:»Vor allem aber ist ganz echter Karmelgeist hier. Das ist das Schönste.«[635]

Zum Geist des Karmels gehört auch der Gedanke der Stellvertretung, des Sichopferns für andere. Kurz bevor die rasende Furie des Rassenwahns durch das Land jagte, fühlte Schwester Benedicta, daß die Zeit, die ihr zugesagt ist, naht:»Ich muß immer wieder an die Königin Esther denken«, schreibt sie damals an Mater Petra Brüning,»die gerade darum aus ihrem Volk genommen wurde, um für das Volk vor dem König zu stehen. Ich bin eine sehr arme und ohnmächtige kleine Esther, aber der König, der mich erwählt hat, ist unendlich groß und barmherzig. Das ist ein so großer Trost.«[636]

Das Schicksal der jüdischen Königin Esther, vermählt mit dem persischen König Ahasverus (Xerxes), hat die Nachlebenden vielfach bewegt. Das Alte Testament berichtet von ihr, die einen Mordanschlag des Ministers am Hofe des Ahasverus, Haman, gegen die Juden vereitelt. Racine im 17. Jahrhundert und Grillparzer zweihundert Jahre später haben ihrer in Dramen gedacht, Händel in einem Oratorium.

Edith Stein versteht sich sehr früh schon als diejenige, die einstehen will für andere. Sie bat um das»Kreuztragen«in jener Zwiesprache mit Gott während der Abendandacht in Köln vor ihrem Eintritt in den Orden. Sie hatte zuvor darum gebetet, Antwort auf die Frage zu erhalten, ob sie in den Karmel gehen dürfe oder nicht. Beide Male nahm sie die Gewißheit mit, daß sie erhört worden sei.

Ein Vierteljahr nach der Übersiedlung in den Echter Karmel schreibt sie an die dortige Priorin Ottilia Thannisch OCD: » + Liebe Mutter, bitte, erlauben E.E.* mir, mich dem Herzen Jesu als Sühnopfer für den wahren Frieden anzubieten: daß die Herrschaft des Antichrist, wenn möglich, ohne einen neuen Weltkrieg zusammenbricht und eine neue Ordnung aufgerichtet werden kann. Ich möchte es heute noch, weil es die 12. Stunde

* Euer Ehrwürden, damals übliche Anrede der Priorin.

294

ist. Ich weiß, daß ich ein Nichts bin, aber Jesus will es, und Er wird gewiß in diesen Tagen noch viele andere dazu rufen.«[637] Die Bitte wird gewährt, und der Gedanke an das Opfer der eigenen Person in des Wortes umfassender Bedeutung, von Anbeginn ein wesentlicher Antrieb ihres Karmellebens, tritt nun ganz in den Vordergrund.

Das heißt aber keineswegs, daß sie sich dem Gemeinschaftsleben entzieht. Nur achtzehn Schwestern sind im Hause, von denen die meisten bereits in höherem Alter stehen. Schwester Benedicta hat in den ersten Monaten in Echt noch Druckfahnen von »Endliches und Ewiges Sein« sowie die ersten Bogen korrigiert. »Dann ging es nicht weiter, weil der Verleger den Mut verlor. Alle Bemühungen sind gescheitert. Ich weiß nichts mehr zu tun, als die Sache dem Herrn anheimzustellen. Nachdem die Korrekturarbeit aufhörte, habe ich um Arbeit im Hause gebeten.«[638] Und es ist viel zu tun in dem großen, alten Haus. Wir erfahren von Wäsche, Hausputz und Obsternte. Bei sieben Stunden Gebetszeit ist das ein ziemlich großes Tagespensum neben der obligaten Handarbeit. Dabei entbehrt die geschulte Denkerin des Denkens: »Es ist gut, wenn Sie mir Fragen stellen«, schreibt sie in einem Brief. »Ich denke nur, wenn mir Aufgaben gestellt werden. Sonst steht der Verstand still. Ich freue mich aber, wenn er angekurbelt wird und noch jemandem nützlich sein kann.«[639] Auch nach fast einem Jahr in der neuen Umgebung ist manches nicht leicht: »Sich auch den ungeschriebenen Regeln, den Bräuchen des Hauses und dem Geschmack der Kommunität anzupassen, ist Forderung der Liebe ... haben wir diese Grundeinstellung – überall die Gelegenheit aufzusuchen, Jesus zu erfreuen –, so werden wir auch herausfinden, in welchen Fällen es erlaubt, ja sogar geboten ist, sich von einer Regel oder Vorschrift usw. zu dispensieren. In ihr wird auch die persönliche Eigenart zu ihrem Recht kommen, ohne ihr Recht zu suchen.«[640] Was einerseits nach einer fast primitiv-banalisierenden Akzeptanz klingt, erweist sich andererseits als Differenziertheit; damit ist eine mögliche Selbständigkeit verbunden, die auch Festlegungen aufheben kann, wenn das geboten sein sollte; dadurch ist sie gerechtfertigt.

Im Sommer 1940 gelingt es Rosa Stein, über Köln und Belgien nach Echt zu kommen. Sie hofft, in den Orden als Torschwester aufgenommen zu werden, doch empfiehlt sich wegen der unruhigen Zeitverhältnisse eine solche Neuerung – denn das wäre es – nicht. Rosa tritt in den Dritten Orden ein und arbeitet, hochgeachtet von allen, die ihre hauswirtschaftlichen Fähigkeiten und ihre Frömmigkeit kennen, an der Pforte. Tröstlich wirkt auf die beiden Schwestern, die nun endlich vereint sind, daß sie jeden Sonntag zusammen sein dürfen, damit die ältere von der jüngeren in Geist und Leben des Karmel eingewiesen werde. Edith-Benedicta vertieft sich in dieser Zeit offenbar immer mehr in Gebet, Fürbitte und Anbetung. Nach dem für sie charakteristischen stundenlangen Knien vor dem Tabernakel wird sie eines Tages von Mutter Ottilia gefragt, was sie bete. Diese erhält darauf eine Antwort, die fast schon von Raphael Walzer vorweggenommen wurde, als er 1933 der Subpriorin des Kölner Karmel schrieb, Edith Stein habe ein sehr einfaches Gemüt. Einfach und tief zugleich ist ihre Erwiderung auf die gestellte Frage. »Ich«, sagt sie, »schaue nach Ihm und Er schaut nach mir.«[641] Weit, still und leer soll die Seele sein, hatte Edith Stein einst gesagt und besonders die Seele der Frau gemeint. Dieses vollkommene Absehen von sich selbst, die Gewinnung von Stille und Leere, um für das Einströmen der göttlichen Gnade offen zu sein, in kreuzartiger Gebetshaltung mit ausgebreiteten Armen in seltsamer Starrheit kniend, wie ihre Mitschwester sie in ihrer Zelle sehen – das ist Bereitschaft zur letzten Begegnung, zur mystischen Schau. Offenbar gelangt Edith Stein in dieser Phase zu der Überzeugung, daß ihr Leben seinem Ziel entgegengeht.

Am 1. September 1939 bricht der so lange gefürchtete Krieg aus: Deutsche Truppen marschieren in Polen ein. England und Frankreich, die Polens Unabhängigkeit und Sicherheit garantiert haben, erklären Deutschland den Krieg. 1940 besetzen deutsche Truppen unter anderem Luxemburg, Belgien und Holland. Das bedeutet für Edith und Rosa Stein auch ganz persönlich neue Gefahr.
Zum Namenstag der Echter Priorin Ambrosia Antonia Engelmann OCD am 13. Juni 1941 verfaßt Edith Stein den Dialog »Nächtliche Zwiesprache«, in dem die biblische Esther im Gespräch mit der Priorin gezeigt wird. Die tote Esther fand Ruhe in Abrahams Schoß – bei ihren Vätern: »Wie alle, die dem Herrn in Treu gedient / Nach Väterart. Wir harrten dort in Frieden. /

Noch fern dem Licht, darum in Sehnsucht stets. / Doch kam ein Tag, da durch die ganze Schöpfung ein Riß ging.« Altes und Neues Testament werden vor den Augen der alttestamentarischen Esther miteinander verbunden: »Der eben erst am Kreuz verschied, nun stand er / In uns'rer Mitte. Er war selbst das Licht, / Das ew'ge Licht, das wir ersehnt von alters, / Des Vaters Abglanz und der Völker Heil.«
Die Heimholung des auserwählten Volkes geschieht durch Jesus. Esther aber wird von der Königin des Karmels, Maria, auf die Erde entsandt, um Seelen zu suchen, die helfen, das Zweite Kommen zu erbeten.
Die Priorin antwortet: »Du warst dem Ersten Kommen Wegbereiterin / Nun schaffst Du Bahn zum Reich der Herrlichkeit. / Du kamst zu mir – versteh ich nun die Botschaft? / Die Königin des Karmel sendet Dich. / Wo anders fände sie bereite Herzen, / Wenn nicht in Ihrem stillen Heiligtum? / Ihr Volk, das Deines ist, Dein Israel / Ich nehm' es auf in meines Herzens Herberg', / Verborgen liebend und verborgen opfernd / Hol ich es heim an meines Heilands Herz.«
Esther erwidert darauf: »Du hast verstanden, und so kann ich scheiden. / Ich bin gewiß, der Gast wird nicht vergessen, / der zu Dir trat in mitternächt'ger Stunde. / Wir seh'n uns wieder an dem großen Tag, / Dem Tag der offenbaren Herrlichkeit, / Wenn über'm Haupt der Karmelkönigin / In hellem Glanz die Sternenkrone schimmert, / Weil die 12 Stämme ihren Herrn gefunden. / Leb' wohl!«[642]
Esther, die jüdische Königin, die fern ihrem Volk für die in der Diaspora Lebenden eintrat, wird hier zur nächtlichen Botin und Verkünderin uralter Erwartung des Volkes Israel.
Johannes Hirschmann SJ hat berichtet, daß Edith Stein einmal zu ihm gesagt habe: »Sie ahnen nicht, was es für mich bedeutet, wenn ich morgens in die Kapelle komme und im Blick auf den Tabernakel und auf das Bild Mariens mir sage: sie waren unseres Blutes.«[643]
Der Plural, in dem sie hier alle zusammenfaßt, die jüdischer Herkunft sind, sich selbst eingeschlossen, gehört seit jeher zu ihrer Ausdrucksweise. Als sie ihrer Nichte sagte, sie werde immer ein Teil des jüdischen Volkes bleiben, auch als Nonne, da sprach sie aus, was nicht nur ihrem Bewußtsein und ihrer Einsicht in die politischen Gebenheiten entsprach, sondern auch ihrem Gefühl.

In ihrer Chronik »Aus dem Leben einer jüdischen Familie« finden sich viele Hinweise darauf, daß die Zugehörigkeit zum Judentum geistig gelockert war und religiös nicht mehr bestand, aber im Gefühl der herkunftsmäßigen Verbundenheit ganz fest verankert blieb. So erzählt Edith, daß in ihrer Klasse an der Viktoriaschule neun jüdische Schülerinnen waren von insgesamt fünfzehn, die zum Abitur gelangten. Beim Abschiedsfest nach dem Abitur hat sie dann den früheren Religionslehrer zum Tischnachbarn. »Wir hatten längst keinen Unterricht mehr bei ihm, aber er erkundigte sich immer teilnehmend nach unserem Ergehen, wenn er uns im Schulhaus traf. So hatten wir ihn eingeladen, und er war gekommen. Wir hatten auch, wenn ich mich recht erinnere, aus einem rituellen Restaurant das Essen für ihn kommen lassen.«[644]

Hier findet sich dieselbe selbstverständliche Benutzung des Plural als Ausdruck der Zusammengehörigkeit, wie sie auch Jahrzehnte später dem Philosophen Daniel Feuling SJ auffällt. Er nahm an der Scholastikertagung von Juvisy teil, wo Edith Stein mit wichtigen Diskussionsbeiträgen Aufsehen erregte. Am Tage darauf besuchte er, zusammen mit ihr und Alexander Koyré, die Kirche Sacré-Cœur auf dem Montmartre. »Auf dem Wege sprachen beide miteinander von allerlei, besonders von jüdischen Philosophen, auch Husserl war ja jüdischen Blutes, ebenso Henri Bergson und Meyerson in Paris. ›Auch der ist einer der unserigen‹, hieß es verschiedentlich. Mich belustigte ein wenig die Weise Koyrés und Edith Steins, die von Juden und Jüdischem redend, einfach ›wir‹ sagten ... Da wurde ich ein wenig boshaft und frug mit ernster Miene: ›Ja, wohin tun Sie beide denn mich?‹ Ganz betroffen schauten sie mich an und frugen: ›Ja, sind Sie denn von uns?‹ ...«[645]

Im selben Jahr 1932 antwortet Edith Stein dem Fürsterzbischof von Salzburg, Sigismund Waitz, auf die Übersendung eines von ihm verfaßten zweibändigen Werkes über den Apostel Paulus: »Etwas schmerzlich berührten mich hier wie schon im I. Band gelegentliche Bemerkungen über das Judentum. Wenn man im Judentum geboren und aufgewachsen ist, kennt man seine hohen menschlichen und sittlichen Erbwerte, die dem Außenstehenden meist verborgen bleiben, und empfindet die Urteile, die sich nur an die nach außen stark hervortretenden Verfallserscheinungen halten, als hart und ungerecht.«[646]

298

Obwohl der Brief, die Form wahrend, mit den »ehrfürchtigen Grüßen« der »dankbar ergebenen« Absenderin endet, besteht kein Zweifel daran, daß Edith Stein die deutlich ausgesprochene Wahrheit der diplomatisch verbrämten zumindest da vorzieht, wo sie ihr Volk ungerecht beurteilt sieht. »Sie vertrug es schwer«, schreibt ihre Novizenmeisterin und Kölner Priorin, »wenn etwas über die Juden gesagt wurde, was sie in Schatten stellte. Dann erklärte sie fast alles für Verleumdung und meinte: ›Gerade so wie man den Jesuiten alles mögliche andichtet, so ist das auch bei den Juden der Fall.‹«[647] Und eine der Schwestern in Echt stellte später fest: »Sie litt darunter, wenn hochmütig über die Juden gesprochen wurde.«[648] Auch zu den Echter Mitschwestern sagte sie: »Sie können nicht nachfühlen, was es für mich bedeutet, daß die Gottesmutter Maria eine Jüdin war.«[649] Die moderne Esther lebt ebenfalls in einem anderen Volk und fühlt sich ihm verbunden: »Wer sühnt für das, was am jüdischen Volk im Namen des deutschen Volkes geschieht?«, fragt Edith Stein Johannes Hirschmann.[650] Am 9. Juni 1939 schreibt sie, die sich als Sühnopfer angeboten hat, ihr Testament. Darin heißt es: »Schon jetzt nehme ich den Tod, den Gott mir zugedacht hat, in vollkommener Unterwerfung unter seinen heiligsten Willen mit Freude entgegen. Ich bitte den Herrn, daß er mein Leben und Sterben annehmen möchte zu seiner Ehre und Verherrlichung, für alle Anliegen des Heiligsten Herzens Jesu und Mariae und der Heiligen Kirche, insbesondere für die Erhaltung, Heiligung und Vollendung unseres heiligen Ordens, namentlich des Kölner und Echter Karmels, zur Sühne für den Unglauben des jüdischen Volkes und damit der Herr von den Seinen aufgenommen werde und sein Reich komme in Herrlichkeit, für die Rettung Deutschlands und den Frieden der Welt, schließlich für meine Angehörigen, lebende und tote, und alle, die mir Gott gegeben hat: daß keiner von ihnen verlorengehe.«[651] Beides: Jüdin sein und Christin, Jüdin und Deutsche, prägt ihr Geschick, ihr Denken und Fühlen auch in der sich immer mehr steigernden Angst und Not. Esther fühlt sich unauflöslich ihrem Volk zugehörig. Aber welchem Volk? Dem Volk der Juden, für das sie betet, dem sie entstammt und in dem sie doch – in christlicher Tradition stehend – die Ungehorsamen sieht? Es ist und bleibt für sie das auserwählte Volk, mit dem Gott den ersten

Bund geschlossen hat. Und zugleich fühlt sie sich mit dem deutschen Volk verbunden. Für beide will sie, aus ganz und gar unterschiedlichen Gründen, sühnen, die Notwendigkeit des eigenen holocaustum beschwörend, des Ganzopfers der Bibel, das die gesamte Existenz einfordert: geistig, seelisch, physisch.

Sühne

Am 25. Juli 1942 macht der General des Ordens der Unbeschuhten Karmeliten, Pater Petrus Thomas, dem Karmel in Echt einen Besuch, und ihm sagt Schwester Benedicta auf seine Frage nach ihrem Ergehen: »Ich möchte wohl in Echt bleiben.«[652] Sie ist hier mit Herzlichkeit aufgenommen worden, sie lebt hier als Gleiche unter Gleichen, obwohl nach dreijährigem Aufenthalt die Frage der Stabilität, der ständigen Zugehörigkeit zum Echter Karmel, mit Rücksicht auf die Zeitverhältnisse nicht gelöst werden kann. Es finden keine kirchenrechtlichen Schritte statt.

Damals, vermutlich im Dezember 1941, schreibt Edith Stein an die Priorin des Echter Karmels: »Ich möchte in der Angelegenheit meiner Stabilität nun gar nichts mehr tun. Ich lege sie E.E. in die Hände und überlasse es E.E., ob E. E. die Schwestern, Pater Provinzial oder Vater Bischof für eine Entscheidung heranziehen wollen. Ich bin mit allem zufrieden. Eine sciencia crucis [Kreuzeswissenschaft] kann man nur gewinnen, wenn man das Kreuz gründlich zu spüren bekommt. Davon war ich vom ersten Augenblick an überzeugt und habe von Herzen *Ave Crux, spes unica!* [Sei gegrüßt, Kreuz, unsere einzige Hoffnung] gesagt.«[653]

Sorge macht aber weiterhin das Schicksal der Angehörigen. Der älteste Bruder Paul und die Schwester Frieda sind noch in Breslau, ebenso eine Tochter von Arno Stein.

Trotz dieser Belastung schreibt Edith in dieser Zeit eine Arbeit für die amerikanische Zeitschrift »Philosophy and Phenomenological Research«, die von Husserl-Schülern an der Universität Buffalo herausgegeben wird, über »Wege der Gotteserkenntnis. Die symbolische Theologie des Aeropagiten und ihre sachlichen Voraussetzungen«.[654] Darin setzt sie sich mit der Auffassung jenes vermutlich syrischen Priesters auseinander, der lange Zeit mit dem gleichnamigen Paulusschüler verwechselt wurde (Apg 17,34). Seine Schriften stammen aus der Zeit um die Wende vom 5. zum 6. Jahrhundert.

Edith Stein stellt Dionysius in eine Reihe mit Aristoteles und Augustinus, was den Einfluß auf das mittelalterliche Denken be-

301

trifft. Sein Weltbild ist hierarchisch gestuft: »Träger des hierarchischen Wirkens aber, Sendboten Gottes, um himmlisches Licht durch die Schöpfung zu tragen, sind nur die himmlischen Geister und die geweihten Stände der Kirche.«[655] Theologie interpretiert Edith Stein hier im Sinne des Aeropagiten als die Heilige Schrift, Gottes Wort; Theologen sind ihre Verfasser, die »heiligen Schriftsteller«.[656] »In diesem Sinne sind auch die Engel Theologen, und der höchste aller Theologen ist Christus, das lebendige Wort Gottes.«[657] Warum sich Edith Stein gerade mit der Gottesvorstellung des Dionysius beschäftigt, wird klar, wenn sie sich den verschiedenen Erkenntnisstufen zuwendet, die sie unter anderem als »Natürliche Gotteserkenntnis«, »Glauben«, »Übernatürliche Gotteserfahrung« und – am Schluß – als »Symbolische Theologie« bezeichnet. »Es ist«, schreibt sie über die persönliche Erfahrungserkenntnis von Gott, »aber nur der Anfang, die niederste Stufe des mystischen Gebetslebens. Von hier bis zum Gipfel der ›eingegossenen Beschauung‹, bis zur dauernden Vereinigung mit Gott, gibt es verschiedene Stufen und Übergänge. Jede höhere Stufe ist eine reichere und tiefere Selbstoffenbarung und Selbsthingabe Gottes an die Seele; für die Seele ein immer tieferes und umfassenderes Eindringen und Kennenlernen Gottes, das von ihrer Seite eine immer rastlosere Übergabe verlangt …«[658] Hier spricht die Karmelitin, die mystische Erfahrungen besitzt. Gleichwohl handhabt sie auch hier, diese Erfahrungen einbeziehend, die phänomenologische Methode. Dabei werden religiöse Elemente deutlich, die als Glaubensvorgänge real, sozusagen Faktum sind: »Der Glaube verdient den Namen Erkenntnis, sofern er den Besitz der Wahrheit verleiht; aber er ist dunkle Erkenntnis, sofern die Überzeugung, die er einschließt, sich nicht auf Einsicht in die gläubig angenommene Wahrheit gründet.«[659] Die persönliche Erfahrung der religiös ausgerichteten Philosophin wird deutlich erkennbar in Sätzen wie diesen: »Es kann ein Wort der Schrift mich so im Innersten treffen, daß ich mich darin von Gott selbst angesprochen fühle und Gottes Gegenwart spüre. Das Buch und der heilige Schriftsteller oder der Prediger, den ich gerade höre, sind verschwunden – Gott selbst spricht, und er spricht zu mir. Dann ist der Boden des Glaubens – nicht eigentlich verlassen, aber ich bin für den Augenblick darüber erhoben zur Erfahrungserkenntnis Gottes.«[660]

302

In Edith Steins Leben hat es solche Augenblicke gegeben, die ihr den Glauben lebendig werden ließen: »Alle Formen übernatürlicher Erfahrung – aber das persönliche Kennenlernen im besonderen Maße – verhalten sich zum Glauben wie im natürlichen Bereich die eigene Erfahrung zum bloßen Wissen auf Grund von Belehrung: als eine Erfüllung von etwas bisher nur gedanklich, ohne eigene ursprüngliche Kenntnisnahme Erfaßtem ... Und auch die persönliche Begegnung gibt keine letzte Erfüllung, sondern weist noch über sich hinaus auf eigentlichere Erfüllung in höherstufiger mystischer Erfahrung und schließlich in der visio beatifica. (Ob auch dem seligen Schauen noch etwas von Unerfülltheit anhaftet, weil es nicht Schauen Gottes ist, wie er selbst sich schaut – darüber soll hier nichts gesagt werden.)«[661] Während die Philosophin hier wesenhafte Elemente des Glaubens als »Sachen selbst« mit phänomenologischen Mitteln umkreist, weil religiöse Phänomene Realitäten sind, bemüht sie sich, in dem Werk »Kreuzeswissenschaft« die »Gesetze (...) geistigen Seins und Lebens«[662] und damit die Strukturen der Religiosität zu ergründen. Auch diese Arbeit über Johannes vom Kreuz, die ihr die Priorin des Echter Karmels, Ambrosia Antonia Engelmann OCD, anläßlich der bevorstehenden vierhundertsten Wiederkehr des Geburtstages des Ordensreformators als Aufgabe stellt, wird von Edith Stein in gleichem Geist ausgeführt. Dabei stößt sie allerdings auf Schwierigkeiten, die schon im Titel »Kreuzeswissenschaft« erkennbar werden.
Die Verbindung von Religion und Glaube einerseits mit Wissenschaft andererseits versucht Edith Stein herzustellen, indem sie den Begriff Wissenschaft nicht in der üblichen Weise verstanden wissen will. Die herkömmliche Wissenschaft interpretiert sie als »bloße Theorie«, »reiner Zusammenhang von – wirklich oder vermeintlich – wahren Sätzen«, ein »in gesetzmäßigen Denkschritten aufgeführtes ideales Gebäude«.[663] Die Frage, ob damit der Wissenschaftsbegriff wirklich umfassend und zutreffend analysiert und bestimmt wird, muß mit kritischem Unterton gestellt, kann aber hier nicht weiter verfolgt werden.
Edith Stein selbst faßt den Begriff Wissenschaft im Zusammenhang mit dem Begriff Kreuzeswissenschaft als »wohlerkannte Wahrheit – eine Theologie des Kreuzes –, aber lebendige, wirkliche und wirksame Wahrheit: einem Samenkorn gleich wird sie in die Seele gesenkt, schlägt darin Wurzeln und wächst, gibt der

303

Seele ein bestimmtes Gepräge und bestimmt sie in ihrem Tun und Lassen, so daß sie aus diesem Tun und Lassen hervorstrahlt und erkennbar wird. In diesem Sinn spricht man von einer Wissenschaft der Heiligen und sprechen wir von Kreuzeswissenschaft.«[664]

Ausgangspunkt ist die Realität des Glaubens, dessen Inhalte, vom Glauben her, als Wahrheit(en) gesehen werden, die aber von der Theologie als Wissenschaft durchaus befragt werden können und müssen. Das jedoch liegt Edith Stein fern. Theologische Fragestellungen und Probleme interessieren sie im Grunde nicht. Aus dieser Abstinenz, die ihr offenbar selbst intellektuell nicht transparent geworden ist, ergibt sich die Vermischung von Glaubens- und Theologiebegriff, was zur Übernahme und gleichzeitigen Uminterpretierung des Wissenschaftsbegriffes und -verständnisses im religiösen Bezug führt.

In seiner Durchführung ist das Buch eine Darstellung von Leben, Werk und spirituellem Habitus des Johannes vom Kreuz, der als Mystiker wie als Dichter zu den bedeutendsten Persönlichkeiten Spaniens nicht nur in seinem Goldenen Zeitalter gehört. In seiner ganzen Geisteshaltung und Lebensführung stand er allerdings in krassem Gegensatz zur politisch-geistigen Situation seiner Zeit.

Edith Stein verbindet mit der Schilderung des äußeren Lebensganges die der Hintergründe, der Hinwendung zur Mystik und, an Hand der Werke des Johannes vom Kreuz, auch die der Schritte, die zur mystischen Vereinigung mit Gott führen können. Dabei wird der Anteil des spanischen Kirchenlehrers an ihrer eigenen geistigen und religiösen Entwicklung seit ihrem Übertritt zur katholischen Kirche ebenso deutlich wie das eigenständige Geistespotential, das die geschulte Phänomenologin Husserlscher Richtung in die Interpretation der Werke des Johannes vom Kreuz einbringt.

So beschreibt sie dessen Erfahrung des Berührtwerdens der Seele durch Gott: »Wie Jesus in seiner Todesverlassenheit sich in die Hände des unsichtbaren und unbegreiflichen Gottes übergab, so wird sie sich hineinbegeben in das mitternächtliche Dunkel des Glaubens, der der einzige Weg zu dem unbegreiflichen Gott ist. So wird ihr die mystische Beschauung zuteil, der ›Strahl der Finsternis‹, die geheimnisvolle Gottesweisheit, die dunkle und allgemeine Erkenntnis: sie allein entspricht dem unfaßlichen

304

Eigenhändige Zeichnung des Johannes vom Kreuz, die Edith Stein viel bedeutet hat

Gott, der den Verstand blendet und ihm als Finsternis erscheint. Sie strömt in die Seele ein und kann es um so lauterer, je freier die Seele von allen anderen Eindrücken ist. Sie ist etwas viel Reineres, Zarteres, Geistigeres und Innerlicheres als alles, was der Erkenntnis aus dem natürlichen Geistesleben bekannt ist, auch hinausgeschoben über die Zeitlichkeit, ein wahrer Anfang des ewigen Lebens in uns. Es ist kein bloßes Annehmen der gehörten Glaubensbotschaft, kein bloßes Sichzuwenden zu Gott, den man nur vom Hörensagen kennt, sondern ein inneres *Berührtwerden* und ein *Erfahren* Gottes, das die Kraft hat, von allen geschaffenen Dingen loszulösen und emporzuheben und zugleich in eine Liebe zu versenken, die ihren Gegenstand nicht kennt.«[665]

Folgt Edith Stein hier, wenn auch in freier Interpretation, den Vorstellungen und Erfahrungen des Ordensvaters, so fügt sie in dem Abschnitt »Seele, Ich und Freiheit« ihre bekannte Position zur Struktur der Persönlichkeit hinzu; sie betont allerdings selbst, daß Johannes vom Kreuz solche Überlegungen fern gelegen haben, nicht zuletzt, weil eine Philosophie der Person erst ab dem 19. Jahrhundert möglich wurde: »Der gläubige Mensch ... weiß, daß es Einen gibt, dessen Blick durch keinen Gesichtskreis eingeengt ist, sondern wahrhaft alles umfaßt und durchschaut. Wer in dieser Glaubensgewißheit lebt, dessen Gewissen kann sich darum nicht mehr bei dem eigenen besten Wissen beruhigen. Er muß danach trachten, zu erkennen, was in Gottes Augen das Rechte ist.«[666] In einer Klammer fügt Edith Stein dann die konsequente Folgerung ihrer radikalen Anlage und Entscheidung hinzu: »(Darin liegt, daß erst die religiöse Haltung die wahrhaft ethische ist. Es gibt wohl ein natürliches Suchen und Sehnen nach dem Rechten und Guten, auch ein Finden im einzelnen Falle, aber es wird erst im Suchen nach dem göttlichen Willen wahrhaft zu sich selbst kommen.)«[667]

Die Schlußfolgerung ist dann nur noch eine Frage des Bekennens: »Wer von Gott selbst hineingezogen worden ist in das eigene Innere und sich Ihm hingegeben hat in der Liebesvereinigung, für den ist die Frage ein für allemal gelöst; er braucht sich nur noch lenken und leiten zu lassen von Gottes Geist, der ihn spürbar antreibt, und hat dann immer und überall die Gewißheit, das Rechte zu tun. In der großen Entscheidung, die Gnade zu ergreifen, die er in höchster Freiheit getroffen hat, sind alle

306

künftigen eingeschlossen und können dann im gegebenen Fall wie selbstverständlich erfolgen.«[668]
Gnade und die damit in ihrer Sicht verbundene Freiheit – das große Thema Edith Steins, die auch hier auf der Freiheit der Person, Gottes Gnade anzunehmen oder abzuweisen, besteht. Der starken Persönlichkeit der Denkerin und Glaubenden liegt der Gedanke fern, daß dadurch das Heilsgeschehen, in dessen Mittelpunkt Jesu Opfertat steht, in menschlicher Auffassung einen anderen, verschobenen Akzent bekommen könnte. Zugleich aber ist sie von dem durchdrungen, was zur Vereinigung mit Gott führt: »Wenn sie [die Seele] erkennt, daß Christus in der äußersten Erniedrigung und Vernichtung am Kreuz das größte gewirkt hat, die Versöhnung und Vereinigung der Menschheit mit Gott, dann erwacht in ihr das Verständnis dafür, daß auch für sie das Vernichtetwerden, der ›Kreuzestod bei lebendigem Leibe, im Sinnlichen wie im Geistigen‹, zur Vereinigung mit Gott führt.«[669]

Während Edith Stein an ihrer »Kreuzeswissenschaft« arbeitet, verfaßt sie auch eine Ansprache für die Priorin zum Fest »Kreuzerhöhung« am 14. September 1941, in die sie die drei Ordensgelübde – Armut, Keuschheit und Gehorsam – einbezieht; sie schreibt: »Es ist gut, heute daran zu denken, daß zur Armut auch die Bereitschaft gehört, selbst die geliebte klösterliche Heimstätte zu verlassen. Wir haben uns zur Klausur verpflichtet und tun es aufs neue, wenn wir unsere Gelübde erneuern. Aber Gott hat sich nicht verpflichtet, uns immer in den Klausurmauern zu lassen. Er braucht es nicht, weil er andere Mauern hat, um uns zu schützen.« »... und würden wir auf die Straße hinausgetrieben, so würde der Herr seine Engel senden, sich um uns zu lagern, und ihre unsichtbaren Schwingen würden unsere Seelen sicherer umfrieden als die höchsten und stärksten Mauern. Wir brauchen das nicht herbeizuwünschen. Wir dürfen bitten, daß uns die Erfahrung erspart bleibt, aber nur mit dem ernst und ehrlich gemeinten Zusatz: ›Nicht mein, sondern dein Wille geschehe‹.«[670]
»Die Welt steht in Flammen«, weiß Edith Stein spätestens seit Kriegsbeginn und spricht es dreimal warnend und beschwörend aus in der Ansprache zum Fest »Kreuzerhöhung« vom 14. Sep-

tember 1939. »Die Welt steht in Flammen!«[671] Aber wie kann geholfen werden: den Sterbenden auf den Schlachtfeldern, den jammernden Witwen und Waisen? »Nicht hier oder da kannst du helfen, wie der Arzt, die Krankenschwester, der Priester. An allen Fronten, an allen Stätten des Jammers kannst du sein in der Kraft des Kreuzes ...«[672] Anfang und Ende werden zusammengeschlossen in dem Grußwort: »Ave Crux, Spes unica!« – »Kreuz, einzige Hoffnung, sei gegrüßt!«[673]

Nein, sie sucht nicht das Leiden. Sie vertraut darauf, daß Gott ihr den Weg vorgeben wird, der zum Sühnopfer führt. Deshalb versucht sie auch alles, um sich und ihre Schwester Rosa zu retten, nachdem alle nichtarischen Deutschen von den Besatzungsbehörden für staatenlos erklärt worden sind und sich zur Emigration anzumelden haben. Gesetzestreu und pflichtbewußt folgt Edith Stein dieser Aufforderung und nennt für sich und Rosa erst einmal die USA als Zielland.

Der Einbruch der brutalen Machtsphäre ist trotz der schützenden Klostermauern nicht zu verhindern. Edith Steins nüchterne Voraussicht, daß sie weder vom jüdischen Volk abgetrennt sein werde noch durch ihren Eintritt in den Orden gesichert sei, bewahrheitet sich nur allzusehr. Am 8. Oktober 1941, einem Mittwoch, schreibt sie an Johanne van Weerth OCD in Beek (Holland): »Rosa und ich waren Montagvormittag beim Polizeikommissar in Maastricht, um uns vorschriftsgemäß anzumelden. Die Schwestern haben indessen hier gebetet, und es ist alles sehr gut gegangen.«[674]

Wir wissen aber, daß sie hier schon heftig angefahren wurde, nicht zuletzt, weil ihr Paß weder das eingedruckte J für Jüdin trug noch ihrem Vornamen der Name Sara vorangestellt war, wie es für Jüdinnen Vorschrift war.

Es taucht nun der Gedanke auf, ob nicht die neutrale Schweiz am besten und schnellsten helfen könnte. So schreibt Edith Stein an Dr. Hilde Vérène Borsinger und bittet sie um Unterstützung. In den kommenden Monaten wird diese Freundin aus der Beuroner Zeit, die Edith Stein als Referentin in die Schweiz holte und über die Rechtsstellung der Frau in der katholischen Kirche promoviert hat, zur Hoffnungsträgerin. Edith Stein sieht klar, was auf sie zukommt: »Wenn wir nicht auf diese Weise hinauskommen können, werden wir jedenfalls durch die Behörden verschickt werden.«[657]

308

Letzte Aufnahme von Edith Stein, Frühjahr 1942

Ediths und Rosas Schwester Frieda ist bereits aus Breslau fort – und in eine sogenannte »Jüdische Wohngemeinschaft« aufs Land gebracht worden. »Sie lebt dort mit elf anderen Damen aus den besten Breslauer Kreisen zusammen in einer großen Dachkammer und hat acht Stunden täglich Arbeitsdienst, Nähen und Kartoffelschälen. Sie trägt es sehr tapfer, und natürlich würden wir uns in ein ähnliches Los fügen, wenn es sein müßte. Aber Sie verstehen, daß unsere Vorgesetzten uns das gern ersparen möchten. Ich bin ja auch schon durch meine Gelübde verpflichtet, alle Mittel anzuwenden, um weiter nach unserer heiligen Regel leben zu können.«[676]

Sie hat Hoffnung, sie lebt noch ganz in der geistigen Arbeit. So fragt sie brieflich bei Jan Nota SJ an, ob er vielleicht in Holland eine Möglichkeit zur Veröffentlichung von »Endliches und Ewiges Sein« sehe. An der »Kreuzeswissenschaft«, die noch einmal ihr religiöses und philosophisches Credo (nach der katholischen Konversion) zusammenfaßt, arbeitet sie täglich und freut sich: »Ich bin sehr dankbar, daß ich noch einmal etwas tun darf, ehe das Gehirn völlig einrostet.«[677]

An ihrem fünfzigsten Geburtstag aber werden die Sorgen ganz bewußt zurückgestellt. Ein kleines Festspiel zu Ehren des Geburtstagskindes vereint Abraham, Henoch, Noah, Isaak und Jakob, Moses und Aaron, David, Elias und Elisäus: »Abraham war eine sehr ehrwürdig Gestalt (M. Subpriorin). An Moses war nur die Nase imposant, sonst war er klein und possierlich; auf der Rückseite seiner Gesetzestafel stand der Küchenzettel der letzten Woche (Schwester Agatha).«[678]

Schwester Benedicta gibt weiterhin den Novizinnen Unterricht in Latein, erklärt ihnen die richtige Aussprache, hält sie aber dazu an, den Gebräuchen der Kommunität auch hier zu folgen, wie auch sie selbst sich anpaßt.

Am 18. November 1941 erhält sie die Nachricht, daß Hans Lipps bereits im September an der Ostfront, wo er als Militärarzt eingesetzt war, durch Kopfschuß gefallen ist. Der Bruder Paul erwartet die Deportation in das Konzentrationslager Theresienstadt. Frieda ist noch auf dem Lande.

So kommt das neue Jahr heran. Im Januar findet in Berlin die sogenannte Wannsee-Konferenz statt, bei der eine Kommission

310

aus Regierungsvertretern und SS-Offizieren die »Endlösung« der Judenfrage beschließt.

Ende März 1942 müssen die beiden Schwestern Stein nach Amsterdam zu den deutschen Behörden. Ende Juli kann Schwester Benedicta an Hilde Vérène Borsinger melden, daß der Karmel Le Pâquier im Kanton Fribourg auf Grund der Anstrengungen von Frau Dr. Borsinger bereit ist, sie aufzunehmen und – da Edith Stein nicht ohne ihre Schwester Rosa in die Schweiz gehen will – ein nahegelegenes Karmelitinnenkloster des III. Ordens Rosa. Aber bei aller politischen Weitsicht versagt nun doch die Vorstellungskraft, als Edith schreibt: »Es ist aber noch sehr die Frage, ob wir hier Erlaubnis zur Ausreise bekommen. Ich wäre nicht traurig, wenn sie nicht käme. Es ist ja keine Kleinigkeit, zum zweiten Male eine liebe klösterliche Familie zu verlassen.«[679]

Hilde Vérène Borsinger ist unermüdlich bemüht. Erst macht die Schweizer Einwanderungsbehörde Schwierigkeiten, dann die Religiosen-Kongregation in Rom. »In heller Verzweiflung«[680] schreibt Frau Borsinger an die Priorin von Le Pâquier, »sie solle doch bitte den Instanzen in Rom mitteilen, die beiden Schwestern schwebten in Lebensgefahr, man möge sich doch um Gottes Willen beeilen!«[681]

Inzwischen hat sich die Lage dramatisch verschärft: Die christlichen Kirchen in Holland hatten sich von Anfang an antisemitischen Maßnahmen, die mit der Registrierung der hundertfünfzigtausend holländischen Juden 1940 begannen, widersetzt und sich zu gemeinsamem Handeln verbunden. Im Februar 1942 protestierten sie bei Reichskommissar Seyss-Inquart dagegen, daß immer mehr Juden mit unbekanntem Ziel abtransportiert wurden.

Im Juli 1942 beginnen die Deportationen in die Konzentrationslager des Ostens. Die Kirchen protestieren massiv beim Reichskommissar. »Sein Stellvertreter gab daraufhin das Versprechen, daß die getauften Juden, die schon vor dem 1. Januar 1941 einer Kirche angehörten, nicht deportiert würden. Die Kirchen gaben sich mit dieser Ausnahmeregelung nicht zufrieden. Sie beschlossen, mit diesem Protest in die Öffentlichkeit zu gehen. Das Protesttelegramm vom 11. Juli an Seyss-Inquart wurde wörtlich in den Hirtenbrief aufgenommen. Seyss-Inquart, der vom Inhalt des Hirtenschreibens schon vorher Kenntnis erhalten hatte, er-

311

suchte den Leiter der Allgemeinen Synode der Niederländisch-Reformierten Kirche, das Telegramm nicht zu erwähnen. Die niederländisch-reformierte Kirche war zu diesem Zugeständnis bereit. In allen katholischen und einigen anderen holländischen Kirchen wurde aber am 26. Juli der Hirtenbrief einschließlich des Telegrammtextes verlesen.«[682] »Am darauffolgenden Sonntag wurde eine große Anzahl katholischer Juden verhaftet und deportiert ... Die protestantischen Nichtarier – etwa 9000 – wurden nicht deportiert.«[683]

In der Woche nach der Verlesung des Hirtenbriefs erhält Edith Stein einen Brief vom Bischöflichen Ordinariat in Roermond mit der beruhigenden Mitteilung, sie könne in Echt bleiben. Sie und ihre Schwester Rosa leben weiter wie bisher. Edith arbeitet an ihrer »Kreuzeswissenschaft« und bringt das Manuskript zu einem gewissen Abschluß.

Am 2. August, nachmittags fünf Uhr – die Schwestern sind gerade zur Betrachtung im Chor versammelt – wird die Priorin gerufen. Sie erfährt an der Winde, daß zwei Offiziere Schwester Stein zu sprechen wünschen. In der Annahme, daß es um die Auswanderungsmodalitäten gehe, wird Schwester Benedicta benachrichtigt und kommt ins Sprechzimmer, »in dessen äußerem Teil bereits Rosa anwesend« ist.[684] Die Offiziere verlangen, daß Schwester Benedicta in fünf Minuten das Kloster verläßt. Es kommt zu einem Wortwechsel. Edith Stein antwortet: »Das kann ich nicht, wir haben strenge Klausur.« – »Machen Sie dies hier weg« (gemeint ist das Gitter) »und kommen Sie heraus«. – »Das müssen Sie mir erst vormachen.« – »Rufen Sie die Oberin.«[685] Schwester Benedicta geht in den Chor, die Oberin, die im Verborgenen zugehört hat, auf einem Umweg ins Sprechzimmer. Während Benedicta, nachdem sie vor dem Allerheiligsten niedergekniet war, mit den geflüsterten Worten: »Bitte beten, Schwestern!«[686] in Begleitung einer Mitschwester den Chor verläßt, versucht die Oberin, eine Zeitverzögerung zu erreichen, indem sie auf die Auswanderungsbemühungen hinweist. Die Antwort ist unerbittlich: »Das kann alles später geschehen, jetzt muß die Schwester Stein heraus. Sie kann sich umkleiden oder auch mitgehen wie sie ist. Geben Sie ihr eine Decke mit, einen Becher, einen Löffel und Mundvorrat für drei Tage.«[687]

312

Aller Protest nützt nichts, ruft nur die Drohung hervor, eine Weigerung könne den ganzen Konvent gefährden. Nicht einmal eine halbe Stunde Aufschub wird zugebilligt. Die Priorin, in Einsicht der Unabänderlichkeit des Geschehens, beschließt das Gespräch mit den Worten: »Wenn wir der Gewalt weichen müssen, dann in Gottes Namen.«[688]
Sie trifft Schwester Benedicta in ihrer Zelle, wo mehrere Mitschwestern beim Packen helfen. Benedicta sagt: »Bitte sofort an den Schweizer Konsul im Haag schreiben wegen der Reiseerlaubnis.«[689] Danach spricht sie fast nichts mehr und ist wie geistesabwesend.
An der Klausurtür wartet Rosa, bei ihr – ihr beistehend – eine Dame, die zum Bekanntenkreis der Karmelitinnen gehört. Rosa erbittet und empfängt den Abschiedssegen der Priorin.
Benedicta kommt hinzu. Aus der Küche wird ein eilig zubereiteter Imbiß gebracht. Rosa, zitternd, muß gefüttert werden. Auch Benedicta nimmt nur wenig zu sich.
Dann verläßt sie die Klausur. Die Priorin hört noch, daß Schwester Benedicta mit dem einen SS-Offizier über ihre Reisepläne spricht.
Auf der Straße ist es zu einem Auflauf gekommen. Die Menschen machen aus ihrer Sympathie für die beiden Schwestern keinen Hehl und protestieren empört.
Das Polizeiauto wartet nicht direkt vor dem Kloster, sondern an der Straßenecke. Benedicta und Rosa steigen ein. Dann entschwinden sie den Blicken der Zurückbleibenden.
Der Wagen, bereits mit anderen Verhafteten beladen, erreicht, da der Fahrer die Route verfehlt, erst in der Nacht auf Umwegen das Sammellager Amersfoort. Von dort geht es am nächsten Tag weiter nach Drente-Westerbork. Von hier aus meldet sich Schwester Benedicta dreimal:
Am 4. August gibt sie einen Bericht über die Gesamtsituation, äußert Hoffnung, daß sie freigelassen werden, muß das jedoch durch eine Anmerkung mit dem Datum des nächsten Tages im selben Brief revidieren, schließt aber: »Wir sind ganz ruhig und fröhlich. Natürlich bisher keine Messe und Kommunion, kommt vielleicht später. Nun kommen wir ein bißchen dazu zu erfahren, wie man rein von innen her leben kann.«[690]
Einem Briefchen Rosas ist ein Zettel von Benedicta beigefügt: »Schweizer Konsulat Amsterdam C, Heerengracht 545, möge

313

sorgen, daß wir möglichst bald über die Grenze kommen. Für Reisegeld wird unser Kloster sorgen.«[691]

Am 5. August schreibt Benedicta in wenigen Zeilen an die Priorin in Echt, daß »von außen« noch etwas versucht werden könne, sie zu befreien, »aber mit äußerst wenig Aussicht«.[692] Auch in dieser Lage denkt sie noch als Geistesarbeiterin und bittet darum, das Manuskript der »Kreuzeswissenschaft«, das in einem Nachbarkloster zur Abschrift durch Ruth Kantorowicz ist, sicherzustellen. Dr. Ruth Kantorowicz befindet sich ebenfalls in Westerbork.

Die letzte schriftliche Nachricht an die Mitschwestern in Echt datiert vom 6. August 1942. Darin bittet Benedicta um warme Kleidung und Wäsche für sich und Rosa sowie um Kreuz und Rosenkranz für ihre Schwester und fährt dann fort: »Ich hätte auch gern den nächsten Brevierband (konnte bisher herrlich beten). Unsere Identitätskarte, Stamm- und Brotkarten. Tausend Dank. Grüße an alle. E.E. dankbares Kind B.«[693] Zwei junge Männer übernehmen es, das Gewünschte zu überbringen. Die holländische Polizei im Lager ermöglicht ein Zusammentreffen. Der Bericht aus dem Jahr 1947 läßt erkennen, daß zu der Stunde des Treffens mit den Abgesandten die beiden Schwestern bereits davon gehört haben, sie würden »vielleicht nach Schlesien, ihrem Heimatland, reisen ... aber sicher sei es nicht!«[694]

Nach Berichten von Leidensgenossen nimmt sich Schwester Benedicta besonders der Kinder im Lager an, deren Mütter in Apathie verfallen sind.

Aber die briefliche Nachricht vom 6. August ist nicht das allerletzte Lebenszeichen. Am 7. August 1942 trifft auf dem kleinen Bahnhof in Schifferstadt in der Pfalz ein Zug aus den Niederlanden ein. Eine Augenzeugin, die Paulusschwester Maria Assumpta Weihs, berichtet:

»So ich mich noch erinnere, muß es am 11. August 1943 [7. August 1942] gewesen sein, als ich von Neustadt an der Weinstr. kommend, in Schifferstadt ausstieg und dem Bahnhofsgebäude zueilte. Noch nicht ganz auf dem ersten Bahnsteig angekommen, riefen mir Leute, die mich scheinbar kannten, zu: ›Soeben ist Fräulein Edith Stein drüben im 3. Gleis eingefahren.‹ Ich lief

314

dann auch hin. Schon auf den Treppen hörte ich das Bahnpersonal rufen: ›Zurück, Zug fährt weiter.‹ Trotzdem lief ich die Treppen *hoch*. Fräulein Stein schaute aus einem Fenster eines Personenwagens heraus und war von mehreren Personen umringt, die ihr die Hände entgegenstreckten. Ich selbst, durch das Schreien und Drohen des Bahnpersonals eingeschüchtert, war ziemlich abseits gestanden und konnte ihr nicht mehr die Hand geben, denn der Zug setzte sich tatsächlich in Bewegung. Wir winkten uns gegenseitig zu. Sie rief dann noch: ›Grüßt mir die Speyerer.‹ Fräulein Stein kam mir sehr verändert vor, aber doch sehr ruhig und gottergeben. Sie trug ein schwarzes Kleid oder auch nur eine schwarze Bluse, denn den Rock konnte ich ja nicht sehen. So ich mich erinnere, hatte die Bluse viele Falten im Vorderteil, und Fräulein Stein war glatt gekämmt. Es hatte den Anschein, als habe sie sich gefreut.«[695]
Nur wenige Minuten später treffen auf dem Bahnhof Schifferstadt zwei Damen ein, die eine ist Frau Marie Bertel, geborene Schwind. Aufgeregt kommt der Bahnbeamte Valentin Fouquet ihnen entgegen:
»Jetzt kommt Ihr – gerade ist der Zug hinausgefahren, in dem eine Frau namens Edith Stein war. Sie hat mich nach der Familie Schwind in der Ludwigstraße gefragt – und ob denn keine Angehörigen von der Familie da seien. Sie war enttäuscht, als ich das verneinen mußte. Sie bat mich dann dringend, dies auszurichten:
›Ich komme nach dem Osten. Grüßen Sie die Familie Schwind in der Ludwigstraße.‹
Darüber waren wir sehr betroffen; denn Herr Fouquet teilte uns mit, daß das ein Gefangenentransport war.«[696]

Das ist die letzte Nachricht. Der Zug trifft nachgewiesenermaßen am 9. August in Auschwitz ein. Wenn die Schwestern ins Arbeitslager gekommen wären, hätten sie zwei der Tagesnummern erhalten müssen. Aber ihre Namen finden sich auf keiner Liste. Das ist das Todesurteil.
In den Vergasungsanlagen von Auschwitz-Birkenau endet, wahrscheinlich noch am selben Tag, zusammen mit vielen anderen das Leben von Edith und Rosa Stein.

Vierundzwanzig Jahre später fällt einem Reisenden, der den Spuren der Vergangenheit folgt, auf der Autokarte ein Ortsname auf, und er erinnert sich: Lublinitz – das hat mit einem Mädchen zu tun, mit einer Studentin, »Edith Stein hieß das Mädchen.«[697]

Der sich erinnert, ist der Schriftsteller Günther Anders, der Sohn von William Stern: »Edith Stein läßt mich nicht los.«[698] Als Neun- oder Zehnjähriger hat er sie gesehen, »eine Studentin von Vater«,[699] eine Respektsperson, schon mindestens zwanzig. In den Gesprächen seiner Eltern spielte sie eine Rolle, denn Studentinnen waren damals noch äußerst selten, und unter den wenigen war sie wohl die begabteste. Auch Edmund Husserl hat dem Studenten Günther Stern, der bei ihm promovierte, in jenen Zeiten, die nun so fern liegen, von ihr gesprochen – von ihrer Entwicklung, die so fremdartig sei. Später, schon in den USA, im Exil, hat Günther Stern Edith Stein auf Bildern wiedergesehen, die der Vater betrachtete.

Und jetzt, hier, etwa zwanzig Kilometer von Auschwitz entfernt, denkt er wieder an sie: »Ja, auch sie hat in einem dieser Züge gesessen, die dort über die Brücke gedonnert sind. Da hat es ihr nichts genützt, daß sie ihre westfälischen[700] Schülerinnen in die deutsche Literatur eingeführt hatte. Und nichts, daß sie im Ersten Weltkrieg, vierundzwanzigjährig, ihren Husserl im Stich gelassen und, um ihre vaterländische Pflicht zu erfüllen, deutsche Soldaten in einem Seuchenhospital gesund gepflegt hat ...«[701]

Nein, es hat nichts genutzt, und sie wußte auch, daß es ihr nichts nutzen werde. Sie wußte, daß sie immer ein Teil des jüdischen Volkes sein würde, und sie fühlte sich auch so. Sie sah voraus, daß man sie eines Tages aus dem Kloster herausholen werde – als Jüdin.

Und dennoch war sie Christin, war Deutsche. Jener SS-Offizier, der sie, die, nach dem religiösen Bekenntnis befragt, wahrheitsgemäß antwortete, sie sei katholisch, anschrie: »Das bist du nicht! Du bist eine verdammte Jüdin«[702], dieser SS-Offizier sprach aus, warum man sie verhaftet hatte und wenig später in den Tod schickte. Und Edith Stein sagte ebenfalls die Wahrheit, die Wahrheit, die sie gesucht hat, die sie in der christlichen Religion fand und in deren katholischer Form geglaubt und gelebt hat.

316

Beide Wahrheiten ihres Lebens haben, so wie die Welt, wie Deutschland damals war, Konsequenzen gehabt. Edith Stein hat diese Konsequenzen vorausgesehen. Aber in ihrer Sicht, im Lichte ihres Glaubens gewannen sie eine andere Qualität. Sie scheint auf in dem Satz, den Edith Stein bei ihrer Verhaftung zu ihrer weinenden Schwester sagte:

»Komm, wir gehen für unser Volk.«[703]

Quellennachweise und Anmerkungen

Autorennamen verweisen auf das Literaturverzeichnis, römische Ziffern auf die entsprechenden Bände von »Edith Steins Werke«, sonst, wie die arabischen Ziffern, auf Seitenzahlen.

Folgende Abkürzungen werden verwendet:
Beiträge = Edith Stein: Beiträge zur philosophischen Begründung der Psychologie und der Geisteswissenschaften. I: Psychische Kausalität, II: Individuum und Gemeinschaft.
ESTA Köln = Edith-Stein-Archiv, Karmel »Maria vom Frieden«, Köln.
ESW = Edith Steins Werke.
Reden = Reden anläßlich der Vortragsveranstaltung »Edith Stein – Lebensweg und wissenschaftliches Werk«, 15. Mai 1987, in der Universität Köln.
Renata = Teresa Renata de Spiritu Sancto: Edith Stein.
Staat = Edith Stein: Eine Untersuchung über den Staat.

[1] ESW VII, 17.
[2] Ebd.
[3] ESW VII, 17 f.
[3a] Dass., 44.
[4] Susanne Batzdorff-Biberstein, in: W. Herbstrith (1983), 73 f.
[5] ESW VII, 45.
[6] Dass., 44.
[6a] Dass., 46.
[7] Dass., 47.
[8] Dass., 35.
[9] Dass., 29.
[10] Dass., 28.
[11] Ebd.
[12] Dass., 29.
[13] Dass., 35.
[14] Dass., 30.
[15] Dass., 31.
[16] Dass., 35.
[17] Dass., 52.
[18] Ebd.
[19] Ebd.
[20] Renata, 12 f.
[21] Dass., 13.
[22] ESW VII, 53.
[23] Dass., 50.
[24] Dass., 49.
[25] Dass., 51.
[25a] Dass., 70.
[26] Dass., 122.

[27] Dass., 120 f.
[28] Dass., 124 f.
[29] Dass., 124.
[30] Dass., 125.
[31] Dass., 127 f.
[32] Dass., 129.
[33] Dass., 131.
[34] Dass., 42.
[35] Ebd.
[36] Ebd.
[37] Dass., 141.
[38] Dass., 143.
[39] Ebd.
[40] Dass., 144.
[41] Dass., 146.
[42] Dass., 149.
[43] Dass., 150.
[43a] Dass., 148.
[44] Ebd.
[45] Dass., 95 f.
[46] Dass., 96.
[47] Dass., 158.
[48] Dass., 159.
[49] Ebd.
[50] Dass., 160.
[51] Ebd.
[52] Ebd.
[53] Dass., 160 f.
[54] Dass., 161.
[55] Ebd.

[56] Dass., 171.
[57] Renata, 61.
[58] ESW VII, 164.
[59] Dass., 165.
[60] Ebd.
[61] Ebd.
[61a] Dass., 168.
[62] Dass., 187.
[63] Dass., 188.
[64] Dass., 189.
[65] Dass., 174.
[66] Dass., 185.
[67] Ebd.
[68] Ebd.
[69] Dass., 188.
[70] Ebd.
[71] Dass., 209.
[72] Ebd.
[73] Dass., 217.
[74] Ebd.
[75] Dass., 223.
[76] Dass., 218.
[77] Ebd.
[78] Dass., 219.
[79] Ebd.
[80] Dass., 222.
[81] Dass., 225.
[82] Ebd.
[83] ESTA, Köln, E III, 66.
[84] ESW VII, 225.
[85] E. Endres, 95.
[86] ESW VII, 220.
[87] Dass., 229.
[88] Dass., 230.
[89] ESW X, 17.
[90] H. R. Sepp: Edmund Husserl und die phänomenologische Bewegung, 131.
[91] ESW VII, 341.
[92] Dass., 233.
[93] Dass., 232.
[94] Dass., 235.
[95] Ebd.
[96] Ebd.
[97] Dass., 237.
[98] Dass., 238.
[99] Ebd.
[100] Dass., 243.
[101] Ebd.
[102] Ebd.
[103] Dass., 246.
[104] Ebd.
[105] Ebd.
[106] Dass., 250.
[107] Dass., 251.
[108] Dass., 252.
[109] Ebd. f.
[110] Dass., 74.
[111] Dass., 259.
[112] Dass., 258.
[113] Ebd.
[114] Dass., 261 f.
[115] Dass., 262.
[116] Dass., 333.
[117] Dass., 265.
[118] Ebd.
[119] Dass., 277.
[120] Dass., 275.
[121] Ebd.
[122] Ebd.
[123] Dass., 278.
[124] Dass., 282.
[125] Dass., 285.
[126] Dass., 286.
[127] Dass., 287.
[128] Dass., 303.
[129] Ebd.
[130] Dass., 304.
[131] Das., 295.
[132] Dass., 313.
[133] Dass., 315.
[134] Dass., 325.
[135] Dass., 328.
[136] Dass., 333.
[137] Dass., 284.
[138] Dass., 334.
[139] Dass., 335.
[140] Dass., 238.
[141] Edith Stein: Zum Problem der Einfühlung, 131 f.
[142] ESW VII, 343.
[143] Dass., 345.
[144] Dass., 348.
[145] Dass., 347.
[146] Dass., 349.
[147] Dass., 350 f.
[148] Dass., 358.
[149] Dass., 359.
[150] Ebd.
[151] Ebd.
[152] Ebd.
[153] Dass., 364.
[154] Dass., 361.
[155] Ebd.
[156] Ebd.
[157] Ebd.
[158] Ebd.

159 Dass., 362.
159a Ebd.
160 ESW VII, 363.
161 Dass., 365.
162 Dass., 367.
163 Dass., 370.
164 Ebd.
165 Dass., 371.
166 Ebd.
167 Ebd.
168 Dass., 372.
169 Dass., 374.
170 ESW VIII, Nr. 1, 11.
171 Dass., Nr. 3, 13.
171a Dass., Nr. 4, 14 f.
172 Dass., Nr. 5, 16.
173 Dass., Nr. 8, 19.
174 Ebd.
175 Dass., Nr. 8, 20.
176 Ebd.
177 Dass., Nr. 13, 15.
178 Dass., Nr. 14, 27.
179 Dass., Nr. 16, 29.
180 Dass., Nr. 17, 29.
181 Dass., Nr. 18, 30.
182 Roman Ingarden, in: W. Herbstrith (o. J.), 203.
183 ESW VIII, Nr. 19, 30 f.
184 H. R. Sepp: Edmund Husserl und die phänomenologische Bewegung, 39.
185 ESW VIII, Nr. 20, 32.
186 Sie sind weithin unveröffentlicht und werden als Band XIV der ESW 1991 erstmals zusammenhängend publiziert.
187 ESW VIII, Nr. 7, 18.
188 ESTA, Köln, C VII, 7.
189 ESTA, Köln, C VII, 18.
190 Roman Ingarden, in: W. Herbstrith (o. J.), 208.
191 ESTA, Köln, C VII, 25.
192 ESTA, Köln, C VII, 38.
193 ESTA, Köln, C VII, 53.
194 ESTA, Köln, C VII, 32.
195 ESTA, Köln, V VII, 96.
196 ESTA, Köln, C VII, 94.
197 Ebd.
198 ESTA, Köln, C VII, 28.
199 ESTA, Köln, C VII, 50.
200 ESTA, Köln, C VII, 54.
201 ESTA, Köln, C VII, 57.
202 ESW VII, 195.
203 Dass., 198.

204 Karl Erlinghagen (1965), 26.
205 Thomas Nipperdey, 154 f.
206 Marie Baum, 237.
207 ESTA, Köln, C VII, 51.
208 ESTA, Köln, C VII, 59.
209 ESTA, Köln, C VII, 60.
210 ESW VII, 199.
211 ESTA, Köln, C VII, 60.
212 Ebd.
213 ESTA, Köln, C VII, 63.
214 ESTA, Köln, C VII, 64.
215 Ebd.
216 ESW VIII, Nr. 4, 14.
217 Adolf Reinach, S. XXXVII.
218 ESTA, Köln, C VII, 9.
219 ESTA, Köln, E I, 142.
220 ESTA, Köln, C VII, 41.
221 ESTA, Köln, C VII, 46.
222 Edmund Husserl, in: W. Herbstrith (1983), 77.
223 Beiträge, II, 210.
224 Beiträge, I, 76.
225 Beiträge, I, 81.
226 ESTA, Köln, C VII, 65.
227 ESW VII, 248.
228 Ebd.
228a Dass., 196 f.
229 Bayerische Staatsbibliothek, München, Conrad-Martiusiada, C I, 5. 8. 1948.
230 ESTA, Köln, C VII, 94.
231 ESW IX, Nr. 32 a, 182.
232 ESW VIII, Nr. 31, 43.
232a ESTA, Köln, C IV.
233 ESW VII, 207.
234 Dass., 205.
235 ESTA, Köln, G I, 7.
236 ESTA, Köln, C VII, 72.
237 Ebd.
238 ESW VIII, Nr. 35, 46.
239 Norbert Elias, Studium der Medizin, Psychologie, Philosophie, Husserl-Schüler, Verfasser von bekannten sozialwissenschaftlichen Werken.
240 ESW VII, 209.
241 ESTA, Köln, C VII, 75.
242 Hedwig Conrad-Martius, in: W. Herbstrith (1983), 88.
243 Maria Amata Neyer (1982), 188.
244 Renata, 30.
245 Hedwig Conrad-Martius gehörte der evangelischen Kirche nominell an, bevor ein religiöser Entschei-

dungsprozeß sie aus Überzeugung zum evangelischen Bekenntnis führte.

[246] Anna Reinach konvertierte später zur katholischen Kirche.

[247] Maria Amata Neyer (1982), 189.

[248] Renata, 69.

[249] ESW IX, Nr. 226, 67.

[249a] Maria Amata Neyer (1982), 195.

[250] ESTA, Köln, G I, 7.

[251] Ebd.

[252] Ebd.

[252a] Maria Amata Neyer (1982), 195.

[253] Teresa von Avila (»Das Leben der ...«), 169.

[254] Dass., 416.

[255] Dass., 116.

[256] ESW XI, 22.

[256a] Maria Amata Neyer (1982), 193.

[257] ESW VII, 209.

[258] Bayerische Staatsbibliothek, München, Conrad-Martiusiada, C I, 5. 8. 48.

[259] Ebd.

[260] Ebd.

[261] Ebd.

[262] ESW IX, Nr. 42 a, 186.

[263] Hedwig Conrad-Martius, in: W. Herbstrith (1983), 89.

[264] ESTA, Köln, G I, 7.

[265] ESW VII, XVIII f.

[266] Ebd.

[267] ESTA, Köln, C VII, 78.

[268] Susanne Batzdorff-Biberstein, in: W. Herbstrith (1983), 74.

[269] Maria Amata Neyer (1982), 185.

[270] Dass., 195.

[271] Maria Amata Meyer (1987), 49.

[272] Dies. (1982), 194.

[273] ESTA, Köln, C VII, 83.

[274] ESW VIII, Nr. 45, 54.

[275] Renata, 37.

[276] ESTA, Köln, C VII, 84.

[277] ESW IX, Nr. 38 a, 185.

[278] Renata, 35.

[279] Dass., 36.

[280] ESW IX, 38 a, 185.

[281] Renata, 36 f.

[282] ESTA, Köln, C VII, 84.

[283] Renata, 59.

[284] Renata, 41 und ESW VIII, Nr. 45, 54 f.

[285] Erich Przywara, in: W. Herbstrith (1983), 176.

[286] Ebd.

[287] Dass., 178.

[288] P. Virgil Fiala, 208.

[289] Renata, 71.

[290] Maria Amata Neyer (1986), 413.

[291] ESW VIII, Nr. 55, 62 f.

[292] Renata, 44.

[293] Ebd.

[294] ESTA, Köln, C VII, 128.

[295] ESTA, Köln, C VII, 85.

[296] ESTA, Köln, C VII, 115.

[297] ESW VII, 205.

[298] Dass., 61.

[299] Dass., 70.

[300] Dass., 78.

[301] Dass., 79.

[302] Ebd.

[303] Helmut F. Stein, in: W. Herbstrith (o. J.), 195.

[304] Susanne Batzdorff-Biberstein, in: W. Herbstrith (1983), 71.

[305] Dass., 72.

[306] Dass., 71.

[307] Renata, 63.

[308] Karl Erlinghagen (1965), 17.

[309] Dass., 198.

[310] Dass., 29.

[311] Reden, 41.

[312] Staat, 31 f.

[313] Dass., 24.

[314] Dass., 44.

[315] Dass., 53.

[316] Dass., 54.

[317] Dass., 117.

[318] Dass., 118.

[319] Ebd.

[320] Edith Stein: Husserls Phänomenologie und die Philosophie des hl. Thomas von Aquino..., 315.

[321] Ebd.

[322] Dass., 316.

[323] Dass., 317.

[324] Dass., 319.

[325] Dass., 320.

[326] Dass., 320/321.

[327] Ebd.

[328] Dass., 322.

[329] Ebd.

[330] Dass., 325.

[331] Ebd.

[332] Dass., 326.

[333] Ebd.
[334] Dass., 324.
[335] ESW VIII, Nr. 45, 55.
[336] ESW XIII, 39.
[337] Ebd.
[338] Dass., 40.
[339] Dass., 43.
[340] Ebd.
[341] Dass., 44.
[342] Ebd.
[343] Dass., 45.
[344] Ebd.
[345] Dass., 46.
[346] Ebd.
[347] ESW VIII, Nr. 76, 77.
[348] ESW XII, 48.
[349] Dass., 51.
[350] Ebd.
[351] Dass., 25.
[352] Ebd.
[353] Dass., 29.
[354] Dass., 37.
[355] Dass., 38.
[356] Bruno H. Reifenrath, 175.
[357] ESW XII, 123.
[358] Dass., 124.
[359] Ebd.
[360] Dass., 125.
[361] Ebd.
[362] ESW XII, 96.
[362a] Dass., 98.
[363] Dass., 99.
[364] Dass., 107.
[365] ESW VIII, Nr. 51, 59.
[366] ESW XII, 107 f.
[367] Dass., 83.
[368] Dass., 89.
[369] Dass., 89 f.
[370] Dass., 84.
[371] Dass., 85.
[372] Ebd.
[373] Goethe erzählt sein Leben, 8.
[374] Ebd.
[375] ESW VI, 29.
[376] Dass., 28.
[377] Ebd.
[378] Dass., 27.
[379] Dass., 29.
[380] Dass., 29.
[381] Ebd.
[382] Ebd.
[383] Goethe: Wilhelm Meister, 626 f.
[384] Dass., 627.

[385] ESW XII, 52–72.
[386] Dass., 58.
[387] Reden, 44.
[388] ESW V, 73–92.
[389] ESW VIII, Nr. 73, 74.
[390] Ebd.
[391] Carl Klinkhammer, in: W. Herbstrith (o. J.), 171.
[392] ESW VIII, Nr. 100, 96.
[393] ESW VIII, Nr. 89, 87.
[394] ESW V, 207.
[395] Dass., 208.
[396] Ebd.
[397] Ebd.
[398] Dass., 209.
[399] Ebd.
[400] Ebd. f.
[401] Dass., 210.
[402] Dass., 211.
[403] Dass., 212.
[403a] Ebd.
[404] Dass., 214.
[405] Dass., 217.
[406] Ebd.
[407] ESW V, 1.
[408] Ebd.
[409] Ebd.
[410] Ebd.
[411] Ebd.
[412] Edith Stein: Husserls Phänomenologie und die Philosophie des hl. Thomas von Aquino..., 317.
[413] ESW V, 5.
[414] Dass., 6.
[415] Dass., 7.
[416] Dass., 10.
[417] Dass., 11.
[418] Dass., 12.
[419] Dass., 13.
[420] Dass., 15.
[421] Cordula Koepcke, (1981) 47.
[421a] ESW V, XXXVIII.
[422] Ebd.
[423] Dass., XXXVIII f.
[424] ESW V, 17.
[425] Dass., 18.
[426] Dass., 21.
[427] Dass., 23.
[428] Dass., 24.
[429] Dass., 28.
[430] Dass., 34.
[431] Dass., 42.
[432] Ebd.

[433] Ebd., f.
[434] Dass., 43.
[435] Ebd.
[436] Ebd.
[437] Ebd.
[438] Ebd.
[439] Ebd.
[440] Ebd.
[441] Dass., 40.
[442] Dass., 111.
[443] Luther, 186, 185.
[444] B. H. Reifenrath, 315.
[445] Helge Pross, 65.
[446] B. H. Reifenrath, 331.
[447] Renata, 55.
[448] Ebd.
[449] Ebd.
[450] Dass., 54.
[451] Dass., 55.
[452] Ebd.
[453] Dass., 56.
[454] Ebd.
[455] Dass., 57.
[456] Ebd.
[457] ESW XII, 116.
[458] Dass., 117 f.
[459] Dass., 118
[460] Dass., 119.
[461] Dass., 118.
[462] ESW VIII, Nr. 74, 75.
[463] Dass., Nr. 87, 85.
[464] Dass., Nr. 89, 86.
[465] Ebd.
[466] Dass., Nr. 95, 92.
[467] Ebd.
[468] Ebd.
[469] Dass., Nr. 92, 89.
[470] Maria Amata Neyer (1981), 277.
[471] ESW VIII, Nr. 108, 104.
[472] Graef, 97 (zitiert nach Reifenrath, 47).
[473] B. H. Reifenrath, 47.
[474] Renata, 59.
[475] ESW VIII, Nr. 116, 111.
[476] Dass., Nr. 121, 117.
[477] Dass., Nr. 126. 122 f.
[478] Renata, 63.
[479] ESW VIII, Nr. 135, 131 f.
[480] ESW V, 96 f.
[481] Ebd.
[482] ESW VIII, Nr. 122, 118 f.
[483] Dass., Nr. 123, 119 f.
[484] ESW V, 131.

[485] ESW VI, 138.
[486] Dass., XXX, Entwurf B.
[487] Korrespondenz des Priestergebet-vereins ...
[488] ESW II, 475.
[489] ESW VI, 150.
[490] Korrespondenz des Priestergebet-vereins ...
[491] ESTA, Köln, B I, 24 c.
[492] ESW VI, 156.
[493] Dass., 138.
[494] Ebd.
[495] Dass., 147.
[496] Dass., 151.
[497] Dass., 157.
[498] Luther, 80.
[499] ESW VI, 196.
[500] Dass., f.
[501] Journées d'études de la Société Thomiste, 104 f. ESTA, Köln B II 12.
[502] Dass., 111.
[503] ESW XII, 226.
[504] ESW VIII, Nr. 139, 135.
[505] Renata, 67.
[506] Dass. 68.
[507] ESW IX, Nr. 142 a, 188.
[508] Renata, 69.
[509] Dass., 69 f.
[510] Dass., 67.
[511] Dass., 70.
[512] ESTA, Köln, E I, 141.
[513] Renata, 71.
[514] Dass., 85 f.
[515] ESW IX, Nr. 174, 9.
[516] ESW XI, 8.
[517] Dass., 5.
[518] Renata, 72.
[519] Wolf S. Stein, in: W. Herbstrith (o. J.), 178.
[520] Renata, 75.
[521] Dass., 76.
[522] ESW VII, 1 ff.
[523] Renata, 76.
[524] Dass., 77.
[525] Ebd.
[526] Dass., 78.
[527] Ebd.
[528] Dass. 79.
[529] ESTA, Köln, G I, 7.
[530] Susanne Batzdorff-Biberstein, in: W. Herbstrith (1983), 70 f.
[531] Ernst Ludwig Biberstein, in: W. Herbstrith (o. J.), 130.

323

[532] Ebd.
[533] Renata, 78.
[534] Susanne Batzdorff-Biberstein, in: W. Herbstrith (1983), 71.
[535] Ebd.
[536] Renata, 78.
[537] Susanne Batzdorff-Biberstein, in: W. Herbstrith (1983), 71.
[538] Renata, 80.
[539] Ebd.
[540] Ebd.
[541] Dass., 81.
[542] Ernst Ludwig Biberstein, in: W. Herbstrith (o.J.), 131.
[543] ESTA, Köln, C VII, 157.
[544] Renata, 81.
[545] Dass., 89.
[546] Dass., 90.
[547] Ebd.
[548] Ebd.
[549] ESW VIII, Nr. 159, 155.
[550] Dass., Nr. 160, 156 f.
[551] Dass., Nr. 164, 159 f.
[552] Renata, 87.
[553] Ebd.
[554] Dass., 92.
[555] Dass., 94 f.
[556] Dass., 96.
[557] Dass., 97.
[558] Ebd.
[559] Dass., 100.
[560] Hedwig Conrad-Martius, in: W. Herbstrith (1983), 89.
[561] ESW VIII, Nr. 168, 164.
[562] ESW IX, Nr. 192, 27 f.
[563] Dass., 28.
[564] Bayerische Staatsbibliothek, München, Conrad-Martiusiada, C I, 5. 8. 1948.
[565] ESW IX, Nr. 196, 32 f.
[566] G. v. le Fort, 84.
[567] ESW IX, Nr. 189, 26.
[568] Dass., Nr. 198, 34.
[569] ESW VI, 67.
[570] Ebd. f.
[571] ESW IX, Nr. 201, 37.
[572] ESW II, IX.
[573] Dass., X.
[574] Dass., 23 f.
[575] Dass., 24.
[576] Ebd.
[577] Ebd.
[578] Wolfgang Kluxen, 13 f.

[578a] Josef Stallmach, 51.
[579] ESW II, 21.
[580] Dass., 27 f.
[581] Dass., 53.
[582] Dass., 35.
[582a] Ebd.
[583] Dass., 2.
[584] Dass., 417.
[585] Dass., 369.
[586] Josef Stallmach, 49.
[587] ESTW II, 321.
[588] Ebd.
[589] Dass., 317.
[590] Dass., 36 f.
[591] Dass., 37.
[592] B. H. Reifenrath, 155, Anmerkung, 42.
[593] Josef Möller, in: W. Herbstrith (o.J.), 259.
[594] »Das Werk ›Endliches und Ewiges Sein‹ ist das Werk eines Menschen, einer Frau, die sich ständig ganzheitlich äußert als denkende, glaubende, meditierende Person. Deshalb ist ›Endliches und Ewiges Sein‹ nicht nur ein wissenschaftliches Werk, sondern ein persönliches Buch, ein Buch in der Art der Werke Augustins, dem Edith Stein innerlich sehr nahe verwandt war.« Zitat aus Wilhelm van Aaken: Der anthropologische und theologische Ansatz zur Seinslehre in Edith Steins Werk »Endliches und Ewiges Sein.« – ESTA, Köln, F IV, 1.
[595] H. R. Sepp: Edmund Husserl und ..., 101.
[596] Renata, 110 f.
[597] ESW IX, Nr. 205, 43.
[598] Bayerische Staatsbibliothek, München, Conrad-Martiusiada, C I, 5. 8. 1948.
[599] ESW IX, Nr. 221, 59.
[600] Ebd.
[601] Dass., Nr. 222, 60 f.
[602] Dass., Nr. 225, 65.
[603] ESTA, Köln, C IV, 2.
[604] Renata, 107.
[605] Dass., 111 f.
[606] Dass., 112.
[607] ESTA, Köln, C IV, 176.
[608] ESW IX, Nr. 224, 63.
[609] ESTA, Köln, C IV, 2.
[610] ESW IX, Nr. 227, 68.

[611] Dass., Nr. 254, 98.
[612] Renata, 123.
[613] Ebd.
[614] Ebd.
[615] Ebd., f.
[616] Nach einer mündlichen Mitteilung von Mechthildis Welter (OCD) † an Maria Amata Neyer (OCD).
[617] Renata, 119.
[618] Dass., 120.
[619] H. R. Sepp: Edmund Husserl und ..., 101.
[620] ESW IX, Nr. 259, 102.
[621] Dass., Nr. 260, 103.
[622] Dass., Nr. 248, 91.
[623] Dass., Nr. 274, 114.
[624] Lotte Stein-Sachs, in: W. Herbstrith (o. J.), 200.
[625] ESW IX, Nr. 278, 118.
[626] Dass., Nr. 287, 124 f.
[627] Ebd.
[628] Walter Warnach, Ms. ESTA, Köln.
[629] ESW IX, Nr. 290, 127.
[630] Dass., Nr. 287, 124.
[631] Dass., Nr. 292, 128.
[632] Dass., Nr. 293, 130.
[633] Dass., Nr. 301, 137.
[634] Dass., Nr. 300, 136.
[635] Dass., Nr. 298, 134.
[636] Dass., Nr. 281, 121.
[637] Dass., Nr. 296, 133.
[638] Dass., Nr. 306, 141.
[639] Dass., Nr. 311, 146.
[640] Dass., Nr. 306, 141.
[641] ESTA, Köln, G I, »Eindrücke von Mutter Maria Antonia«, S. 24.
[642] ESTA, Köln, B I, 32 d.
[643] Johannes Hirschmann, in: W. Herbstrith (1983), 153.
[644] ESW VII, 149.
[645] Renata, 48.
[646] ESTA, Köln, C IV, 196 a.
[647] Renata, 128.
[648] ESW X, 139.
[649] Ebd.
[650] Johannes Hirschmann, in: W. Herbstrith (1983), 153.
[650a] »Ein Vergleich des Sühneverständnisses Edith Steins mit entsprechenden jüdischen Vorstellungen ergibt eine überaus deutliche und weitreichende Übereinstimmung: Ein bedeutender Bereich der spät alttesta-
mentlichen und rabbinischen jüdischen Vorstellungswelt, wie eben der sühnenden Kraft vom Gebet, Liebeswerken, Leiden und schließlich des Todes als solchem, besonders aber eines Märtyrertodes, jeweils auch in stellvertretender Wirksamkeit, findet seinen Niederschlag bei Edith Stein. Die Vermittlung dieses Bereiches erfolgte wohl vorrangig im Umgang mit den entsprechenden biblischen Texten und über ein entsprechendes damals gängiges Verständnis gerade katholischer Frömmigkeit.« (Shalom Ben Chorin: Jüdischer Glaube, 150.)
[651] ESW X, 148 f.
[652] Dass., 149.
[653] ESW IX, Nr. 330, 167.
[654] Veröffentlicht als »Wege der Gotteserkenntnis...«
[655] Dass., 20.
[656] Dass., 21.
[657] Dass., 22.
[658] Dass., 54.
[659] Dass., 46.
[660] Dass., 60.
[661] Dass., 55.
[662] ESW I, 1.
[663] Dass., 3.
[664] Ebd., f.
[665] Dass., 107.
[666] Dass., 147.
[667] Ebd.
[668] Ebd.
[669] Dass., 107.
[670] ESW XI, 134 f.
[671] Dass., 124 f.
[672] Dass., 126.
[673] Dass., 124.
[674] ESW IX, Nr. 323, 161.
[675] Dass., Nr. 331, 168.
[676] Ebd., f.
[677] Dass., Nr. 316, 153.
[678] Dass., Nr. 324, 162.
[679] Dass., Nr. 329, 175.
[680] ESTA, Köln, E I, Letzter Weg.
[681] Ebd.
[682] Joachim Köhler, in: W. Herbstrith (o. J.), 99 f.
[683] Dass. 100.
[684] Renata, 140.
[685] Dass., 141.
[686] Ebd.

[687] Ebd.
[688] Dass., 142.
[689] Ebd.
[690] ESW IX, Nr. 340, 176.
[691] Dass., Nr. 340, 177.
[692] Dass., Nr. 341, 177.
[693] Dass., Nr. 342, 178.
[694] Renata, 146.
[695] ESTA, Köln, G I, 1.

[696] Else Eckrich, in: W. Herbstrith (o. J.), 192.
[697] Günther Anders, 15.
[698] Dass., 16.
[699] Ebd.
[700] Dass. 23. Irrtum: statt »westfälische« muß es »pfälzische« heißen.
[701] Ebd.
[702] W. Herbstrith (o. J.), 53.
[703] ESW X, 166.

Verzeichnis der benutzten Literatur

Edith Steins Werke

Herausgegeben von Dr. Lucy Gelber und P. Romaeus Leuven OCD (†) sowie Michael Linssen OCD (seit 1987).
I. Kreuzeswissenschaft. Studie über Joannes a Cruce, Louvain 1950.
II. Endliches und Ewiges Sein. Versuch eines Aufstiegs zum Sinn des Seins, Louvain/Freiburg 1950.
III./IV. Des hl. Thomas von Aquin Untersuchungen über die Wahrheit, Louvain/Freiburg 1952 und 1955.
V. Die Frau. Ihre Aufgabe nach Natur und Gnade, Louvain/Freiburg 1959.
VI. Welt und Person. Beitrag zum christlichen Wahrheitsstreben, Louvain/Freiburg 1962.
VII. Aus dem Leben einer jüdischen Familie. Das Leben Edith Steins: Kindheit und Jugend, Druten/Freiburg 1985 (Vollständige Ausgabe).
VIII. Selbstbildnis in Briefen. Erster Teil: 1916–1934, Druten/Freiburg 1976.
IX. Selbstbildnis in Briefen. Zweiter Teil: 1934–1942, Druten/Freiburg 1977.
X. Heil im Unheil. Das Leben Edith Steins: Reifen und Vollendung. Von P. Romaeus Leuven OCD, Druten/Freiburg 1983.
XI. Verborgenes Leben. Hagiographische Essays, Meditationen, Geistliche Texte, Druten/Freiburg 1987.
XII. Ganzheitliches Leben. Schriften zur religiösen Bildung, Freiburg 1990.

Einzelausgaben von Werken Edith Steins

Zum Problem der Einfühlung (Inauguraldissertation), Halle/Saale 1917.
Beiträge zur philosophischen Begründung der Psychologie und der Geisteswissenschaften. I. Psychische Kausalität. II. Individuum und Gemeinschaft, in: Jahrbuch für Philosophie und phänomenologische Forschung, Bd. V, Halle/Saale 1922.
Eine Untersuchung über den Staat, in: Jahrbuch für Philosophie und phänomenologische Forschung, Bd. VII, Halle/Saale 1925.
Husserls Phänomenologie und die Philosophie des hl. Thomas von Aquino. Versuch einer Gegenüberstellung, in: Jahrbuch für Philosophie und phänomenologische Forschung. Ergänzungsband. (Festschrift für Edmund Husserl zum 70. Geburtstag), Halle/Saale 1929.
Wege zur inneren Stille. Gesammelte Schriften, herausgegeben und bearbeitet von Waltraud Herbstrith, Frankfurt a. Main 1978.
Briefe an Hedwig Conrad-Martius, München 1960.
Wege der Gotteserkenntnis. Dionysius der Aeropagit und seine symbolische Theologie, München 1979.

Sekundärliteratur

Anders, Günther: Besuch im Hades. Auschwitz und Breslau 1966, München 1985.
Articuli des Kölner Selig- und Heiligsprechungsprozesses, Köln 1962.
Avila, Teresa von: Leben (Das Leben der heiligen Theresia von Jesu, von ihr selbst beschrieben), München 1953.
Baum, Marie: Leuchtende Spur. Das Leben Ricarda Huchs, Tübingen 1950.
Ben Chorin, Shalom: Jüdischer Glaube. Strukturen einer Theologie des Judentums anhand des Maimonidischen Credo, Tübingen 1979.
Bienias, Maria: Das Lebensopfer der Karmelitin Edith Stein, Stuttgart 1961.
Dies.: Begegnung mit Edith Stein, Leipzig 1963.
Endres, Elisabeth: Edith Stein. Christliche Philosophin und jüdische Märtyrerin, München 1987.
Erlinghagen, Karl: Katholisches Bildungsdefizit in Deutschland, Freiburg 1965.
Ders. (Hrsg.): Erziehungswissenschaft und Konfessionalität, Frankfurt a. Main 1971.
Fiala, P. Virgil: Beuron 1863–1963. Festschrift zum hundertjährigen Bestehen der Erzabtei St. Martin, Beuron/Hohenzollern 1963.
Fort, Gertrud von le: Hälfte des Lebens, München 1965.
Goethe erzählt sein Leben, Hamburg 1949.
Goethe, Johann Wolfgang: Wilhelm Meisters Wanderjahre, München 1957.
Graef, Hilda: Edith Stein. Zeugnis des vernichteten Lebens, Freiburg 1979. (5. Aufl. von »Leben unter dem Kreuz. Eine Studie über Edith Stein«.)
Herbstrith, Waltraud: Das wahre Gesicht Edith Steins, München 1980.
Dies. (Hrsg.): Edith Stein. Ein neues Lebensbild in Zeugnissen und Selbstzeugnissen, Freiburg 1983.
Dies. (Hrsg.): Edith Stein. Eine große Glaubenszeugin. Leben/Neue Dokumente, Philosophie, Annweiler o. J.
Höffe, Otfried (Hrsg.): Klassiker der Philosophie, Zweiter Band. Von Immanuel Kant bis Jean Paul Sartre, München 1981.
Husserl, Edmund: Gesammelte Werke – Husserliana – Bd. III, IV und V: Ideen zu einer reinen Phänomenologie und phänomenologischen Philosophie, Bd. III, Den Haag 1950, 1976, 1952. Bd. IV und V, 1952.
Ders.: Bd. XVIII und XIX: Logische Untersuchungen, Den Haag 1975 und 1984.
Klepper, Jochen: Unter dem Schatten Deiner Flügel. Aus den Tagebüchern der Jahre 1932–1942, Stuttgart 1956.
Kluxen, Wolfgang: Philosophische Ethik bei Thomas von Aquin, Hamburg 1980.
Koepcke, Cordula: Frauenbewegung, Nürnberg 1979.
Dies.: Louise Otto-Peters, Freiburg 1981.
Dies.: Edith Stein. Philosophin und Ordensfrau, Hamburg 1985.
Korrespondenz des Priestergebetvereins im theologischen Konvikt zu Innsbruck, 62. Jahrgang, Nr. 1, 1927.

328

Lange, Helene: Kampfzeiten. Aufsätze und Reden aus vier Jahrzehnten, 2 Bde, Berlin 1928.

Dies.: Lebenserinnerungen, Berlin 1930.

Luther, Martin: Texte von ... Ausgewählt von Karl Gerhard Steck, eingeleitet von Helmut Gollwitzer, Frankfurt a. Main 1955.

Neyer, Maria Amata: Elisabeth von Thüringen. Gedanken zur 750. Wiederkehr ihres Todestages, Christliche Innerlichkeit, 16. Jahrg., Heft 6, 1981.

Dies.: Edith Stein und Teresa von Avila. Versuch einer Dokumentation, in: Christliche Innerlichkeit, 17. Jahrg., 2. bis 4. Heft, 1982.

Dies.: Edith Stein und das Beten der Kirche. Gedanken zu ihrer Seligsprechung am 1. Mai 1987, in: Erbe und Auftrag, Heft 6, 1986.

Dies.: Geistliche Führung bei Edith Stein, in: Christliche Innerlichkeit, 21. Jahrg., 1986.

Dies.: Edith Stein (Schwester Teresia Benedicta a Cruce OCD), in: Kölner Biographien, Bd. 19, herausgegeben von der Stadt Köln, 1987.

Dies.: Edith Stein. Ihr Leben in Dokumenten und Bildern, Würzburg 1987.

Nipperdey, Thomas: Religion im Umbruch. Deutschland 1870–1918, München 1988.

Pross, Helge: Über die Bildungschancen von Mädchen in der Bundesrepublik, Frankfurt a. Main 1969.

Reden anläßlich der Vortragsveranstaltung »Edith Stein – Lebensweg und wissenschaftliches Werk« am 15. Mai 1987 in der Universität Köln – Kölner Universitätsreden 67.

Reifenrath, Bruno H.: Erziehung im Lichte des Ewigen. Die Pädagogik Edith Steins, Frankfurt a. Main 1985.

Reinach, Adolf: Gesammelte Schriften. Herausgegeben von seinen Schülern, Halle/Saale 1921.

Sepp, Hans Rainer (Hrsg.): Edmund Husserl und die phänomenologische Bewegung. Zeugnisse in Text und Bild, Freiburg/München 1988.

Spiritu Sancto, Teresia Renata de (Therese Posselt): Edith Stein. Schwester Teresia Benedicta a Cruce. Philosophin und Karmelitin. Ein Lebensbild, gewonnen aus Erinnerungen und Briefen, Nürnberg 1948.

Stallmach, Josef: Das Werk Edith Steins im Spannungsfeld von Wissen und Glauben, in: Rheinisch-Pfälzische Schulblätter 18, 1967.

Nachwort

Dieses Buch ist der Versuch einer Annäherung – der Annäherung an eine Frau, die eine Entwicklung von kaum glaublicher Spannweite in atemberaubender Dichte in sich zur Reife gebracht und geistig umgesetzt hat. Edith Steins äußere Lebensstationen markieren das nur unzulänglich: Als Jüdin wurde sie geboren, ergriff schon während der Schulzeit als radikale Frauenrechtlerin die Partei der Schwächeren und gehörte als Studentin zu den ersten Absolventinnen der Universität. Durch die Phänomenologie Edmund Husserls suchte sie die Wahrheit zu erfassen, gelangte an die Grenzen des denkend Erfahrbaren, gewann Freundschaft und durchlitt Enttäuschung. Schritt für Schritt ging sie auf dem Weg religiöser Erfahrung und Erkenntnis voran, bis sie schließlich, geistig und seelisch überwältigt, den Ort fand, von dem Augustinus gesagt hat, daß dort Ruhe sei für alle unruhigen Herzen.

Parallel dazu verläuft eine nicht minder atemberaubende historische Entwicklung: von der bürgerlichen Sicherheit der Zeit vor dem Ersten Weltkrieg, über Krieg, Zusammenbruch des Kaiserreiches und die Kämpfe der Weimarer Republik bis zur Machtübernahme Hitlers mit den Konsequenzen, für die das Schicksal Edith Steins exemplarisch ist. In ihrem Leben kreuzen und verschlingen sich die persönlichen und die geschichtlichen Entwicklungen in faszinierender und zugleich bedrückender Weise.

Edith Stein hat nicht einfach vor einem historischen Hintergrund existiert, sondern sie ist als Philosophin und damit schöpferischer Mensch handelnde Person gewesen und blieb es selbst als Opfer ideologischer Verblendung und menschlicher Grausamkeit in ihrer spirituellen Haltung. Ihre Existenz umfaßt zeitlich begrenzte Personalität und Geschichte in individueller Ausprägung.

Darauf beruht nicht zuletzt ihre Bedeutung – nicht nur für alle, die ihr in Verehrung zugetan sind, sondern auch für Menschen, die ihre religiösen und weltanschaulichen Überzeugungen sowie die daraus gezogenen Folgerungen nicht in vollem Umfang oder auch gar nicht teilen. Denn hier zeigt sich, klar und deutlich wie selten, was das ist: ein Leben.

331

Zu danken ist Dr. Eberhard Avé-Lallemant von der Bayerischen Staatsbibliothek München für die Genehmigung zum teilweisen Abdruck eines Briefes von Hedwig Conrad-Martius, wodurch Wesentliches zur Klärung persönlicher Lebensumstände Edith Steins beigetragen wurde, vor allem aber den Schwestern des Karmelitinnenklosters »Maria vom Frieden« in Köln. Ihre in liebenswürdiger Weise wiederholt gewährte Gastfreundschaft und die bereitwillige Öffnung ihres Edith-Stein-Archivs ermöglichten die grundlegenden Vorarbeiten, die für die Abfassung dieser Biographie erforderlich waren. Insbesondere die Leiterin des Archivs, Schwester Maria Amata Neyer OCD, hat mit nie versagender Hilfsbereitschaft diese Arbeiten durch kompetenten Rat und fundierte Informationen unterstützt, während ihre Nachfolgerin im Amt der Priorin, Schwester Maria Ancilla Wißling OCD, mit weitherzigem Verständnis und großzügigem Entgegenkommen ihre Fortsetzung ermöglichte.

»Die Geschichte sucht das geistige Leben in seinem Zusammenhang zu begreifen«, schrieb Edith Stein in ihrem bisher unveröffentlichten Manuskript »Einführung in die Philosophie«*. Wenn Biographie Darstellung eines Menschen, seines Lebens und Werkes, nicht zuletzt in seiner geschichtlichen Dimension ist und wenn dafür die Geistesgeschichte grundlegend ist, kommt dem geistigen Leben eine Schlüsselrolle zu. Das vorliegende Buch wurde unter diesen Aspekten geschrieben.

Kiel, im Sommer 1990   *Cordula Koepcke*

---

* Zitiert nach ESW X, 3.

Personenregister

Aaken, Wilhelm van 324
Achenbach, Oswald 66
Adler, Alfred 191
Ahasverus 294
Althoff, Friedrich 32, 62, 101
Anders (Stern), Günther 316 ff.
Aristoteles 274
Augspurg, Anita 35
Augustinus 134, 273, 275, 331
Avé-Lallemant, Eberhard 332

Bach, Johann Sebastian 37, 38, 58, 59, 135
Baden, Prinz Max von 127
Batzdorff-Biberstein, Susanne 18, 158, 173 ff., 250, 254-255, 281, 282, 289
Bäumer, Gertrud 35, 129
Baur, Professor 230
Beethoven, Ludwig van 37
Bell, Winthrop 147
Ben Chorin, Shalom 325
Berg, Lilli, s. Platau, Lilli
Bergson, Henri 117, 140, 298
Bernstein, Eduard 47
Bertel, Marie 315
Biberstein, Ernst Ludwig 250, 289
Biberstein, Hans 33, 35 f., 41, 43, 49, 50, 82, 83, 127, 130, 143, 144, 157, 173, 230, 250, 254, 289, 290
Bismarck, Otto von 61, 176 f.
Blunck, Hans Friedrich 278
Böhm, Franz 287
Borgmeyer (Verleger) 278
Borsinger, Hilde Vérene 217, 308, 311
Brenzing, Callista 238
Brüning, Petra OSU 150, 258, 280 ff., 283, 289 f., 290
Burchard, Adelheid 10
Byron, Lord George Gordon Noel 102

Cicero 38, 102
Clauss, Ludwig Ferdinand 142
Clemens, Rudolf 62
Conrad, Hans Theodor 55, 62, 147, 171

Conrad-Martius, Hedwig 55, 62, 65, 139, 143, 145, 147, 148, 155, 156, 158, 171, 192, 199, 234, 235, 258, 260, 262 ff., 266 ff., 269, 279, 280, 283, 332
Courant, Nelli 55, 56, 75, 85, 86
Courant, Richard 38, 55, 56, 60, 75, 85, 86, 100

Danziger, Erich 83
Descartes, René 273
Diehl, Karl 287
Dilthey, Wilhelm 191
Dionysius (der Areopagit) 276, 301 ff.
Droysen, Johann Gustav 72
Duns Scotus, Johannes 275

Ebert, Friedrich 127
Eckrich, Else 326
Elia 249
Elias, Norbert 145
Elisabeth von Thüringen 231
Engelmann, Ambrosia Antonia OCD 296
Erkelenz, Anton 130
Erlinghagen, Karl SJ 178 ff.
Esther, Königin 294, 296 ff., 299
Eucken, Walter 287

Feuling, Daniel OSB 164, 298
Fink, Eugen 229
Fort, Gertrud von le 265, 266
Fouquet, Valentin 315 f.
Frankfurther, Fritz 62
Foerster, Friedrich Wilhelm 51
Freud, Sigmund 191
Friedrich II. von Hohenstaufen 13
Friedrich II., der Große, von Preußen 40
Friedrich Wilhelm III. von Preußen 58, 75
Fries, Jakob Friedrich 71

Gaudig, Hugo 51
Geiger, Moritz 62
Georg II., König von England, Kurfürst von Hannover 60

Goethe, Johann Wolfgang   36, 118, 200-202, 287
Gordon, Werner   172
Gordon, Else, s. Stein, Else
Gordon, Familie   290, 292
Gothe, Erika   62, 64, 65, 66, 87, 88, 100, 106 ff., 108, 135, 137
Gregor, Papst   151
Grillparzer, Franz   31, 102
Grimm, Jakob und Wilhelm   61
Guttmann, Rose   41, 43, 50, 51, 56, 60, 62, 76, 118

Haeckel, Ernst   38
Haman   294
Hamburger, Siegfried   62
Händel, Georg Friedrich   294
Hardenberg, Karl August von   15
Harnack, Adolf von   130
Hauptmann, Gerhart   40, 75
Hebbel, Friedrich   31
Hegel, Georg Wilhelm   80
Heidegger, Martin   114, 229, 243
Heine, Heinrich   15
Heister, von   66
Herbstrith, Waltraud   198
Herder, Johann Gottfried   40
Hering, Johannes (Jean)   62, 84, 135
Hermann, Erna   191
Hermsen, Hugo   51, 52 f., 54
Hesse, Hermann   118
Heuss, Theodor   130
Heuss-Knapp, Elly   130
Heymann, Lida Gustava   35
Hilbert, David   55
Hildebrand, Dietrich von   62, 164
Hildebrand, Paul von   244
Hirschmann, Johannes SJ   134, 148, 299
Hitler, Adolf   244, 245, 284
Hölty, Ludwig   61
Homer   87, 92
Honecker, Martin   229
Hönigswald, Richard   40
Horaz   38
Huch, Ricarda   129, 287
Husserl, Edmund   54, 55, 56, 57, 60, 61, 63, 64, 66, 69 ff., 70, 71, 73, 74 f., 76, 77, 79, 80, 82, 84, 89, 92, 95, 97, 99, 100, 101, 103, 106, 108, 109-116, 117, 125, 133, 134, 135, 140, 141, 148, 181, 185, 188,

191, 210, 229, 234, 270, 273, 285, 286 ff., 298, 316, 331
Husserl, Elly (Elisabeth)   112, 125
Husserl, Gerhart   125
Husserl, Malvine   103, 106, 107, 112
Husserl, Wolfgang   101

Ibsen, Henrik   31
Ingarden, Roman   88, 108, 109, 113 ff., 117-126, 129, 131, 133, 137, 138, 140, 145, 146, 157, 159, 161, 162, 170, 171, 257

Jaegerschmid, Adelgundis OSB   169, 196, 229, 287
Jantzen, Dr.   102
Johannes vom Kreuz   303, 304 ff., 306
Johst, Hanns   278

Kalixt II., Papst   12
Kaiserin Friedrich (Viktoria)   34
Kant, Immanuel   43, 71
Kantorowicz, Ruth   284, 314
Kaufmann, Fritz   83, 85, 98, 110, 113, 141, 145, 161
Kellermann, Bernhard   118
Kerschensteiner, Georg   50
Kierkegaard, Sören   150
Klepper, Jochen   231
Koch, Josef   230
Koebner, Gertrud (Trude) geb. Elkas   143-144, 150–151, 154, 155, 156 f., 172, 226, 254
Konstantin, Kaiser   12
Kopf, Callista OP   164, 187, 205, 229
Koyré, Alexander (Alexandre)   62, 242, 298
Kriele, Martin   179, 203
Kühnemann, Eugen   40, 50, 55
Kuznitzky (Arzt)   244
Kuznitzky, Gertrud, s. Koebner, Gertrud

Lange, Helene   32, 35, 129, 214
Lassalle, Ferdinand   47
Lehmann, Max   49, 63, 72, 73, 89
Lengert, Professor   101
Leo XIII., Papst   177
Lessing, Gotthold Ephraim   14
Lilli   43, 50   s. auch Platau, Lilli

334

Lipps, Hans (Johannes) 62, 97 f., 103 ff., 135, 137, 138-147, 155, 163, 180, 310
Lipps, Theodor 74, 79, 99
Luther, Martin 13, 58, 148, 151, 156, 215, 219 f., 220, 239 f., 240-242
Luxemburg, Rosa 47

Mann, Thomas 118
Martius s. Conrad-Martius, Hedwig
Marx, Karl 47
Masaryk, Thomas G. 69
Mausbach, Josef 214 f
Mendelssohn, Moses 14, 15
Mendelssohn-Bartholdy, Felix 58 f.
Mensendieck, Bess 102
Meumann, Ernst 42
Meyer, Toni 82, 83, 86
Meyerson, Emile 298
Möller, Josef 324
Montesquieu, Charles de Secondat 84
Moskiewicz, Georg 54, 57, 61, 62, 63, 79, 82
Mozart, Wolfgang Amadeus 37, 134
Müller, Georg Elias 72
Müller, Max 116
Münchhausen, Adolf Freiherr von 60
Musil, Robert Edler von 91

Napoleon 58, 75
Naumann, Friedrich 129 ff.
Nelson, Leonard 71
Newman, John Henry 164, 166, 181, 187, 228
Neyer, Maria Amata OCD 147, 150, 154, 158, 332
Nota, Jan SJ 310

Olbrich, Professor 31, 39
Ortega y Gasset, José 118
Ortmann, Grete 62, 64, 65, 84
Otto, Louise (später Otto-Peters) 213 ff.

Pius IX., Papst 178
Platau, Lilli (verh. Berg) 41, 43, 118, 250
Plato 50

Popert, Hermann 58
Posselt, Teresia Renata, s. Teresia Renata de Spiritu Sancto
Przywara, Erich SJ 164, 166, 179, 181, 228

Racine, Jean Baptiste 294
Ranke, Leopold von 49, 72, 84
Rauch, Theodor OCD 260, 269
Reifenrath, Bruno H. 220 f., 221 f.
Reinach, Adolf 61, 62 f., 63, 64, 76 f., 79 ff., 82, 83, 85, 86, 88, 96, 97, 98, 100, 119, 133, 134, 135, 138, 179
Reinach, Anna (gen. Anne), geb. Stettenheimer 100, 134, 141, 148, 156, 258
Reinach, Pauline OSB 83, 87, 88, 99, 105, 258
Rembrandt van Rijn 37
Rilke, Rainer Maria 91
Ritter, Gerhard 287
Roethe, Gustav 71
Rose (s. auch Guttmann, Rose) 43, 50
Rousseau, Jean Jacques 84

Sachs, Hans 287
Salomon, Alice 35
Schäfer, Maria 169-170
Scharf, Käthe 83
Scheler, Max 68 f., 70, 71
Scheidemann, Philipp 127
Schiller, Friedrich 36, 37, 40, 210
Schmitz, Maria 245
Schneider, Reinhold 49
Scholz, Kaethe 43 ff.
Schopenhauer, Arthur 85
Schröder, Edward 71
Schwind, Josef 160, 166, 175, 239
Sepp, H. R. 319, 320
Seyss-Inquart, Arthur 311 f.
Shakespeare, William 31, 37, 102, 162
Speusippos 50
Spranger, Eduard 191
Steffes, Johann Peter 233
Stein, Arno 18, 30, 45, 81, 95, 173, 250, 289, 292, 301
Stein, Auguste, geb. Courant 9, 10, 17, 20-22, 23 f., 55, 56, 81, 82, 90, 99, 157, 230, 251 f., 252-254, 255 ff., 258, 279 f., 280, 282, 283

Stein, Charlotte von 38
Stein, Else (verh. Gordon) 18, 23, 26, 29, 30, 81, 256
Stein, Erna (verh. Biberstein) 17, 23, 26, 28, 31, 32, 33, 35, 38, 41, 42, 43, 50, 55, 58, 95, 109, 118, 143, 144, 156, 157, 173, 250, 251, 254, 255, 256, 292
Stein, Ernst 16
Stein, Eva 292
Stein, Frieda (Elfriede) s. Tworoger, Frieda
Stein, Gerhard 172, 292
Stien, Hedwig 16
Stein, Helmut 173 f.
Stein, Karl Freiherr vom und zum 15, 72
Stein, Paul 16, 18, 24, 54, 172, 292, 301, 310
Stein, Richard 16
Stein, Rosa 18, 23, 31, 41, 230, 250, 258, 260, 281, 283, 289, 292, 295, 296 f., 308, 310, 311, 312 f., 313 f., 314, 315
Stein, Selma 16
Stein, Siegfried 9, 10, 16, 17
Stein, Wolfgang 250, 289 f.
Stein-Sachs, Lotte 289
Stern, William 40, 54, 57, 73, 82, 143, 316
Stoecker, Adolf 47
Stöcker, Helene 35
Stolberg, Graf Christian (zu Stolberg-Stolberg) 61
Stolberg, Graf Friedrich Leopold (zu Stolberg-Stolberg) 61
Strerath, Paul 290

Tacitus 101
Tatian 44
Teresa von Avila 12, 147, 148, 150, 152-154, 247, 248, 249, 258, 263, 267
Teresia Renata de Spiritu Sancto OCD 148

Thannisch, Ottilia OCD 294 f., 296
Thomas von Aquin 180, 181, 182-186, 188, 190, 210, 229, 243, 270, 272, 274
Thomas, Petrus OCD 301
Tiele-Winckler, Eva von 51
Tworoger, Erika 230, 252, 256
Tworoger, Frieda (Elfriede) geb. Stein 18, 23, 40, 42, 58, 98, 230, 301, 310 f.

Ulfilas, Bischof (Wulfila) 44

Viktoria von Preußen, geb. Princess Royal von Großbritannien, s. Kaiserin Friedrich
Virchow, Rudolf 175
Voltaire (François-Marie Arouet) 84
Voß, Johann Heinrich 61

Wagner, Richard 37
Waitz, Sigismund 298
Walzer, Raphael OSB 166-168, 175, 229, 244, 245, 248, 249, 250, 260, 281, 296
Warnach, Walter 290, 325
Weber, Marianne 35
Weihs, Maria Assumpta 314
Welter, Mechthildis OCD 325
Werner s. Gordon, Werner
Westrum (Bürgermeister) 96
Wied, Prinz zu 54
Wilhelm II., Deutscher Kaiser 127
Winkler, Lotte 83
Wißling, Maria Ancilla OCD 332
Wust, Peter 204
Wyneken, Gustav 51

Xerxes, König, s. Ahasverus

Zahn-Harnack, Agnes von 129
Zetkin, Clara 49

336